pnc
publishing and culture
피앤씨미디어

창의경제학

Creative Economics

蔣三庚 · 王曉紅 · 張杰 대표편저

배기형 · 김언군 · 맹해양 · 상리 · 양효봉 · 박진희 · 오유진 · 조나 · 변가 · 송개려 공역

역자서문

창의경제란 지식경제시대에서 문화 창의의 돌파와 제고를 통해 가치의 실현을 달성하는 경제적 영역으로 생산성과 부가가치를 높이고 새로운 산업을 창출해 내는 것을 의미한다.

본 역서는 중국의 수도경제무역대학교 쨩싼껑(蔣三庚) 교수 및 창의경제 연구에 종사하는 여러 전문가, 학자들이 공동으로 작성한 교재로 창의경제의 교학과 실천은 중국에서 아직 새로운 시도이지만 본 책을 통하여 중국의 창의경제 이론을 더욱 논리 있게 체계화시켰다. 또한 본 역서는 그동안 중국이 단순임가공 형태의 양적인 고성장을 이루었으나 질적인 한계점을 보이고 있는 향후 중국경제의 미래를 바꿀 청사진 설계에 많은 도움을 줄 것이며, 뿐만 아니라 한국이 중국과 밀접한 연관이 있는 만큼 중국의 미래의 산업 전략을 이해하는데 일조할 것으로 생각된다. 따라서 본 역서를 통해 학생들은 창의경제가 어떻게 적용되고, 이루어지고 있는지를 파악함으로써 21세기 국가경제의 발전의 초석이 됨을 이해하길 바란다.

본 역서가 나오기까지 도움을 주신 피앤씨미디어의 박노일 대표님과 편집부 여러분께 진심으로 감사드리며, 또한 부족한 시간 속에서도 번역과 교정에 열정을 쏟은 공동번역자에게도 고마움을 전한다. 특히 부족한 학문적 역량에도 불구하고 기꺼이 번역을 허락해 주신 쨩싼껑(蔣三庚) 교수를 비롯한 공동연구자와 수도경제무역 대학교출판사 여러분께도 감사드린다.

본 역서는 번역시 많은 누락 및 오류가 불가피함을 인정한다. 이 점에 대해 독자들의 양해 부탁드리며, 향후 창의경제의 이론적 발전에 기여할 수 있도록 더욱 연구에 정진할 것을 다짐한다.

2016년 2월

집현관에서

머리말

21세기 세계는 지식경제의 발전으로 창의경제(Creative Economy)가 그 핵심으로 대두되었다. 창의경제는 새로운 경제의 발전모델과 도시경제의 고급 모델로 점차 세계 여러 나라의 경제 연구의 중심이 되었다. 창의(Creativity)를 핵심으로 하는 산업조직과 생산활동인 '창의산업'(Creative Industry)에서 창의경제는 창의를 기본원동력으로 부의 발생, 문화의 축적, 고용창출, 도시의 발전, 기술개혁의 촉진 그리고 도시 및 국가의 경쟁력을 높이는데 중요한 경제 구동력을 발휘하고 있다.

현재 중국에서 창의경제와 관련된 교재는 아직 초기단계이다. 그러나 본서는 경제학, 상학, 관리학, 금융학 등의 전공자를 대상으로 개설된 전공과목으로 창의 경제의 인재를 배출하기 위해 수도경제무역대학교의 창의경제 연구를 종사하는 여러 전문가와 학자들은 공동으로 집필하였다.

본서는 관련 자료와 사례분석을 통해 창의경제의 이론적 발전체계, 창의경제의 생산조직, 교역시장, 소비특징, 창의단지의 발전 그리고 창의경제의 융자, 지식재산권의 보호, 인재의 양성, 창의지수지표 체계의 작성 등 창의경제와 관련된 분야들을 포괄적으로 심도 있는 분석을 하였다.

본서는 창의, 창의제품, 창의기업, 창의 무역, 창의소비 등에 대한 일련의 개념적 서술과 이론들을 체계적이면서도 논리적으로 서술하여 이의 이론체계를 수립하였다.

본서는 '창의'를 구현할 수 있도록 사례들을 삽입하였으며, 창의경제의 중요한 개념에 대해서는 관련된 지식링크와 사례분석을 하였다.

창의경제는 새로운 연구 분야로 이에 대한 이론 및 관점은 아직도 진행 중이므로 본서는 이에 대한 편파나 오류가 불가피함을 인정한다. 따라서 여러 전문가, 학자 그리고 독자 여러분들의 많은 지적을 부탁드립니다.

2008년 11월 8일

짱싼껑(蒋三庚) 외 공동저자

차 례

제1장 창의경제의 개요

제1절 창의경제 개념 ········ 3

1. 창의경제 — 신흥산업 · 4
2. 창의경제 — 새로운 경제형태 · 5
3. 창의경제 특성 · 6

제2절 창의경제의 역할 ········ 8

1. 창의경제는 당대 시장경제 발전의 중요한 원동력 · 8
2. 창의경제 — 새로운 직업계층 · 9
3. 창의경제 산업구조의 최적화 업그레이드를 촉진 · 10
4. 창의경제는 도시경제 지속적 발전의 고급형태 · 11

제3절 창의경제 이론체계 ········ 12

1. 창의경제이론 유래 · 12
2. 창의경제의 연구대상 및 연구목적 · 13
3. 창의경제의 이론 체계 · 14

제2장 창의 및 창의의 발생

제1절 창의의 개념 및 특징 ········ 23

1. 창의의 개념 · 23
2. 창의의 특징 · 25

제 2 절 창의의 생성절차 ········· 28

제 3 절 창의의 획득방법 ········· 30

1. 경 험 • 30
2. 고객의 요구 • 30
3. 적극적인 생활태도 • 31
4. 얼리어답터(Early Adopter) • 31
5. 공감 설계 • 32
6. 연구개발 계획 • 32

제 3 장 창의경제의 생산조직

제 1 절 창의제품 ········· 37

1. 창의제품 개념 • 37
2. 창조제품의 특징 • 39
3. 창의제품과 창의의 차이점 • 41

제 2 절 창의기업 특정과 분류 ········· 42

1. 창의기업의 특정 • 42
2. 창의기업의 분류 • 44

제 3 절 창의기업 조직형식 ········· 46

1. 오리지널 사업체화 • 46
2. 출판사업체, 신문기업 그룹화 • 46
3. 영화와 관련 기업 주식화 • 46
4. 보조기업 소형화 • 47

제 4 장 창의경제의 거래시장

제 1 절 창의적 경제 거래시장의 개념 및 특징 51
1. 거래대상의 무형성 • 51
2. 시장거래가치의 불확실성 • 53
3. 제품 사용권의 이전 • 54
제 2 절 창의경제 개거래시장의 분류 55
1. 제품거래의 목적별 구분 • 55
2. 창의제품의 업종별 구분 • 56
제 3 절 창의경제 거래시장의 수요와 공급 59
1. 창의경제 거래시장의 수요 • 59
2. 창의경제 거래시장의 공급 • 60

제 5 장 창의경제의 소비시장

제 1 절 신 경제시대 소비자 수요의 발전 트랜드 66
1. 현대 소비환경의 변화가 소비에 미치는 영향 • 66
2. 현대 소비자 수요의 발전추세 • 67
제 2 절 창의경제의 소비특징 71
1. 창의제품의 창의소비 • 71
2. 창의 제품의 소비특징 • 74
3. 창의경제의 소비특징 • 75
제 3 절 창의제품의 마케팅 전략 76
1. 시기마케팅 • 76
2. 조합마케팅 • 77
3. 유형마케팅 • 78
4. 개념마케팅 • 78

제 4 절 창의소비시장의 개발 — 산업가치사슬 전략분석 79
1. 위치전략 • 80
2. 확장전략 • 82
3. 집산 전략 • 82
4. 통합전략 • 83
제 5 절 창의경제의 마케팅 창신 전략 84
1. 창신경제 마케팅 조합창신 • 85
2. 창의 가치부호의 마케팅 • 86
3. 창의 수준의 마케팅 • 87
4. 창의 지식마케팅 • 87
5. 창의경제시대의 마케팅조직 창신 • 89

제 6 장 창의경제의 산업집단과 단지건설

제 1 절 산업군집 상관이론 95
1. 산업군집의 의미 • 95
2. 서양 산업군 이론 및 발전 • 99
제 2 절 창의산업 군집 103
1. 창의산업군집의 의미 • 103
2. 창신산업의 유형 • 104
3. 창의산업 군집의 특징 • 109
4. 창의산업 군집의 발전모형 및 동력 체제 • 114
5. 정책과 소프트웨어, 하드웨어 환경 • 120
제 3 절 창의 산업 단지 121
1. 창의산업 단지의 개념 • 121
2. 창의산업단지의 기능 • 122

제 7 장 창의경제의 융자

제 1 절 창의경제융자의 기본원칙 ········ 135
1. 융자프로그램의 실행가능성 연구 원칙 · 135
2. 융자규모의 최적화원칙 · 138
3. 융자원가 최적화원칙 · 141
제 2 절 창의경제의 내원성융자와 정책성융자 ········ 144
1. 내원성융자 · 144
2. 정책적 융자 · 151
3. 정책적 융자의 주의 사항 · 153
제 3 절 창의기업의 주권융자 ········ 155
1. 국내시장 주식발행 융자 · 155
2. 국제시장주식발행융자 · 158
3. 리스크투자 · 163
4. 재산권 양도 · 165
제 4 절 창의산업의 채권융자 ········ 166
1. 은행융자 · 166
2. 채권발행융자 · 172
3. 민간대출 및 금융리스 · 176

제 8 장 창의경제 및 지식재산권 보호

제 1 절 지식재산권 보호 개술 ········ 185
1. 지식재산권의 법률적 특징 · 186
2. 지식재산권 보호의 구성 · 187
제 2 절 창의산업의 지식재산권 보호 ········ 189
1. 지식재산권보호가 창의산업에 있어 갖는 의의 · 190

2. 창의제품 지식재산권 교역의 특징 • 194

제 3 절 창의기업의 지식재산권 관리 198

1. 창의성과 각 단계별 지식재산권 관리 • 198
2. 창의성과의 지식재산권 귀속 • 203

제 4 절 창의경제의 지식재산권 보호조치 209

1. 창의산업 지식재산권 보호 의식의 강화 • 210
2. 지식재산권 중요 업종의 확정 • 212
3. 창의기업의 지식재산권 관리 수준의 제고 • 215
4. 지식재산권 제도의 구축 보완과 창의산업의 발전환경 최적화 • 223
5. 지식재산권의 보호역량과 창의적 산업 발전의 관계 처리 • 229

제 9 장 창의경제 인재

제 1 절 창의인재의 특징 239

1. 창의인재의 개념 • 239
2. 창의인재의 특징 • 241

제 2 절 창의인재의 분류 243

1. 창의생산자 • 243
2. 창의전략자 • 244
3. 창의성과의 경영관리자 • 244

제 3 절 창의인재의 생성과 집합환경 245

1. 관대한 사회분위기 • 246
2. 도시의 인문정신 • 246
3. 도시생활 품질 • 246
4. 도시 브랜드 • 247
5. 정책법규 • 247

제 4 절 창의인재의 배양 체제 248

1. 창의교육 체제개혁과 복합형 인재 배양 • 248

2. 전방위 직업훈련체제의 구축 • 249

제 5 절 창의인재의 관리 251

1. 창신형의 기업관리 이념 구축 • 251
2. 관대, 자유, 평등한 의사소통 기업문화 • 252
3. 물질 격려와 정신 격려의 결합 중시 • 253

제10장 국내외 창의지수의 비교연구

제 1 절 창의지수의 개괄 259

1. 창의지수 • 259
1. 창의지수 • 260
2. 경쟁력 지수 • 262
3. 창의지수 • 263

제 2 절 미국 창의지수 264

1. 기술지수 • 265
2. 인재지수 • 266
3. 관용지수 • 267

제 3 절 유럽 창의지수 272

1. 유럽기술지수 • 272
2. 유럽 인재지수 • 275
3. 유럽 관용도지수 • 277

제 4 절 중국 홍콩지역의 창의지수 280

1. 중국 홍콩지역 창의지수의 편성 배경 • 280
2. 중국 홍콩지역 창의지수의 주요내용 • 280
2. 구조 및 제도 • 282
3. 인적자본 • 283
4. 사회자본 • 284
5. 문화자본 • 285

제 5 절 중국 타이완지역 창의지수 286

제 6 절 상하이 창의지수 296

1. 상하이 창의지수 체계의 구조 • 296
2. 상하이 창의지수의 계산방법 및 계산결과 • 299

제 7 절 베이징 창의지수 299

1. 베이징 창의지수의 총체적 구조와 지표 • 299
2. 베이징 창의지수지표의 계산 • 301
3. 베이징 창의지수의 특징 • 302

제1장

창의경제의 개요

학습요점

1. 창의경제의 개념
2. 창의경제의 특성 및 역할
3. 창의경제 이론의 기원 및 구성
4. 창의경제의 연구과제
5. 창의경제와 기타 경제의 관계

제 1 장 창의경제의 개요

21세기로 접어들며 "창의경제"(Creative Economy)가 세계 각 국가의 주목을 받는 핫이슈로 부상하면서 많은 경제학자, 관리학자, 심리학자, 사회학자 그리고 전략연구학자들이 이것에 관심을 갖게 되고 연구하게 되었다. "창의"(Creativity)에 관한 연구로부터 시작해서 창의를 핵심으로 이루어지는 산업조직 및 생산활동, 즉 "창의산업"(Creative Industry)으로 범위를 넓혔으며, 최종적으로는 창의를 기본적 원동력으로써 형성되는 경제형태 및 사회조직, 즉 "창의경제"(Creative Economy)를 연구하는 단계로 이르렀다. 시간이 흐를수록 창의가 인간의 지적 창조로써 부를 창조하고 문화를 쌓으며 경제 추진력의 역할을 하고 있다고 생각하는 사람들이 많아졌다. 뿐만 아니라 일자리를 창출하여 지속적인 발전을 촉진하는 동시에 기술의 혁신, 상업적 구조 재구성을 촉진함으로써 도시와 국가 경쟁력을 제고시키는 데 작용한다.

제 1 절 창의경제 개념

최근 경제 글로벌화 시대하에서 선진국들은 공업경제에서 지식경제로 전향하고 있다. 지식경제의 발전을 요구하는 가운데 창의경제가 싹트기 시작하였다. 경제학자 로머(Paul M.Romer)는 창의란 새로운 제품, 시장을 제공하고 부를 창조함을 통해 경제 성장을 촉진하는 원동력이라고 주장한다. 90년대에 영국은 창의경제의 발전을 통해 산업구조를 성공적으로 전향했다. 이를 시작으로 세계적으로 창의경제를 연구하는 트렌드가 생겨났다. 그러나 아직까지는 창의경제에 대한 구체적인 정의가 확정되지 않아 학자들 간 여러 의견이 나오고 있다. 지금까지의 연구결과에 따르면 주로 두 가지로 분류할 수 있다. 대부분의 학자들은 창의경제를 새로운 신흥산업이라고 주장하는 반면에 나머지 일부 학자들은 창의경제를 새로운 경제형태라고 주장하기도 한다.

1. 창의경제 — 신흥산업

영국은 1997년에 창의산업특별팀을 성립하였고 1998년에 ≪영국창의산업경로문서≫를 발표했다. 여기서는 창의산업을 '개체의 창조력 및 재능으로부터 지식재산권의 생성과 적용을 통해 부를 창조하고 취업률을 높이는 산업'으로 정의했다. 그 후 이 정의가 널리 알려지고 있었다.

연구가 깊어질수록 창의경제에 대한 이해 역시 그 범위가 넓어지고 깊어진다. 창의경제를 내용산업, 지적산업, 핵심산업 및 문화산업으로 여기는 주장도 있으며, 정부 및 연구자들도 이 개념을 인정하며 사용하고 있다. 그러나 지금까지 제기된 주장들은 모두 단편적이라는 제한이 있다. 창의라는 것을 독특한 산업현상으로만 보았으며, 생산방식의 하나로서 국민 경제의 모든 부문에 있어 보편적인 의미를 갖는다는 것을 배제하였다.

국제적으로 유명한 문화경제학자 호킨스(Hawkins)는 2001년에 ≪창의경제≫(The Creative Economy)에서 창의산업을 파생된 생산품이 모두 지적재산권법 보호를 받아야 하는 경제부분으로 정의했다. 호킨스에 의하면 지적재산권은 특허권, 저작권, 상표권, 의장권으로 나뉘고, 각각의 종류가 다른 창조성 생산품의 생산 적극성을 보호해 주는 목적으로 형성되어야 하며, 각 권리만의 법률과 관리기구가 있어야 한다. 지적재산권의 하위 요소들은 각각의 관련 공업과 연결되어 있으며, 바로 이 네 종류의 공업들을 통해 창조성산업과 창조성경제가 형성된 것이다. 호킨스의 이런 주장은 단순 산업이라는 개념을 넘은 것이다.

창의산업에 대한 이해의 차이에 따라 국가 및 지역별 창의산업의 분류도 다르다. 영국은 최초로 창의산업의 개념을 제시한 국가이다. 영국은 창의산업을 개체의 창조력 및 재능으로부터 지식재산권의 생성과 적용을 통해 부를 창조하고 취업률을 높이는 산업으로 정의했다. 즉 창조성과 지적재산이다. 2003년에 런던발전국이 발표한 ≪런던창신전략 및 행동계획≫에서는 창의라고 하는 것에는 하이 테크놀로지뿐만 아니라 21세기에 부가가치를 창출할 수 있는 모든 활동과 서비스부분을 포함해야 한다는 주장을 제시하였다.

홍콩에서는 창의산업을 창조성기술과 지적재산권의 개발 및 이용을 통해 사회문화적인 생산품 및 서비스를 생산하고, 판매와 관련된 경제적 활동을 통해 부를 창조하고 취업률을 높이는 일종의 생산체계로 본다. 창조력을 거래 및 사용가능한 서비스로 바꾸는 핵심이 지적재산권의 개발과 이용에 있다. 창의경제의 발전은 대개 지적재산권에 의존하는 것이다.

대만에서는 창업산업을 창의나 문화에서 나오고 지혜재산의 형성 및 운용을 통해 부를 창조하고, 취업률을 높이는 동시에 전체적인 생활환경을 제고하는 산업으로 정의한다.

유엔에서는 창의산업을 창의력과 첨단기술의 활용과 관련된 지적인 활동이며 그 성과물을 지적재산권으로부터 보장 해주는 것으로 본다. 창의산업 생산품과 서비스란 생산과 판매과정에서 텍스트, 부호, 이미지를 중심으로 하는 것이다.

2. 창의경제 — 새로운 경제형태

창의경제가 새로운 경제 형태라는 주장도 있다. [그림 1−1]에서 보는 바와 같이 미국 뉴잉글랜드에서 2000년에 발표한 ≪The New Ebgland Council, The Creative Economy Intiative: The Role Of the Arts and Culture in New England's Economic Competitiveness≫에서는 창의경제를 창의계층, 창의집단, 창의커뮤니티 세 부분으로 구성되며 지역경쟁력 및 생활수준을 제고하는 데 발전방향을 잡아주는 사회경제시스템이라고 정의한다.

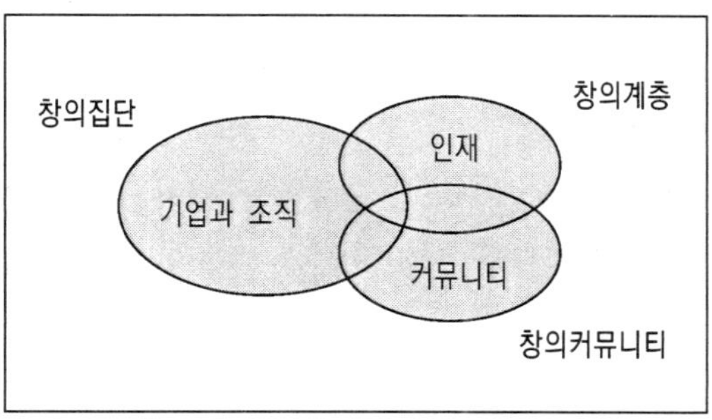

[그림 1–1] 창의경제 구성

출처: Gregory H. Wassall, Ph. DL: New England's Creative Economy: Employment Update. The New England Council. 2004.07, P8

미국의 학자 플로리다(Florida)는 ≪창의경제≫에서 경제영역을 창의, 제조, 서비스 부분으로 나누었으며 창의경제를 경제성장뿐만 아니라 인류 전체의 잠재능력을 충분히 발휘할 수 있게 하는 것으로 정의하였다.[1]

1 (미) 플로리다(Florida), 『창의경제』, 중국인민대학출판사 2006판

중국 학자들도 창의경제에 대해 깊게 연구하였다. 2007년 윤홍은 광의와 협의의 두 관점에서 창의경제를 정의했다. 광의적으로 보면 창의경제란 지적재산권을 이용하여 부를 창출하고 취업을 촉진시킬 수 있는 모든 창의적인 경제형태이다. 협의적으로 보면 창의경제란 사람의 창조력, 지혜 및 기술을 통하여 하이 테크놀로지와 부가가치를 갖고 있는 생산품 및 서비스를 생산, 분배, 소비하는 새로운 도시경제형태이다.[2]

주자염, 강기평은 창의경제란 문화산업의 내용 창의만을 의미하는 것이 아니라 광의의 지식을 생산요소로써 인터넷을 이용해 퍼지는 방식으로 빠른 속도로 사회생산력을 형성하며 부를 창조하는 것으로, 창의산업을 제외한 다른 경제형태를 포함할 수 있는 것으로 보았다.[3]

범지국은 창의경제를 정보자원에 기반으로 네트워크 기술자를 통해 디지털 및 네트워킹 생산방식의 가치를 창조하며 조직변혁과 제도혁신을 일으키는 경제형태로 보았다. 정보네트워크를 통하여 전통 창의산업을 제고하며 창의의 부가가치를 높이는 활동까지 포함시켰다.[4]

위의 학자들의 관점을 종합해 보면, 창의경제는 하나의 산업으로 봐도 되고 새로운 경제형태로 봐도 된다. 다만 새로운 경제형태로 볼 경우, 좀 더 광의적인 시각에서 이 개념을 이해해야 창의경제가 각국의 경제에 미치는 영향을 쉽게 볼 수 있게 된다. 본고에서는 창의경제를 지식경제가 발달되는 단계에서 사람의 창조력 즉 창의를 핵심으로 삼으며, 지적재산을 보호해 주는 것을 플랫폼으로 삼고, 현대과학기술을 수단으로 삼고, 창의를 유형화하여 생산품과 서비스에 문화적 부가가치를 부여한다. 시장경제 환경에서 생산·분배·교환 및 소비하는 과정을 통해 경제 경쟁력을 제고하며 생활의 질을 높이는 것을 발전 방향으로 잡는 신형 경제형태로 보았다.

3. 창의경제 특성

창의경제는 문화예술의 창조성이 경제를 촉진시킨다는 것을 강조한다. 대표적인 것이 두 가지가 있는데, 하나는 창의 자원이 경제성장의 중요한 요건이 된다는 점이며 다른 하나는 창의산업이 선도와 중견산업이 된다는 점이다. 창의경제는 현대도시의 발전과정에서 형성되어 활발해졌다. 경제발전의 원동력이 인간의 객체창조력, 문화예술 등 창의적

2 윤홍, 『창의경제: 도시경제 지속발전의 고급형태』, 청해사회과학 2007 제1회

3 주자염·강기평, 『창의경제 새 이론－중국란해폭풍』, 신성출판사, 2006

4 범지국·유지평, 『신 창의경제: 정보화와 창의산업의 결합』, 『기술경제와 관리연구』, 2007년 제6회

인 요소로 바뀌었을 때 창의경제가 저절로 형성되는 것이다. 객관적으로 인간과 자연 간의 공생, 인간과 인간 사이의 조화로움을 강조하는 것이다.

1) 창의경제의 핵심 — 창조력, 즉 창의

사람을 경제의 근본으로 삼고 지적인 자원에 의해 이루어지는 지식경제가 창의경제의 본질이다. 창의산업은 산업가치 사슬의 높은 층에 있다. 창의자본은 점점 토지, 노동, 화폐를 대체하며 경제발전의 핵심 자본이 되고 있다. 창의경제는 사람의 적극성, 자발성, 창조성을 충분히 발휘시켜 전체적인 발전을 촉진할 수 있다.

2) 창의경제의 실질 — 지적재산권의 점유와 거래

지적재산권은 창의자원 유형화의 매개체이면서 창의의 생산품화의 표현이다. 창의에서 지적재산권으로 전환되는 과정에서 창의는 단순한 의미를 넘어 창의경제로 발전하고 있다. 창의경제는 창의적인 경제이고 지적재산권은 창의작품으로부터 창의제품, 창의제품으로부터 창의생산품으로 전환시키는 도구이다. 창의경제의 실질은 지적재산권의 거래이다.

3) 창의경제의 핵심문제 — 창의의 합리적인 가격 규제

창의경제의 핵심문제는 창의라는 독특한 생산요소를 어떻게 합리적인 가격으로 정하는지, 즉 창의의 가격결정 메커니즘에 있다. 그러나 창의는 일종의 특수한 생산요소로써 시장의 직접거래를 통해 바로 정하기는 어렵다.

첫째, 창의의 비언어적인 특성이 있기 때문에 직접 시장거래를 할 경우 거액의 거래비용을 부담해야 하므로 직접 가격을 매기는 것은 창의의 의미를 전체적으로 반영할 수 없다.

둘째, 창의의 소유자가 창업하는 과정에서 창의의 불확실성은 극대한 마케팅 리스크, 생산 리스크, 재정리스크를 감수해야 한다. 아웃라이트거래는 창의 소유자가 감수한 리스크의 가치 과소평가를 해야 하므로 제대로 평가할 수 없다.

마지막 창의의 상호 보완성과 사회자원집약성이 사회자원을 재배분 및 통합함으로써 조직 임대료를 창출한다. 창의의 조직 임대료 수입은 기업의 생산과정에서만 형성되므로, 직접 시장거래는 이런 수입에 대해 정확히 계산할 수 없다.

직접 시장거래를 통해서는 창의의 가격을 매기기 힘든 이상, 다른 가격체제가 있어야 한다. 현실 경제생활에서 창의의 가격을 매기는 방법의 하나는 지적재산권 거래시장이라는 독특한 체제를 통하는 것이며, 다른 하나는 창의 소유자의 창의적인 활동 즉 창의 소유자 자신의 기업을 창립하는 것이다.

위에서 말한 바와 같이 창의경제의 핵심문제는 창의의 시장화, 즉 가격 매기는 것이다.

4) 창의경제의 원동력 — 문화예술의 창신

사람의 창조력의 표현 방식은 과학기술 영역에서는 발명이며 문화예술 영역에서는 창의이고, 경영관리영역에는 생산품이다. 협의의 범위로서의 창의는 문화, 음악, 미술 등의 문화예술 요소를 오리지널 창신, 집성창신, 도입 재창신하는 것이다. 창의활동이 문화, 예술 요소를 전통 제조업에 도입하며 생산품의 부가가치를 창출하는 것이다. 문화적 창의 요소가 생산품의 가치 중에 차지하는 비중은 물질 요소 보다 더 큰 것이며, 생산품의 한계 효용을 크게 만든 것이다. 경제, 문화 및 과학 기술 간의 교류 융합이 창의경제 역할을 발휘할 수 있게 하는 기초이다.

5) 창의산업 — 창의경제의 표현형식

창의산업은 사람의 창조력, 능력, 재능에서 나오고 지적재산권을 통해 사회의 부를 창조하며 직업 전망이 좋은 산업이다. 구체적으로는 광고, 건축, 예술 및 예술품, 다자인(특히 패션디자인), 영화, 음악, 공연예술, 출판, 소프트(특히 인터랙티브 레이저 소프트), TV, 라디오 및 창의생활 등의 산업을 예로 들 수 있다. 창의 산업화 및 산업창의화, 창의경제는 부의 증가와 일자리 창출 효과를 보여주고 있다.

제2절 창의경제의 역할

1. 창의경제는 당대 시장경제 발전의 중요한 원동력

창의경제는 자원의 재통합 기능을 갖고 있으므로 자원배분 방식의 발전을 하고 부를 증강시킬 수 있다. 창의경제는 당대 시장경제 발전의 중요한 원동력이다. 주로 다음과 같은 점에서 나타난다.

첫째, 창의경제는 창조력이 필요하다. 창의를 물질화하면 창의적 생산품이 나오고 수요를 창출할 수 있다.

둘째, 창의경제의 자원 재통합능력을 들 수 있다. 폭 넓은 창업활동이 기존 자원을 개발하고 이용하는 것을 촉진시켜 경제자원을 효율적으로 재통합하는 데 큰 의미가 가져오며 사회 물질적 부의 창조를 큰 폭으로 늘렸다.

셋째, 창의경제의 산업침투 및 확장력을 들 수 있다. 저작권, 특허권과 디자인이 핵심인 창의경제는 가치사슬에서의 유리한 조건을 이용해 사회의 기존 전체 산업에 침투하여 최종생산품의 가치에 따라 생산과정 전체의 가치를 부가시키는데 이것이 즉 가치사슬법칙이다. 산업의 분해 및 재조합 과정을 통해 전통산업의 혁신을 일으켜 산업의 업그레이드를 촉진시킨다. 또한 시장 경쟁력이 강한 창의물화생산품, 특히 문화 생산품은 명백한 스필오버 효과를 갖는다. 예를 들면, 전 세계에서 유행하는 한국드라마 열풍은 한국에 거액의 수출수익을 가져온 동시에 몇 가지의 스필오버 효과를 일으켰다.

먼저, 한국드라마 열풍은 시청자에게 한국 전통음식, 패션복장, 미용, 헤어스타일 등의 문화생활 영역에 대한 관심을 끌어냈다.

둘째로, 한국드라마의 열풍은 한국 관광산업 발전의 봄날을 맞이하게 했다. 세계 각국 여행사가 계획하는 "한국드라마 탐방"과 같은 여행코스들을 모두 인기를 얻었다.

마지막으로, 한국드라마의 파생생산품 역시 시장에서 잘 나간다. 예를 들면 특정 인기 드라마에 관련된 문화생산품 — 다큐멘터리, 애니메이션, 특집 프로그램과 같은 음반영상물 또는 게임, 화보집 등의 파생생산품은 시장에서 잘 나가고, 판매수익도 한국드라마 영상 그 자체보다 더 많다. 확실한 것은 인기 있는 드라마마다 상업적 도미노 효과를 일으킬 수 있다는 것이다. 한국드라마는 고부가가치를 창출 하는 것을 통해 감탄시키는 동시에 문화산업과 창의경제로서의 엄청난 매력을 보여주었다.

2. 창의경제 — 새로운 직업계층

창의경제시대의 창의는 경제, 사회 및 문화발전의 원동력이 되어 기업과 조직마다 창의력을 최대한 발휘할 것을 목표로 삼게 했다. 창의는 사회생산과 생활 과정에서 쉽게 볼 수 있다. 창의는 우리의 일상생활과 직장의 곳곳에 넘칠 뿐만 아니라 이미 현대사회의 큰 특징이 되었다. 창의경제가 일어남에 따라 창의력이 뛰어난 사람들끼리 특정한 구역에 모여 창의계층을 형성하게 되었다. 창의계층은 과학부터 오락까지, 뉴스부터 금융까지, 첨단제조에서부터 예술창조까지 다양한 산업에 종사한다. 창의계층 자신은 하나의 계급이라고 생각하진 않지만 같은 가치관을 가지고 있다. 특히 창의, 개성, 다원기교 및 재능을 중요시 한다. 일에 대해 열정이 있고 사업에 심취하는 성격에다가 남보다 뛰어난 관찰력,

상상력 및 집행력을 갖고 있는 것이 창의계층의 공통된 DNA이다. 창의력이 있을 뿐만 아니라 이미 갖고 있는 창의력을 발휘하여 자아실현을 이루는 것을 최대의 만족감이라고 본다. "창의는 생활의 질을 제고하고 생활은 창의를 완성시킨다". 창의는 점점 새로운 생활방식이 되었다 — 진정한 창의계층이란 창의종사자뿐만 아니라 창의생활의 실천자이기도 한다.

미국학자 플로리다는 『창의경제』에서 문화적 창의인력자본의 투입 산출 및 문화계층의 형성에 의해 창의산업이 빠르게 발전했다고 주장한다. 오늘날의 창의산업은 국민경제에서 지적자본을 이용해 문화서비스 및 문화생산품을 생산하고 유통하는 신흥 산업으로 표현되고 있다. 사실 이러한 생명력을 보여준 세계적 유명한 기업들은 대부분 창의력이 고도로 발달된 기업이다. 세계 유명한 기업가들도 창의력이 있으며 창의를 중요시하는 기업가이다. 연구에 따르면 광고, 건축, 레저, 소프트웨어, 음악, TV와 영화 등의 창조성 산업에 종사하는 사람들은 모두 고등교육을 받은 복합형 인재이다. 위의 결과를 보면 지적자본, 창신 및 새로운 정보기술간 복잡한 관계로 맺어져 있는 것을 알 수 있고, 또 창의인재가 창의산업 발전의 원동력이라는 결론을 내릴 수 있다.

3. 창의경제 산업구조의 최적화 업그레이드를 촉진

창의경제의 핵심인 창의는 산업구조를 최적화 업그레이드를 촉진하는 원동력이다. 산업간 각기 다른 자연변화의 과정이 산업구조변화의 주요 내용이다. 그중에서 제일 직접적인 표현은 주도산업의 변화로, 이는 산업구조변화의 주요상징이다. 산업구조 최적화 업그레이드의 근본적인 방법은 창조이다. 많은 연구사실에서도 나오는 것처럼, 한 산업의 기술창조 활동이 활발할수록 창의적 성과를 받아들이는 능력 및 융합능력도 강해진다. 또한 창조능력이 강할수록 창신적 성과의 상업화 및 산업화 속도도 빨라지고, 시장수요에 대한 적응력이 강할수록 산업발전 속도가 빨라지며 생산품의 부가가치도 높아진다. 창의의 산업화 과정 및 산업의 창의적 과정이 곧 창조이다. 창의산업의 기본 특성은 창조이며 창의산업의 관련효과 및 파급효과가 있기에 새로운 산업개혁, 심지어는 산업혁명을 일으키면서 산업구조의 돌변을 이룬다. 즉, 산업구조의 근본적인 조정과 업그레이드를 실현한다.

창의산업은 2차 산업, 3차 산업을 포함하며 현대 서비스산업의 중요한 구성이다. 그 핵심내용은 "창의산업화, 산업창의화"다. 창의산업의 원동력은 창의로, 창의를 행동으로 옮기면 창조가 된다. 과학기술 창조의 발전이 새로운 경제 발전단계로의 진입의 상징이다. 산업구조 최적화업그레이드는 세 가지 산업의 비율구조를 변화시킴으로써 3차 산업,

특히 현대 서비스업의 비중을 증가시킨다. 혹은 기술창조를 통해 전통산업에 문화적 요소 및 지적 요소를 추가하고 부가가치를 상승시킨다. 하이 테크놀로지는 창의산업의 중요한 특징이자 산업구조 최적화 업그레이드의 실현 방법이다. 과학기술 창조의 측면에서 보면, 창의산업을 발전하는 것이 중국 산업구조 최적화 업그레이드의 계기가 되어서 산업구조 조정 시기에 있는 창의산업 역시 전망이 밝다.

4. 창의경제는 도시경제 지속적 발전의 고급형태

창의경제는 지속적 발전의 속성을 갖고 있으며 도시경제 지속적발전의 고급형태이다. 아래와 같은 측면에서 볼 수 있다.

첫째, 창의경제는 지적 경제의 지속발전적 성격을 갖고 있다. 기계에 의존하는 공업경제에 비해 창의제품과 서비스는 디지털 창작생산 및 인터넷 전파소비가 특징이므로 생산과 소비 측면에서 저공간점용, 저에너지소모, 저오염배출 등의 장점이 있다. 또 한편으로 창의경제는 정보통신기술 및 디지털가상기술에 기초하므로 전통적 산업들을 창의를 통해 융합하게 된 것이다. 시공간의 거리를 좁혀주고 자원의 제약을 제거함에 따라 경제발전에 있어 자원에 대한 의존도를 감소시킨다.

둘째, 창의경제에서는 주체자원의 개발이 경제발전을 주도한다. 창의경제에서 사회의 부와 취업을 창출하는 것은 사람의 창조력, 기능, 재능과 같은 주체자원에 의해서만 할 수 있는 것이다. 공업경제시대의 창의나 창신 가치의 실현은 산업과 밀접한 관계를 갖고 산업 가치사슬의 중간층이나 하층에 더 집중하는 것이다. 또한 객체자원의 개발 및 경제발전을 주도한다. 지적경제시대에 들면서 과학기술의 고속발전과 소비수요에 대한 요구증가에 따라 산업발전의 전통적인 양상이 깨지면서 산업 발전의 갱신기간이 줄어들었다. 서방 선진국들은 자원위기, 에너지위기, 생태환경위기 등의 문제를 겪고난 뒤 창의생산, 기술개발과 같은 가치사슬의 상층에 있는 것을 더 중요시한다. 이에 따라 주체자원 개발이 핵심인 창의경제가 지속적 경제 발전전략의 선택 요소가 되었다.

셋째, 창의경제의 핵심자원 그 자체가 지속적인 성격을 갖고 있다. 창의경제의 핵심자원은 창의이다. 창의는 사람의 창조력, 기능, 재능과 같은 비 물질적 자원을 말한다. 근본적 원리에서 출발하자면 문제를 생각하는 능력, 질서가 없는 사물이나 서로 다른 사물에서 공통점을 발견할 수 있는 능력, 규칙을 깰 수 있는 능력, 미래 방안을 상상할 수 있는 능력들을 포함한다. 창의는 무형 지적자원이기에 지적재산권을 통해 유형화시킬 수 있다. 유한의 물질자원에 비해 창의 자원은 재생 가능하며 무제한이다. 창의자원의 독특성,

계승성, 비소모성, 유동성, 공유가능, 무한 부가가치 특성은 창의경제의 지속적 특성을 결정한다.

넷째, 창의산업은 친환경 산업체계의 중요한 구성이다. 친환경 산업체계는 고 지식함유량, 고 부가가치, 저 에너지소모, 저 오염배출, 자발적 창신 능력이 높은 유기적인 산업단체이다. 창의산업은 가치사슬의 상층에 위치해 지속적인 발전 가능한 친환경산업이다. 창의산업은 창의적인 산업이기도 하다. 전세계의 산업업그레이드 요구 하에 창의 돌파와 가치상승을 추구하는 결과이다. 제조업, 문화산업, 하이테크놀로지산업의 첨단부분 등을 포함한다. 현대 서비스업 신흥산업에 속한다. 창의제품 생산은 지식, 기술, 문화 등의 비물질적, 무형적 창의자원을 투입하는 한편 창의주체의 창조를 거쳐 고부가가치, 친환경 창의생산품을 산출하는 환경에 좋은 생산방식이다. 창의제품은 생태환경 약협악성, 자원이용의 고효율, 산업발전의 강 지속성, 경제발전의 강인도를 갖고 있다.

제3절 창의경제 이론체계

1. 창의경제이론 유래

창의경제는 문화산업에서 발전해 온 것이다. 문화는 인류 세계를 인식하고 개조하는 과정에서 쌓이는 역사적인 것이다. 1926년에 아명은 『기계복제시대의 예술작품』에서 처음으로 문화산업이라는 개념을 제시했다. 이때에는 사회실천이 이미 문화산업의 성격을 갖고 있기 때문에 문화산업의 시작을 볼 수 있었다. 20세기 후반 아도르노와 호르크하이머는 『계몽변증법』에서 문화공업의 개념을 제시했다. 그 당시 서방국가에서는 문화산업이 이미 완성단계에 이르렀으며 문화산업에 대한 학술적인 연구가 한층 더 심화되어 심지어 문화산업학이라는 새로운 학과가 형성되었다. 지금까지 80년을 거쳐 문화산업을 발전시켜온 역사가 있는 미국 같은 경우는 문화강국으로 발전했다.

정보기술이 상징인 현대과학 기술혁명은 새로운 산업의 발전을 일으켰다. 공업경제에서 지적경제의 마지막인 서비스경제로 변화하는 과정에서 현대과학기술이 계속해서 전통적인 문화소비방식과 생산방식에 충격을 주고 있다. 문화산업과 현대과학기술의 융합에 따라 새로운 경제형태, 즉 창의경제가 형성되었다. 창의경제는 현대화 기계대공업과 개성 표현의 완벽한 복합체이다.

창의경제의 또 하나의 중요한 이론적 기초는 독일 경제사 및 경제사상가 요제프 슘페터의 창의이론이다. 1912년에 슘페터는 창의란 내부 자신의 창조성의 변동에서 나온다고 이론을 제시했다. 내부에서 아웃된 것을 깨뜨리고 새로운 구조를 창조하는 과정을 통해 경제구조의 혁신을 완성한다는 것이다. 즉 창조적인 파괴이다(Process of Creative Destruction). 그는 동시에 현대경제발전의 원동력은 자본도 아니고 노동도 아니고 창의라고 주장했다. 1986년 유명한 경제학자 로에먼도 창의는 무궁한 새로운 생산품, 새로운 시장과 부를 창조할 수 있기에 한 나라 경제성장의 원동력이 된다는 이론을 제시했다. 1998년에 앳키슨과 커트는 한층 더 가까이 새로운 경제 즉 지식경제라는 이론을 제시하였다. 또한 창의경제가 지식경제의 핵심과 원동력이라는 것도 동시에 강조했다. 그 외에도 여럿 경제학자들은 창의산업에 대한 조사와 연구를 통해 창의산업 경제학이라는 새로운 학과를 창의하려고 하였다.

문화경제 이론학자 카이우즈는 창의산업이 제공해 준 생산품 및 서비스가 문화가치, 예술가치와 오락가치를 갖고 있다고 제시하였다. 책, 잡지, 비주얼 아트(유화와 조각), 공연예술(연극, 음악회, 무용), 음반, 영화와 TV, 패션, 완구, 게임 등은 모두 창의산업이 창조한 생산품 및 서비스에 속해 있다. 이에 기초해 카이우즈는 창의산업에서 일어난 경제활동은 당대 문화생산품의 수요공급 관계 및 생산품의 가격을 전반적으로 결정한다고 주장했다. 창의산업이 글로벌 경제·정치·문화 하의 새로운 발전구조에 적응하여 새로운 핵심요소를 잡아줄 수 있는 새로운 산업구성 경로를 만들었다.[5] 영국 창의산업의 아버지 호킨스는 『창의경제: 사람이 어떻게 아이디어에서 돈을 벌다』에서 창의산업을 그것의 생산품이 모두 지적재산권보장법에 속해 있는 경제부문으로 정의했다. 호킨스에 의하여 지적재산권은 특허권, 저작권, 상표권, 의장권으로 나뉘고, 이는 종류가 다른 창조성 생산품의 생산적극성을 보호해 주는 목적으로 형성되어 각자 자신만의 법률과 관리기구가 있어야 한다. 지적재산권의 하위 분류는 각 관련된 공업과 연결되어 있어 바로 이 네 개 공업들이 창조성산업과 창조성경제를 형성한다. 많은 전문가, 학자들이 여러 측면에서 창의산업의 함축적 의미를 통해 정의를 내리며 창의산업과 그 발전에 대한 이론적 기초를 다졌다.

2. 창의경제의 연구대상 및 연구목적

창의경제의 원동력은 창의계층의 창의이며 실제로는 지적재산권의 거래이다. 창의기업과 개인, 생산기업, 거래시장, 정부 및 사회 각 부가 같이 참여하여 형성되는 경제형태

5 (미) 카이우즈, 『창의산업경제학－예술의 상업화 비결』, 신화출판사, 2004

이다.

창의계층의 창의는 창의경제의 핵심적인 원동력으로, 선두 기업들의 성공 이유이기도 하다. 건축사, 디자이너, 작가, 화가들은 새로운 아이디어를 전통적인 문제에 접목하여 기술의 혁신 및 새로운 생산품의 출시를 이끌어냈다. 그들이 특정문화, 예술 기능의 훈련을 거쳐 예술, 문화 창의 요소를 포함한 산업들을 성공시킬 수 있는 사상가과 실천가이다. 직접 문화적 창의에 종사하지 않더라도 특정한 산업에서 창의적인 일을 할 것이다.

지적재산권은 창의경제의 플랫폼이다. 지적재산권이 없으면 창의계층의 창의성과는 그 매개를 잃을 것이며 창의적인 일을 종사하는 사람들의 권익을 보장해 줄 수 없게 될 것이다. 결국 창신하는 원동력, 즉 창의경제의 원동력을 잃게 된다. 이런 면에서 봤을 때 창의경제의 실질은 지적재산권의 거래이다. 지적재산권이 창의경제에서 근본적인 자리를 자치한다.

창의기업은 창의를 창의제품으로 물질화시키는 외재적인 힘이다. 창의제품은 시장거래를 통하여 가치를 실현함과 동시에 시장에서 되돌아온 정보들을 받아 새로운 창의의 영감을 얻게 된다. 새로운 창의도 창의제품의 생산, 교환, 분배, 소비를 촉진하며 경제의 발전을 이룬다. 창의경제의 활발한 상징은 창의산업의 발전이다. 즉 창의산업이 창의경제의 표현이다.

위에서 논의한 것을 종합해 보면, 창의경제는 창의산업을 연구대상으로 삼아 창의의 출현, 형성, 생산품화 및 물화된 생산품의 가치를 실현하는 과정이다. 창의경제의 연구목적은 창의경제의 형성이론, 창의제품의 생산, 거래 및 소비시장, 창의산업 집중지역의 특정과 발전 규칙을 연구하고 창의 인제의 육성함에 있다.

3. 창의경제의 이론 체계

창의경제는 서비스경제가 고급 형태로 발전하는 과정의 필연적 산물이며 도시경제의 고급단계이다. 도시경제형태는 공업경제에부터 서비스경제, 지식경제, 정보경제, 창의경제까지로 발전하는 변화를 거쳤다. 창의경제의 중심자본은 전통적인 경제형태인 화폐자본이 아닌 창의이기 때문에 다른 경제형태와는 달리 자본의 지속적인 순환이 가능하다.

1) 창의정보의 순환

창의경제의 근본은 창의의 생김이며 창의는 인간에 의해 생기는 것이다. 즉 창의경제는 인간을 중심으로 한 경제형태이다. 창의계층은 창의경제 활동에서 결정적인 요인이 된다. 창의자의 창의적 사고방식에 의해 새로운 영감을 받아 현대과학기술과 결합해서 독창적인 지적재산권을 형성한다. 지적재산권은 창의의 유형 매개이자 창의경제에서의 창의 생산품화의 표현형식이다, 현대 법률정책의 보장으로 지적재산권의 거래를 통하여 창의 자본과 전통적인 생산요소가 결합함에 따라 독특하고 창의적인 생산품과 서비스가 창조된다. 고도로 발달한 시장경제에서 그것의 시장 가치를 실현한다. 동시에 시장에서 되돌아온 각종 정보를 받아 창의를 종사하는 사람들의 새로운 영감을 자극한다. 창의정보의 이러한 형성, 실현, 피드백, 자극 지속적인 순환과정이 창의경제의 독특한 매력이자 다른 경제형태와의 구별되는 기본 성격이다.

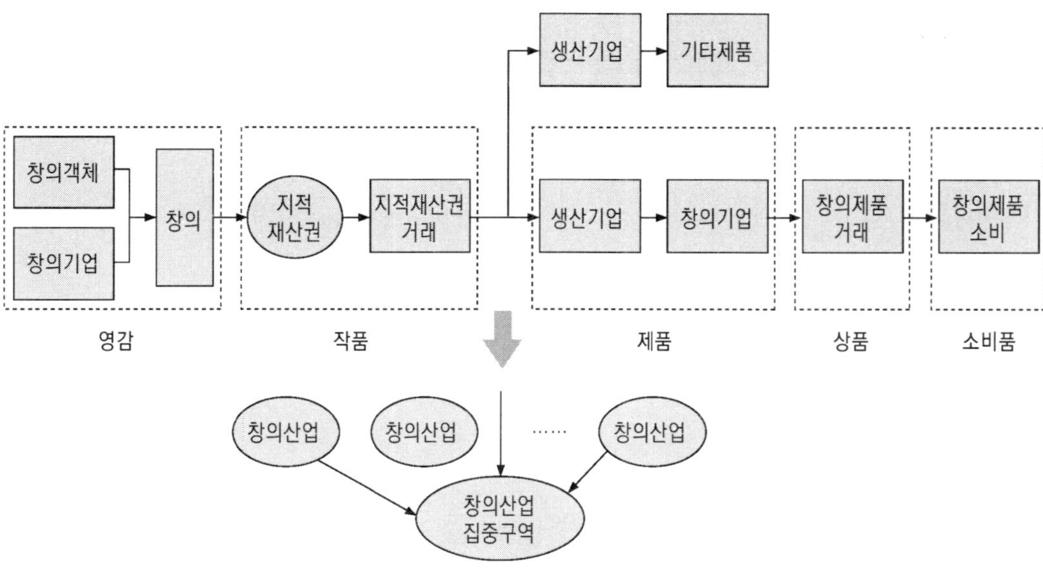

[그림 1-2] 창의정보 순환

2) 창의경제의 형성

창의의 형성은 사람에 의해 이루어지지만 인력자본만으로는 충분하지 않다. 인력자본이 문화, 과학기술, 사회 등의 기타 요소와 결합해야 좋은 창의를 나올 수 있다. 창의와 창의의 발생이 창의경제체계의 핵심이다.

좋은 창의만 있다고 해서 사회의 부를 창출할 수 있는 것은 아니다. 시장경제가 고도로 발달된 오늘날에 창의를 생산품화해야 경제의 발전을 촉진할 수 있으며 새로운 창의의 형성을 보호할 수 있다. 지적재산권의 형성이 창의 생산품화의 기초를 다졌다. 지적재산권의 거래 본질은 시장을 통해 특정한 생산요소에 대한 적당한 가격을 매기는 것이다. 지적재산권의 점유와 거래는 창의경제의 실질이자 창의의 첫 번째 도약이다. 창의활동은 지적재산권 간의 거래를 통해 질 높은 창의를 서로 다른 생산자 간에 이동할 수 있다. 이는 다른 생산요소들과 결합해서 실제로 존재하는 생산품과 서비스로 전환된다. 이는 창의의 두 번째 도약이다.

위에서 말하는 창의는 두 차례 도약하기에 창의가 물화되고 소비자들은 생산품과 서비스를 실감하고 피부로 느낄 수 있다. 창의의 생산, 교환, 분배와 소비 같은 사회경제 순환과정도 이에 의해 이루어진다. 시장 활동이 커짐에 따라 창의산업이 형성된다. 창의가 핵심인 각 창의산업이 모여서 다양한 창의공업인구가 나타난다. 이런 순환과정이 있었기에 전통적인 공업경제와 서비스경제가 고부가가치, 침투성 강한 창의경제로 전환된다.

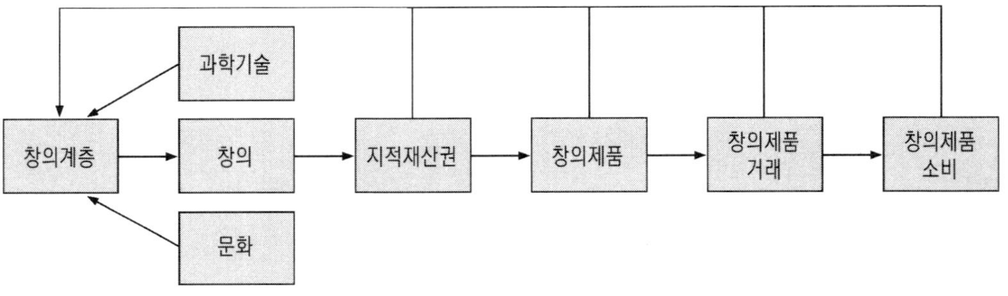

[그림 1-3] 창의경제의 형성

3) 창의경제와 기타 경제형태 간의 관계

창의경제는 지식경제와 정보경제의 결합체이다. 창의경제가 지식경제를 떠나서는 안 되고 정보경제를 떠나서도 안 된다.

(1) 창의경제와 지식경제

창의경제는 지식경제가 고급단계로 발전하는 과정의 최종산물이다. 지식경제 중 부가가치가 가장 높은 것은 창의 다자인이 핵심인 생산영역, 특히 예술미학 창작에서 발생되는 디자인이다. 지식경제는 창의공업에서 촉진되는 힘이 필요하다. 지식경제 환경에서 지식이란 자원은 지혜와 창의에 의한 창조 및 가공을 거쳐야 사회의 부로 전환된다. 따라서 창의는 개인이나 조직의 부를 얻는 방법일뿐만 아니라 창의경제의 생존 및 발전의 기초이다. 지식경제에 접어들면서 지식자원이 창의를 통해 부로 전환될 수 있기 때문에 지식경제의 발전에 따라 창의경제는 반드시 일어나며 계속 발전하는 법이다.

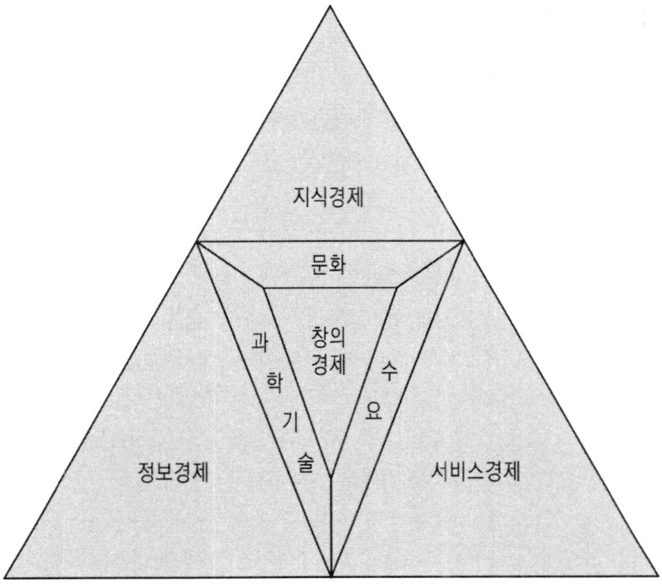

[그림 1-4] 창의경제와 기타 경제의 관계

(2) 창의경제와 정보경제

정보경제시대에서 정보 생산품은 반복사용에 의해 가치가 높아진다. 개체의 창의적인 생각이 인터넷을 통해 세계의 모든 국가에 전파되게 된다. 따라서 문화의 앞에 닥치는 가장 큰 문제는 어떤 가치를 창조할 수 있는가에 있다. 문화창의는 현대 정보경제의 성공에 있어 중요한 요소다. 각 국가마다 가진 자신만의 다양한 미디어산업, 지능산업 및 소통할 수 있는 예술들을 통해 문화가 발전한다. 사상이 자본으로 변할 때 창의가 경제의 핵심이 된다.[6]

(3) 창의경제와 서비스경제

기술 진보 및 산업구조의 변화에 따라 사회경제형태가 제조경제로부터 지식과 기술을 기초로 한 서비스경제로 변화하였다. 창의경제는 과학기술과 문화 결합의 산물이며 서비스경제의 성격을 제대로 반영하였다. 다시 말해 창의경제는 현대 서비스경제 발전의 고급 형태이다.

---

6 Shalini Venturelli, 『From the Information Economy to the Creative Economy Moving Culture to the Center of International Public Policy』, http://tech.sina.com/it/2006-06-21/17531001786.shtml

사 례 중국 송장 — 창의경제의 매력

송장은 북경 통주구 북쪽의 십리장가 동쪽에 있다. 천안문과 거리상 불과 24km 떨어져 있으며, 동북 및 환발해지역과 북경을 연결시키는 중요한 육로 교통로이다. 북부는 총면적은 115.929㎢, 행정지역은 47개로 구성되어 있으며, 인구수는 10만에 가깝다. 온유하와 조백하 중간에 있는 송장은 평야지대이며, 녹지율은 33%이다. 또한 북경지역의 중요한 수자원보호지이다. 1995년 전에 송장은 그냥 북경통주구의 평범한 마을이었다.[7] 1995년 원명원 근처에 모인 예술가들이 정부 정책에 따라 본래 거주지를 떠나 송장에 모이기 시작했다. 이에 이어 예술가들이 많아짐에 송장도 소문이 났다.

2006년까지 송장의 예술가의 수는 1,000명을 넘게 된다. 예술가들은 주로 소보촌을 중심으로 탄리, 대흥촌, 시점, 라마촌, 임장, 북사, 소양장, 백묘, 경각장 등의 지역에 집중적으로 모였다. 그중에 소보촌에 거주하거나 창작에 종사하는 예술가의 수는 230명으로 송장 예술가 수의 1/4를 차지하였다. 전통 마을의 연결고리는 혈통인 것과 달리 순수예술 집중구역의 연결고리는 예술이다. 송장의 예술가들은 서로 다른 중국 지역에서 왔다. 2006년에 205명의 송장 예술가들에 대해 연구한 결과 중국 29개 성/직할시/자치구(〈표 1-1〉)에서 올라온 것으로 나타났다. 한편 소보촌의 110명의 예술가들은 중국 24개 성/시/자치구에서 왔다.

〈표 1-1〉 송장예술가 출신지역

지역	인수	지역	인수	지역	인수	지역	인수	지역	인수	지역	인수
허북	35	호북	11	안휘	5	광서	4	복견	2	천진	1
북경	22	길림	10	산시	5	강서	4	신장	2	티베트	1
산동	17	강소	9	호남	5	절강	4	산서	2	중경	
흑룡강	17	요령	8	귀주	5	내몽골	3	닝하	1	대만	
사천	12	감숙	8	허남	5	상해	2	광동	1		

자료: 孔建华, 『北京市宋庄原创艺术与卡通产业集聚区集聚区研究』, 北京社会科学 2007 제3회

예술가들이 대규모로 모임에 따라 송장은 화가촌으로 불렸다. 본래 단순히 예술가들이 거주하면서 모인 형태로, 순수예술가, 갤러리, 비평가, 매니저들이 공통으로 만든 예술집중지인 것이다. 지금의 송장은 공업 건축과 민가가 공존하는 마을이다. 내부에는 현대예술스타일의 송장미술관, 동구예술중심, 상상미술관과 예술가가 독립적으로 창립한 작업실들이 있다.

10여 년의 발전을 거쳐 송장에는 현재 현대예술작품의 창작, 전시, 거래, 서비스를 일체화하는 연간 생산액 2.5억원 이상의 예술품 시장체계가 형성되었다. 해당 관련 산업과 서비스산업 및 인프라도 빠른 속도로 발전하고 있다. 2006년에는 중국 최대 애니메이션기업인 산신카툰집단 북경본사와 제작지가 공식적으로 송장에 들어왔다. 송장은 창의산업 발전의 새 단계를 맞이하였다. 〈표 1-2〉는 송장예술가의 일부 작품들의 경매, 거래상황이다.

---

7 孔建华, 『北京市宋庄原创艺术与卡通产业集聚区集聚区研究』, 北京社会科学 2007 제3회

〈표 1-2〉 송장예술가 일부분 작품의 경매, 거래상황

회사	아티스트	작품	가격/만원
가덕	방력군	2005.3.15., 2005년작품	93.5
가덕	양소빈	死硬分子 , 2003~200년4작품	103.4
가덕	악민군	无题-1, 2003년작품	91.3
가덕	왕광의	可口可乐,1993년 작품	93.5
가덕	유위	爱情系列,	27.5

자료: 孔建华,『北京市宋庄原创艺术与卡通产业集聚区集聚区研究』, 北京社会科学 2007 제3회

송장에는 천명에 가까운 예술가들이 있다. 유명한 비평가와 중국현대예술의 대표인물들이 송장에 10년 넘게 생활하거나 작업을 하며 송장 순수예술집중지역의 형성을 인도했다. 90년대부터 나타난 "경시주의", "정치팝", "염속예술"의 주요 대표인물들이 모두 송장에 있다. 일부 송장예술가들은 성공적으로 세계예술 트렌드에 융합하게 되었다. 어떤 비평가들은 송장은 당대예술영역에 있어 세계화 정도가 중국전체로 봤을 때 더 높다고 논의했다. 예술가들이 모여든 과정에서 예술창작에 있어 필요로 하는 원재료 공급, 갤러리, 에이전트 기구의 창립과 발전이 산업집중지역의 발전을 가속화시켰다. 소보촌의 예를 들면 1994년에 마을에서 매점이 4개 있을 뿐이나, 2006년에는 무려 슈퍼마켓 8곳, 레스토랑 46곳이 새로 생겼다. 예술가 한 사람당 해마다 2만 위안을 소비하는 것으로 계산하면 1,000명이 넘는 예술가들이 송장에서 2,000만 위안의 소비를 촉진하였다. 1,000개의 일자리를 만들었을 것으로 예상된다. 2006년까지 소보촌에는 갤러리 8곳, 면적 1,590㎢, 미술용품 매점 2곳, 면적 590, 장식, 면적 200㎢, 공공전시용도로 사용하는 총면적 14,500의 송장미술관, 동구예술센터, 상상미술관도 2006년 10월에 마련되었다.[8]

2006년 10월 30일에 북경시정부는『창의경제발전을 촉진하는 여러 정책』을 공포하였다. 이 정책에 따르면 정부는 창의산업 집중지역의 건설을 적극적으로 지지한다. 2006년에 북경시의 창의산업발전을 위해 전문적으로 설립한 자금도 2/3 산업집중지역이 차지하였다. 2006년 12월 8일 북경시가 첫 번째로 지정한 창의산업 집중지역 10곳은 과학기술 및 창작 강조하는 곳이다. 과학기술이 중권촌 창의산업선도기지를 대표로 한다. 창작은 송장 순수 예술과 카툰산업집중지역(송장화가촌과 삼신 애니메이션산업기지)를 대표로 한다. 오늘날의 송장 순수예술과 카툰산업집중지역은 세계적으로 유명한 순수창작예술집중지역인 프랑스의 바르비종, 미국의 SOHO, 독일의 다하우, 보릅스베데와 비교할 수 있을 정도로 이미 중국 최대의 순수창작예술가 모임 지역으로 발전하였다.

8 중국송장홈페이지(www.chinasongzhuang.cn)

연습문제

1. 창의경제의 의미와 주요특징은 무엇인가?
2. 창의경제가 각국 경제발전에 어떤 역할을 하는가?
3. 창의경제의 연구대상은 무엇인가? 이에 대해 어떻게 이해하는가?
4. 창의경제는 어떻게 이루어지는가? 송장의 사례를 결합하여 창의경제의 이루어지는 과정에 대해 논의하시오.

제2장

창의 및 창의의 발생

학습요점

1. 창의의 개념
2. 창의의 특징 및 분류
3. 창의의 생성절차
4. 창의의 획득방법

제 2 장 창의 및 창의의 발생

창의경제의 핵심은 창의이다. 창의가 무엇인지, 창의의 보편적·공통적인 특징이 무엇인지는 창의경제를 이해함에 있어 불가피한 문제이다. 창의의 본질을 알아야 더 나아가 창의가 어떻게 생기는 것인지, 생성 메커니즘이 무엇인지 연구하도록 한다.

제 1 절 창의의 개념 및 특징

1. 창의의 개념

중국어에서 창의는 새 단어이며, "창"은 문자 그대로 역사상 없던 사물을 창조하는 것이며 "의"는 생각, 의식 즉 사유를 뜻한다. 이에 따르면 창의란 창조성 사유를 말하는 것이다. 영어의 "Creative"는 "창의"를 뜻하며 창조, 창건, 조성은 창의의 본의이다. "창의"의 표면상의 뜻을 보면 의상을 창조한다는 뜻이며 직관적으로 말하면 우리가 평상시에 말하는 "아이디어", "방법" 혹은 "생각"이다. 창의는 관례사유를 깰 수 있고, 유일하며 일반인은 의식하지 못하는 이치에 맞는 사물을 구상하는 것이다. 창의는 한 사람의 영감을 통해 일상생활을 관찰함에 따라 발생하는 창조력이다. 따라서 이러한 면에 있어 창의는 본질적으로 일종의 사유능력이나, 모든 사유 활동이 창의는 아니다. 창의는 일종의 감성적인 생산이라고 말할 수 있다. 이성적인 대명사로서의 생산 자체에 대한 지양이며 심미, 관념, 감각 등의 감성의 생산이다. 예컨대 영화의 창작을 들 수 있다. 좋은 대본의 창의, 배우의 대본에 대한 연역은 겉으로 보기에는 영화의 유형적 실체이지만, 그 존재의 진정한 목적은 소비자들에게 내면세계의 감동을 가져오는 것이다. 예컨대, 시청자의 공감을 불러일으키는 것이다. 따라서 창의는 소비자들에게 마음속의 감정 체험에 영향을 주기를 바라는 사유 활동이다. 다른 예를 든다면 패션디자인을 들 수 있다. 패션디자인 창의는 소비자가 갖는 패션에 대한 기본적인 수요를 넘으며 소비자들의 더 높은 수준의 정신적 수요를 만족시켜 소비자들에게 자아실현과 자기표현의 감동을 가져다준다.

창의는 인간의 자아실현의 수요를 만족시키는 데에 있으나 자아실현의 더 많은 수요는 마음속의 감동이다. 그러므로 인간의 자아실현의 수요를 만족시키기 위해서야만 끊임없는 창의가 나타나는 법이다. 단지 살아가기 위해서라면 건축디자이너는 탄생하지 않을 것이다. 바로 인간이 자아가치의 실현을 추구하기 때문에 현대 건축디자이너가 오늘날 우리가 살고 있는 다채로운 세계에서 가지각색 스타일의 제각기 다양한 건물을 창조한 것이다. 이 의미에 있어 건축디자이너의 창의가 사람들의 마음속의 감동을 만족시킨 것이기도 한다.

창의는 인간행위의 중요한 구동력으로서 철학가, 사회학자, 예술가의 관심을 끌고 있다. 고대 인류 사회의 문명에서부터 현대 첨단기술의 발전은 창의 문제와 관련된다. 그러나 과거 경제학자들은 창의에 대해 관심이 별로 없었으며 창의에 관한 경제학이론은 창의와 과학의 발명에만 관심이 있었다. 슘페터가 창의를 연구하기 시작해서야 창의가 경제학자들의 관심을 받게 되었다.

일찍이 국제문화경제학회 회장을 역임한 오스트레일리아 학자 Throsby는 최초로 창의경제학(Economics of Creative)의 개념을 제기하며 창의행위를 모델화한 학자이다. Throsby(2001)가 "창의"의 정의를 내린 것은 17, 18세기의 서방국가의 창의천재(Creative Genius)에 관한 저술로부터 거슬러 올라간다. 이 저술에서 Genius를 일종의 사유방식으로써 간주했다. 학자 Duff는 1767년에 창의의 주요 구성을 세 방면으로 정의했다. 첫째는 상상력으로, 기존의 생각을 받아들이고 새로운 생각을 창조하거나 여러 가지 생각을 유기적으로 결합하는 능력이다. 둘째는 판단력이다. 상상력을 규범하고 지배하여 그것에서 나오는 여러 가지 생각을 정리하는 능력이다. 셋째는 품위로, 예술가에 내재된 민감성이다. 이 민감성은 고상과 비열, 미와 추, 장중과 골계를 구분하는데 쓰이게 된다.

넓은 의미로 말하자면 창의는 머릿속에 담긴 일종의 사유와 유형의 창작을 가리키는 것이며 협의로는 유형의 창작만을 가리키는 것이다. 본고에서는 특별히 지칭을 하지 않을 경우의 창의는 협의로서의 창의를 의미한다. 창의자 머릿속의 사유가 창작의 원천이다.

2. 창의의 특징

1) 창의의 기본특징

창의의 기본특징은 3가지가 있는데, 관련성(Relevance), 독창성(Originality), 충격성(Impact)이 그것이다.

(1) 관련성

관련성은 창의가 생산품, 소비자, 경쟁자와 관련되어야 한다는 것을 요구하고 관련성이 없는 창의는 의미를 갖지 못하게 한다. 창의는 실천에서 나오며 누구도 근거 없이 터무니없는 것을 생각하지 못한다. 기초 없는 창의는 불가능하다. 인간의 창조력은 현실에 기반하여 현대사회의 요소, 예를 들어 문화·예술·과학 기술·관념·법률·자본 등을 흡수하고, 자신의 사유능력을 결합하여 심사숙고하여 눈과 귀가 확 트이는 창의를 만들어 낸다. 창의는 반드시 의미 있는 것이어야 한다. 다시 말하면, 창의에 현실적인 기초가 있더라도 실제적인 의미가 없으면 쓰레기처럼 가치가 없을 수밖에 없어 시장의 검사를 감당해내지 못한다. 따라서 창의는 반드시 수요와 관련되어야 하며, 이는 [그림 2-1]과 같이 나타내 볼 수 있다.

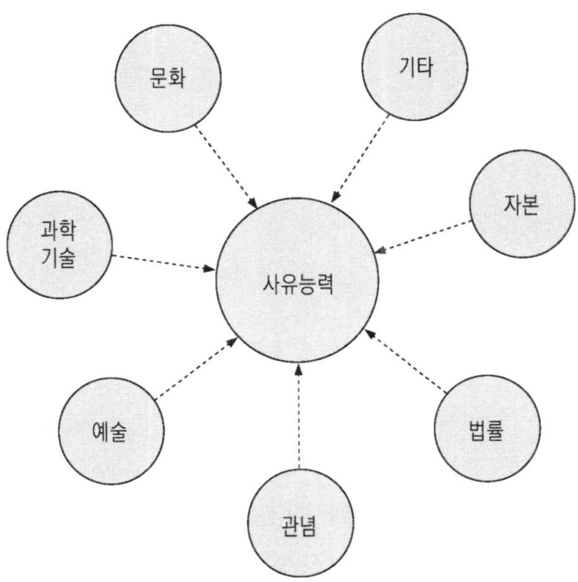

[그림 2-1] 창의의 관련성

(2) 독창성

독창성은 창의가 관례를 돌파함을 통해 독특할 것을 요구한다. 창의가 독창성이 없다면 흡인력과 생명력이 결여되므로 "창"이라고 할 수 없게 된다.

(3) 충격성

충격성은 창의에 인간성이 깊이 들어가고 소비자의 마음에 충격을 줄 것을 요구한다. 광고에 충격성이 없다면 소비자에게 깊이 인상을 남기기가 힘들 것이다.

좋은 창의는 관련성, 독창성과 충격성 간의 관계를 잘 처리해야 한다. 좋은 창의표현이란 관련성, 독창성과 충격성 간의 관계를 아울러 고려할뿐더러, 결정적으로 이 세 가지 특징 간 관계의 균형을 맞게 하는 것이다. 간단하게 말하면, 관련성은 창의를 맞게 만들고 충격성은 창의를 좋게 만들며 독창성은 창의를 다르게 만드는 것이다. 일반적으로 충격성과 독창성은 "정관계"로 서로 보완하고 도와서 일을 완성하는 특성이나, 관련성과 충격성 혹은 독창성은 "역관계"이다.

2) 창의의 외연

창의는 과학기술과 문화예술을 결합하는 창조이다. 이러한 결합의 역량이 나타남에 따라 인간의 과학에 대한 기계적, 교조적인 인식이 바뀐다. 이는 과학이 무생명적, 기계적, 이성적, 정확한, 계량화할 수 있다는 과거 인식에 있어 큰 충격이다. 이를 통해 인간은 과학이 감성, 예술 기질 및 미학을 포함한다는 것을 재인식하게 된다.

(1) 창의는 한 가지의 사유능력으로 한다

창의는 인간의 주관 사유 활동의 결과로, 무엇보다 일종의 사유능력이다. 미국의 유명 광고업자 James·W·Young은 창의는 기존의 요소들을 새로 조합할 뿐이라고 말했다. 이 주장은 창조성 사유 활동의 본질을 제시한다. 창의경제의 핵심요소는 창의이고, 창의의 핵심요소는 아이디어맨이다. 아이디어맨의 핵심요소는 창조력이며, 창조력은 사유의 산물이다. 따라서 창의는 일종의 창조성 활동이라고 할 수 있다. 창의사유에는 발산사유, 집합사유, 역방향적 사유 및 순방향적 사유 등이 포함된다. 그러나 창의란 근거 없이 날조하거나 없던 사실을 날조하는 것이 아니다. 발산사유, 집합사유, 역방향적인 사유 및 순방향적인 사유 등의 그 어떤 사유든 모두 생활경험에 근거하여 창조적인 예술 구사를 통해 정통한 지식을 재구조 하는 것이다. 그리하여 사람들에게 익숙한 요소들을 낯설게 함으로써 예치지 않은 효과를 달성하게 하는 것이다. 예컨대, 광고 창의 영역에서 "구 원소, 신조합"의 창의이념은 더욱 대중의 마음속에 깊이 자리 잡게 된다.

창의의 본질은 사유패턴·사유습관을 바꾸거나 전복하는 데에 있다. 창의의 사유방법으로는 우리가 상투적으로 사용하는 사유방법보다는 전통사유와 상반되는 역방향적인 사유 혹은 발산사유가 더 많이 사용된다. 남다르거나 예치지 않은 것을 창조하려면 남다르고 예치지 않은 사유방법이 필요하다. 창의는 비정상적인 상태이고 예치지 않는 것이다. 예컨대, 면도기는 남성 전용의 물건이라는 정상적인 상태로 생각한다면 남성이 광고를 해야 할 것이다. 그러나 미국 JWT 광고회사에서는 Warner-Lambert사가 생산하는 면도기를 광고하기 위해 민감성 피부인 남성을 위한 전문적인 면도기 광고를 구상하였다. 이에 창의는 면도용 거품제를 잘나가는 여성 모델의 턱에 바르다는 예기치 않는 구상을 했다. 이어서 이 여성 모델이 턱에 있는 거품으로 능숙하게 면도하면서 턱이 바로 가장 민감한 부분이라고 말한다. 젊은 여자도 쓸 수 있는데 하물며 민감성 피부를 가진 젊은 남자가 쓰더라도 두려워 할 필요가 있을까 싶게 한다. 광고가 절대적으로 성공했다. 이는 바로 역방향적인 사유방법을 사용한 것이다.

(2) 창의는 한 종류의 문화 활동이다

다른 면으로 보면 창의는 한 가지의 문화 활동이다. 창의경제는 문화산업에서 변화되어 나온 것이며 어떤 의미에서는 문화생산의 일종 형태라고 할 수 있다. 초기의 창의경제는 창의 산업이라고 했다. 이는 창의경제와 문화산업의 연원관계를 암시하는 것이다. 창의는 창의경제의 핵심으로서 당연히 문화생산의 기본활동이기도 하다. 전통적인 미학과 문예 이론에서는 창의 또는 독창성을 예술가 또는 예술창작의 독특한 특질로 삼고 있다. 그러나 현재의 창의는 이미 본래의 예술가의 창조성 혹은 독창성이라는 울타리를 돌파했다. 창의에는 예술가가 예술작품을 창작할 때 사용하는 독특한 영감, 묘한 말, 마음, 생각을 포함될 뿐만 아니라 남들과는 다른 독특한 창의를 함께 나누는 판매, 마케팅, 소비, 그것의 가치를 이루는 유통방식까지도 포함된다. 따라서 창의는 한 가지의 문화 활동으로써 당연히 문화투자, 문화경영, 문화생산품무역 심지어는 문화보호 등의 일련의 경제활동이 포함되는 개념이다.

(3) 창의는 한 가지의 생산요소이다

창의는 시장경제에서 한 종류의 특별하며 중요한 생산요소이다. 경제운영의 시점에서 분석해 보면, 창의경제는 창의를 원천으로 하여 창의의 상업화·시장화 운영을 하며, 독특한 운영방식을 갖는 일종의 경제 형태이다. 창의는 창의경제의 "원"과 "핵"이며 창의경제를 추진하는 첫 번째 추진력 및 주도요소이다. 창의란 경제주체가 창조성 사유활동을 통해 얻는 특정 잠재적 이익을 얻는 기회에 대한 독창성의 식별과 인지를 의미한다. 이는 독창적인 지식의 일종으로, 어떤 아이디어가 될 수도 있고 어떤 계획 또는 해결방안이 될 수도 있다. 또한 특정한 신발명 혹은 신기술의 마음속 감지일 수 있고 새로운 요소에 대한 조합방식, 새로운 상업패턴 혹은 새로운 시장수요에 대한 앞을 내다보는 판단과 날카로운 통찰일 수도 있다. 시장경제의 발전에 따라 특히 사회적 분업이 부단히 깊어지면서 창의는 인력자본에서 분리되어 상대적으로 독립했고 더욱 더 중요해진 생산요소의 일종이 된다. 특수한 일종의 생산요소로서 창의는 보통의 우성화, 코드화된 지식과 달리 말하기 어려운 특성, 불확실성과 상호보완성 등의 선명한 특징을 가진다.

첫째, 창의의 말하기 어려운 특성은 모종의 관념, 아이디어, 영감 등 비표준적, 정확히 묘사하거나 표현할 수 없는 점에 있다. 또는 창의의 발생은 개인의 체험, 직각의 통찰력에 달려 있으며 충분히 교류하기 어려운 점에 있다.

둘째, 창의의 불확실성은 창의의 사용 가치와 가치를 실현하는지 알 수 없는 특성에 있다. 모종 창의는 모종 현실적인 물질제품과 서비스로 전화될 수 있는지, 이 현실적인 물질제품과 서비스가 시장에서 사용될 수 있는지 등 대부분의 사항은 사전에 알 수 없는 것들이며 최종적으로 시장 검증을 통과해야만 명확한 답을 얻을 수 있을 것이다.

셋째, 창의의 상호보완성은 기존 지식에 기반한 일종의 증분지식에 있다. 이는 분열지식이며 인류사회의 지식분업에서 깊어지는 것이다. 이것 자체가 직접 현실생산력으로 전화될 수 없다. 기존의 각종 관련 지식 및 각종 스타일의 요소자원과 유기재배가 결합하여 정도의 차이를 보이며 변환을 발생해야 효과적으로 자신의 사용 가치를 발휘하게 된다.

제2절 창의의 생성절차

창의의 생성은 지혜의 표현이며 심리학·인지 과학의 범위에 속한다. Green(2001)에서는 "5I"라는 창의 프로그램을 제기하며 아래와 같이 5개 절차를 소개한 바 있다.

첫째, 정보(Information)이다. 기존 정보에 따라 문제를 제기하는 것은 구 도식에 대한 의심과 부정적 지양이며 이는 창의를 생성하는 원점이다. 아인스타인은 문제를 제기하는 것은 문제를 해결하는 게보다 더 중요하다고 말한 바 있다. 문제를 해결하는 것은 단지 수학 혹은 실험상에 있어 한 가지의 기능뿐이기 때문이다. 신출문제, 새로운 가능성을 제기하며, 새로운 입장에서 오래된 문제를 모는 데에는 창조적 상상력을 필요로 하며, 이는 과학의 진정한 발전을 상징하기도 한다.

둘째, 배양(Incubation)이다. 창의양성단계는 구 도식을 파괴하고 신 도식을 만드는 단계이다. 이 단계는 어려운 과정으로, 대량의 자료를 쌓아야 할 뿐만 아니라 지식을 준비할 각오를 해야 한다. 또한 이 자료와 지식은 현황 문제를 해결할 수 있는 요구를 만족해야 할 뿐만 아니라 미래를 위한 창의기초를 다질 수 있어야 한다.

셋째, 계발(Illumination)이다. 창의계발단계에서 창의적인 사람은 정력을 집중해 종합적 사고를 진행하여 구 도식을 부정하는 기초에서 신 도식을 건립하며 신구식이 "선명하고 생동적인 조합과 참신한 관계"로 나타나게 한다. 이 과정에서 창의적인 사람은 창조성 사유를 활용하여 특히 직감의 작용을 중요시한다. 창의의 계발단계는 창의의 잠복단계라고 할 수 있다, 창의적인 사람은 골똘히 생각해도 감이 안 잡힐 경우 여러 가지 방식으로 긴장을 풀어 영감이 오기를 기다린다.

넷째, 생성(Integration)이다. 창의의 생성단계에서 창의적인 사람은 영감이 갑자기 떠오르는 현상을 마주하기 십상이다. 이는 신 도식의 윤곽이 예기치 않았던 순간에 갑자기 머릿속에 스치는 식으로 나타난다. 영감이란 창조성 사유 과정에서 인식에 비약을 나타나는 심리현상을 말하는 것이다. 영감의 외제상태는 문제에 대한 급작스러운 돈오이며 비예측가능성과 눈 깜짝할 사이에 지나가 버린다는 특성을 가진다. 존 듀이(杜威)는 영감이란 현실에서 오래 시간에 걸쳐 차츰 키워지는 것이라고 말한다. 오래된 것이 새로운 것과 충돌할 때 잠재의식에서 재정리되기 시작하고 하늘의 별이 반짝반짝 빛나는 것처럼 민첩하며 예기치 않을 때 갑자기 영향을 받는다. 창의는 영감과 불가분이며 영감이 갑자기 나타나는 것은 창의 생성에 있어 반드시 거쳐야 할 과정이며 결정적인 일환이기도 하다. 창의적인 사람은 어려운 사고 과정중 문제가 도무지 이해되지 않을 때 어려운 문제를 제쳐놓고 정신적인 긴장을 풀면서 상상력을 불러일으키는 일을 하는 것이 낫다. 환경의 전환은 영감과 창의에 놀라운 효과가 있다. 현실에서의 많은 사례들이 이를 증명한다. 환경의 전환이 사유의 전환을 가져오고 더 나아가 영감이 생기게 만든다. 이는 창의가 양적 변화로부터 질적 변화에 이르는 과정이다.

다섯째, 판로 확장(Illustration)이다. 이는 창의를 명백하게 밝히고 판로를 확장하는 단계이다. 새로운 창의가 생기면 짧은 시간으로는 시장에서 쉽게 이해받고 받아들여 질 수 없다. 천명을 통해 판로를 확장 시켜 그의 가치를 실현한다. 왕국유(王國維)의 주장에 의하면 창의는 "어젯밤 서풍에 푸른 나무가 시들었는데, 홀로 높은 누각에 올라, 하늘 끝까지 이어진 길을 바라보네."에서 "옷과 허리띠가 점점 커져도(몸이 말라가서) 후회는 없고, 그를 위하여 사람이 초췌해간다"로 "여러 사람들 속에서 그를 수백수천번 찾다가, 홀연히

돌아보니, 등불이 환하게 비추는 곳에 그 사람이 서 있네."까지의 과정이다.

제3절 창의의 획득방법

Richard Luecke는 창의의 원천이 많은 곳에 있다고 밝힌다. 어떤 것은 갑작스러운 영감에서 나오고 어떤 것은 무의식중에 얻을 수 있다.[1] 대부분의 창의는 의도적으로 문제에 대한 해답을 열심히 찾거나 고객을 기쁘게 할 수 있는 기회에서 나온다. 창의의 획득 방법으로는 경험, 고객의 요구, 적극적인 생활태도, 얼리어답터, 공감 설계와 연구 개발 계획이라는 6개방법이 있다.

1. 경 험

창의는 개인적인 경험에서 벗어나서는 생성되지 못한다. 이에 따라 대부분의 창의한계는 창의자의 경험 부족에서 기인한다. 대부분의 급진적인 혁신은 경험적인 지식의 산물이라고 할 수 있다. 경험에서 나온 창의는 보통 강력하지만 경험에서 창의로 바꾸는 과정은 오래 시간이 걸린다. 물론 경험은 흔히 창의의 속박이 되어 사람들의 창조적인 사유가 제한하기도 한다.

2. 고객의 요구

만약 판매원, 서비스업 종사자, 연구원들이 고객의 의견을 들어주고 고객의 의견 발의를 더욱 격려한다면 고객에게서 영원한 창의원천이라는 것을 발견할 수 있을 것이다. 이 밖에도 고객은 미해결된 문제를 인식하기에 가장 좋은 내적 원인일 수 있다. 대부분의 기업은 고객의 중요성을 알고 있기에 새로운 아이디어의 원천으로 흔히 시장연구를 하면서 고객의 의견을 얻는다.

그러나 고객은 혁신의 추구를 가로막는 잠재가능성을 갖고 있다. 고객의 의견을 경청할 때 좋은 사업가는 고객의 의견을 경청하고 고객을 기쁘게 하기를 기준으로 삼는데, 기존의 고객과 지나치게 가까이 지내는 것은 혁신을 가로막을 수 있을 뿐더러 회사가 진보

1 Richard Luecke, Managing Creativity and Innovation, 2004, P.83

를 바라보지 않고 현실에 안주하게 만들어 발전성이 없는 기술을 유지하게 만들 수 있다. 고객이 기술의 발전을 이해하지 못하거나, 혁신을 통해 기존 사용 중인 시스템을 뒤떨어지게 만드는 것을 두려워할 때 이런 상황이 발생한다. 특정 기업의 경우 "서비스 시장전제"에 굴복하여 심사 제도를 건립하면서 기존 고객이 반대하는 창의적인 제품을 발전시키지 못하기도 한다. 이들은 기존 이익내원(고객시장)에게 모든 자원을 집중하고 서비스를 제공한다. 이로 인해 기존 생산품과 서비스에 대한 개선 판본만을 출시하기 때문에 그들은 차후의 경쟁 환경을 바꿀 수 있는 변혁을 놓칠 수 있다.

3. 적극적인 생활태도

창의는 적극적인 생활태도에서 나온다. Csiksentmihalyi는 "창조력을 지속적으로 유지하려면 마음을 분산시키지 않도록 시간을 보호해야 한다. 주의력을 높일 수 있도록 환경을 안배해야 한다. 심리적으로 무의미한 잡무는 줄이고 에너지를 아껴 진정 신경 쓰고자 하는 일에 열정적으로 몰두해야한다. 되도록 일상생활은 최상의 상태를 유지해야 창조가 쉬워질 것"이라고 말한 바 있다. 진정한 창의적인 사람이 되려면 규칙적인 생활을 출발점으로 삼아야 한다. 불규칙한 생활 하에서는 위대한 작품의 창조는 거의 불가능하다.

4. 얼리어답터(Early Adopter)

얼리어답터는 창의의 또 하나의 중요한 요소이다. 얼리어답터는 수요가 시장추세보다 훨씬 많은 사람들이다. 그들은 기업일 수 있고 개인일 수 있으며 고객이 아닐 수 있다. 그들은 더 좋은 방식으로 영상을 제작하고 해독하는 것을 추구하는 선진 방사선 전문가들일 수 있다. 작업능력을 대폭 향상시킬 수 있는 방법을 찾으며 기존설비를 고치는 엔지니어, 군사비행사 혹은 프로 운동선수일 수 있다. 그들에게는 한 가지 공통점이 있다. 자기의 독특한 수요를 만족시키기 위해 제조업체가 이런 수요를 생각하지 못할 때 벌써 자기를 휘몰아 혁신을 한다. 얼리어답터가 상업 가치를 창조하기 위해 혁신을 하는 경우는 거의 없다. 기존 생산품이 자신의 수요를 만족하지 못하기 때문에 자신의 목표를 이루기 위해 혁신하는 것이다. 그러나 그들의 혁신은 더 큰 시장수요를 만족시킬 수 있고 가까운 미래에 받게 된다.

5. 공감 설계

혁신자가 시장수요를 판단할 때 당면하는 문제 중의 하나가 바로 판매 대상의 미래의 수요를 확인하지 못하거나 정확히 표현할 수 없을 경우이다. 대부분은 미래기술의 발전 가능성을 알지 못한다. 이에 따라 익숙한 기존 생산품과 서비스로 수요를 기술한다. 만약 원하는 혁신이 익숙한 사물의 개선에 있지 않다면 반드시 고객이 인식하지 못한 수요와 문제를 찾고 해결해야 한다. 공감설계는 창의를 불러일으키는 한 종류의 기술이다. 혁신자는 이것을 통해 소비자가 어떻게 기존의 생산품과 서비스를 이용하는지 관찰할 수 있다.

6. 연구개발 계획

많은 창의 기업들은 정식적인 연구개발 기관을 설치하여 창의를 불러일으키고 발전시킨다. 어떤 기업은 두 가지 등급 하에 연구개발을 지지한다. 이 두 등급은 각각 기업전체등급과 업무기관등급이다. 일반적으로 기업등급에서의 연구개발은 급진적인 혁신에 주력하고 기술을 발전시켜 각 업무기관에게 전달되어 사용된다. 업무기관등급의 연구개발은 짧은 기간 내 기관의 직접적인 이익을 목적으로 한 점차적인 혁신을 중심으로 이루어진다. 업무기관 매니저는 기관의 이득과 손해에 대한 책임을 가지므로 장기간의 급진적 혁신계획의 재무 부담을 담당하기 꺼려하기도 한다. 라부(拉佛)와 그의 동료들은 급진적인 혁신안 11종을 연구한 결과 대부분 많은 예산이 들고 힘든 작업이 완료되어야 업무기관이 기꺼이 기업연구개발실험실의 혁신을 받아들이는 것으로 나타났다고 했다. 이 등급의 창의 격발은 주류사업의 업적과 성과를 개선시키는 것을 중요시한다. 이는 점차적인 혁신을 중심으로 한다는 것을 의미한다. 정식 연구개발만이 창의를 격발하는 유일한 구조는 아니고, 회사가 특정한 문제에 대해 임시로 관점이 각기 다른 최고의 인재들을 모아 창의를 격발하기도 한다. 경우에 따라 인재들을 사외로 배치하여 단체 구성원들이 임무에 집중하게 하고, 조직의 간섭을 최소로 낮추거나 보다 쉽게 기밀을 지키게 만든다. 이 단계에서 단체가 진행하는 계획을 "비밀계획"이라고 지칭한다.

사 례 푸와(福娃)의 창의

푸와는 2008년 제29회 베이징 올림픽의 마스코트로 그 색채와 영감은 올림픽 상징에서 기원하고, 중국의 광활한 대지, 강, 호수, 바다와, 동물의 형상에서 유래한다. 푸와는 세계 각지의 아이들에게 우정, 평화, 적극적이고 진취적인 정신 및 인간과 자연이 공존하는 아름다운 소망을 전달한다.

푸와는 5개의 귀여운 꼬마친구로, 그들의 이미지로는 각각 물고기(魚), 팬더(大熊貓), 올림픽성화(奥林匹克聖火), 티베트영양(藏羚羊), 제비(燕子)의 형상을 녹여 넣었다. 각각의 마스코트에는 모두 하나씩의 읽기 쉬운 이름: 베이베이(贝贝), 징징(晶晶), 후안후안(欢欢), 잉잉(迎迎), 니니(妮妮)를 갖고 있는데, 중국어의 발음을 겹쳐 붙인 이 이름은 아이들에게 사랑을 표현하는 일종의 방식이다. 이 다섯 마스코트의 이름을 하나로 연결하면 "북경이 당신을 환영합니다(北京欢迎你, Běijīng Huānyíng Nǐ)."로 읽을 수 있다. 푸와는 중국인민의 꿈과 열망을 상징하는 것이다.

설계사상에서 베이징 올림픽 마스코트는 처음으로 동물에 인간의 이미지를 완벽하게 결합시켜 사람을 근본으로 삼는다는 것과, 인간이 동물·자연계와 조화롭게 지내는 천인합일의 관념을 강조한 것이다. 또한 설계이념에서 처음으로 올림픽 원소를 직접 마스코트에 적용 시킨 마스코트이다. 예컨대 화와(火娃)의 창의는 올림픽 성화에서 나온다. 설계응용에서의 특징 중 하나는 연전 사용의 개성화가 더 강조되고, 5개 마스코트의 머리 장식품 부분이 따로 개발되어 더 광범위하게 응용되는 것이다. 뿐만 아니라 아이들은 기호에 따라 각기 다른 머리 장식품을 선택하여 착용하는 동시에 아이들도 귀여운 마스코트가 되면서 상호 작용하며 큰 효과를 보았다. 베이징 올림픽의 마스코트는 5개로 올림픽 역사상에 가장 수가 많은 마스코트인데, 이는 깊고 넓은 중국문화를 구체적으로 드러낸다.[2]

1. 푸와 베이베이(福娃贝贝)

영감유래: 중국연화 — 롄녠여우위(莲年有余), 중국전통 물고기무늬 및 물결무늬에서 유래한다. 베이베이가 전하는 축복은 번영이다. 중국 전통문화예술에서 물고기와 물의 도안은 번영과 수확의 상징이며, 사람들은 "잉어가 용문을 뛰어넘다(鲤鱼跳龙门)"란 말을 통해 업적과 꿈의 실현을 표현하고, 물고기는 언제나 풍요롭고 여유 있음을 의미한다. 베이베이의 머리 장식은 신석기 시대의 물고기 무늬를 사용한 것이다. 베이베이는 온유하고 순결한 이미지로 수상운동을 대표하여 올림픽 상징의 파란색을 상징한다.

2. 푸와 징징(福娃晶晶)

영감유래: 판다와 송나라 시대 연꽃 도자기에서 유래했다. 징징은 귀엽고 천진난만한 팬더로 가는 곳마다 사람들에게 기쁨을 가져다준다. 중국의 국보로 세계인들의 깊은 사랑을 받는다. 징징은 광할한 삼림에서 자랐으며, 인간과 자연의 조화로운 공존을 상징한다. 징징의 머리 장식은 도자기 예술이 가장 번창했던 송나라 시대의 연꽃 도자기를 본뜬 것이다. 징징은 천진난만하고 낙관적이며 힘이 가득 차 있으며, 올림픽 상징의 검은색을 상징한다.

3. 푸와 후안후안(福娃欢欢)

영감유래: 중국의 전통적인 불의 문양, 둔황 석굴 벽화의 화염 문양에서 유래했다. 후안후안은 불(火)의

---

2 http://baike.baidu.com/view/5560.htm

캐릭터로서 올림픽 성화를 상징하는데 다섯 푸와 중 가장 맏이 역할을 한다. 후안후안은 스포츠의 격정 또는 "더 빨리(更快), 더 높이(更高), 더 힘차게(更强)"의 올림픽 표어와 정신, 올림픽에 대한 열정을 상징한다. 후안후안이 가는 곳마다 2008년 베이징 올림픽의 세계에 대한 열정이 흘러넘친다. 또한 후안후안의 머리 장식은 돈황 벽화의 불꽃 형상에서 유래했다. 자유분방한 성향을 가졌으며 구기 종목과 올림픽 상징의 붉은 색을 상징한다.

4. 푸와 잉잉(福娃迎迎)

영감유래: 티베트영양에서 유래했다. 잉잉은 중국 서부지역에 서식하는 민첩한 티베트영양으로, 세계인들에게 건강의 축복을 전한다. 칭장(青藏)고원에 살고 있는 보호동물로서 그린(green) 올림픽의 상징이다. 잉잉의 머리 모양은 칭장고원을 무대로 살아온 티베트과 위구르 등의 서부 지역 소수민족의 장식문양을 담았다. 잉잉은 민첩한 성향으로 육상 경기와 올림픽 상징의 황색을 상징한다.

5. 푸와 니니(福娃妮妮)

영감유래: 베이징의 전통-제비를 상징한다. 니니는 하늘에서 날아다니는 제비로, "제비 연(燕)"자는 북경의 옛 이름인 연경(燕京)을 의미한다. 중국 문화 속의 제비는 봄과 행복의 메신저로, 제비를 보면 행운을 만나게 될 것을 의미한다. 천진난만하고 유쾌한 성향으로 공중에 날아오르는 체조 경기 등을 의미하며 올림픽 상징의 녹색을 상징한다.

"푸와"계열 생산품의 개발과 판매는 모든 올림픽 마스코트 특허생산품종류를 포괄하고 있다. 주로 완구, 의상, 트렁크, 문구, 귀금속, 휘장의 여섯 종류가 있고 300여 종의 상품이 있다. 가격이 저렴한 마스코트로는 형광펜부터고급 수집가를 대상으로 하는 수십만원짜리의 귀금속 기념품도 있다. 단순한 미스코트 제품에서 전면적 생산품계열의 개발까지 확장된다. 전문가의 추측에 의하면 푸와만으로 3억 여 달러의 경제수익을 창조한 것이다. 시간이 흐름에 따라 푸와는 일종의 경제 효과를 형성했으며, 이를 푸와효과라고 부른다. 사람들은 푸와의 캐릭터를 알 뿐만 아니라 마음속에서 중국 고금의 문화예술을 받아들이거나 소비관념과 심미관이 고금의 예술문화로 이전하기 시작한다고 말할 수 있다. 말하자면 앞으로도 "복수(福獸)", "복기(福器)"등의 고금의 문화예술에서 유래한 형상이 개발될 수도 있다는 것이다. 올림픽의 영향은 일시적이겠지만 푸와에서 나오는 문화적 부야말로 오랫동안 시들지 않고 가장 강력할 것이다.

연습문제

1. 창의의 개념이 무엇인가?
2. 창의의 기본특징은 무엇인가? 창의의 외연에 대한 이해정도를 얘기하시오.
3. 좋은 창의 하나가 어떻게 생성한 것인가? 어떻게 해야 훌륭한 창의가 나올 수 있는 것인가?

제3장

창의경제의 생산조직

학습요점

1. 창의제품과 창의의 차이점
2. 창의제품의 특성
3. 창의제품과 소비자 수요 간의 관계
4. 창의기업의 특정 및 분류

제 3 장 창의경제의 생산조직

제 1 절 창의제품

1. 창의제품 개념

1) 제품의 개념

미국의 『통일생산품책임시범법』 제102조에서는 생산품을 시장에 도입하기 위해 생산되는 완제품 혹은 부품으로 거래되는 가치를 지니고 있는 물품으로 정의한다. 단 인체조직, 다시말해 장기와 혈액은 포함하지 않는다. 유럽연합의 『생산품책임지령』 제2조에서는 일차 생산품과 사냥, 생산품(동산, 부동산과 조합되는 경우도 포함) 외의 모든 동산을 생산품으로 정한다. 일차 농업 생산품이란 재식농업, 축산업, 어업 생산품 즉 가공과정을 거치지 않는 생산품을 말한다.

중국의 『제품품질법』 제2조에서는 "생산품은 가공과정을 거쳐 제작한 판매 용도의 생산품으로, 건축공사는 이 법에 적용되지 않다"라고 정의하였다.

위의 예로 통해 법률 측면에서 정의하는 생산품의 파생 의미가 많아 연구할 가치가 없다는 것을 알 수 있다. 그러나 경제학 관점에서 봤을 때에는 생산품의 내면적 의미를 보다 구체적으로 구분하고 정의할 수 있다. 생산품이란 인간이 시장에 제공하는 것으로 소비자의 수요와 욕구를 만족시킬 수 있는 물체이다. 유형과 무형, 접촉 가능과 접촉 불가능으로 나눌 수 있다. 유형적 생산품은 소비자에게 서비스를 제공하는 캐리어이다. 예를 들면 생산품의 실체와 품질, 특성, 스타일, 상표, 포장 등을 들 수 있다. 무형적 생산품 및 서비스는 사람, 땅, 활동, 조직, 생각, 사상 등을 통해 제공되는 것이고 소비자에게 부가적 이익과 심리적 만족감, 신뢰감을 줄 수 있는 애프터서비스, 상품이미지까지 포함된다.

2) 창의제품의 개념

창의제품은 보통 유형과 무형적 특성을 모두 가진 창의제품의 가치를 창출할 수 있기 때문에 단순히 유형생산품과 무형생산품으로 나누기가 어렵다. 보다 깊게 창의제품을 연구하기 위해는 일반 생산품의 등급을 알아야 한다.

창의제품의 전체적인 개념을 봤을 때 생산품은 3단계로 나눌 수 있다. 첫 번째는 핵심제품으로 핵심이익이라고 부르기도 한다. 이는 생산품이 소비자에게 주는 기본 이익과 효용 즉 생산품의 사용가치를 가리키는 것이다. 두 번째는 형식생산품이다. 이는 소비자가 요구하는 생산품 실체의 구체적인 형태이고 핵심제품의 기본 표현형식이다. 생산품의 포장, 브랜드, 원재료, 공예, 스타일, 성능과 같이 소비자가 인식할 수 있게 만든 것을 의미한다. 세 번째는 부가생산품이다. 소비자가 생산품을 구매할 때 얻을 수 있는 서비스, 신용, 이미지, 관계와 같은 부가서비스 및 부가이익을 말한다. 이 세 가지의 생산품구조를 통해 생산품의 전체적인 개념이 형성된다.[1]

광의적 입장에서 볼 때 창의제품은 일반생산품의 공통점, 즉 핵심제품·형식생산품·부가생산품의 구성을 가지고 있다. 다만 창의제품은 새로운 생산품유형이어서 형식생산품이 창의제품에서 차지하는 비중이 핵심제품과 부가생산품보다 활씬 적기 때문에 두 가지 생산품의 캐리어에 그칠 뿐이다. 예를 들면 창의제품인 정품소프트웨어를 CD로 제작하는 비용은 매우 저렴하다. 소프트웨어의 가치는 주로 소프트웨어의 지적재산권에 있다. 박물관에 전시하는 예술품은 창작자의 의식을 표현하는 것이 중요하며 물체 자체는 단순히 매개체로서 일종의 표현형식일 뿐이다. 기존의 시장조건에서 창의제품 중 형식산품과 부가산품으로 나타내는 것은 모두 핵심이익의 부가요소이다. 창의생산품을 분석할 때에는 형식생산품과 부가생산품을 합쳐서 봐도 된다. 시간의 흐름에 따라 소비수요가 변하고 소비성향도 달라지기 때문에 형식생산품과 부가생산품도 계속 확장하며 변화하고 있다.

창의제품의 구조는 두 부분으로 나누어진다. 첫 번째는 "창신+문화" 핵심가치부분이다. 이 부분은 창의제품의 지적 창조와 문화측면에서 소비자에게 오는 이익과 효용을 말한다. 두 번째는 창의제품 중 형식생산품과 부가부분을 포함하는 가변부가 부분이다. 이 부분에서는 요소 별로 계속 변화하고 새로운 요소가 수시로 추가될 수 있다. 이런 동태적 생산품 개념은 창조생산품이 다른 생산품과 비교했을 때 독특한 점이다.

---

1 郭惠玲, 曾路,『动态化整体产品概念研究及其战略意义』,『商业研究』2008년 8월

3) 창의제품과 소비자 수요 간의 관계

창의제품은 20세기가 되면서 소비수준에 따라 더욱 고급적인 수요를 추구하기 위해 만들어진 생산품이다. 또한 과학기술, 문화, 예술 가치와 관련된 생산품과 서비스를 제공한다. 창의제품은 각 단계별로 소비자 수요와 밀접한 관계를 맺는다. 수요의 변화에 따라 창의제품의 각 구성요소도 변화한다. 매슬로의 욕구단계이론과 창의제품을 연결지어 본다면 수요는 2단계로 나눌 수 있다. 생산품에 대한 기본수요와 부가수요이다. 창의제품과 소비자수요의 관계는 아래와 같다.

첫째, 창의제품과 소비자수요의 변화는 특정한 거시환경에서 일어난다. 즉 외생적 경제, 기술 등의 요소에 영향을 받는다.

둘째, 소비자가 갖고 있는 창의생산품의 근본적 수요는 창의생산품의 핵심가치를 결정한다. 소비자의 구매와 사용 과정 중 갖게 되는 안전, 편리, 체면과 같은 것에 대한 수요가 창의생산품의 부가이익을 결정한다.

셋째, 창의생산품과 소비자 수요 간에는 상호 영향을 주고 촉진하는 동태적 변화함에 있어 발전과정에서 창의제품의 창신 및 문화가치와 같은 새로운 콘셉트가 소비자 수요를 촉진시킬 수 있다.

넷째, 소비자의 개성 및 환경의 변화에 따라 수요 욕구도 변한다. 또한 이런 변화들이 생산품의 갱신을 요구하며 수요변화에 적응하기 위해 생산품의 내면적 내용과 형식을 제고한다.

다시 말해서 창조제품과 소비자 수요 간에는 두 가지의 특성을 갖고 있다고 할 수 있다. 무궁한 수요에 무궁한 기회가 숨어 있다. 시간·공간적으로 봤을 때 소비자 수요 역시 상대적으로 무궁하게 변화한다. 창조제품의 핵심가치와 가변부가 부분 발전의 기회를 만든다.

2. 창조제품의 특징

1) 창의성

창의성은 창조제품의 근본적인 특징이다. 창조제품마다 형태가 어떻든 반드시 다른 제품들과 비슷하면 안 되며 창조력이 있어야 한다. 기존의 노동성과를 받아들이거나 이용할 수 있지만 단순히 따라해선 안 된다. 단순히 복사하는 것은 창의가 아니므로 복사에 의해 탄생한 제품은 창조제품이 아니다. 창조제품의 생산은 지적재산권의 독창적 연구 및 창작과정에 의해 이루어진다. 창조제품의 마케팅과정에서는 예술창의성, 경영창의성, 판매창의성이 필요하며 이러한 창의성에 의해 정보, 감정, 지혜와 자금을 연결하게 된다. 창의성이 창조제품의 기초이다.

2) 독특성

창조제품은 창의성과 함께 독특성도 동시에 갖고 있다. 창의성 본질이 옛날 제품과 차이있는 것이다. 따라서 창조제품은 모두 하나 밖에 없는 것들이다. 예를 들어 노래를 들을 때 특성 있는 노래를 더 좋아한다. 특별함과 색채 있음은 작곡가가 히트곡을 만드는 데의 관건이 되었다. 한 마디로 말하자면 독특성이 창조제품의 특징 중 하나이다.

3) 지 적

창조제품은 인간의 지적활동과 밀접한 관계가 있다. 대부분의 창조활동은 지능지수와는 상관없으나 창조자의 지적활동과 지혜를 나타낸다. 여기서 지혜는 지능지수(IQ)가 아닌 제품과 창의에 대한 민감도이다.

4) 고부가가치

창의제품은 고부가가치를 갖고 있다. 시장경제에서 상품의 시장가치는 가치관념에 따라 결정된다. 서방 경제학이론에 따르면 상품의 가치는 사람마다 갖고 있는 효용에 대한 감각에 따라 결정된다. 보통 사람의 주관적 느낌이 창의제품의 시장가격을 정한다. 경제발전 및 생활의 물질적 재고에 따라 제품이 다양해지고 소비수요도 개성 있게 고급화된다. 소비자는 상품을 구매할 때 정신적 만족을 추구한다. 따라서 문화와 정신을 담은 창의제품에 고부가가치 특성이 나타난다. 예를 들면 같은 옷이라도 브랜드가 다르다면 가격차이가 크다. 브랜드가 개인의 사회지위, 품위와 패션을 표현할 수 있기 때문이다. 현대 사회에서 품질이 창의 일수록 고부가가치를 창출한다. 따라서 창의제품을 생산하는 데 드는 유형비용이 적어 무한의 부를 가져올 수 있다.

5) 강방사성

창조제품 강방사성을 갖고 있다. 이는 창조제품의 문화적 부분에 방사성이 있기 때문이다. 지식경제사회에서 제품경쟁은 제품이 추구하며 나타내는 문화를 통해 이루어지며, 대중이 제품을 받아들일 수 있도록 대중의 의식형태, 가치관념, 생활습관에 영향을 준다. 구체적으로 말하자면 상품에 담겨있는 문화적 내용과 문화 부가가치를 통해 상품의 호소력을 증가시킨다. 창조제품의 전파와 방사는 곧 문화의 전파이다. 90년대 말의 한국경제는 일시적으로 부진했다가 재발전했는데, 그 원인 중의 하나로 문화 활성화를 들 수 있다. 요즘 들어 한국 음악, 드라마, 영화 등의 창의제품이 동남아시아 시장에서 인기를 끌고 있다. 이를 한류라고 말하며, 한국문화상품 마니아도 많이 생겼다. 창의제품의 방사성이 한국문화의 전파를 가속시킨 것이다.

3. 창의제품과 창의의 차이점

보통 창의란 미와 예술의 창조를 말한다. 흔히 생각하는 창의는 개인 또는 단체의 영감, 직감, 상상력, 지혜를 담은 창작이다. 그러나 창의는 창의제품이 아니다. 미국의 『제조물책임법』에서는 제품이란 시장에 진입하기 위해 생산된 것이라 강조한다. 중국의 『제조물품질법』에서의 제품이란 판매를 위해 생산되는 것이다. 창의 그 자체는 창작일 뿐이며, 시장에 진입, 다시 말해 판매되지 않으면 창의제품이라 부를 수 없다. 예를 들어 소설에 창의가 있지만, 출판을 통해 판매하지 않으면 그저 창의나 창의작품에 지나지 않는다. 여기서 주의해야 하는 것은, 제품이라는 개념은 경제학에서의 상품과 같은 개념이라는 것이다. 본고에서 말하는 창의제품이라는 단어는 창의상품과 같다. 창의와 창의제품 간의 관계는 다음과 같다.

1) 창의는 창의제품의 기초

창의가 없으면 창의제품도 없을 것이다. 현존하는 창의제품은 모두 개인이나 단체의 창작으로부터 만들어진 것이다. 이 창작은 영감일 수도 있고, 상상일 수도 있다. 하나의 창작은 인간에 의해 존재하는 것이다. 사람의 머리에서 창의가 생기고 창의가 창의제품의 기초를 구성한다.

2) 창의제품은 창의를 나타내는 매체이다

창의는 혼자 감상하거나 주변인들과 공유할 수 있다. 그러나 시장에 진입하지 않는 창의는 그저 혼자만의 감상일 뿐이다. 즉 창의의 가치가 제대로 나타나지 않는 것이다. 창의의 가치를 나타내려면 시장에 진입해 창의제품이 되어야 한다. 창의 가치를 실현하는 과정이 즉 창의제품형성의 과정이다. 예를 들면 노래 제작권이 창의이고 CD는 창의제품이다. 이 창의를 얻는 방법은 CD를 구입하는 것이다. 창의를 담은 물건의 가치는 작지만, 그 내부에 있는 창의는 거대한 가치를 갖고 있을 수 있다. CD를 제작하는 데 드는 비용이 적은 반면 그 안에 담긴 노래가 차지하는 창의 가치 비용은 상당히 크다. 대규모로 생산할수록 규모경제가 생기고 경제이익이 현저하게 늘어날 것이다.

3) 창의를 형성하는 이유 및 창의제품을 생산하는 이유

시장측면에서 보면 창의제품은 이윤을 목적으로 하는 것이다. 그러나 창의는 이윤 때문에 형성될 수도 있고 물질적 이유 없이 형성될 수도 있다. 창의를 미적 의식형태로 생각하면 시장가치에 대해 생각하지 않을 것이다. 창의자의 창작 목적은 개인적인 감상일 수 있고 물질적 부를 얻기 위한 것일 수도 있다. 대부분의 학자들은 창의의 진정한 의미는 물질적 목적 없이 미적 세계에 들어가서야 발견할 수 있다고 주장한다. 물론 창의가 형성될 때에는 물질적 목적도 있을 수 있다. 창의자는 창의를 구상할 때부터 소비자가 어떻게 받아들일 것인가를 생각한다.

4) 창의제품과 창의의 공통성

창의제품과 창의의 공통성은 다음과 같다.

하나는 창의제품의 좋고 나쁨 및 소비자의 호불호 정도가 창의의 수준을 결정한다는 것이다. 창의가 좋고 생산하는 과정에서 창의가 그대로 반영된다면 창의제품은 시장에서 받아들이기 쉬워지며 시장가치도 커진다. 반대로 창의가 상대적으로 좋지 않거나 남의 것과 비슷하다면 시장에서 받아들여지기 어렵고 시장가치도 떨어질 것이다.

다른 하나는 시장에 진입하는 순간 창의제품과 창의가 하나가 된다는 점이다. 창의가 시장운영에 진입해 창의제품이 되는 순간 창의 그 자체가 창의제품에 담긴다.

제2절 창의기업 특정과 분류

1. 창의기업의 특정

사실 창의기업의 특정은 창의제품 특정과 밀접한 관계가 있다. 창의기업이란 창의제품을 생산·판매하거나 생산판매 과정 중 서비스를 제공하는 기업이다. 운영하는 창의제품과 공통적인 특징을 갖고 있을 뿐만 아니라 다음과 같은 특성도 지닌다.

1) 삼투성

삼투성은 창의기업의 외부적 특성 중 하나이다. 지식경제시대에서는 신형창의기업과 전통문화산업이 서로 상호작용하면서 삼투한다. 하이테크놀로지와 정보화에 의해 생기는 신형창의기업은 강한 생명력으로 전통문화기업에 삼투한다. 예들 들면, 온라인서점은 전통 오프라인 서점에 삼투하며, 온라인게임은 기존 오락 게임에 삼투하는 등이다. 그러나 창의기업은 특정 영역에서는 전통문화기업을 대체할 수 없다. 이러한 상황에서는 서로 보완하거나 공생 관계를 유지한다. 예를 들면, 현대 영화산업은 전통 연극에 대한 삼투이다. 현대 영화산업이 상당히 발전하고 있으나 관객들은 연극의 진실성이나 전통적인 운치를 좋아한다. 최근 극장에서도 영화방영업무를 보며 운영 범위에 있어 영화관과 서로 융합하며 삼투한다. 창의기업은 디지털기술기초로 업무 내용과 실용 같이 발전한다. 신문, 음악, 잡지와 같은 오락도 멀티미디어를 통해 인터넷에 진입해 기업 간 제품중복현상이 생긴다. 한 마디로 말하면 창의기업이 전통기업에 대한 삼투하여 대체하는 경우도 있고 둘이 공존하는 경우도 있다.

2) 지식함유량

창의기업은 지식적인 기업으로, 정신노동자에 의해 지식을 창조, 생성, 이전, 응용, 관리하는 조직이다. 창의기업은 하이테크놀로지와 밀접한 관계가 있다. 하이테크놀로지는 창의기업에 기술적인 보조와 플랫폼을 제공해주고, 창의기업도 하이테크놀로지의 내용을 풍부하게 만든다. 정보화 과정에서 창의기업과 정보서비스기업은 함께 발전한다. 정보서비스기업이 발전하기 위해서는 정보자원개발 수준을 높이고 정보인프라를 효율적으로 이용해서 기업에 많은 이윤을 가져와야 한다. 따라서 정보서비스기업은 반드시 다른 기업을 찾아 다양한 영역에서 서로 협력해서 업무를 개척해야 된다. 창의기업은 정보서비스기업의 발전을 촉진시키는 중요한 협력대상이다. 창의기업의 발전은 하이테크놀로지의 혁신과 빼놓을 수 없는 관계이다. 하이테크놀로지와 높은 지식함유량이 창의기업과 창의제품 간의 융합을 가속화시키며, 이것이 21세기에 창의기업이 나아갈 수 있는 지름길이다.

3) 하이 리스크

창의기업은 상당히 높은 발전 양상을 보임과 동시에 하이 리스크를 감수하게 된다.

우선 창의제품이 갖는 시장불확실성이 크기가 창의기업의 하이 리스크를 결정한다. 창의기업의 목적은 창의제품의 생산 및 판매에 있다. 창의제품은 사람들의 정신적 수요를 만족시키는 정신적 제품이기도 한다. 정신적 제품의 수요는 다양하면서도 다변한다. 즉, 수요의 탄력성이 크다는 것이다. 이에 따라 창의제품의 수요도 불확실성을 갖고 있다. 소비자의 수요가 창의제품의 시장판매에 큰 영향을 미친다. 수요의 불확실성이 창의제품의 공급모순을 더욱 드러나게 한다. 창의기업은 창의제품의 시장 판매 상황을 예측할 수 없기 때문에 경영하는 데 높은 위험성을 겪는다.

다음으로 경제의 글로벌화 속도가 빨라짐에 따라 창의기업은 국내·외시장에서 오는 도전에 직면하게 된다. 외부에서 오는 문화적 충격이 개발도상국의 전통문화를 자극함에 따라 국내 민족창의기업과 세계창의기업계의 거두기업이 경쟁하게 된다. 동시에 대부분의 창의기업이 집중화 현상을 나타내게 된다. 예를 들면 음악, 영화, 미디어계에서는 국제적으로 규모가 큰 회사가 세계 시장을 주도하고 있으며, 이들이 창의제품을 전파하는 방식 역시 패권적이다.

마지막으로 창의제품은 세대별 트렌드에 맞추는데 있어 시간적 제한을 갖는다. 대부분의 창의제품은 당시의 트렌트에 맞춰 제작된다. 트렌드는 짧은 시간 내 퍼져 유행이 되며 짧은 시간 내에 그 뜨거움이 식어버려 없어질 수도 있다. 이런 의미에서 창의기업에게는 새 제품이 위험성이 크다.

4) 인력자원 비중

창의기업이 생산하는 제품은 창작자의 지식을 투입요소로 하여 정신적 노동을 담아냈기에 인력자본의 비중이 크다. 예들 들면 게임 소프트웨어 개발회사 같은 경우에는 보다 많은 인력이 필요하다. 다만 이는 창의기업이 노동집약적 기업이라는 것은 아니다. 인력 자본의 투입이 높음과 창의기업의 창의에 의해 가치가 나타난다는 뜻이다. 창의에 대한 보수가 높기 때문에 창의기업의 1인당 평균 소득도 높은 편이다.

2. 창의기업의 분류

창의기업은 여러 기준에 따라 여러 가지로 분류할 수 있다.

첫째, 발전시기 및 하이테크놀로지의 관련정도에 따라 전통창의기업과 현대창의기업으로 나눈다. 전통창의기업으로는 각종 문화 활동 보드게임, 여행, 동식물관람, 골동품과 같은 문화 활동이 포함된다. 현대창의기업으로는 정보와 과학기술 특성을 지닌 PC방서비스, 촬영 서비스, 전자도서, 음성제품과 서비스를 제공하는 기업이 포함된다. 전통과 현대창의기업 사이에 존재하는 기업도 있다.

둘째, 창의제품과의 관계에 따라 생산기업, 판매기업, 보조 서비스 기업으로 분류할 수 있다. 생산기업은 창의제품을 제작·창작하는 기업이다. 도서 및 시와 글, 제작경영, 영화제작, 문예창작, 프로그램 개발 기업 등이 포함된다. 판매기업은 창의제품을 판매하는 것에 집중하며 광고, 출판, 전람, 인터넷 등을 운영하는 기업이다. 이들은 창의를 부로 전화시킨다. 보조 서비스 기업은 창의제품의 생산 및 판매에 있어 보조 서비스를 제공해주는 기업이다. 디자인, 정보, 상담 등의 서비스를 제공하는 기업이다. 창의산업은 신흥 산업이다 보니 세부 분류가 명확하지 않다. 많은 창의기업들은 생산, 판매, 서비스 업무를 같이 하기도 한다.

셋째, 창의가 산업 범위에서 얼마만큼 차지하는지에 따라 오리지널 산업, 운영 산업, 보조 산업으로 나눈다. 이와 같이 창의기업도 오리지널 기업, 운영기업과 보조 기업으로 나뉜다.

오리지널 산업은 출판, 신문, 방송, 공연, 영화를 운영하는 기업이다. 출판을 첫 번째로 놓은 이유는 그 시대의 최첨단기술을 대표하는 사회과학 및 인문과학 논문과 전문저작을 내놓는 것이 출판물이기 때문이다. 지혜의 결정물이며 앞으로 나아가는 계단이다. 어떤 학자는 뉴스는 창의가 없으므로 창의산업으로 여길 수 없다고 제시했다. 그러나 현재의 뉴스는 단순히 문자로 묘사하는 단계를 넘어 각종 깊이 있는 인터뷰, 기사를 제공한다. 여기에 저자의 무한 창의가 담겨 있다.

판매 기업은 컴퓨터 및 소프트웨어, 영상, 광고, 인터넷을 운영하는 기업이다. 이러한 기업들이 창의에 있어 차지하는 비중은 오리지널기업보다 작지만, 창의과정에 있어서는 첨단기술과 밀접한 관계가 있고 난이도가 높지 않다. 또한 창의에 의해 가져올 수 있는 경제가치가 더 크다.

보조창의기업은 패션디자인, 체육레저, 기업이미지디자인, 비즈니스서비스를 제공하는 기업들이다. 이런 기업은 창의와 관련이 크지 않지만 신형창의기업의 대표라 할 수 있다. 또한 오리지널 창의기업의 보조기업이다.

보 충 미국 창의산업 분류

창의산업은 미국에서 저작권산업으로 부르는 가장 활발한 산업이다. 핵심 저작권산업, 교차저작권산업, 부분저작권산업, 주변지지산업으로 분류한다. 핵심저작권산업에는 출판과 문학, 음악, 극장제작, 오페라, 영화와 녹화, 방송, 촬영, 소프트웨어와 데이터베이스, 비주얼아트와 회화예술, 광고서비스가 포함된다. 교차저작권산업에는 텔레비전, 라디오, 녹음기, 시디, 녹화기, 전자게임장치 및 기타 해당 시설이 포함된다. 부분저작권산업에는 패션의류, 방직물과 신발, 주얼리, 화폐, 가구, 도자기, 완구와 게임, 건축, 엔지니어, 인테리어 디자인, 박물관과 같은 것들이 포함된다. 주변지지산업은 저작권으로 보호를 받는 작품과 기타 제품 홍보, 광고, 판매에 있어서 서비스를 제공해 주는 산업이다.

제3절 창의기업 조직형식

창의기업은 규모, 기능, 과학기술 함유량에 따라 조직형식도 다르기 마련이다. 중국에는 많은 창의조직들이 있지만 기업으로 불릴 수가 없다. 창의기업의 조직형식은 복잡하며 중국 창의기업형식도 계속 변하고 있다. 주로 다음과 같은 특성이 있다.

1. 오리지널 사업체화

출판, 신문, 영화, 방송은 중국 전통 4대 미디어 대중매체다. 중국의 경우 이런 사업체들은 규모가 크고 국가가 독점적으로 운영하는 특성이 있다. 최근 국가에서는 사업체들이 수익을 자기분배하는 것을 적극적으로 권장하고 있다. 사업체 운영방식은 기업과 다를 바 없다. 형식적으로만 사업체일 뿐이다.

2. 출판사업체, 신문기업 그룹화

대부분 비사업체인 오리지널 창의기업은 장기적으로 그룹화 운영을 실행해 왔다. 운영 규모가 크고 자금도 튼튼하다. 예를 들면 미국, 영국, 독일, 프랑스, 일본 등의 선진국 같은 경우는 출판업이 활발하다. 현재까지 중국에서는 몇 개의 성을 제외하고는 성, 자치국, 직할시 출판기업이 모두 창립되었다. 이 출판그룹들은 규모가 크고 현지 선두기업으로 활약하고 있다. 일부 기업은 중국 500강 기업 순위에 들었다. 1996년 1월 15일 정부에서 첫 번째 신문그룹인 광주일보 창립을 허락한 이후부터 중국 신문그룹은 빠른 속도로 발전하였다. 10여 년의 발전 끝에 지금의 신문그룹 신문기업의 주 형식이 되었다.

3. 영화와 관련 기업 주식화

경제발전과 감상 수준이 높아짐에 따라 영화에 대한 투자가 점점 늘어나고 있다. 50년대의 할리우드 영화제작 평균비용은 100만 달러를 넘었고, 60년대에는 250만 달러로 늘어났고, 70년대에는 400만 달러까지 올라갔다. 지금은 한 편의 영화를 제작하려면 1억 달러 이상의 비용이 드는 것이 보통이다. 천카이거의 영화 《무극》은 3억여 위안의 비용을 들인 신기록을 세웠다. 영화 제작의 투자가 크기 때문에 많은 영화회사들은 점점 주식화사 형식으로 운영하게 되었다.

4. 보조기업 소형화

오리지널기업의 대규모, 주식화, 집단화에 비해 보조기업들의 규모는 상대적으로 작고 조직형식 역시 상대적으로 신축성이 있어서 유한책임회사나 비회사제도를 택하기도 한다. 작은 음향업체 같은 경우는 연합투자기업이나 개인독자기업 형식으로 운영하므로 자금 투입도 적다.

운영창의기업의 규모는 오리지널과 보조 기업의 중간에 있다, 조직형식에 있어 차이점이 생긴다. 음향기업이 규모가 커서 집단화나 주식화 형식으로 운영하는 경우가 많고 공업디자인기업들은 작업실 형식 위주로 운영한다.

사 례 **광주신문업집단화운영과정**[2]

광주는 중국 신문업 시장 개혁의 선두 지역이다. 광주는 성급 공산당 신문의 창의와 실천, 유명 조간 신문 브랜드의 흥성과 번영, 시급 위원회 기관신문의 시장 개척, 신흥도시신문에서의 활약, 전국적으로 판매되는 신문 매체와 전문적인 매체의 분업과정을 거쳐 현재 중국 내에서 신문그룹을 가장 많이 유지하고 있다. 삼대 신문업 집단을 서로 다른 집단화 발전 방식으로 개척하였다.

1998년 5월 18일, 남방일보 신문업집단을 창립하였다. 1999년 『남방일보』는 성급신문 중 제일 먼저 독립적으로 발행되어 성공한 것이다. 이윤을 대폭적으로 올리는 동시에 남방일보의 장점을 발휘해서 전반 구조를 배치하였다. 『21세기경제』, 『남방체육』 등 여러 신문을 뒤이어 창립하였다. 남방일보 신문업집단의 당시 사장 이맹우는 내부 분업을 확실하게 다져 대표신문을 토대로 새로운 길을 개척할 것이라고 말했다. 지금 재직 중인 범이금 사장은 브랜드 전략을 주장하고 있다. 가장 실력이 높고 수입이 가장 높은 것은 아니지만 가장 발전이 빠르고 산업구조에 있어 가장 합리적이며 운영능력이 가장 좋은 신문업 집단을 꿈꾸고 있다.

남방일보와 같은 날 창립한 양청석간신문도 역사적인 문제를 직면하고 내부 시스템 구조를 개혁하고 있다. 2000년에 양청신문업광보회사와 양청신문업광보체육회사는 홍콩 TOM.COM과 주식교환을 하고 양청석간 신문업집단 자본 운영을 이용해 먼저 인터넷산업에 진입하였다. 2001년 『신경보』 신문이 화이트칼라 계층을 위한 만든다는 관점을 버리고 화이트칼라 계층 관점에서 신문을 만들다는 개념으로 바꾸었다. 그 해 바로 손익을 넘었다.

1999년에 『광주일보』는 중국신문업광고매출액 등 10개 기록을 깼다. 광주일보신문업집단이 사용해온 전략은 집중하여 소속 신문을 발전시키는 것이다. 또는 기회를 노려 많은 신문사를 사들여서 신문업집단 구조 완성을 준비했다. 12개의 신문회사와 4개 잡지회사를 갖고 있던 점이 광주일보신문업집단을 소속신문

2 http://biz.163.com/41123/3/15SKJAOT00020QEQ.html

이 가장 많은 신문업집단으로 만들었다. 2000년에 창립한 『정보속보』는 광주일보 보다 대중적인 이미지로 시장 비중을 차지하고 있다. 『남방도시보』는 이미지 전형 및 『신경보』는 화이트칼라의 이미지를 강화했다. 다만 『정보속보』는 저가품인 신문시장에서 자리를 잡았지만 발행량 증가폭이 많은 광고투자에 비해 성과가 좋지 않다. 발행하는 시스템 구조가 광고슬럼프를 일으켜 아직까지 손해를 보는 상황이다.

중국 신문업에서는 크게 신문 개혁 및 시스템을 변화시키는 방법으로 보통 신편성과 신흥 신문을 사용한다. 기존 시스템 외의 다른 캐리어를 통해 발행량을 증가시킨 후 집단 개혁을 이루는 것이다. 광주신문업집단도 이 법칙에 따라 시장경제조건 내에서 새로운 방법을 계속 시도하고 있다. 집단의 경제실력이 증가함에 따라 광주신문 근본을 강화하여 대표신문을 집중해서 만들겠다는 주장을 제의하였다.

2002년 1월에 『남방일보』의 새 편집장 양흥봉은 수준이 영향력을 결정한다고 주장했다. 권위성과 공신력이라는 장점을 발휘하여 신흥 신문을 만들고 화남지역의 주류 재경매체 방향으로 운영한다. 8월 6일 『남방일보』의 개편을 통해 편성, 구성 운영방식 등에서 변화를 이루었다. 국제적 요소와 접목하면서 미학적으로 개선되었으며 현대 감각을 얻게 되었다. 더불어 12%정도의 종이를 절약함을 통해 비용을 절감했다.

주류신문으로 발전하는 과정에서 남방일보 신문업집단은 계속해서 브랜드 발전전략을 실천해왔다. 그 외에도 지역 간 신문발행을 과감하게 시도하였다. 2003년 11월 광명일보신문업집단과 협력 창립한 『신경보』는 대중들의 관심 속에 북경 신문시장에 진입하였다. 이를 통해 광고판매액이 2억원 증가하였다. 또한 이윤도 163% 상승한 것으로 발표하였다. 『신경보』 국외 나고서 인지도 높이고 호구에서 『신경보』 성리한 후 『양청체육 축구복권 부자』도 시장 경쟁력을 장점을 살려 자신만의 특색을 형성했다. 경제수입도 전년도에 비해 30%나 상승하였다. 양청석보신문업집단의 전략은 소속신문을 시장으로 내미는 방법인 반면 광주일보신문업집단은 시장 저조 영향을 받은 『축구』의 손해를 채우려고 『과학선두도』를 『농구선두보』로 바꾸었다. 체육종류가 전략세에 있어 상대적으로 우세했기 때문이다. 2004년에 광주일보신문업집단은 상해문광집단, 북청전매와 협력해서 『제일제경일보』를 개설하였다. 이 중 광주일보가 25% 주식을 소유한다.

도시문화가 다양하듯 도시에 존재하는 매체도 다양하다. 질서 있는 경쟁 환경에서 광주신문업은 다른 경쟁자와 윈-윈 상태를 달성하였다.

▶▶▶ 연습문제

1. 창의생산품과 창의 간의 관계를 분석하시오.
2. 창의생산품과 소비자수요 간의 관계를 분석하시오.
3. 창의산업의 특징 및 분류를 분석하시오.

제4장

창의경제의 거래시장

학습요점

1. 창의경제 거래시장의 개념 및 특징
2. 창의경제가치의 불확실성
3. 창의경제 거래시장의 분류

제 4 장 창의경제의 거래시장

제1절 창의적 경제 거래시장의 개념 및 특징

거래시장이란 물건(유형물과 무형물)을 여러 가지 시장주체간 거래하는 장소를 말한다. 창의적 경제의 거래시장은 바로 창의력을 가지고 있는 제품이 시장 주체간 이전되는 장소이다. 창의적 경제의 거래시장의 특징은 아래와 같다.

1. 거래대상의 무형성

창의적 경제의 거래시장에서는 일반적인 거래시장과 달리 무형적인 창의가 거래된다. 이러한 창의는 유형적인 창의제품의 운반체로서 존재할 수 있고 미래의 제품이 있을 수도 있다. 그러므로 거래 시간은 앞당기성이라는 특징을 가지고 있다. 무형적 시장거래에서 문화와 과학의 창의는 계속 융합하므로 거래대상의 브랜드는 거대한 무형자산을 포함한다.

1) 거래 시간의 변화 추이

인간 사회가 공업경제 시대로 진입한 이후 물질제품이 풍부해졌다. 대부분의 유형상품시장은 제품이 생산된 후 거래가 달성된다. 주문 제작거래라도 제품이 주문 제작의 표준을 달성된 후에야 거래가 완성된다. 선물시장의 경우도 현물의 유형시장에 근거하므로 거래는 현물거래와 분리될 수 없다. 공업경제의 발전에 따라 디자인, 수공예 제작, 영화,

출판 등은 거래를 시작할 때 시장진입이나 이윤계산 등의 거래 규칙을 준수하지만, 후공업경제시대(后工业经济时代), 즉 지식경제시대로 진입한 이후 이러한 거래방식을 완전히 초월했다. 패션, 디자인, 건축, 수공예 제작, 영화, 출판 등의 전통적 산업영역에 관련되는 생산이념, 문화수양 및 주체사상 등이 점차 부각되면서 잠재적인 시장가치를 거래상대방에게 상당한 좋은 정도로 확대될 수 있으므로 거래상대방은 제품이 생산되기 전에 구체적인 거래를 하게 된다. '창의력을 판다'라는 말은 낯설지 않게 되었다. 예를 들어 사람들은 기업이나 회사에 경제적 가치를 지니고 있는 정보나 의견을 제공하며 경제 효과에 따르는 보수를 받는다. 경제발전에 따라 창의력을 가지고 있는 사람은 가장 높은 경쟁력을 가질 수 있다. 시장거래시간의 변화를 통해 이러한 무형제품이 강한 시장 잠재력을 가지고 있다고 할 수 있다.

2) 이종 창의제품의 차이와 융합

'창의경제'라는 개념은 지식경제시대에서 문화 창의의 돌파와 제고를 통해 가치의 실현을 달성하는 경제적 영역을 지칭한다. 이러한 영역은 인간이 이전에 인정한 특정 문화산업영역과 신흥 정보통신과학기술을 융합할 뿐만 아니라 창의력의 중요성을 더 강조한다.

창의경제는 최초에 문화생산영역과 직접 관련된 경제라는 의미로 사용되었던 것와 달리 지금의 범위는 상당히 넓어졌다. 더 넓은 의미에서 논의하면 창의경제는 문화창의경제와 과학창의경제로 나눌 수 있다. 이종 경제는 나타나는 시간, 발전과정, 발전단계, 거래가격에 있어 차이가 있다. 동시에 이종 경제는 어느 분야에서나 융합된다. 문화창의경제는 우선 문화의 가치를 강조하면서 특정한 과학기술의 함유량을 강조한다. 한편 과학창의경제는 과학기술의 함유량을 강조하면서 문화의 함유량을 제고할 것을 강조한다. 그러므로 이종 경제형식은 서로 융합하며 발전한다. 예를 들어 컴퓨터 기술의 경우 영화제작영역, 인터넷영역, 전자도서영역에서 이용된다. 따라서 지식경제의 발전에 따라 무형적 창의와 미래의 기대가 시장거래의 주체가 될 수 있다. 뿐만 아니라 제품에서 지식과 정보가 차지하는 비중이 대폭 증가하고 물질과 에너지 소모의 비중이 대폭 감소된다.

3) 브랜드는 거대한 무형자산가치를 갖는다

창의경제에서 '브랜드취득'이라는 이념은 중요한 역할을 담당한다. '내용물'과 '브랜드'는 해당 거래 상대방의 초점으로서 시장 가치를 확정하는 근거 중 하나이다. 같은 제품에 명품브랜드를 붙이면 자세의 가치가 높아지기 때문에 시장 위조품이 존재하는 현상이 나타난다. 또한 브랜드의 개성화는 소비의 추세를 주도할 수 있다. 펩시콜라의 브랜드를 창조하는 과정에서 나타나는 개성, 즉 활기라는 힘은 젊은이들을 잡아끌고 있다. 젊은이들은 펩시콜라를 먹는 것을 단순히 음료수를 마시는 것이 아닌 젊은 상징으로 간주하며 이 브랜드를 인증하는 것이다. 젊은이들은 펩시를 통해 코카콜라를 마시는 부모 세대와 구분하려 한다. 펩시는 독특한 개성을 가지기 때문에 젊은이의 높은 인정을 받아 코카콜라와의 치열한 경쟁에서 맞설 수 있다. 다시 말하면 펩시의 개성은 젊은 층의 인기를 받아서 시장기초를 다진다. 브랜드 창설의 과정은 무형자산의 가치를 충분히 구현한다. 2007년도 브랜드의 가치는 600억 달러를 달하여 브랜드 순위에서 1위를 차지하였다.

2. 시장거래가치의 불확실성

창의 산업은 전통적 제조업 및 서비스업과 다르다. 전통적 제조업이 제공하는 제품과 전통 서비스업이 제공하는 제품 및 서비스는 대부분 인간의 물질적 소비를 만족시키기 위함에 있다. 창의적 산업은 인간의 문화소비에 대한 수요를 만족시키고자 하며 시장거래는 주로 문화소비를 중심으로 시장가치를 결정한다. 그러므로 창의 상품의 창의적 가치와 과학기술의 가치는 불확실하다. 창의적 상품소유자나 거래판매자는 단지 자신의 비용에 의해 가치를 판단하기 어렵다. 또한 창의적 상품매입자는 매도자의 마음에 드는 가격을 예측하면서 자신의 이익을 최대화시키기 어렵다. 전통적 정가이론에 따라서는 창의적 상품에 대한 정가를 매기기 어렵다. 정가를 매기기 어려운 이유를 간단히 말하면 다음과 같다.

1) 비용예측이 어렵다

대부분의 창의적 제품은 무형적인 정신노동을 통해 창출될 뿐만 아니라 이러한 정신노동은 더 많은 창의력을 포함한다. 따라서 노동의 소모와 제품의 비용이 확실하지 않으며 제작업 제품의 비용계산법에 의해 시장가격을 확인할 수 없다. 창의적 상품과 기술제품은 특수성을 가지고 있어서 창의적 제품에 대한 정가를 매길 때 일반 제품처럼 '비용+이윤'법으로 계산할 수 없다. 창의적 제품이나 기술제품의 가격에는 초액 이윤의 기대기 포함되나, 초액 이윤은 창의개발과 기술개발의 위험과 복수를 포함한다.

보통상품의 가치는 간단한 노동을 통해 측정되어 제품의 생산에 필요한 사회적 필요노동시간에 의해 결정된다. 또한 상품의 가격은 시장의 공급과 수요관계 간의 자연적 조절을 통해 결정될 수 있다. 창의적 상품과 기술적 상품은 복잡한 노동제품에 속하며, 복잡한 노동의 가치는 간단한 노동의 수 배에 달한다. 그러나 이러한 복잡노동은 유의성을 가지고 있으므로 비교할 가능성이 없기 때문에 가치가 확정될 수 없다.

2) 공급과 수요의 갈등이 뚜렷하다.

창의제품은 '창의'라는 이유로 대부분 사람이나 기업에게 제공할 수 없는 반면 소수의 사람이나 기업은 시장의 공급주체가 될 수 있다. 많은 기업들은 창의를 절대적으로 독점한다. 예를 들어 도서, 신문, 브랜드점유, 올림픽 마스코트의 전매 등이 포함된다. 독점적 공급의 경우에는 수요량이 클수록 공급과 수요의 갈등이 심각하다. 시장가격은 가치법칙과 공급·수요 정리에 의해 결정된다. 공급자가 독점적 지위를 차지하면 매입자는 창의 및 기술의 시장거래 가격상담에서 열세의 위치에 놓이므로 창의제품의 가격이 일반적으로 높다는 현상을 쉽게 이해할 수 있다. 창의제품은 대부분이 독창적이어서 자연적으로 독점적인 성격을 가진다. 창의와 기술의 소유자는 법률을 통해 독점적 목적을 달성하여 이윤을 얻는다. 그러므로 창의제품의 가치는 일반상품의 계산척도로 계산하기 어렵다.

3) 사용가치의 불확실성

창의는 독점의 기법과 혁신뿐만 아니라 창의 제품의 '생산'과정을 감지되지 못함으로 인해 창의상품과 기술상품의 거래는 정보의 비대칭성을 가지고 있다. 창의와 기술의 구매자는 매입시 관련 정보를 자세하게 알지 못한다. 창의와 기술의 개발은 무한적이어서 거래가 철저히 이루어지지 않을 경우 매입자는 전체 구입을 통해 독점을 실현하기 어렵다. 따라서 일부 창의상품과 대부분의 기술상품의 사용가치는 위험이 안고 있다. 특히 거래를 앞당기는 경우에 창의상품의 사용가치 실현은 불확실성을 가지고 있다. 창의상품과 기술상품의 사용가치를 실현할 수 있는지는 창의와 기술자체에 관련이 있을 뿐만 아니라 매입자의 활용능력 및 시장의 접수능력에 달려있다.

3. 제품 사용권의 이전

창의제품거래에서 소유권의 주체는 시장거래에서 변경될 가능성이 있지만 창의는 관념형태로 존재하므로 실제 소유권의 '비이전성'을 구현한다. 지식 창의상품이 시장거래절차에 거쳐 판매된 후 생산자는 지식 자체를 잃지 않으므로 생산자는 지식상품의 소유권을 이전하지 않는다. 그러므로 창의경제거래시장에서 창의상품의 권리이전은 사용권의 양도만 이루어진다. 만약 독점적인 매출제한이 없다면 창의상품의 생산자는 여러 구매자에게 사용권을 판매할 수 있다. 뿐만 아니라 이러한 양도는 무한 복사될 수 있다. 예를 들면 노래와 CD는 무한적으로 판매할 수 있으나 노래의 소유권은 독점적이다.

제2절 창의경제 개거래시장의 분류

창의경제 거래시장의 분류방법은 다음과 같이 몇 가지가 있다.

1. 제품거래의 목적별 구분

제품거래의 목적에 따라 창의경제의 거래시장은 소비성 거래시장과 투자성 거래시장으로 나뉜다. 소비성 거래시장은 판매자의 상응되는 거래수단으로 형성되고 소비자 또는 구매자가 즐길 수 있는 창의 제품의 시장 거래를 단기간 내에 이룬다. 또한 거래의 목적이 최종적인 소비에 있는 제품, 즉 개인이 구매하는 음반, 게임, 예술, 도서 등등이 여기에 해당한다. 이러한 제품으로는 절판된 소비품, 완제품이나 반제품, 예술품 수집가의 구매 행위가 포함된다. 창의경제상품의 시장거래 경로는 공장직매, 대리판매, 인터넷 예약구매 등이다. 소비성 거래의 결제는 기업대 개인, 개인대 개인, 기업대 기업, 개인대 기업 등의 방식으로 이루어진다.

투자성 거래시장은 투자적이나 앞당기기적 거래이다. 이 거래의 목적은 최종소비가 아니며, 더 넓은 시장이윤을 얻기 위함에 있는데, 여기에는 위탁개발, 항목상담, 과제연구 등이 포함된다. 예를 들어 과제연구 창의제품거래는 주로 입찰 공고로 이루어지는 과제연구, 위탁과제연구, 협조과제연구의 방식으로 매입자(위탁자)와 매도자(수탁자)를 거쳐 주체, 시간, 성과, 비용 등의 다각적인 약정에 따라 계약 체결과 운용비용의 지불을 통해 완성된다. 연구가 완료되면 최종 성과검사를 통과한 후 위탁자는 나머지 과제경비를 지불함을 통해 전체의 거래가 완성된다. 판매자로는 단과 대학과 종합대학교, 과학연구부문, 컨설팅 회사 등이 포함된다. 구매자로는 정부, 기업 등의 시장주체가 포함된다. 더불어 보육서비스와 같은 창의제품거래시장도 많다. 이러한 주기적인 보육방식은 구역이나 건축물을 기반으로 형성되는 문화창의제품에서 많이 나타난다. 예를 들어 문화경기지수, 문화경쟁력 등의 지표는 중요한 심사지표이다. 따라서 사람들은 새로운 구역성(区域性), 성구성(城域性) 개발건설을 진행할 때 이전에 비해 문화창의, 문화함양, 문화정신을 더 강조하고 있다.

2. 창의제품의 업종별 구분

베이징시 통계구와 국가 통계국 베이징 조사총대는 2006년 12월 13일에 신문기자회를 연합 개최하여 중국 내륙지역의 첫 번째 창의산업의 분규 표준을 공포하였다.

『베이징시 창의산업 분류 표준』은 국민경제 업종분류에 의해 82개 소업종과 6개종 업종을 포함시켜 문화예술, 신문출판, 방송·영화, 소프트웨어·인터넷·컴퓨터서비스, 광고, 예술품거래, 레저관광 및 기타 부가서비스 등 9개로 나뉜다. 따라서 창의경제의 거래시장은 위의 업종별로 구분할 수 있다.

1) 문화예술품거래시장

문화예술품거래시장으로는 주로 갤러리, 경매장과 예술박람회 등이 있다. 최근 뉴욕은 세계에서 가장 많은 갤러리를 보유중에 있다. 단순한 SOHO구역이나 크고 작은 갤러리가 300여개 곳이나 있다. 아시아 내 도시 중에서는 도쿄가 가장 번화한 CBD에서 많은 갤러리를 모집하고 있으며, 각 갤러리는 자체적인 브랜드 이미지를 가지고 있다. 투자자와 수집자에게 인가된 갤러리에서 전시된 예술제품이 높은 가격으로 팔린다.

세계를 범위로 개최되는 예술 박람회에 크게 다섯 종류가 있는데, 각각 독일 쾰른국제예술박람회인 쾰른 아트페어(Cologne international art fair), 스위스 바젤국제예술박람회인 바젤 아트페어(Basel international art fair), 프랑스 파리국제현대예술박람회인 파리 현대미술 아트페어(FIAC), 스페인 마드리드 국제현대예술박람회인 ARCO, 미국 시카고 국제예술박람회인 시카고 아트페어(Chicago international art fair)가 있다. 중국에서는 상하이 발전기금회가 주최하는 상하이 예술박람회가 영향력을 많이 갖고 있다. 1997년 설립했을 때부터 지금까지 아시아에서 가장 큰 예술박람회로서 약 40개 국가 및 지역의 1,000여개 갤러리나 예술경제기구가 전시에 참석하여 9만개의 예술작품을 전시하고 거래했으며 해마다 약 40만명의 관광객이 상하이 예술박람회를 참관한다. 상하이 예술박람회를 통해 처음 공개된 세계 유명 화가들의 원작들도 있다. 예를 들어 피카소, 앙리 마티스, 렘브란트, 샤갈, 살바도르 달리, 피에르 오귀스트 르누아르, 장 모네, 주덕군(朱德群), 조무극(赵无极), 제백석(齐白石), 서비홍(徐悲鸿), 장대천(张大千), 부보석(傅抱石)등의 명작이 많이 전시되었다. 예술박람회는 수 많은 예술기구, 갤러리, 수집가와 대중들을 이끌어 오면서 상업기회를 창조하고 문화의 교류를 축구하고 예술품거래시장을 양성하고 개최도시의 인지도를 향상시켰다.

예술품경매업은 서양 예술시장의 중요한 중개업이다. 영국의 SOTHBEY's와 CHRISTIE's 경매 회사는 국제예술시장에서 규모가 가장 크고 영향력이 가장 높은 예술품경매회사이다. 두 회사 모두 18세기에 설립됐고 지금까지 200여년의 역사를 가지고 있다. 중국의 경우 90년대에 들어 중국 예술품경매시장이 나타난 이후부터 중국의 예술품 경매시장은 중국가덕(中国嘉德), 중국용보(中国荣宝), 중무승가(中贸圣佳), 베이징한해(北京瀚海) 등의 몇 개 경매회사에 의해 독점되였다. 그러나 2005년부터 중국 내 신규 경매회사의 가입에 따라 중국 예술품 경매회사의 규모화 추이가 나타났다. 2007년에는 신규 경매회사의 성적 향상에 따라 중국 예술품 경매시장의 낡은 체제가 변화되었다.

2) 출판시장

출판시장은 출판물과 출판생산서비스를 공급·수요에 따라 교환하는 시장이다. 즉 출판기업은 출판서비스, 제작가공, 물류서비스를 통해 소비자에게 출판물을 제공하는 기업이다. 출판시장은 출판제품의 생산자와 소비자사이를 중개하고 사회노동을 교환하여 출판물의 가치를 실현한다는 역할을 가지고 있다. 출판시장의 대상으로는 출판물, 출판사의 편집가공서비스 및 기타부가서비스가 포함된다. 그러므로 출판시장은 제품과 서비스를 제공하는 장소이다.

출판시장은 출판물의 형태에 따라 도서시장, 간행물시장, 음반제품시장과 전자출판물시장으로 나눌 수 있고 판매형식에 따라 도매시장과 소매시장으로 나눌 수 있고, 유통구역에 따라 국내시장과 국제시장으로 나눌 수 있다. 채산성의 여부에 따라 도서시장은 공공제품별 도서, 반 공공제품별 도서와 비 공공제품별 도서 3가지 종류로 나눌 수 있다. 따라서 현대 출판사는 3가지 유형을 가지고 있다. 첫째는 정부 출판기구이다. 정부 출판기구는 일반적으로 정부의 부문에 속하여 독립적인 지위가 없으며 출판물은 사회공헌을 위해 출판되며 대부분은 무료이다. 둘째는 경영성·비영리성조직이다. 선진국의 대학 출판사가 이러한 기업형태를 택한다. 예를 들어 미국 하버드 경영 대학원 출판회사, 영국 옥스퍼드대학교 출판회사, 영국 케임브리지대학교 출판회사 등이다. 이러한 기업은 회사제도를 사용하지만 그 출판내용은 학술과 문화의 측면에 더 접근한다. 정부는 소득세면제의 혜택을 주는 동시에 회사의 주주는 이윤을 배당할 수 없고 이윤을 계속 교육문화사업에 도입해야 하는 제한을 둔다. 셋째는 유한책임회사이다. 이는 선진국 출판기업의 주류형태이다. 미국의 3대 교육출판그룹인 피어슨(pearson)교육출판그룹, 맥그로힐(Mcgraw－hill)출판그룹, 톰슨(Thomson)출판그룹은 모두 주식회사이다. 이러한 출판기업의 시장판매량은 선진국 출판시장의 90%를 차지한다.

3) 애니메이션 거래시장

애니메이션거래시장은 애니메이션 제품을 거래대상으로 형성되는 시장을 말한다. 애니메이션 제품은 '창의력'을 핵심으로 동영상이나 만화라는 표현형식 통해 애니메이션도서, 간행물, 영화, 텔레비전, 음반제품, 연극 및 현대정보전파기술에 기반하는 새로운 애니메이션 중류를 포함한다. 그리고 애니메이션 캐릭터와 관련되는 의류, 장난감, 비디오게임 등의 파생제품을 포함한다.

국제 애니메이션시장에는 성숙한 생산라인이 형성되어있다. 이는 애니메이션을 판매한 흥행수입을 첫 번째 수입으로 삼고 도서 및 음반을 두 번째 수입으로 삼는다. 그 외의 대량생산한 파생제품으로는 주로 완구, 직매상품과 테마공원 등이 있다.

애니메이션은 흥행 문화산업으로 탄생하게 된 초기부터 첨단기술과 연결되어 왔다. 따라서 많은 사람들은 애니메이션 작품은 새로운 기술의 산물뿐이지 예술성을 구비하지 않다고 여긴다. 그러나 애니메이션 산업이 발전할수록 이 새로운 전파형식은 각광받았다. 독일의 카툰영화 '가야에 돌아간다'는 독일에서 처음 독립적으로 제작한 3D카툰영화이다. 이 영화가 사람들의 관심을 끈 이유는 그것뿐만 아니며, 더 중요한 것은 새로운 기술인 CGI를 사용하는 사실에 있다. CGI기술은 4~5년 이전에 탄생된 기술로 인터넷 게임 영역에서는 그다지 낯설지 않지만, 영화영역에서 사용하는 경우는 처음이다. CGI기술도 인터넷 통로라고 부른다. 이 기술을 통해 시청자와 인터넷 프로그램의 시너지효과가 실현될 수 있다. 인터넷 프로그램이 설정된 여러 가지 경우 시청자는 마음대로 자신이 보고 싶은 것을 선택할 수 있고 카툰영화의 스토리를 고칠 수 있어서 이를 통해 개성있는 카툰영화를 얻을 수 있다. 수정한 이후의 영화를 인터넷에서 올리고 다른 애호가와 성과를 함께 나누면서 비용을 수취한다. 여기서는 전통적은 카툰영화는 전부가 아니라 애니메이션 산업에서 첫 환절이며 따른 유료사용이 더 중용하다. CGI기술은 전통적인 일방향의 전파와 달리 다원화 및 개성화를 갖고 있다. 따라서 신기술은 애니메이션의 거래 속도 및 빈도를 촉진한다. 대부분의 젊은이들의 선호를 받기 때문에 애니메이션 산업은 중국에서 거대한 시장으로 발전되고 있다. 예측에 따르면 만화 영화, 만화책 등의 파생제품이 포함된 중국의 애니메이션 산업은 매년 200억 위안의 규모가 된다고 한다. 그중에서 애니메이션 파생제품시장규모만 매년 100억 위안 이상을 달성할 수 있다.

뿐만 아니라 문화창의제품의 업종별에 따라 창의제품거래시장은 지적 소유권거래시장, 인터넷문학거래 시장으로 나눌 수 있다. 창의 파생제품이 끊임없이 나타날수록 거래시장은 복잡해지면서 구분하기 어려워진다.

제3절 창의경제 거래시장의 수요와 공급

1. 창의경제 거래시장의 수요

마르크스는 상품수요란 시장에서 나타나는 상품에 대한 수요를 말한다고 했다. 경제학원론에서 보는 바와 같이 수요는 소비자의 기호에 영향을 받지만, 소비자의 선호 및 선호의 차이성의 형성에 대한 해석은 없다. 소비자의 상품선호순서의 차이성을 연구한 경제학자들은 선호는 사람마다 다르지만, 선호의 변화가 수요곡선을 이동시킬 수 있을 뿐만 아니라 선호가 어떻게 형성되느냐는 문제를 해석할 수 없어 이 문제는 사회학자, 심리학자와 행위학자에게 넘겨야 한다고 인정했다. 어찌됐건 이러한 관점의 이론적인 기초가 무엇이더라도 인간이 하나의 창의제품을 선호하거나 소비하는 행위는 제품을 알거나 인증하는 것과 중요한 관련이 있다고 해야 할 것이다. 이러한 선호의 형성은 경력이나 교육에 의해 이루어질 수 있다. 예를 들어 마셜(Alfred Marshal)의 관점에 따르면 소위 '좋은 음악'의 감상은 후천적인 함양에 의한 것으로 음악에 접근하는 시간의 증가에 따라 상승한다. 마셜은 『경제학원이』 제3권 제3장에서 '한계효용의 체감법칙에 따라 예외가 없다. 어떤 사람은 감상하는 음악은 많으면 많을수록 품위가 높아진다'고 말했다. 요즘 이러한 이론은 점차 합리적인 중독의 이론(Theory of Rational Addiction)으로 발전하여 헤로인부터 록 음악까지의 상품 소비현상을 해석한다. 물론 사람들이 이를 중독이나 선호의 함양이라고 부르더라도 창의제품의 수요를 해석하려면 경제학모형에서 선호의 내생화(Endogenisation of Tastes)를 충분히 고려해야 하며 적어도 해당 소비와 이전 소비를 연결해야 한다. 연구에 따르면 다른 창의제품의 수요에 대하여 가격탄력성과 소득탄력성은 사전기대(Prior Expectations)에서 발전했다고 한다. 예를 들어 대중예술 소비수요의 가격탄력성은 순수예술보다 높다. 그 이유는 섬세한 예술의 소비에서 상품 및 서비스의 품질 특성은 가격요소에 비해 소비자 결정의 영향이 더 중요하기 때문이다. 따라서 창의제품소비의 소득탄력성은 기타상품에 비해 높다. 이는 부분적으로 창의제품의 사치성과 오락성 때문이고, 개인 선천형성이나 후천적 양성의 선호 때문이다.

2. 창의경제 거래시장의 공급

마르크스는 상품공급이란 시장에서 존재하는 제품이나 시장에 공급할 수 있는 제품을 말한다고 했다. 그는 인간의 수요를 만족시킬 수 있는 것은 사용가치일 뿐만 아니라 일정의 양으로 시장에서 나타날 수 있다고 했다. 창의경제거래시장의 공급이란 창의제품의 생산자가 제공하길 원하거나 제공할 수 있는 제품의 수량을 말한다. 생산자는 여러 가지 생산주체로 조성되어 글로벌다국적기업에서 개체자유근무자까지 될 수 있다. 간편하게 논의하기 위해 창의제품의 공급자를 '영리(Profit-making)'와 '비영리(Non-Profit)' 두 가지로 구분하여 분석하겠다. 영리성 창의제품은 생산시 이루어지는 이익에 대한 고려가 문화가치에 대한 고려보다 많다. 따라서 영리성 창의제품의 공급은 대중문화의 방향으로 향하며, 이러한 수요는 규모가 클 뿐만 아니라 지속성을 가지고 있다. 비영리성은 깊은 문화가치를 향하여 이루어진다. 예를 들어 고전음악, 재즈, 희극, 시가, 오페라, 고전무용, 현대무용, 정교한 예술품, 근대시각예술 등이 여기에 속한다. 비영리적 창의제품의 생산 활동은 문화가치를 더 중시한다.

사 례 전문가: 인터넷 문학은 ATM기가 아니다.

한 문학 웹사이트의 데스크는 인터넷 문학 개편의 등장이 합리적이라고 여긴다. 인터넷 문학작품의 저작권은 일반적으로 낮아 이러한 작품들은 이미 인터넷에서 인기가 높으므로 개편자는 상대적으로 낮은 시장 기초를 다지게 된다. 1998년 痞子蔡의 '첫 번째 친밀한 접촉'을 시작으로 중국의 인터넷 독창문학은 이미 10년째 지속되고 있다. 초기의 작가는 취미로서 인터넷을 통해 작품을 썼으나, 현재의 인터넷 문학은 점차 비영리성의 제작 형태를 떠나고 있어 상업화가 되고 있다.

1) 돈을 벌기 위해 초과 저작

인터넷 작가들은 문학 교양을 제고해야한다. 통계에 따르면 2006년 상하이 성대 인터넷회사 산하의 대형 독창문학 웹사이트인 기점중문망(起点中文网)의 하루 최고 히트수는 1억을 넘는다. 이러한 높은 히트수는 일반적인 주류 웹사이트와 막상막하이다. 요즘 몇 년 동안 기점중문망(起点中文网), 환검서맹(幻剑书盟), 주랑망(逐浪网) 등의 유명 인터넷 문학웹사이트들은 큰 위험투자비를 얻거나 대형 상업웹사이트에 인수되었다. 투자자들은 큰 히트수 뒤에 숨겨진 잠재력에 주목하였다.

최근 대부분의 문학 웹사이트는 유료보기를 도입하여 인터넷 저자에게 원고료를 지불한다. 많은 문학애호가들이 인터넷 문학을 저작하기 시작한다. 장호(张浩)는 인터넷에서 저작활동을 한지 3년이 되었다. 지금은 환금서맹웹사이트의 유명 저자이다. 환금서맹은 유명 저자에게 1,000자당 60위안의 원고료를 제공할 수 있다. 기점중문망은 유명 저자에게 1,000자당 130위안의 원고료를 제공할 수 있다. 속도가 빠른 저자는 매일 1~2만자를 적을 수 있는 점을 보면 인터넷저자의 소득은 그리 낮지 않다. 그런데 장호처럼 저작에 의해 수익을 버는자는 많지 않지만, 웹사이트에는 매일 새로운 작품이 끊임없이 나타난다.

그런데 인터넷 저자들은 주로 18~30살의 젊은이들이다. 그들은 인생경험이 부족하고 문학적 함양이 약할 뿐만 아니라 상업요소의 유혹을 받아 실질적으로 많은 저자들이 '초과저작'상태에 놓여 있다.

2) 상업가치가 시장의 주목을 잡아끈다.

인터넷 문학의 개편 규모가 점차 커지고 있다. 인터넷 문학의 신속한 발전으로 인해 전통 출판사의 중시를 이끈다. 많은 작품은 도서로서 발행되었다. 2006년의 중국인기도서 순위표에서의 인터넷 작품의 시장 점유율은 최소 1/3을 차지하여 중국 인기도서의 중요 구성요소가 되었다. 심지어 어떤 작품은 기존 유명작가의 신작에 비해 잘 팔렸다. 예를 들어 무협 소설 『주선(诛仙)』의 누적 판매량은 이미 100만 권을 넘었다. 동굴탐험 소설 『궈이춰이등(鬼吹灯)』의 총 인쇄량은 30만 권에 달했다. 문학작품이 보편적으로 불경기인 경우와 달리 인터넷 문학의 이러한 성적은 사람들의 시선을 끌었다.

민영도서회사 '화문천하(华文天下)'의 책임자인 양문현(杨文轩)은 지금의 중국은 열독대중화과정을 겪고 있어 많은 사람들은 독서를 레저로 삼고 있다고 했다. 특히 무협과 현환 소설에 대한 수요가 높다. 인터넷 문학의 등자은 전통출판사에게 무시당해온 시장을 보충한다.

한편 인터넷 문학은 영화회사와 게임회사의 초점이 되었다. 최근 몇 년간 인터넷 문학에서 각색된 영화, 애니메이션, 비디오게임, 연극의 수는 적지 않다. 상하이 글로벌 영화회사는 『주선(诛仙)』의 저작권을 매입하였다. 그리고 소설에서 각색된 비디오 게임이 운영되고 있다.

3) 뜨거움은 실질적 진보가 아니다.

인터넷 문학은 자유로운 저작방식과 독특한 구어 및 인터넷화 언어는 오늘날의 사회의 빠른 속독에 적응한 것으로 특이하고 유머러스한 내용은 전통문학에서는 부족한 것들이다. 이러한 내용은 독자들이 추구하는 새로운 요구를 만족할 수 있다.

그러나 뜨거운 인터넷 문학시장 역시 거품이 존재한다. 전문가들은 상업적으로는 좋은 미래가 있겠지만 인터넷 문학에는 문학의 정수가 많지 않다고 한다. 99%이상의 인터넷 문학작품이 '문자 쓰레기'이어서 문학적 가치가 별로 없다는 말은 과언이 아니다.

환검서맹은 계약 독창저자만 1만여 명이고 독창작품 2만여 부를 수집한 것으로 알려져 있다. 그러나 히트수가 100만 이상을 초과할 수 있는 작품은 100여부밖에 없다. 또한 실제 출판하여 훌륭한 수익을 거둘 수 있는 작품의 수량은 손으로 꼽아 셈할 수 있다. 마음대로 저작하고 상업화에 따라 고속으로 발전함에 따라 인터넷 문학작품의 품질이 많이 떨어지면서 인터넷 문학의 발전에 소극적 영향을 가져왔다. 인터넷 문학은 신흥문학창작과 전파패턴으로써 이해관계자의 'ATM기'가 아니다. 인터넷 문학창작자는 조급한 심리상태를 하루빨리 없애야 한다. 엄격한 태도로 더 많은 우수한 문학 작품을 창작하는 것이 인터넷 문학을 지속적으로, 건강하게 성장시키는 방법이다.

연습문제

1. 창의거래시장의 특징을 분석하시오
2. 예를 들어 인터넷 문학거래시장의 특징을 분석하시오
3. 분류방식에 따라 인터넷 문학거래시장에 대해 분류하고 시장종합형상이 존재하느냐에 대해 토론하시오.

제5장

창의경제의 소비시장

학습요점

1. 창의제품의 소비 특성
2. 창의경제의 소비 특징
3. 창의제품의 마케팅 전략
4. 창의소비의 시장개발 전략
5. 창의경제 마케팅 조합 창신

제 5 장 창의경제의 소비시장

창의경제는 글로벌화시대 소비사회의 배경에서 발전된 창조와 개인 창조력을 추앙하며 문화, 예술의 경제 지지, 신흥개념의 출현, 사상과 경제실천 등을 강조한다. 창의경제는 개인 창조력, 기술과 재주의 활동에서 나오며 지식재산권의 형성과 이용을 통해 이러한 활동들은 창의경제의 효과와 취업의 성과가 발휘되도록 한다.[1]

사람은 저마다 생각도 있고 아이디어도 있다. 그런데 저수준의 영세한 생각의 대부분은 부가 될 수 없다. 규모적, 체계적, 지속적으로 증가할 수 있는 부는 더욱 더 될 수 없다. 시장잠재력이 있으며 소비자의 욕구를 만족시켜 줄 수 있는 생각과 아이디어, 그리고 복잡한 사상활동을 통해서 형성된 창의 작품만이 산업의 첫걸음을 내디딜 수 있다. 대량의 창의작품은 창의도, 창의밀집도, 창의체계의 선택을 통해 체계화 잡힌 대량생산의 창의작품이 되고 거래적인 창의상품이 될 것이다. 한편 창의상품은 지식재산권의 보호와 브랜드화의 과정을 거쳐야 시장에 받아들여지며 이를 통해 부를 창조할 수 있는 가능성이 생긴다. 재산권은 이윤을 얻을 수 있는 법률상의 보증이며 브랜드는 이윤을 얻을 수 있는 마케팅의 기초이다. 기본적으로 창의경제는 브랜드 경제이기도 하며 주의력 경제이기도 한다. 브랜드는 소비자에게 있어 시장선택의 첫 번째 근거이며 상품을 배타적, 경쟁적인 시장체계에서 벗어나게 한 하나의 선별시스템이다. 창의가 좋다는 것이 훌륭한 브랜드가 되기에 중요한 기초이지만 양자 사이에 필연적인 논리관계가 없다. 좋은 창의가 좋은 브랜드가 되는 것이 아니며, 좋은 브랜드가 되더라도 반드시 원활한 유통경로가 있어야 하며, 창의상품이 고객과 잘 만날 수 있게 보증해야하고 유통과 거래시장을 통해 창의가 창부(부를 창조함)로 변할 수 있어야 한다. 대체적으로 창의에서 창의경제까지는 "창의작품－

1 J. howkins., Creative Economy: How people make money from Ideas.London:Penjuin Books, 2001

지식재산권－브랜드－유통경로－마케팅－이윤”의 경로가 존재한다. 이 경로의 중요한 연결고리는 바로 창의경제의 소비시장이다.

본장에서는 상품과 소비의 시장을 분석하고 신경제시대 소비자욕구의 발전추세에서 출발하여 창의 상품과 창조소비의 특징을 끌어내고, 창의 상품의 마케팅전략, 산업 가치사슬 개발전략과 창의경제의 마케팅창조전략을 제시하고자 한다.

제1절 신 경제시대 소비자 수요의 발전 트랜드

소비자 수요는 경제활동 중에서 아주 중요한 자리를 차지하며 모든 경제활동의 출발점과 귀결점이다. 소비자 수요란 소비자의 소비욕망으로, 희망과 요구 혹은 소비자 생리와 심리 상 결핍상태에 처해 있으며 뭔가 부족하다고 느끼고 그 부족한 것을 얻고 싶어 하는 심리상태를 말한다. 소비자수요를 지향하고자 하는 현대시장 경제조건에서 기업 마케팅활동의 최종목적은 소비자욕구의 만족, 기업의 전략목표 실현, 그리고 기업의 생존과 발전에 있다. 마케팅활동의 본질은 기업이 여러 가지 마케팅수단과 유인이 소비자에게 작용되어 소비자수요를 자극하고, 이를 통해 구매욕망을 불러일으켜 구매행동을 실현을 촉진시킴에 있다.

인류사회는 이미 신기술 혁명의 상징으로 새로운 역사 발전시기에 들어왔다. 특히 창의는 마케팅 분야에서의 응용을 통해 우리를 참신한 경제시대 속으로 이끈다. 지금의 시대는 소비자의 수요와 행동이 여러 개의 유통경로를 뛰어넘고 인류의 수요와 행동을 창의 소비행동과 결합시키는 시대이다. 이런 소비자의 행동은 전통적, 디지털적, 이성적과 감성적, 가상적, 그리고 현실적인 요소들을 혼합한다. 그로인해 현대 소비자가 직면하는 소비환경에 심각한 변화가 발생한다.[2]

1. 현대 소비환경의 변화가 소비에 미치는 영향

현대 소비 환경의 변화가 소비에 미치는 영향은 다음과 같다. 첫째, 소비내용이 끊임없이 갱신된다. 과학기술은 나날이 새로워지고, 사회생산력은 신속하게 발전하여 제품의

2 곽귀향: <신경제시대 소비자욕국의 발전추세에 대한 논쟁>, <산서성 청년관리 간부학원 학보>, 2006년 8월

혁신을 가속화 시킨다. 신제품과 각종 고기술의 제품들이 끊임없이 나타난다.

둘째, 소비범위를 극대화한다. 글로벌화경제는 날로 성장하고 각 나라 간의 무역거래는 끊임없이 증가한다. 이에 따라 현대 소비자는 본국시장과 본국상품만이 아닌 해외시장과 해외상품과도 접촉하며 다양한 범위의 상품을 선택하게 된다.

셋째, 소비방식의 변혁이 발생한다. 전자상거래의 신속한 발전과 광범위 응용은 전통적인 상품무역 방식에 강력한 충격을 준다. 소비자의 구매방식과 소비방식의 근본적 변혁의 가능성을 제공한다.

넷째, 소비 트렌드를 끊임없이 갱신한다. 교통과 통신기술의 발전덕분에 거리를 단축시키고 국제거래의 증가를 촉진하며 국가 및 민족 간의 문화 전통, 가치관, 생활방식 등을 교류하고 융합하게 한다.

이러한 변화는 소비자의 소비관념과 소비방식에 여러 가지의 깊은 영향을 주고 소비자의 소비구조, 내용과 형식에 있어 현저한 변화를 발생시킨다.

2. 현대 소비자 수요의 발전추세

세계역사를 거시적으로 관찰하면, 사회생산력과 과학기술이 크게 발전할 때마다 소비영역에는 심각한 변혁이 일어난다. 마찬가지로, 사회경제의 신속한 발전은 소비자의 소비관념과 소비방식에 영향을 준다. 소비자 욕구의 구조, 내용, 그리고 형식을 바꾸게 된다. 현 시점에서 소비자의 욕구 동태와 세계 소비의 발전추세를 결합한다면 다음과 같은 변화가 일어날 것으로 보인다.

1) 소비자수요의 공급화

소비자의 평균수입과 소비수준의 향상에 따라 소비자의 수요 구조가 고급화 되고 있다. 이런 추세는 고속으로 발전하고 있는 개발도상국에서 뚜렷하게 나타난다. 중국을 보면 분양주택, 개인차, 전자정보상품 등 도시내 가정을 주요 목표로 삼은 뉴 라운드의 소비가 이미 시작됐다. 소비품의 가격이 만원대에서 십만원대로 높아져 가고 있다. 평균소비수준이 지속적으로 증가하는 것을 바탕으로 중국 대부분의 도시와 농촌의 소비자 수요구조에 큰 변화가 발생했다. 도시와 농촌의 거주민들은 소비 잠재력을 갖추기 시작한다. 앞으로 한 동안은 도시와 농촌 거주민들의 소비수요가 다각화되고 사람의 소비관념, 소비방식, 소비내용 및 소비품시장 공급관계에 있어 큰 변화가 발생할 것이다. 의·식 등의 일반적인 소비가 총 소비에서 차지하는 비중은 떨어지고 주·행 및 통신, 컴퓨터, 교육, 여행 등의 소비의 비중이 크게 증가할 것이다. 게다가 세계경제무역의 증가와 국가 간의 문화가 서로 침투함에 따라 국내소비가 국제화추세가 점점 밖으로 드러나기 시작할 것이다.

2) 소비 심리의 성숙화

현재 중국 소비품 시장의 구매측의 시장구조는 거의 다 완성되었다. 소비자의 구매심리는 점점 안정되고 성숙되어가고 있으며, 실제적인 것, 새로운 것, 안정적인 것, 저렴한 것 등을 추구하는 특징이 나타난다. 또한 소비자의 구매 요구와 행동에 상응하는 변화를 발생한다. 이상형 구매가 증가하는 반면 감정형 구매는 줄어들고, 계획형 구매가 증가하는 반면 무작위형구매는 줄어든다. 불변하는 구매자의 구매동기에 있어서는 단일 요소의 영향은 줄어드는 반면 복합한 요소의 영향은 증가하고, 할인에 의한 구매는 줄어드는 반면 실제 사용에 인한 구매가 증가한다. 소비자의 소비행동이 점점 이상화 된다.

3) 소비추세의 광범위화

감성소비자의 수요는 소비자가 상품을 구매 할 때 생존, 안정 등의 기초요소가 아닌 소비자의 심리욕구와 공감을 얻을 수 있는 상품을 구매하길 바람에 있다. 즉 정신적인 욕구를 만족해야 한다. 경제활동의 고도 시장화와 신속한 기술 발전에 따라 인간의 생활방식 역시 강력하게 변화한다. 완만·안정적·한가한 직장생활 대신 빠르고 치열한 경쟁, 높은 긴장감의 직장생활이 점점 형성되고 있다.

음식물처리기, 식기 세척기, 개인컴퓨터, 이동통신기기, 인터넷, 현대화 사무실 설비 등 고기술 제품들이 대량으로 가정과 직장으로 들어오고 사람들은 점점 기계적으로 교류하는 것이다. 이런 새로운 생활방식과 상응할수록 인간의 감정욕구도 점점 강력해 진다. 미국의 미래학자 네이스비트의 주장대로 새로운 기술이 사회에 도입되자마자 인간의 균형을 맞추는 반응이 반드시 생겼는데, 이를 다시 말하면 고감정이 생기게 되며 만약 생기지 않게 되면 새로운 기술이 배척을 당하는 것이다. 고기술과 맞서는 고감정으로써 소비영역에서 표현되어야하는 것이 바로 소비자의 감정 소비추세이다.

소비자 요구의 발전은 서방 선진국의 이론에 따르면 대개 양의 소비시대, 질의 소비시대, 감성소비시대의 3단계로 나눌 수 있다. 감성소비 단계의 소비자가 상품을 구매하는 것은 상품 수량과 질의 물질 욕구 때문뿐만 아니라 심리 욕구의 갈망, 특정상품과 자신 간의 가치 부합에 인한 것이다. 감성소비욕구에 의해 소비자가 구매하는 상품은 생활필수품이 아닌 소비자의 심리욕구와 공감을 채울 수 있는 감성 상품이다. 이러한 구매전략은 심리체험에 근거한 "좋아하면 산다"를 행동방향으로 삼는다. 미국의 구매선호에 관련된

한 가지 시장조사에 의하면, 미국 여성은 의류를 구매할 때 입는 느낌을 중요하게 생각하는 반면 최신 유행하는 스타일을 추구하는 사람은 43%에 미치지 못한다고 한다. 일본시장에서는 감성상품이 최신 유행이 될 것이다. 따라서 감성소비 추세는 고과학기술 사회의 인간의 고 감성욕구의 표현인 현대 소비자의 정신의 즐거움을, 개성의 표현과 감정의 만족 등의 욕구를 돋보이게 반영한다. 중국에서도 소비자욕구의 감성화 추세가 점점 강해지는 것과 감정욕구를 핵심으로 삼는 꽃 산업 신속하게 발전하는 것이 이를 강력하게 증명한다.

4) 소비방식과 생활방식의 통일화

소비방식과 생활방식은 서로 다른 개념이다. 생활방식이라는 것은 인간이 생존의 만족과 발전 필요를 위해 진행되는 전체 활동의 총체모형이 기본 특성이다. 인간의 심리와 행위활동이 복잡한 만큼 사회관계와 생활방식은 다양하고 다차원적으로 존재하는데, 여기에는 노동생활방식, 소비생활방식, 가정생활방식, 사회교류 생활방식, 문화생활방식, 정치 생활방식, 종교 생활방식, 여가 생활방식 등이 포함된다. 양한 다차원적 생활방식들이 서로 연결되고 규제됨을 통해 생활방식의 전체 시스템이 구성된다. 생활방식 시스템의 구성을 보면 소비생활방식이 생활방식 전체 시스템의 중요한 구성부분이 뿐만 아니라 다른 하위집단 생활방식과도 긴밀한 관계가 있음을 알 수 있다.

현대사회에서 인간은 높은 수준의 물질문명을 누리면서 높은 소비가 생활의 쾌락과 행복을 의미하는 것은 아니라는 것을 깨닫게 되었다. 심리학 연구에서는 인간의 욕구는 사회적이며, 그중 쾌락은 다방면에서 나오는 것으로 물질만으로는 인간을 진정 만족시키지 못한다고 한다. 따라서 소비와 삶의 행복 여부 간에는 직접적인 관계가 없다. 삶의 행복을 결정하는 중요한 요소로는 첫째, 가족생활에 대한 만족, 둘째, 만족스러운 직장 즉 자유롭게 능력을 발휘하고 우정 관계를 맺을 수 있는 직장을 들 수 있다. 위에서 기술한 바와 같이 현대 소비자는 소비 방식과 생활방식을 점차 통합시키고 있으며, 전체적으로 삶의 방식을 평가하거나 파악하고 있으며, 삶의 방식의 전체적인 질을 높이는 것에 관심을 기울인다.

5) 친환경적 소비관념

20세기 이후 자연자원이 날이 갈수록 고갈되고 생태환경이 악화됨에 따라 환경친화적인 소비가 소비관념의 요소가 되었다. 소비자는 소비과정에서 되도록 자원과 에너지를 절감하고 생태환경을 보호하려 한다. 소비하는 상품을 되도록 절약하여 사용하고자 하고 순환 이용하려 한다. 친환경 소비란 소비활동을 함에 있어 인류가 살고 있는 자연환경을 보호해야 하고, 생태계의 균형을 유지해야 하며 자연자원의 과도한 소모를 피해야 하고자 하는 것이다. 다시 말해 소비의 지속성을 실현하고자 한다.

친환경소비의 요소로는 두 가지가 있다. 오염 없는 소비와 건강에 이로운 상품이다. 소비행위를 함에 있어 에너지를 절약해야 하고 생태계 환경을 보호해야 한다. 소비자의 소비행위의 이성화에 따라서 친환경소비가 새로운 소비욕구가 되었다. 친환경소비는 본래 식품생산 분야의 전문어였으나 현재는 소비 영역에도 활용되어 새로운 추세가 되었다. 예를 들어 CDMA의 소비자는 친환경 소비 기능인 CDMA의 저방사를 중요하게 생각한다. 친환경소비는 문명적이고 과학적인 소비이다. 소비자는 이미 소비를 글로벌 환경 및 사회경제 발전과 연결하기 시작했으며 개인 소비 욕구와 소비행위에 환경보호를 포함시켰다. 중국의 친환경소비관념은 이미 사람들의 마음속에 깊이 파고들었으며, 자원을 절약하고 환경을 보호하는 것이 소비수준과 삶의 질을 높임에 있어 중요한 것임을 인식하기 시작했다. 친환경소비를 소비욕구의 중요한 내용으로 삼고 무공해, 무오염, 무첨가물, 포장하기 쉬운 친 환경 상품을 구매할 필요성을 느끼고 있다. 자발적으로 금연, 방사성오염을 금지하는 등 환경을 보호하는 운동을 하고 있다. 이에 따라 환경 보호가 현대 소비자의 공통된 인식이 되어 글로벌 소비 발전의 추세가 되었다.

6) 소비욕구 다각화, 개성화, 창조화

감성 소비시대에서 과학기술은 나날이 새로워지며 사회문화 생활의 다각화는 사람들에게 넓은 선택지를 제공함에 따라 각종 새로운 생활방식과 소비집단이 끊임없이 나타난다. 예를 들어, "신신인류"는 현재 가장 개성 있는 소비집단이로, "신신인류"라고 불리는 젊은이들은 온갖 방법 통해 자신의 개성을 표현하여 자신의 존재 가치를 드러내고 싶어한다. 남들과 다르다는 개성을 알리는 것이 그들의 소비품 선택의 가장 중요한 요인이다. 이들의 소비 방식은 현대화를 중시함과 동시에 개성화, 창의화의 속성을 갖고 있다.

글로벌경제시대에는 국내시장과 해외시장의 경계가 점점 없어지고 다양한 상품과 서비스가 등장한다. 이런 변화에 따라 소비자는 개인이 원하는 바에 따라 상품 및 서비스를 구매하며, 소비의 다각화와 개성화를 중시한다. 일상적이 물질생활 소비든 정신생활 소비든 직면해서 소비자는 개인이 원하는 것에 따라서 선택하고 상품 및 서비스를 구매하고 소비의 다각화와 개성화를 중시하는 것이다. 일상적인 물질생활 소비든 정신 생활소비든, 변화가 크며 소비가 빠르며 창의성이 나타나는 등의 특징을 보인다. 소비 욕구의 다각화, 개성화, 창의화의 추세는 점점 뚜렷해지면서 소비의 주류가 되어가고 있다.

제2절 창의경제의 소비특징

창의 산업의 근원은 새로운 창의의 발생에 있으며, 새로운 창의는 무수한 상품, 신시장과 재산, 창조기회를 파생할 수 있다. 소비자의 새로운 욕망과 구매 잠재력을 자극하는 것이 창의의 시장기초가 된다. 창의 산업의 성장 패턴은 새로운 소비 공가의 개척하고, 새로운 소비집단의 배양하고, 소비가 경제를 이끄는 것이다.[3]

창의경제의 발전은 고객 가치 창조에 입각하며 소비의 새로운 요구를 발굴한다. 매슬로의 욕구계층이론에 따르면 소비자의 심리욕구는 엄청나게 큰 잠재력과 공간을 갖고 있다. 따라서 이를 자극하고 발굴할 필요가 있다. 창의제품소비의 주요 요소는 관념가치, 정신욕구 상품에 속하므로 고객가치 창조의 각도에서 디자인하고 생산할 필요가 있다. 새로운 가치를 창조할 수 있는 가능성은 소비자의 욕구정도와 가치인정 차이도에 따라 초점을 맞춘 다양한 창의제품을 내 놓는 것, 소비자의 현재 욕구를 만족할 뿐만 아니라 새로운 창의제품을 통해 소비자의 잠재적 욕구를 유발할 수 있는 것에 있다. 예를 들면 구글, 해리포터 시리즈, 슈퍼걸 등이 창의경제의 대표이다. 창의가 넘치는 상품은 새로운 시장을 개척하고 신흥 산업집단을 형성하고 소비자욕구를 자극하는 동시에 사회를 위한 큰 가치를 부여한다.

1. 창의제품의 창의소비

1) 창의제품의 디자인은 창의소비에서 유래한다

제품을 창조할 때 소비자의 소비환경, 소비소통 및 소비과정을 주시해야 한다. 새로운 창의 제품은 대부분 기존 시장의 포화, 신기술의 응용, 생태환경의 고려 등의 상황에서 나타난다. 설계과정에 있어 제품창의만이 단독으로 이루어져서는 안 된다. 제품 사용의 현실 환경에서 출발해야 하며, 제품과 소비자의 관계를 연구하고 발굴해야 한다. 즉, 제품 창의의 근본 원천을 찾아야 한다.

창의설계는 제품의 소비환경에서 나온다. 창의제품은 기능성을 띨뿐만 아니라 형식적인 예술감상성도 갖고 있다. 다시 말하자면, 창의제품의 외형은 실용가치와 패션포장을 갖고 있을 뿐만 아니라 고부가가치성를 부여하는 데다 촉진 역할도 갖고 있다.

---

3 리무위·왕혜민: <창의산업이 경제발전방식의 전환을 촉진시킨다－이론,모형,경로>, <중국공업경제>, 2006년 11월

공업상품은 사무실용품에서 가구용품, 자전거에서 자동차, 가전제품에서 체육용품에 이르기까지 어디에나 존재하며 소비자가 사용한다. 사용 환경이 제각기 다르기 때문에 제품의 성능, 품질이 다르다. 예를 들면 노트북의 경우 비즈니스용, 게임용, 학생용 등 각 집단의 소비를 만족하는 제품으로 구성되어 있다.

제품창의의 포지셔닝은 소비소통에서 온다. 새로운 제품창의는 새로운 시장기회를 직면할 때 주관 지각에서 나오는데 이를 "시장에 대한 지각"이라고 부른다. 설계 아이디어의 개발과 관념의 능력과 상관있으므로 상상력과 지각의 특성을 분석하고 연구할 필요가 있다. 이로 인해 소비자의 공감을 불러일으키고 가상의 상품 사용 환경에서 제품창의의 원천과 포지셔닝을 분석한다.

설계창의 상상을 개발하려면 설계사는 반드시 소비자와 소통해야 하며 제품의 사용 환경을 체험해야 한다. 직접적인 경험을 통해 아이디어의 직감을 검정하고 설계와의 비교를 통해 소비자의 욕구를 만족시킬 수 있는 창의설계 방안을 찾아야 한다. 소비자와 소통할 때에는 첫째, 생각의 방향을 소비자로 집중해야 한다. 둘째, 소비자의 명백한 욕구 및 잠재적 욕구를 분석하고 판단해야 한다. 셋째, 제품 개념의 정보 플랫폼을 판별해야 한다. 넷째, 완벽한 재개발 과정 중에 필요한 원시 자료를 준비해야 한다. 다섯째, 소비자 욕구 정보 중에서 빠트린 것은 없는지 확인해야 한다. 여섯째, 개발 과정 중 개발자와 소비자 간 욕구의 공통 인식점을 찾아야 한다. 일곱째, 고품질의 정보 경로를 설정한 뒤 소비자와 개발자간 소통을 진행하여 제품 창조에 있어서의 적정 접속 지점을 확인해야한다.

창의 확신은 소비자의 피드백을 통해 나온다. 소비자 욕구를 명확히 확인하고, 설계 포지셔닝을 설명하고, 제품 개념을 생성·선택·테스트하고, 최종방안을 정하는 설계과정 중에 있어 소비자사용행위·제품의 기능을 관찰·체험·테스트함을 통해 제품창조의 원점을 찾아야 한다. 제품사용이라는 동작은 시작부터 완성까지 공간운동과 시간운동에 있어 소비자의 주관의식이 생겼음을 의미한다. 제품가상의 사용과정에서 정보와 표현 방식을 찾는 것이 창조의 원점이다.

기능공간의 교환과 전달을 통해 내와 외의 교류, 사람과 제품간 관계, 사람과 환경간 관계를 표현하고 창조를 실현한다.

창의달성은 소비자 사용 과정을 통해서 검증된다. 좋은 설계란 제품의 아름다운 외관뿐만 아니라 편리한 사용조건을 창조하는 것이다. 일상생활 중 사용하는 제품으로 예를 들자면, 워크맨, 소형컴퓨터, 각종 전자제품 도구 설비 등의 제품이 실용적일지는 제품의 설계에 달려 있으므로, 제품의 완벽한 성능과 조작 용이성은 아주 중요하다. 창의제품은 설계 과정 중 다음과 같은 조건을 충족해야 한다. 첫째, 제품이 무엇인지 이해하고 식별할 수 있어야 한다. 둘째, 소비자가 다루기 쉽고 조작하기 쉬운 인터페이스를 제공한다. 셋째, 뚜렷하고 이해하기 쉬운 사용설명을 제공해야 한다. 넷째, 훌륭한 공예가 필요하다. 다섯째, 다루기에 합리적인 지시설계가 필요하다. 제품의 창의는 개발 및 실현 과정에 있어 소비자의 욕구를 목적으로 삼는다. 그런데 창의설계가 실현된 신제품과 소비자 가상 욕구 및 실제 욕구상의 신제품이 다른 경우가 있다. 다시 말하면 소비자의 욕구가 개발하고자 하는 제품 창의와 분리되었고, 설계의 최종 개념 및 결과와 멀어졌다는 의미이다. 따라서 창의 설계과정 중에서 상상력과 지각적인 특징을 알고자 한다면 제품의 사용과정을 통해 창의의 원천을 발굴해야 한다. 이는 제품창의 중요한 연결고리로서 설계사의 업무 일환이다.

2) 창의 제품의 가치는 창의의 소비에서 나온다.

제품의 시장가치는 사용가치와 관념가치로 나뉜다. 전자는 객관적이며 일정량의 사용기능을 갖고 있으며, 후자는 주관적이고 무형 첨가물을 감지할 수 있고 소비자의 효용을 이해할 수 있다. 전자는 과학기술로 만들어진 상품의 물질기초이며, 후자는 문화침투로 생긴 것으로 문화관념을 담고 있다. 경제의 발전에 따라 상품시장가치의 구조비중에 변화가 발생했다. 물질이 부족한 시대에는 상품의 사용가치가 중요하므로, 상품의 시장가치는 사용가치에 의해 결정된다. 삶의 조건의 개선에 따라 상품의 관념가치가 점점 중요시 되었다. 이에 따라 상품의 시장가치는 관념가치에 의해 결정되었다. 지식경제 시대에는 기술교류와 확산의 속도가 빨라지고 상품이 점점 풍부해지며 동질화 된다. 따라서 상품의 "정신적" 관념가치가 차지하는 비중이 점점 더 커졌으며, 소비자는 상품 및 서비스에 포함된 무형첨가물, 예를 들어 품위, 느낌, 감정, 취미 등에 더 쉽게 공감하게 된다.

일반적으로 관념가치는 차별화를 창조하며 큰 이윤공간을 갖고 있다. 차별화는 창의에 의해 결정되며 제품 품질에의 기여보다는 창조 고부가가치에 기여하는 바가 더 크다. 게부스의 이론에 따르면 창의성 제품의 특성, 기조, 스타일은 구매자의 제품품질 평가에 있어 비교적 순위가 낮고, 차별성 있는 상품이 동일 가격으로 판매될 때 소비자의 선호도가 달라진다. 시카고 비즈니즈 학원 교수 씨이원의 연구에 따르면 1인당 3000달러 수입을 얻는 지역의 경우 효용과 가치간 관련도가 2% 이하로 떨어진다고 하는데, 다시 말하면 소비자는 관념가치와 효용을 위해서라면 상품가치 보다 더 큰돈을 지불하기 원한다는 것이다. 예를 들어 동일 기업에서 생산된 동일한 두 장의 의류에 한 쪽에는 브랜드 없이, 다른 한 쪽에는 유명 국제 브랜드를 붙인다면, 시장에서의 가격은 차이가 날 것이다. 이러한 차별화에는 관념의 차이, 소비자의 주관이 구현한 명품 브랜드에 대한 신분·품위·패션 등의 특징이 나타난다. 창의의 본질은 소비자의 만족과 쾌락을 잡는 것이기에 관념가치가 창조되고 발굴된다. 창의 산업의 발전은 관념가치의 실현을 통해 소비자의 행복, 쾌락, 소비소망을 만족시키고 정신효용을 최대화한다.

2. 창의 제품의 소비특징

창의제품은 비창의제품과 비교할 때 독특한 소비 특징에 있어 차이를 보인다. 그 특징으로는 주로 부호소비, 개성화소비, 체험소비의 세 가지를 들 수 있다.

1) 창의제품의 부호소비와 의미소비

창의제품의 소비 특징은 제품의 마케팅 전략을 위한 증거를 제공한다. 창의 제품은 여러 가지 물건을 부호로 활용한다. 부호를 통해 특별한 의미를 부여하며, 소비자는 타인과 그 의미를 교환함을 통해 자신의 목적을 달성하고자 한다. 삶의 공간은 부호공간과 의미공간화 된다. 현대사회의 대중소비는 실제 욕구의 만족을 이미 초과했다. 부호화의 물품, 부호화의 서비스가 포함되는 의미소비로 변하고 있다. 상품 및 서비스의 구매는 제품의 실용가치를 위해서가 아닌 특정 감성을 얻기 위해, 예술적 경지를 체험하기 위해, 특정 의미의 추구를 위해, 특정 신분의 획득을 위해 이루어진다. 소비의 부호화와 상징화로 인해 현대 사회의 소비 전달에 있어 차별화가 일어나며 이에 따라 소비의 부호화와 상징화가 현재 이 시대의 특색이 되었다.[4] 창의제품은 이 시대의 소비 특징을 표현할 수 있는 최고의 운반체이다. 창의 제품을 통해 신개념 제공이 상품시장을 개척하는 중요한 수단이 되었다.

2) 창의제품의 개성화소비와 공업화소비

과학기술의 창신과 확산, 거대한 시장욕구는 창의산업 규모 확대를 촉진하고 기존 예술 창작 분야의 수공업 공장식 생산모형을 깨뜨려 대규모 생산, 복제, 수출의 생산 플로를 형성했다. 창의제품의 개성화는 창의제품의 존재 기초이며, 개성화는 소비의 전제이다. 개성화 제품이 개성화의 표지가 되어 소비자에게 인정받았다는 것은 창신단계에서 확산단계에 진입했다는 의미이다. 소비자들이 이러한 개성을 인정하고 따라가고자 하는 트렌드가 형성되었을 때 공업화 생산을 진행하는 것은 소비자의 욕구를 만족하는 필연적 선택이다. 이렇게 창신에서 개성화 제품, 공업화생산의 욕구 만족, 트렌드 초점이 형성되고,

---

4 곽경광: <전파학강의>, 중국인민대학교 출판사 1999년판, PP55

후속제품 개발 등의 순환 과정이 형성된다. 창의제품은 그 자체적으로 끊임없이 소비자의 욕구를 만족시키는 동시에 소비자의 욕구를 창조하고 파생하기도 한다. 이런 창신, 확산의 과정에서 창의제품의 공업화플로의 표준화생산과 창의제품개성화, 차별화에 내재된 욕구 등이 갈등 요소가 된다. 이러한 갈등이 동력원 또는 전략으로서 창의 공업이 끊임없이 창의생성, 플로생산, 시장투입, 피드백, 재창조될 수 있도록 가능케 한다.

3) 창의제품의 마음체험소비와 예측할 수 없는 소비

기존의 공업 상품들은 소비자의 의, 식, 주, 행 등의 욕구를 만족시키는 반면 창업상품은 소비자의 영혼을 만족시킬 수 있다. 한 곡의 감동적인 음악, 한 편의 영화, 한 편의 감동적인 시는 그 무엇으로도 대체할 수 없다. 창의제품의 소비는 소비자의 마음에서 체험되고 느껴져야 하는 것으로, 이러한 체험과정은 독서 등의 오감 및 마음의 체험과 감동에서 나온다. 이러한 소비과정은 물질제품의 소비와는 다르다. 상점에서 의류를 구매할 때 색상을 보고, 만져보고, 거울로 들여다봄을 통해 제품이 어떤 물건인지, 어떤 욕구를 만족시킬 수 있는지 알 수 있다. 반대로 창의제품은 제품이 가져올 수 있는 가치가 무엇인지 알 수 없다는 점이 매력으로, 소비자의 탐지 욕망이 소비의 큰 동력이 된다. <2046>라는 영화의 포스터 봤을 때 매체들이 온 천하를 뒤덮을 듯이 홍보하고 사람들이 매체의 유혹을 거북할 수 없고 이런 공연, 이런 영화 본적이 없는 것처럼, 삶에 사람들과 소통할 수 있는 능력이 부족하다. 이는 현대인 받아들이기 싫은 것은 침묵으로 인해 가져오는 비주류화의 결과이다. 그래서 <십면매복>, <천하무척>등 영화의 흥행이 아주 잘 된 것이다. 영화를 보고나서 호평하던 악평을 하던 상관없이 중요한 것은, 소비자는 이미 영화를 소비했으며, 영화는 창의제품으로서의 가치를 실현했으며, 소비자는 공업사슬의 일부분으로서의 사명을 완성했다는 것이다. 소비자는 실망이나 칭찬, 만족 등의 가치를 실현한 뒤 다음 제품에 대한 기대를 하게 된다.

3. 창의경제의 소비특징

창의경제 시대에서 창의제품은 물질제품뿐만 아니라 정신적, 문화적, 오락적, 심리적 제품일 수도 있다. 통계에 따르면 중국의 엥겔 지수는 이미 50%이하로 떨어졌으며 이성소비 대신에 감성소비가 주도적 소비형식이 되었다.[5] 삶의 수준의 제고에 따라 정신적 제품의 욕구가 점점 늘어나며 수요 역시 점점 커지는 점이 창의제품의 발전의 근본 원천이

5 루권·곽량: <감성소비와 서비스경쟁에 대한 논쟁>, <생산력연구>, 1999년 4기

된다. 이러한 소비 모형하의 소비특징은 다음과 같다.[6]

첫째, 소비자는 상품을 구매할 때 개성만족, 유쾌함, 우월감을 느낀다. 소비자는 상품 및 서비스를 구매할 때 사용가치뿐만 아니라 사용가치의 파생물도 구매한다. 예를 들면 의류를 구매할 때 계절에 맞는 옷이라는 욕구보다는 의류의 시대성, 아름다움이 소비자의 체형과 기질과 어울리냐 등의 사회요소를 더 생각한다. 소비추세는 기존 물질추구 위주의 소비에서 정신추구 소비로 변화하고 있다.

둘째, 소비자는 소비할 때 심리체험을 더 중요하게 생각한다. 창의경제 시대에서 소비자는 상품의 부가가치를 중요하게 생각하며, 충동구매·감정구매를 추구하고, 상품의 개성 및 사용시의 주관심리, 감정체험 등의 비물질 요소를 중시한다. 이에 따라 소비자의 가치관을 만족시키는 상품이 시장에서 큰 존재감을 갖게 된다. 소비구조 중에서 거주, 의료보험, 교통·통신의 소비비중이 점점 커져가며, 소비행동은 점점 개성화·다양화·시대적·유행화·다계층화의 특징을 띠기 시작한다. 이런 소비는 계층에 있어 비교적 높은 소비이며, 감정적·정서적 소비에 속한다. 구매행위에 있어 건강하게 먹고, 예쁘게 입고, 고급스럽게 사용하고. 넓게 거주하고, 편하게 행동하는 등의 특징을 보인다. 소비자의 정서와 감정에 영향을 주는 요소로는 여러 가지가 있다. 감성상품요소, 하드웨어, 인적 서비스, 마케팅전략 등 요소가 있으며, 물질요소, 인문분위기요소, 입체적, 다방면적 관련성 있는 복잡한 소비 형태를 나타낸다.

제3절 창의제품의 마케팅 전략

창의제품의 소비특징은 창의제품의 마케팅 전략이 보통상품이랑 다르다는 것은 결정하게 하며, 이는 시기마케팅, 조합마케팅, 유형마케팅, 개념마케팅 등 4개의 마케팅전략으로 나눌 수 있다 여기서는 영화 산업을 예로 들어 분석한다.

1. 시기마케팅

시간의 흐름에 따라 상황도 변하므로 시간 요소는 소비자 심리에 영향을 주는 중요한 요소이다. 창의 제품의 욕구에는 심리·정신 계층의 필요도가 더 크며, 이에 따라 마케

6 윤홍·단만춘: <창의경제시대의 마케팅창신연구>, <쿤명이공대학교학보>, 2007년 3월

팅의 시기가 창조의 판매 결과에 중대한 영향을 미친다.

첫째, 다른 창의제품의 생산과정 단계에 따라 마케팅의 단계특성도 달라진다. 영화, 드라마, 소설의 창조과정 중에서 일대기를 퍼뜨리는 작업은 이미 시작되었으며, 이것은 창의제품 마케팅의 첫걸음이라고 할 수 있다. 이런 과정은 극적이며 유명인의 기쁨과 슬픔과 관련 있다. 이는 대중의 욕구와 욕망을 창조하게 되며, 대중들의 대화로 확산된다. 또한 이러한 과정은 상품에 대한 기대심리를 유발한다. 아무것도 모르는 대중들 꼭 가서 보고 싶고 좋든 싫든 이미 의미가 없고 중요한건 창의제품의 영화로서 그 목적은 이미 달성된다. 마케팅의 기본원리가 아직 완성이 안된 경우 한 작품이 그 시대의 기억이고 세월이 흐름에 따라 자세한 부분이 이미 애매모호가 되고 머릿속에 지워지지 않는 감동적인 이미지, 아름다운 멜로디만 남는다. 이미지가 감동적인 이유는 하나의 감동적인 이야기를 싣고 이미지와 음악을 부호로서 그 기억에 덮어지기 때문이다.

둘째, 창의제품의 발표시기는 소비자 욕구의 접근성으로서 마케팅의 중요한 요소이다. 취미가 같은 접근성이던 즉각 욕구의 접근성이던 이런 접근성이 시간·공간의 직접 접근성에 구현할 뿐만 아니라 사회심리부합정도의 접근성에서도 구현한다. 이것이 바로 어떤 드라마는 흥행에 성공하여 거액의 수익을 얻는 반면 어떤 드라마는 조용히 사라지는지에 대한 이유가 된다.

2. 조합마케팅

조합마케팅은 흔히 말하는 통합마케팅이다. 창의제품의 마케팅은 항상 세로 조합마케팅, 가로 조합마케팅 전략으로서 규모의 효과라는 목적을 달성하려고 한다. 가로 조합마케팅은 창의제품자체의 집합성이다. 예를 들어 예술영화 같은 경우 제작자 별 작품의 개성차이가 선명하지만, 투자자가 관심을 갖는 것은 영화의 사회가치가 아닌 시장에서의 인정과 투자의 획득이다. 그렇기에 <해리포터>, <반지의 제왕>, <무간도> 등 속편이 끊임없이 제작되는 영화들을 찾아볼 수 있을 것이다. 이러한 창의제품의 조합 공세에 소비자는 피할 수 없어 거북할 수 있다. 서적시장에서도 이러한 경우를 볼 수 있다. 서적 1권으로는 시장의 관심을 끄는 것에 한계가 있기에 첫 번째 작품의 마케팅이 이루어진 뒤 속편인 두 번째 작품은 전 작품과 합본으로 파는 묶음식 마케팅 전략을 취함을 통해 서점의 진열대에서 눈에 띄게 할 수 있다. 이런 2차 마케팅의 수단은 시장의 구멍을 메울 수 있다. 어찌됐건 최대한 시장욕구를 만족한다면 창의제품의 가치를 최대한 실현할 수 있다. 조합마케팅의 1+1>2 규모효과는 무시할 수 없다.

3. 유형마케팅

창의제품자체가 두 요소를 포함하고 있다 하나는 창의이며, 다른 하나는 제품이다. 창의는 차이·스타일·개성을 강조하며, 제품은 공업표준화 대량생산·대량복제를 강조한다. 창의를 내포하는 물건만이 팔리며, 시장가치를 실현할 수 있는 가치를 대량생산하는 것이 시장 욕구를 충족시킬 수 있으므로, 두 요소는 서로를 제약하고 촉진하는 관계에 있다고 할 수 있다. 유형마케팅 혹은 유형화마케팅은 창의제품의 마케팅을 위해 중간의 연결고리를 찾는 것으로, 제품의 개성과 스타일을 유지하면서 대량생산을 위한 조건을 제공하는 마케팅이다. 유형 영화는 제작방법으로서 하나의 예술제품 표준화의 규범이며 소비자 중심의 시장화 전략이다. "유형화"라는 매체가 시장조사와 연구를 통해서 명확하게 다른 사회가치, 문화품격, 생활태도와 행위규칙의 목표를 인류학특징이고 다른 관객군의 인류학 특징과 다른 광고요구목표를 최대한 부합시켜 프로그램자체의 시리즈성과 전문성의 대규모 생산을 유리해야 한다.[7] 우리는 유형화, 표준화를 융통성이 없는 표현으로 간주해선 안되며, 쾌락의 생산·제조의 원천, 창의공업의 발전 촉진의 동력원천으로 간주해야 한다. 유형화마케팅 방식은 교묘하게 창의의 개성화, 품격화로서의 제품 공업화, 표준화 간의 갈등을 해결한다. 생산과 마케팅을 동시에 다루는 전략을 세운 것이다.

4. 개념마케팅

정교하고 치밀한 삶과 삶을 꾸미는 창의 제품은 뗄래야 뗄 수 없는 관계이다. 창의제품은 비록 의, 식, 주, 행의 욕구를 만족시킬 수 없지만, 우리의 삶을 더 멋지게 하며 타인간 교류 공간이 점점 좁아지는 사회 속에서 마음의 쉼터를 찾게 해준다. 창의제품은 항상 "동감"의 방식으로 목표 고객을 감염하고 상징적인 부호요소를 통해 인지를 구축한다. 다양한 삶의 방식에 맞춰 다양한 문화와 상품소비 모형을 내놓으며, 상품을 구매하고자 할 때 제품이 "다른 사람에게 그들과 복잡한 사화속성, 가치관념간 관계"를 전파하는 수단으로 삼았다. 광고는 창의제품에 나타나는 영향, 의미 및 대중을 사로잡는 방식에 있어 설명력을 갖는다. 제품을 상징적인 언어환경 하에 두어 광고 기초의 기술을 구성하는데, 이러한 특수상징적인 언어 환경이 자체적으론 의미가 없는 제품에 의미를 부여한다. 광고제공자는 이러한 특징을 소비자 마음속에 제품이미지중의 일부분을 심으려 하고, 이를 통해 양자 간의 관계를 구축하려고 한다. 이런 연상은 사람들이 어떤 제품을 갖고 있다는 것이

---

7 <영화완전수첩: 유형영화가 무엇일까>, http://supersky1nease1net/dianyingbaike/leixing.Htm

상류사회의 삶의 방식이 표현하는 존귀와 고상을 암시하는 것이다. 다른 연상은 제품자체가 특수메시지와 다른 행위를 착용하는 행위를 표현하는 것이다. 이러한 암시가 창의제품의 특수의미를 부여하며, 이것이 바로 창의제품소비자에게 필요한 것이다.

창의산업이 가치를 창조함에 따라 무시당할 수 없는 오늘날 마케팅은 생산과 소비를 연결하는 중간 연결고리로서 중요한 역할을 수행한다. 성공한 마케팅이란 새로운 창의생산의 순환을 촉진시켜 더 큰 산업규모를 형성하는 것이다. 비록 중국의 창의산업은 풍부한 문화자원을 발굴하여 이용할 수 있으나, 매개 내용으로서 제정시대의 문화를 사용하는 시대, 술맛만 좋다면 깊은 골목에 있는 주점이라도 상관없다는 시대는 이미 지났다. 심지어 창의 제품의 형식이 내용보다 더 중요해졌는데, 제품을 생산하고 발표함에 있어 마케팅의 형식이 창의제품의 긴장감과 최적으로 탐지 욕구를 증가시킨다. 창의 제품의 마케팅 시대하의 창의제품의 가치규칙으로서 마케팅 전략을 탐지하는 것이 조금이나마 계시를 줄 수 있을지도 모른다.

제 4 절 창의소비시장의 개발 — 산업가치사슬 전략분석

창의산업은 독창성, 뚜렷한 지식경제특성, 높은 문화 수준을 갖고 있는 산업이다. 창의 산업은 독창적인 문화 창의를 규모화, 산업화하며 경제 이익이 생기게 하며, 고도로 경제적 가치를 지닌 산업으로 전환시킨다. 창의소비를 산업가치사슬의 입장에서 분석하면 아래의 [그림 5-1]과 같다.

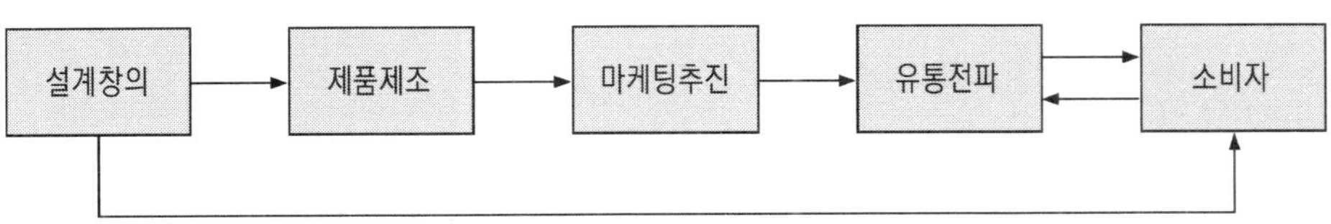

[그림 5-1] 창의소비의 시장개발 — 산업가치사슬 전략분석

첫째, 설계창의이다. 설계창의란 창의를 형성하는 연결고리이다. 참여하는 시장주체는 문화 내용 제공자로 예술가, 설계사 등이 중요 인원이다. 이 연결고리는 창의산업 가치사슬의 꼭대기에 놓여있어 어떠한 상황에서라도 전체 가치사슬의 중요한 연결고리를 통제한다.

둘째, 제품제조이다. 이 연결고리는 창의아이디어를 실물제품으로 전환하는 것으로, 창의기업이 생산공정을 통해서 창의제품을 대량생산 하는 것이다.

셋째, 마케팅추진이다. "신 매개인"라는 계층이 이 부분의 중요한 참가자이며, 대리자, 기획자, 매니저, 매체중개인과 제작자 등이 중요 인원이다. 이들은 여러 가지 마케팅 모형을 운용하여 제품의 가치 및 실용가치를 소비자한테 양도한다.

넷째, 유통전파이다. 상품이 산업으로 되기 위해서 중요한 것은 유통이다. 판매와 유통 경로가 없으면 아무리 훌륭한 제품이라고 해도 산업이 될 수 없다. 유통전파는 창의산업의 가치사슬상의 중요한 연결고리를 구성한다. 주체자는 주로 영화, TV의 방송기구, 신문, 방송국 및 인터넷 운영자 등이다.

다섯째, 소비자이다. 소비자는 전체 가치사슬에 대해 피드백을 주고 상호작용하는 역할을 갖고 있다. 창의산업은 창의가 제품의 관념가치를 부여하고, 소비자의 구매욕망과 요구를 일으킬 때 가치의 상승력을 갖게 된다. 따라서 소비자의 끊임없이 증가하는 수요는 창의산업 가치사슬에 있어 최종 결정의 연결고리가 된다.

다음으로는 가치사슬의 위치모델, 확장모델, 분해모델과 통합모델 등의 네 부분을 분석한다.[8]

1. 위치전략

가치사슬이론에서 기업의 경쟁우위, 실질적으로 기업이 가치사슬상 특정 연결고리에서 갖고 있는 우위를 의미한다. 이러한 전략 연결고리는 기업이윤의 원천이다. 이런 중요한 전략연결고리를 통제할 수만 있다면 전체 가치사슬을 통제할 수 있으며 지속적인 이윤을 획득할 수 있다.

1) 내용위주

내용창조는 창의기업핵심 경쟁력에 있어 중요한 부분이며 산업사슬의 고이윤 지역이다. 현대의 과학기술이 제공하는 정보취득수단 효율에 따라 풍부한 내용의 획득은 점점 쉬워진다. 그러나 수많은 정보 중에서 가치 있는 내용을 추출하고 창출해낼 수 있는 것은 쉬운 일이 아니다. 특히 대중 매체 업체·오락·예술 산업에서 내용은 독창적인 능력 및 내용자원의 통합, 배치능력 등에 있어 점점 가치사슬의 핵심연결고리가 되었다.

---

8 진초: <가치사슬 이론을 기초한 창의산업 영리모델 탐색>, <기술진보와 대책>, 2007년 3월, 69~70

2) 유통으로 승리하기

유통전파는 창의산업 가치 중의 중요한 연결고리이며 원활한 유통전파가 없다면 아무리 좋은 창의 내용이라고 해도 상품으로 변할 수 없고 이윤을 남길 수 없다. 세계 대중매체업의 거두들은 유통전파가 중요한 전략적인 연결고리라고 생각하며, 정보전파 방식을 많이 갖고 있을수록 이윤을 많이 남길 수 있다는 경영이념을 제시했다. 즉 유통승리 모델이다.

뉴스그룹의 유통전파로는 라디오,TV, 신문, 잡지, 도서출판, 인터넷 등이 포함된다. 한 뉴스그룹의 2002년의 재무제표에 따르면 내용제작부분의 영업액과 이윤이 전 그룹의 이윤의 3/4를 차지하고 있다. 뉴스그룹은 내용과 유통을 모두 중시함과 동시에 유통 전파의 발전에 중심을 두고 있다.

3) 매체추진

전통적인 창의제품소비는 직접적인 일대일교류로서의 자연경제형태로 이루어졌다. 그러나 오늘날의 글로벌화 소비사회에서는 정교하게 설계되고 기획된 창의제품이 수많은 정보 속에서 묻힐 수 있으므로 정보 획득 수단으로서의 매체를 운영함을 통해 창의제품의 가치를 발견하고 실현할 수 있게 한다. 2005년에 중국에서 인기를 끈 "슈퍼여성"이라는 프로그램은 매체의 추진을 통해 이윤을 얻는 기적을 남겼다. 리얼리티 경기 프로그램 "슈퍼여성"을 중심으로 호남방송국과 상해전오매체유한회사는 텔레비전·도서·콘서트·광고모델·인터넷·핸드폰 메시지 등의 전파매체를 통해 수억의 관객들을 끌어 모았다. 2006년 1월에 중국사회 과학원에서 발표한 "문화파란색책"에서는 "슈퍼여성"의 직접 수익이만 7.66억원이라고 추산했다. 즉, 상, 하위 산업가치사슬 간의 경제 규칙에 따라서 분석한다면 "슈퍼여성"의 사회경제에 있어서의 총 공헌 정도는 적어도 수십억원에 달한다.

4) 수요를 발굴하기

산업사슬의 개념을 통해 "특정 산업가치 사슬에 변화가 발생하는 이유는 소비자의 요구를 완전히 만족시킬 수 있는 효율적인 시스템을 제공하기 위해서 있다"라는 사실을 알 수 있다. 소비자의 수요는 산업 가치사슬의 존재 기초이다. 더 많은 고객의 수요를 창출, 발굴하는 것은 더 많은 상품을 소비자가 사용할 수 있게 함이라는 것을 알 수 있다. 실질적으로 더 많은 가치를 창조하는 것이다. 여러 가지 가치사슬 중에서, 소비자가 상품을 소비할 때 많은 새로운 수요가 발생되는 과정이 바로 가치의 창조과정이다. 수요를 발굴하는 모델은 소비자의 다방면, 다계층의 요구를 만족시킴에 있으며, 이를 통해 이윤을 얻는 것이다.

2. 확장전략

가치사슬 확장전략은 기업이 원래 갖고 있는 산업한계를 돌파하여 산업사슬상 상위 및 하위방향으로 확장함을 통해 새로운 가치를 획득하는 것이다.

1) 브랜드 승수 전략

브랜드 승수 전략이란 브랜드를 곱하기하고 여러 가지 경영수단을 곱함을 통해 최대한 이윤을 획득하고, 산업가치 사슬을 연장하고, 브랜드를 이용한 각종 파생상품을 개발하고, 더 넓은 이윤을 획득하는 전략이다. 디즈니그룹이 바로 이 모델을 성공적으로 운영하는 기업이다. 디즈니그룹은 1,2년에 걸쳐 아동 영화 등의 상품을 제작하고, 2,3년 간의 "이윤배증기"에 영화, TV, 음악CD, 놀이공원, 장난감, 의류 등의 관련 상품의 이윤을 발굴한다. 디즈니는 캐릭터이미지에서 놀이공원, 방송업에까지 다음과 같은 발전 궤도를 설정한다. 한 제품을 제조하고, 고객군을 만들고, 하나의 브랜드를 만들어 소비자들이 같은 브랜드 내 타 상품을 소비하게 하는 것이다.

2) 소매상 파악 전략

소매상을 파악하는 전략은 소비자수요를 만족시키는 서비스의 판매를 통해 소매상을 파악하고 통제하여 이윤을 획득하는 전략이다. 경제사회의 발전에 따라 이윤은 가치사슬에 따라 이동하며, 대량의 이윤은 소비에서 발생한다. 정신소비품을 제공하는 창의산업에 있어 중요한 이윤원천을 가치의 하위화 이동추세에 따라 판매를 통해 고객들에게 체험하게 하고, 이를 이러한 개성화 서비스를 이용해 소매상을 파악하는 것이다. 소비자가 서비스를 구매하는 이유는 서비스에 체험가치가 있고 감각상의 즐거움을 제공하기 때문이다. 소비자에게는 결과보다 과정이 더 중요하다. 예를 들어 음악콘서트에서는 얻을 수 있는 실체 물건은 존재하지 않으나, 음악을 감상하는 과정을 통해 큰 만족을 얻을 수 있다.

3. 집산 전략

기술의 끊임없이 진보하고 사회분업이 세분화됨에 따라 가치사슬의 부가가치가 점점 많아짐에 따라 한 기업이 모든 부분에서 경쟁력을 가지는 것은 불가능해졌다. 따라서 가치사슬이 분산되기 시작했으며 새로운 기업을 가치사슬에 개입시켜 새로운 우위를 세우게 된다.

1) 집합협동 전략

창의산업은 공간집합적인 특징을 갖고 있다. 사실상, 창의산업의 이윤을 얻을 수 있는 모델 중의 하나가 이것이다. 창의산업 중의 소기업간 협조와는 다른 것으로, 노동력 시장과 긴밀하게 결합하여 생산제도와 지리환경의 집합을 자극해 높은 효과를 내고, 집합추세를 더 크게 확장시킨 것이다. 이런 공간집합의 효과로는 창조성을 브랜드화하고 이윤을 생성함에 있어 드는 비용이 비교적 낮다는 것이다. 신진시(深圳市) 용강구(龍崗區)의 대부분의 시골은 이름없는 시골에서 "문화산업시범구"가 된 기적 같은 일이 있었는데, 이것이 바로 집단협동을 통해 이윤을 얻는 하나의 모델이다.

위의 사례에서의 성공점은 바로 시골 지역에 모인 중소기업들이 완전한 산업사슬을 형성하였으며, 3천여 명의 직원, 300여개의 갤러리, 700여개의 개인 작업실 등이 모여 다채로운 색상의 산업 군단이 형성된 점이다.

2) 업무 아웃소싱 전략

업무 아웃소싱 전략은 다른 기업과의 계약을 통해서 본 기업이 맡고 있던 기존의 업무를 전문적이고 고효율을 내는 독립 생산자 및 서비스 제공자에게 이전하는 전략이다. 기업은 모든 자원을 기업의 절대우위 획득이라는 경쟁부분에 집중시킬 때 기업의 내부자원의 이윤율을 최대화 시킬 수 있다. 최근에는 상당량의 국제창의 기업들이 가치사슬 이론으로 글로벌 가치사슬을 관리하는 전략을 취한다. 흔히 볼 수 있는 것이 업무 아웃소싱 전략을 실행하는 것으로, 경영활동 중 핵심역량으로서의 전략부분은 기업내부에서 통제하고 비전략적인 업무는 다른 기업에게 아웃소싱함을 통해 국제시장을 활용하여 비용을 낮추고 경쟁력과 이윤을 얻는다.

4. 통합전략

산업가치사슬 통합은 기업이 발전전략에 따라 통합기업의 여러 가지 가치활동을 통해서 기업가치사슬을 재구축하고 기업 전체의 이윤을 얻는 과정을 말한다.

1) 인수합병

인수합병은 산업 가치사슬 통합 중에서 가장 흔한 모델로, 비인수기업의 산업 가치사슬에 따라서 분할된다. 인수합병은 수평적 인수합병, 수직적 인수합병, 혼합적 인수합병으로 나뉜다. 수평적 인수합병의 본질은 기업이 외부자원을 충분히 활용하여 신속하게 시장의 수요에 응하는 것, 한정된 자원을 핵심 업무에 집중하여 활용하는 것, 전문화 경영을 해야 하는 것에 있다. 수직적 인수합병은 대부분의 산업기업이 신속하게 규모를 늘릴 수 있는 지름길이다. 혼합인수합병은 비인수기업과 인수기업이 같은 업종이 아닐 경우 인수합병을 통해서 기업의 다각화 발전을 추구할 때 사용하는 방법이다.

2) 모의 가치사슬

모의 가치사슬은 특정 전략목표를 실현하기 위해서 가치사슬이 다른 기업 간 형성한 전략적 동맹이다. 이를 통해 서로의 핵심역량을 통합하여 더 큰 가치를 창조하려 한다. 모의 가치사슬은 "윈윈(win－win)"과 "합작"이라는 경영이념에 기초하며, 통합 가치사슬 시스템중 동맹기업의 분산한 자원을 통해 시장점유율의 확장·작업속도의 제고·시장위험의 분담·우위의 상호 보완·간접적인 다각화 발전·신성장의 탐색이라는 목적을 실현한다. 또한 다각화의 함정을 효율적으로 피할 수 있게 해준다. 모의 가치사슬은 동맹자끼리 정보를 공유하고 가치사슬상 서로 의존하고 서로간 핵심경쟁력의 협동하는 것을 통해 통합, 영리의 목표를 달성해야 한다.

제5절 창의경제의 마케팅 창신 전략

창의산업의 가치사슬분석에 따라 본절에서는 창의경제의 마케팅 창신 전략을 제시한다.

창신은 기업핵심경쟁력의 중요한 수단 중의 하나이다. 영원히 지속적으로 창신하는 것을 경제학자들은 "여섯번째 수련"이라고 부른다. 창신은 기업이 성공할 수 있는 중요한 요소이다. 소비자와 대면에 있어서 창신이 있어야 창의가 있으며, 소비자가 기업에 박수를 보낼 수 있다. 창의경제 시대에는 기술진보와 경제글로벌화로 인해 마케팅환경이 변화하며, 기업간 경쟁이 치열해지며, 시장주도형 경제가 중요한 자리를 차지하므로, 마케팅은 점점 기업의 중요 연구 과제가 되어가고 있다. 마케팅 창신은 기업마케팅의 중요한 요소로, 기업이 시장을 개척할 수 있는 열쇠임과 동시에 기업이 경쟁우위를 획득할 수 있는 중요한 원천이 된다.

1. 창신경제 마케팅 조합창신

현대 마케팅은 소비자를 중심으로 소비자의 요구를 만족시키고자 하며, 소비자의 구조·선호·문화 등의 소비자행동에 영향을 주는 요소가 끊임없이 변화하는 상황하에 끊임없는 창신을 통해 변화에 대처하고자 한다.

전통적인 마케팅 이념에서의 기업의 전략조합은 판매자위주의 4P전략이다. 4P는 제품(Production), 가격(Price), 장소(Place), 판촉(Promotion)이다. 80,90년대 당시의 기업의 마케팅은 대부분 4P전략을 활용한 것이다.

이후 4P전략의 기초에 power(권력), public relation(공공관계)이 결합되어 6p전략이 형성되었다. 시장이 판매자에서 구매자로 관심이 이동함에 따라 소비자의 입장에서 출발한 소비자 위주의 4C전략과 4R전략이라는 이론이 제시되었다. 4C는 customer(고객의 수요와 기대), cost(고객의 비용), convenience(고객구매의 편의성), communication(고객과 기업의 의사소통)이다. 4R는 reliance(고객과의 관계 관리), response(시장반응속도 제고), relationship(관계 마케팅), reward(마케팅 원천의 보답)이다. 4R전략 조합은 경쟁을 방향성으로 삼아 새로운 계층에 있어서의 마케팅의 신 구조를 찾아야 하며, 시장의 계속적인 성장과 치열한 경쟁의 상황에 따라 기업과 고객 간의 윈윈 전략을 착안해야 한다.

고기술 산업이 신속하게 발전함에 따라 고기술 기업과 고기술 제품 및 서비스가 끊임없이 나타남에 따라 새로운 4V전략의 조합이 나타나게 되었다. 4V전략은 제품과 서비스의 마케팅 조합이론에 착안한 전략으로, 해당 요소로는 variation(차별화), versatility(기능화), value(부가가치), vibration(공감)이 있다. 4V는 고객욕구의 차별화와 기업이 제공하는 제품기능의 다양화를 강조하며 고객과 기업 간의 공감을 목적으로 한다. 창의경제시대의 마케팅 조합 창신은 이러한 이론들의 융합을 통해 창의 공간을 형성하고, 기업에 보다 더 어울리는 시장경쟁 목표를 발굴하고, 좋은 효과의 마케팅전략을 달성하게 한다. <남방도시신문>과 <신경신문>의 2005년 10대 마케팅 사건에서 이러한 조합특징을 찾아볼 수 있다. 또 하나의 예를 들자면 중국 시장에 맞춰 변화한 KFC는 4P전략 중의 제품의 창신이다.

2. 창의 가치부호의 마케팅

미국의 한 학자는 전체 제품의 개념을 제시함에 있어 가장 기초적인 계층이 핵심제품이며, 소비자가 제품을 구매할 때 가장 중요하게 생각하는 요소라고 제시했다. 유형제품은 다섯 개의 특징을 갖는데, 품질 수준·기능특색·스타일·브랜드·포장이 그것이다. 창의경제시대의 소비자는 제품을 구매할 때 상품의 상징 의미에 대해 점점 많이 생각하고 있는 추세이다. 상품이 가치부호라는 개념을 더욱 많이 표현하는 것이다.

제품을 계획하는 사람들은 핵심제품을 유형제품과 부가가치 제품으로 전환한다. 동경법사주식회사의 <어떻게 제품을 개발하느냐?>에서는 제품에 대한 새로운 정의를 내렸다. 상품이란 공급자와 시장상인들이 소비자에게 제공하는 가치제안으로, 이는 기업이념·제품개념의 발신과 수신을 의미한다는 것이다. 기업에게 제일 중요한 것은 상품개발완성에서 상품개발가치부호 시스템으로 전환하는 것이다. 예를 들어 바비인형을 들 수 있는데, 미국의 바비인형은 1959년에 탄생한 때부터 40년에 걸쳐서 아직도 유행한다. 바비의 성공은 설계자가 복장과 스토리 등의 독특한 부호로 이루어진 한 개성 가치를 암시하고 상품배후의 감성가치를 부호로 나타낸 것에 있다. 단순히 예뻐서 잘 팔린 것만이 아니라 서양의 40년 동안의 여성 패션을 드러낸 것이다. 중국 기업의 경우 상품의 가치부호를 개발하는 방면에서 아주 강한 발전추세를 드러내고 있다. 하이얼그룹은 '하이얼형제'라는 애니메이션을 만들고 하이얼형제를 지혜의 화신으로 만드는 것을 통해 하이얼그룹의 지능화 제품과 상품의 고기술을 반영하고자 한다. 하이얼그룹이 매력적인 제품을 만들면 중국의 젊은 계층의 구매행위에 영향을 주며, 소비자에게는 하이얼 브랜드에 대한 브랜드 선호도가 생기게 된다.

창의경제 시대에서의 상품가치부호 개발은 부호가치와 일치하는 상품가치와 부가가치를 통해 형성된다. 상품의 부가가치는 소비자의 감상을 받는 물건으로, 경험이나 참조집단, 브랜드신념, 브랜드 이미지 등에서 나올 수 있다. 상품가치가 부호가치와 상호 작용하고, 상품가치가 소비자에게 인정받으면 부호가치가 형성된다. 의식있는 부호가치의 홍보전파는 상품의 가치를 증대시키며 상품가치에서 부호가치, 상품가치에까지 이 과정이 끊임없이 순환하고, 두 가지의 통일이 소비자심리와 감정필요의 상품에 대한 만족을 창조한다. 예를 들어 레이저시계는 상품가치부호의 전달을 통해서 이미 소비자의 의식 속에 레이저시계의 위치, 신분, 상징을 각인했으며, 고급스러운 설계와 디자인을 광고모델을 통해 전달하고 전파함을 통해 환히 빛나는 상품 매력을 투사한다. 창의경제시대의 부호마케팅은 교묘한 언어부호와 관련 있는 상품부호시스템의 운용을 통해서 이루어지며, 브랜드·상징부호·기초색깔·애칭·브랜드캐릭터 이미지·장식도·광고구호 등을 포함하며, 남다른 가치제안을 소비자에게 인정받음을 통해 독특한 상품특성을 구축해낸다. 특히 브랜드역할의 형상화는 항상 시각적 충격을 주며 소비자가 기업의 상품을 선호하게 한다.

3. 창의 수준의 마케팅

창의수준마케팅은 제품의 개선을 통해 수요, 용도, 정경 및 목표시장의 증가로 인해 나온 상품의 재조합을 진행한다. 수준마케팅의 창신은 시장 외부의 창신에서 나오며, 이러한 창신의 장점을 통해 새로운 시장을 개척할 수 있으나, 원래의 시장을 차지하는 것은 아니다. 예를 들어 일본의 세븐일레븐 편의점의 경우 일상용품을 24시간 판매하며, 전세계에 가맹점을 두고 있으며, 일본에만 7천여개의 가맹점을 두고 있다. 20세기말에 세븐일레븐의 일본 가맹점은 전자상거래의 발전에 관심을 갖고 전자상거래와 합작하여 편의점을 인터넷쇼핑 상품을 보관하는 장소로 만들었다. 일본의 어느 도시에서 인터넷쇼핑을 하던 모두 세븐일레븐에 가서 물건을 받고 돈을 지불할 수 있게 되었다. 이렇게 세븐일레븐은 지리적 우세를 통해 이윤을 얻었다. 운임료의 절감에 따라 인터넷쇼핑이 저렴해졌으며, 고객은 낮이든 밤이든 언제든지 구매한 물건을 찾을 수 있게 되었다.

창의수준마케팅은 수평적 사고방식이며 창조적인 사고방식이다. 이런 방식을 통해서 독창적인 이념과 새로운 제품을 탄생시킬 수 있다. 마케팅 과정에서 사람들은 제품부가서비스가 경쟁의 중요한 요소라고 생각한다. 제품의 지식 수양과 문화 속에 잠재된 재주를 발굴함을 통해 소비자에게 더 큰 인문학적 관심을 줌과 동시에 소비자의 개성요구를 만족시켜야 하며, 소비자요구의 다양화나 개성화 발전의 필요를 충족해야한다. 세계에서 유명한 기업들인 소니, HP, BMW, 벤츠 등은 이러한 사고방식의 운용을 통해 새로운 제품과 시장을 탐색하고 개발할 수 있었다. 이를 통해 높은 이윤을 확득한 동시에 시장의 선두자가 되었다.

4. 창의 지식마케팅

지적 우위는 창의경제시대의 제일 중요한 우위이며, 창의경제의 지력자본은 제 일 자본으로서 마케팅미래의 경쟁 우위를 결정한다. 지식마케팅은 창의경제발전의 산물이며 창의경제와 어울리는 새로운 마케팅 이념이다. 지식 마케팅은 지식, 정보를 매우 중시하며, 경험이 아닌 지식으로 점점 치열해지는 마케팅 전쟁에서 이기고자 한다.

첫째, 제품 전략 창신방면에서 창의경제는 제품의 내/외부에 큰 변화를 발생시킨다. 제품의 외부에서 보면 창의경제시대의 제품은 농산품, 공업품이 아닌 지식, 서비스, 정보 및 기술이며 지식과 관련된 무형제품이 주요 소비대상이 된다. 제품의 내부에서 보면 지식은 창의 경제의 핵심요소이기 때문에, 제품이 지식수준의 요구를 제고하면 제품가치의 평가 표준이 변하게 된다. 즉 물질을 기초로 한 평가에서 지식수준을 기초로 한 평가로 전환되는 것이다. 또 한편으로는 기술의 발전에 따라 제품의 디자인, 개발, 제품의 사용주기가 점점 짧아지므로 기업은 신속하게 신제품을 개발하고 시장에 투입하고자 한다. 제품 전략 창신은 제품 동질화의 추세에 따라 점점 많은 제품 및 서비스로 고객을 확보한다.

둘째, 가격 전략 창신 방면에서 정보화, 인터넷화가 이루어지는 오늘날, 기업은 제품과 서비스의 가격전략을 창신할 때 국제화, 추세화, 탄력화를 고려하여 가격설명시스템을 구축해야 한다. 이를 위해선 다음과 같은 세 가지가 필요하다. 우선, 인터넷이 글로벌 시장 환경을 구축하기 때문에 기업은 제품과 서비스의 가격을 제정할 때 국제시장의 요구상황과 제품가격상황을 겨눈 상태에서 기업의 가격전략을 확정해야 한다. 그 다음으로 인터넷의 개방성과 상호 작용성으로 인해 시장이 개방성과 투명성을 가지므로 소비자는 제품과 가격에 있어 충분히 비교하고 선택한다. 따라서 기업은 지식수준과 이미지포지셔닝을 고려하며 가능한 낮은 가격으로 소비자에게 제품과 서비스를 제공해야 한다. 또는 인터넷의 가격 비교 시스템을 통해 고객과 기업이 제품가격을 놓고 협상을 하면서 고객마다의 서로 다른 요구에 따라 적당한 가격을 책정해야 한다. 마지막으로 가격설명시스템의 구축을 통해 가격 책정의 이유를 제공하고, 소비자의 질문을 답변하고, 소비자가 제품의 가격을 인정하게 해야 한다.

셋째, 유통 전략 창신 면에서 인터넷은 정보기술의 발전과 컴퓨터의 보급화에 따라 신속히 발전한다. 인터넷마케팅은 시공간의 제약 없이 고객의 요구에 따라 제품을 제공한다. 이를 통해 적은 판매 구역, 전시공간의 축소, 모의상점을 현실로 이룰 수 있다. 또한 유통비용과 거래비용을 낮출 수 있다. 인터넷 유통은 즉시성, 상호 작용성, 쌍방향 커뮤니케이션의 역할을 수행한다. 이를 통해 생산과 요구 간 발생하는 외부 영향을 받지 않은채 심층적인 쌍방정보의 교류를 실현하고 생산과 판매의 관계를 개선하는 것이다. 도매상 및 소매점을 경유하지 않고 제품을 직접 최종소비자에게 공급하는 생산자가 점점 많아지는 것이다. 요즘 흔히 볼 수 있는 유통 경로는 직접 배송하는 텔레마케팅, 전자쇼핑, 목록마케팅, 자동자판기 등을 찾아볼 수 있다. 그 외의 유통 전략 창신으로는 현대화물류중심, 배송중심, 전시중심 등이 있다.

넷째, 촉진전략 창신 면에서 창의경제시대의 종이 없는 촉진과 지식촉진은 여러 촉진

방식중에서 우위를 차지한다. 우선, 광고는 TV, 라디오, 신문등의 기존 매체에서 인터넷으로 전환되고 있으며, 인터넷은 스크린이라는 시각한계를 돌파하여 여러 매체의 장점을 하나로 모아 생동감 있는 홍보로 강화한다. 그 다음으로 초대권, 할인권, 상품권 등의 인터넷 전달방법과 마케팅조합을 통해서 일대일 마케팅을 실현한다. 지식형 촉진은 목표시장의 소비자에게 목표제품 지식의 전달함을 통해 목표제품을 판매하고 기업의 마케팅 인터넷을 확대한다.

5. 창의경제시대의 마케팅조직 창신

창의경제시대의 마케팅조직 창신은 전통적인 등급제도에서 유연한 마케팅조직으로 전환된다. 최근의 국제 유연성 조직의 발전추세에 따라 주로 평평화, 인터넷화, 지능화, 모의화 및 글로벌화의 조직으로 구축되어야 한다.

평평화란 기업이 인터넷을 통해서 직원들과 직접적으로 연결하고 기업·소비자·연구기관 간 상호 작용하는 피드백 체계를 구축하는 것이다.

인터넷화란 기업 리더와 직원간의 전통적 등급제도관계를 비정상의 인터넷 관계로 변화시켜 직원들의 자신감과 경영 이익을 제고하는 것이다.

지능화란 직원들에게 끊임없이 개인 지식과 지혜 및 자아를 쫓는 것을 요구하는 것뿐만 아니라 기업의 시스템사고와 지식의 통합을 강조하고 끊임없이 기업의 생기를 만드는 것이다.

모의화란 정보기술에 의존하여 인터넷을 구축함을 통해 융통성 있는 신형 기업의 조직형식을 얻는 것이다. 기업이 목표를 실현하기 위해 기업한계를 돌파하여 넓은 범위에서 각 생산 경영부분(예: 제품설계, 공예설계, 생산제조, 경영판매 등) 및 각 생산요소에 있어서의 최적화 조합을 찾는 것으로, 임무를 완성하면 기업은 스스로 해체한다. 이러한 조직 형식을 통해 우위를 상호 보완하고 비용을 절감한다. 관리자에게는 높은 협조정신, 협조능력, 통합능력 요구되며, 기업조직형식과 조직행위에 있어 이 시대의 특징의 고려가 요구된다.

글로벌화란 기업의 마케팅과 국제관행간의 연결점을 연구하고 글로벌시장의 욕구와 경쟁전략에의 적응 방법을 연구하는 것을 의미한다.

사 례 **해리 포터: 창의는 운명을 바뀐다.**

1990년, 25살의 영국인 J.K 롤링은 맨체스터에서 런던행 기차에 앉았다. 기차가 고장나 연착됨에 승객들은 모두 낙담한다. 몇 시간을 기다리는 와중 활발한 문학창의가 끊임없이 롤링의 머릿속에 나타난다. 오랫동안 만든 캐릭터가 번개처럼 머릿속에 지나간다. 해리포터, 안경을 쓴 마법사가 롤링을 향해 웃고 있다.

1996년 롤링은 편모가 되어 매주 70위안으로 가난한 삶을 유지했다. 그러나 딸의 울음소리와 가난한 삶 가운데 그녀의 창조적인 사고는 더욱 활발해지고, 〈해리포터와 마법사의 돌〉, 〈해리포터와 불의잔〉, … 하나 하나의 기묘한 창의는 바다처럼 그녀의 머릿속에 출렁거리며 회전했다.

2005년에 롤링은 영국에서 손꼽히는 부자가 된다. 영국매체에서 의하면 롤링의 개인재산은 이미 2억을 넘는다고 평가된다. 해리포터는 전세계적으로 인기를 끄는 아이돌이 된다. 2005년에 해리포터 제6부 ―〈해리포터와 혼혈왕자〉가 출시되자마자 역사상 제일 잘 팔린 책이 되었다. 이 책은 미국에서 출시한지 24시간 내에 690만권 팔렸으며, 매출액은 1억 달러에 달한다. 그해 해리포터를 미국으로 도입한 스콜라스틱은 이 책을 통해 세계 순위 6위에서 1위까지 올라갔다고 한다.[9]

어떤 힘이 롤링의 운명을 바꿨을까? 무엇을 출판사의 복사기를 움직이게 했으며, 영화관의 직원들이 야근하게 하고, 서점의 운송 차량을 바쁘게 했을까? 무엇을 이런 장기간의 산업가치를 추진하여 영화업, 장난감, 문구, 인터넷게임, 심지어 여행업을 이끌어 나갔을까? 실제의 마법석이라도 있어서 변변찮은 작품을 훌륭하게 만들 수 있을까?

일본 도쿄의 경제학교수는 다음과 같이 요약한다: 〈해리포터〉라는 소설은 마치 모래처럼 영국, 미국의 산업기계라는 큰 조개와 함께 조개 효과를 낸 것과 같다. 모래가 조개 안으로 들어가 조개 내막의 작용으로 값비싼 진주가 만들어 진다. 이런 문화의 진주는 많은 천재의 노력과 많은 산업체제의 작용을 통해 또 다른 대량자원을 배치하여 만든 것이다. 롤링과 해리포터라는 모래 없이 조개만 남아 있다면 다른 모래를 유입해 화려한 진주를 만들 수 있을 것이다. 독특한 독창성과 광범위한 적응성이 바로 진주의 핵심이며 창의산업기술을 추진하는 첫 번째 부분이 된다.

하나의 문화제품으로서 해리포터는 귀한 가치라 할 수 있으며 이는 바로 롤링의 독창적인 내용이다. 그녀는 교묘하게 마법사와 마법이라는 문화자원을 개발했다. 사실 인류의 문명은 마술에서 종교, 과학의 과정을 거쳤으며, 마법이란 자연의 힘을 활용하는 지식이다. 중국에서의 법사나 무당이란 인간과 귀신의 중재자로서 동시에 의사의 역할도 수행하는 자로 문헌중에서 무나 의와 같이 나오기도 한다. 롤링은 수 천년에 걸쳐 쌓아진 마법이라는 기초를 소화하여 독특한 창의를 형성했다. 롤링의 해리포터는 마법사의 능력을 통해 나무와 대화하고 불의잔으로 시공간을 통과하거나 플랫폼을 통과하여 힘든 삶을 뛰어넘는다. 그러나 그는 결국 우리의 삶에 있어 한 명의 개구장이로, 마법사임과 동시에 너와 나이기도 한다. 해리 포터는 문화배경, 종족, 종교, 연령과 직업에 상관없이 모든 독자들에게 접근하고 교류할 수 있는 인물이다. 해리 포터는 전세계의 모든 독자에게 소설 중에서 독자의 그림자를 발견하게 하고 해리포터의 인도하에 같이 변화하고 모험을 가득차고 신기한 세계로 들어간다.

---

9 화건: <창의산업 규칙의 탐색과 응용>, <창의산업과 영화>, 21페이지, 본책인용: http;//www.cnki.net

▶▶▶ 연습문제

1. 신경제시대에서 소비자요구의 발전추세를 간단하게 서술하시오.
2. 창의제품의 소비특징이 무엇인가?
3. 창의제품의 시장개발전략을 예를 들어서 설명하시오
4. 창의경제마케팅 통합창신을 어떻게 진행할까?

제6장

창의경제의 산업집단과 단지건설

학습요점

1. 산업집단의 의미
2. 창의산업집단의 의미, 유형, 특징 및 동력체제
3. 창의산업단지의 의미 및 기능
4. 우리나라 창의산업단지의 발전실천

제 6 장 창의경제의 산업집단과 단지건설

경제글로벌화, 정보화, 시장화의 배경에서 창의경제의 산업발전에 나타난 새로운 특징과 추세 군집화발전이다. <2001년 세계투자보고>에 따르면, 산업군집은 이미 저비용 우위를 뛰어넘어 국제자본을 이끌어내는 주도역할을 하고 있다.

제 1 절 산업군집 상관이론

산업 군집의 발생은 경제글로벌화와 치열해져가는 경쟁에 적응한 새로운 추세이다. 경쟁우위를 위해 생겨난 산업공간 조직형식으로, 내재된 경쟁우위와 규모효익은 다른 산업과 비교할 수 없을 것이다. 창의산업은 현대 서비스업의 첨단 산업으로서 여타 물질 생산분야 산업에 비해 더 강한 군집화의 특징을 갖고 있다. 창의 산업군집을 연구하기 전에 우선 산업군집과 관련된 이론을 살펴보도록 하겠다.

1. 산업군집의 의미

1) 산업군집의 개념

연구배경과 목적이 다르다보니 산업군집에 대한 정의도 여러 가지이다. 그중의 일부를 제시하면 다음과 같다.

첫째, 서양에서 최초로 군집이론을 연구한 아담은 "군집"이라는 단어를 제시함에 있어 분업의 입장에서 생각했으며, 군집이란 분업의 특성을 갖고 있는 중소기업이 분업을 통해 제품의 생산연합을 완성하는 것을 목적으로 결합한 집합체라고 정의했다.

둘째, 경제학자 Alfred Weber는 공간의 입장에서 군집의 특징을 연구했다. 위치요소는 구역요소와 통합요소로 나뉘며, 통합요소는 다시 두 부분으로 나눌 수 있다. 즉 하나는 기업자체의 확대를 통해 생기는 통합우위며, 다른 하나는 복수의 기업이 상호 연결 조직을 통해 지방공업화를 실현한 형태이다. 산업 군집은 후자에 속한다고 생각된다.

셋째, 경제학자 O. willianson는 산업조직의 입장에서 산업군집을 연구했다. 순시장조직과 계층조직사이에는 대량의 중간성 조직이 존재하는데, 중간성 조직이란 시장통제력과 계층조직통제력을 상실을 극복할 수 있으며, 거래비용의 절감을 가능하게 하는 효과적인 조직형식이다.

넷째, 마이클 포터는 산업군과 군집이란 개념을 특정 분야(하나의 주도 산업을 핵심으로 함)의 대량산업으로 긴밀하게 연결되는 기업 및 관련 기관이 공간상에 모임을 통해 형성되는 강하고 지속적인 경쟁우위로 보았다. 군집은 경쟁에 있어 중요한 역할을 수행하며, 상호 연결되는 산업과는 달리 실체이다. 군집은 하향으로 연장되며, 유통경로와 고객까지, 한편으론 보조적 제품의 제조업자 및 기능, 기술과 투입에 까지 관련이 있는 산업회사이다. 군집에는 전문화훈련, 교육, 정보연구와 기술을 지원하는 정부 및 기관들이 포함된다.

다섯째, Theo Rolelandt 및 pimend hertog는 창신 인터넷 이론을 응용하여 집합문제를 연구했다. 산업군집이란 신기술의 확보를 위해 상호 의뢰성이 강한 기업·지식생산기관·중개기관·고객이 부가가치를 통해 형성한 네트워크로, 자산과 지식동맹에서의 이익의 획득, 공부프로세스의 쾌속화, 거래비용의 절감, 시장장벽의 극복 및 구축, 협조 경제효과 획득, 창신 위험성 분산 등의 효과를 보인다.

중국의 학자들이 산업군집에 대해 내린 정의들을 살펴보면 다음과 같다.

첫째, 증중록은 산업군집의 개념을 동일한 산업에 속해있는 기업 및 관련 지지 기업들이 지리상 집중되는 것이라고 보았다.

둘째, 유유금과 황루성은 산업군집의 개념은 광의로서의 산업이 아닌 협의로서의 산업으로, 개인컴퓨터산업, 대형컴퓨터산업, 팩스기계산업, 의료기계산업 등이 여기에 속한다고 보았다.

셋째, 서강녕은 산업군집이란 동일한 산업이 특정한 지역에 집중되는 현상이라고 제시했다.

넷째, 임금종은 집합경제를 공간의미에서의 외부규모경제로 보았다. 또한 규모경제를 두 부류로 나누었는데, 하나는 단일기업의 내부규모경제이며, 다른 하나는 다수 기업이 공간상 집중된 집합경제이다. 집합경제의 유형으로는 세 가지를 제시했는데, 다계층집합(기업간 수평적으로), 기업간 수직적으로 형성된 집합, 그리고 위치우위로 형성된 중소형 기업들의 집합이다.

산업집합의 정의가 통일되어있지는 않으며, 군집의 개념은 구역경제학, 산업경제학, 경쟁경제학에서 폭넓게 사용된다. 본 장에서의 산업군집의 정의는 동질, 동류 기업 및 관련 기업이 특정구역 내 집합한 것으로 보고자 한다. 또한 산업집합 또는 산업군이라는 개념이 포터의 집합을 대신할 수 있는 개념이라 생각된다.

2) 산업군집과 관련된 개념분석

(1) 산업군집과 산업집합

산업집합과 산업군집간에는 긴밀한 관계도 있으며 차이점도 있다. 두 종류는 구역경제발전의 서로 다른 단계이다.

집합은 사물이 공간에 집중하는 과정이다. 1세기 전 미국학자가 <공업위치론>에서 집합이라는 개념을 사용하기 시작했다. 산업집합이란 제품이 공간에 집중하여 분포되는 형상으로 경제지리학의 연구중점이기도 하다. 산업집합의 연구 대상은 주로 산업의 공간 분포 형태이며, 특히 산업의 분산에서 집중까지의 공간전환 과정이 중시된다. 산업집합은 특정 공동 공간에서 발전하여 기초설비를 공동으로 향유하며, 이를 통해 규모경제 수익을 가져온다.

산업집합과 산업군집의 관계는 긴밀하나 다른 점도 있다. 산업집합의 경우 같거나 다른 종류의 산업들 혹은 가치사슬에 있어 관련성, 지지성이 있는 기업들이 같은 지역에 집중되어 집합한다. 반면 산업군집의 경우 대량의 전문화산업과 관련된 지지 기업 및 기관이 특정 범위 내에서 유연성 있게 집합하며, 인터넷으로 형성되어 지역 사회 문화 환경 속에서 깊은 뿌리를 박는다. 산업의 공간집합이 산업군집을 형성할 수 있지만, 모든 산업집합이 산업군집을 형성하는 것은 아니다. 어떤 산업이 집합하더라도 상호 관련성이 없다면 산업군집을 형성할 수 없다. 따라서 산업집합은 산업군집 형성의 필요조건이나 충분조건은 아니다. 산업집합과 산업군집의 관계는 <표 6-1>과 같다.

<table>
<tr><th></th><th>산업집합</th><th>산업군집</th></tr>
<tr><td rowspan="5">같은 점</td><td colspan="2">집약 경제</td></tr>
<tr><td colspan="2">미시경제와 거시경제하의 전통산업실체와 고기술 조건하의 실체</td></tr>
<tr><td colspan="2">생산지리 구역이 비슷하고 생산전문화, 집중화</td></tr>
<tr><td colspan="2">지역 내 관련산업, 지지성 있는 산업과 관련있다,</td></tr>
<tr><td colspan="2">규모경제와 범위경제를 통해서 비용을 낮추고 산업의 경쟁력을 제고시킨다.</td></tr>
<tr><td rowspan="6">다른 점</td><td>농업경제사회, 주로 공업경제사회에서</td><td>공업경제사회, 주로 지식경제사회에서</td></tr>
<tr><td>자연자원, 노동력, 자본, 지식기술</td><td>제도환경을 포함</td></tr>
<tr><td>산업실체의 제품사슬만 있고</td><td>산업실체와 비실체간의 제품사슬, 정보사슬</td></tr>
<tr><td>가치사슬범위 내에서만 있고</td><td>대학, 정부가 포함된 인터넷 창신 환경 한다.</td></tr>
<tr><td>송각형 산업이다.</td><td>지역경제의 핵심경쟁력을 구축한다.</td></tr>
<tr><td>지역경제발전의 초급 단계</td><td>지역경제발전의 고급 단계</td></tr>
</table>

(2) 산업군집과 산업집중

산업집중은 특정 산업에서 규모가 가장 큰 소수의 기업이 전체산업에서 차지하는 비율로 산업조직 연구에 있어 중점중의 하나이다. 산업집중은 절대집중 지표와 상대집중 지표를 통해 반응한다. 절대집중 지표는 특정 산업에서의 규모가 큰 몇 개의 기업의 지표(시장점유율)가 전체 산업 중 차지하는 비중에 있어 반응하며, 규모가 큰 기업의 전체산업에 대한 독점정도를 볼 수 있다. 상대집중지표는 Lorenz curved의 계수를 기초로 계산하는 지표로, 전체산업에서의 모든 기업의 집중정도를 볼 수 있다. 특별한 부가설명이 없을 경우 산업집중은 산업 내 기업의 독점정도의 고저로 표현되며, 산업의 공간분포와는 관련이 없는 동시에 산업 내 기업 간의 관계에 대해서도 주목정도가 낮다. 따라서 산업집중과 산업군집의 개념의 차이는 크며, 두 개념 간의 직접적인 관계는 없다.

(3) 산업군집과 산업사슬

산업사슬은 전통적인 개념으로 어떤 제품이 원료, 가공, 생산, 판매까지의 연결고리를 뜻한다. 1958년 미국 학자의 <경제발전전략>에서는 산업의 전방연결과 후방연결의 입장에서 산업사슬의 개념을 논했다. 현재까지 산업사슬과 관련 있는 개념으로는 가치사슬, 생산사슬, 고급사슬, 상품사슬 등이 있었다. 이 개념들은 상세 정의에 있어서는 조금씩 차이가 있지만, 내용상 큰 변화가 없으며 각 연구의 입장에서 산업에 대해 논한 것일 뿐이다. 산업군집과 비교하여 살펴본다면, 산업사슬이란 산업 간 관련성을 강조한 개념이다. 그런데 산업사슬은 산업간의 연결을 집중적으로 강조하는 개념으로, 산업 이외의 기관, 예를 들어 상회, 협회, 중개 기관 등에는 관심이 적다. 산업사슬에는 공간집합이라는 개념이 없다. 산업군집의 개념은 산업사슬의 개념보다 풍부하다. 산업군집은 산업 간의 연결을 포함할뿐만 아니라 산업과 다른 기관간의 관계까지 포함하는 개념이며, 공간의 집합 역시 강조한다.

(4) 산업군집과 기업군

단위공간내 집중되는 기업집합을 기업군이라 부르는데, 기업군이란 기업이 하나씩 모이는 것이 아니라 특정 공간에 유기적으로 결합하는 것을 의미한다. 기업군의 형성 과정으로는 세 가지를 들 수 있다. 첫째, 특정 도시 혹은 시장에서 새로운 기업을 대량으로 건설한다. 둘째, 시장 외부에 있던 기업을 시장 내부로 확장한다. 셋째, 시장 내부의 기업을 그대로 확장함과 동시에 규모를 늘려 큰 기업으로 발전시킨다. 기업군의 형성은 비용을 비교함을 통해 얻는 결과이다.

집합기업의 종류에는 여러 가지가 있으며, 규모의 크기·생산내용·조직구조 등에 있어 여러 가지 차이가 존재한다. 그러한 공동 특성의 기업들을 집합하여 한 가지의 새로운 형식을 형성한 것이 산업군집이다. 따라서 산업군집의 개념은 산업군의 연장선이다.

2. 서양 산업군 이론 및 발전

1) 이론 회상

(1) 마샬의 외부 경제이론

처음으로 비교·계통적으로 산업군집현상을 연구한 경제학자 마샬은 신 고전경제학 입장에서 공업조직을 연구한 것을 토대로 외부규모경제를 추구하기 위해 기업이 모인다고 논의했다. 마샬은 경제규모를 두 부류로 나누었다. 하나는 산업발전의 규모로 전문적 지역성 집중과 관련이 큰 요소이다. 다른 하나는 공업을 종사하는 단일 기업과 자원으로, 조직 관리 효율의 영향이 큰 요소이다. 먀살은 전자를 외부경제규모로, 후자를 내부경제규모로 명명했다. 외부경제규모는 산업군집과 긴밀한 관계를 맺으며, 산업군집은 외부규모경제에 의해 발생한다고 논의했다

(2) 위이바의 집합경제 이론

위이바는 공업위치이론의 창조자로, 미시기업의 위치선택 입장에서 기업이 멀고 가까움의 여부에 따라 집합의 장점과 비용의 비교를 논했다. 위이바는 산업집합에는 두 단

계가 있다고 주장했다. 첫 번째 단계는 기업자체의 간단한 규모 확장으로 산업집중화를 일으키는 것으로, 이는 산업집합의 저급 단계에 해당한다. 두 번째 단계는 대기업에 의해 완전한 조직방식으로 한 곳으로 집중되어 수많은 동일 종류의 기업을 출현시키는 단계이다. 이때 대규모 생산에 있어 현저하게 우위를 차지하는 것이 바로 효율적인 지방적 집합효과이다. 또한 위이바는 산업군집에 네 가지의 요소가 있다고 제시했는데, 여기에는 기술설비의 발전, 노동력 조직의 발전, 시장화 요소, 수입과 지출의 비용이 속한다.

(3) 포터의 경쟁우위 이론

미국 하버드 상학원 교수인 마이클 포터는 <국가경제우위>에서 국가경쟁우위의 다이아몬드 모형을 제시했다. 이 모형은 네 가지의 기본요소(요구조건, 상관과 지탱산업, 기업의 전략, 구조와 경쟁)와 두 가지의 부가요소(기회와 정부)로 구성된다. 포터는 경쟁우위 이론에서 각 요소가 능력을 발휘할 때 하나의 계통적 체제의 변화가 일어남을 강조했다. 국내 경쟁 압력과 지리 집중은 다이아몬드 모형의 한 체제를 구성한다. 국내시장경쟁의 압력이 국내의 다른 경쟁자의 경쟁력을 제고시킬 수 있고, 지리집중이 네 개의 기본요소를 하나로 통합하여 보다 쉽게 상호 작용과 협조를 제고하는 것이다. 포터는 국가경쟁우위의 획득은 산업에 경쟁에 달려있으며, 산업의 발전은 항상 특정 구역의 경쟁력있는 산업군집의 형성에 의해 일어난다고 제시했다.

2) 해외 연구의 현황

현재 해외에서의 군집연구는 주로 산업군집의 체제, 기술창신, 조직창신, 사회자본 및 경제증장과 산업군집의 관계연구, 산업군집의 산업정책과 실증연구 등의 방면을 기초로 이루어지고 있다. 해외에서의 이 새로운 산업에 대한 연구는 70년대에 시작됐다. 이탈리아의 사회학자(Banasco)는 이탈리아의 동북부·중부의 발전에 대해 논하며 "제3 이탈리아"라는 개념을 제시했다. Giacomo Becattini는 이탈리아 중부지역을 체계적으로 관찰함을 통해 "제3 이탈리아"에서 보이는 구역과 마샬의 산업구역을 비교하면 공통점이 많다는 것을 발견했다. 이에 따라 제3이탈리아를 마샬산업구라 명명했으며, 이러한 산업구는 본구역 노동력의 분업을 기초로 실현된 경제외부성 및 본 지역 사회,문화 배경지지, 기업간의 상호관계에 의해 발전한 것이라 보았다.

Lynn Mytelka와 Fulvia Farinelli는 산업군집을 비정식군집, 조직군집, 그리고 창신군집으로 나누었으며, 전통산업에서 어떻게 창신군집이 배양되는지 연구함을 통해 창신 시스템을 구축해야 전통산업이 지속적으로 경쟁우위를 유지할 수 있음을 주장했다.

J. Vernon Henderson과 Anthony J. venables는 경제발전과 지리적인 입장에서 산업

군집의 원인과 형성방법, 군집 이탈시의 결과 등의 문제에 대해 연구했다. 이를 위해 그들은 국내/국제적 경제지리의 특징을 중심으로 실증적인 연구를 수행했다.

Suma S. Athreyr가 케임브리지 고기술군 증장와 변화의 실증적인 연구를 통해서 케임브리지군집이 어떻게 증장과 변화를 하는지를 탐색했고 어느 미시경제요소가 이런 현상을 설명할수 있을지 왜 케임브리지의 기술군이 실리콘 밸리의 기술수준보다 못하느냐 등 문제를 연구했다. 그 연구의 기초이론이 경제조직과 군집의 관계이다.

Nicholis Craft와 Anthony J. venables는 경제지리학이론을 응용하여 지리집합의 경제효익과 규모 및 위치의 역할에 대해 연구했으며, 지리의 입장에서 유럽의 쇠퇴, 미국의 발전 및 아시아의 부흥을 살펴보았다. 고품질이 결핍된 제도가 뒤쳐짐의 중요 원인이나, 지리집합이 경제발전에 미치는 영향 역시 무시할 수 없다고 주장했다.

OECD에서는 각 국가의 산업군집에 대해서 실증분석을 하고 이를 기초로 다음과 같은 심화 문제를 제시했다. 중요한 지식 문제의 확인, 산업업그레이드 전략의 설계, 전통경쟁에서 전략합작 및 차별화경쟁까지의 진입 방법, 산업군집의 경쟁력 강화 방법 등이 그것이다.

3) 중국산업군집 이론 연구현황

70년대 말과 80년대 초에 개혁개방 정책이 시행된 이후 중국 각 지방의 경제발전은 활발하게 진행되고 있다. 80년대 중 후반기에는 광동 지역의 철강과 강소지역의 향진기업 집합구역이 신속하게 발전했다. 중국 학자는 이러한 지역에 대해 조사하여 "온주모델", "소남모델", "강철모델" 등의 성공적으로 발전한 모델들을 제시했다. 이러한 구역의 발전에는 공통적인 특징이 있다. 기업 간의 분업과 협조는 기업주와 노동자 사이에 존재하는 공동사회문화배경의 기초에 의존한다는 것이다.

철강 중소기업이 강소 등의 지역에서 신속히 발전한 것으로 인해 학자들은 이 문제를 구역경제, 사업구조, 비정식제도, 제도변화 등의 면에서 연구하여 결론을 얻어냈다. 광동의 학자들은 기업 인터넷의 입장에서 기업군집을 연구함을 통해 기업가의 창신정신이 군집발전에 있어 중요한 역할을 함을 강조했다. 인터넷과 기업군집은 서로 다른 개념이나 긴밀한 관계를 맺고 있다. 기업군집은 관계인터넷, 특히 사업가 개인을 기초로 한 지역성 기업 집합체이며, 사업가 협조, 특히 리더십형 사업가의 리더십 영향이 아주 중요하기 때문이다. 리더십형 기업가는 기업의 실력과 규모를 키울 뿐만 아니라, 탁월한 식견, 경영능력, 신뢰, 명망, 지역에서의 호소력을 통해 소속 기업을 필두로 수많은 기업을 이끌고 발전할 수 있으며 핵심·협조기업간의 이익을 분배할 수 있다.

생태학의 입장에서 중소형 기업군집을 연구한 사례도 있는데, 이 역시 기발한 연구 아이디어라 할 수 있다.

경제지리학의 권위자인 북경대학교 도시와환경학과 교수 완시사는 중국 내 학자 중에서 비교적 일찍 지리학·경제학의 입장에서 산업군집현상을 연구한 학자로, 인터넷창신을 연구하기 했다. 1994년에 완시사는 한중일 공업국제회의에서 "The markting of new industrial in china; Insights into the development zone's phenomena" 논문을 발표했으며, 중국에 나타나는 개발구의 현상 및 발전문제에 대해 탐색한 <현대공업지리학>에서 신산업구의 개념 을 소개하고 각 구역의 발전에 대해 실증 분석했다. 2005년에 출판된 <창신의 공간: 기업군집과 구역발전>에서는 산업위치의 입장에서 기업군집형상을 연구하고 국내외의 기업군집 사례에 대해 논했다.[1]

위수화 등의 학자들은 구역경제발전의 입장에서 산업군집을 연구했다. 이들은 산업군집이론은 기존의 구역경제발전이론, 즉 추이이론·증장 및 발전이론·지역생산총합체이론·구역분업의 중요성외에도 구역 내 각종 자원 통합 능력의 발휘를 강조한다고 보았으며, 특히 기술진보가 기술창신에 대한 역할을 강조하는 새로운 구역경제 발전이론이라 주장했다.[2]

서강녕은 개방경제입장에서 산업군집을 연구함을 통해, 국외의 산업군집은 생산요소 국제화 배치의 결과이며, 이를 통해 비교적 강한 국제경쟁력을 보인다는 사실을 지적한 바 있다. 또한 현대 서양산업군지이론이 부응하는 원인과 발전현황의 연구를 통해 중국경제학계가 제도요소를 연구해야함 주장했으며, 사업가 정신·향토상업문화·가족제도 등이 중국산업군집의 형성과 발전에 큰 역할을 하고 있음을 제시했다.[3]

대만에서는 사회관계인터넷 이론을 활용하여 군집의 형성과 발전을 설명하고자 했는데, 그 탐색 방법으로는 두 가지를 들 수 있다.

첫째, 사회학의 입장에 출발하는 탐색이다. 사업가 협조 네트워크 관계에서는 네트워크 회원간 약속과 신뢰관계가 중요한데, 이러한 약속과 신뢰 관계는 기업간 사회관계의 구축에 의존하는 것이다. 따라서 기업 간 사회관계는 안전한 네트워크를 유지하는 원동력이다.

둘째, 경제학의 관점에 따라 연구하는 방법이다. 기업은 거래비용의 절감·부족한 자

---

1 왕기자: <현대공업지리학>, 중국과학기술출판사1994판, <창신의 공간: 기업집군과 지역발전>, 북경대학출판사 2005년판

2 위수화등: <산업집군: 신형지역 경제발전이론>, <경제경위>, 2002년 제2기

3 서강녕: <개방경제조건하에 신업집합 및 경제력>, <중국공업경제>, 2001년 제11기: <당대 와강산업집군이론의 시작, 발전 및 계시>, <경제학동대>, 2003년 제3기

원에 의존하는 불확실성의 감소 등의 이유로 네트워크 관계를 형성한다는 것이다.

중국에서의 산업군집이론 연구들은 비록 국제이론의 최전방 연구를 따라가기는 하지만, 구체적인 구역 사례를 분석하다보니 다음과 같은 한계점을 보인다. 우선 개별사례의 요약에 멈추어 있으며, 군집간의 공통성에 대한 추상적 특징의 논의가 적으며, 내부 체계에 대한 연구 역시 비교적 적고 이를 해결하지 못한다는 문제를 보인다. 중국 내 산업군집 변화에 대한 이론은 결핍상태에 있어 아직까지도 연구방법이 시도와 탐색 단계에서 머물러 있다. 지금까지의 연구 성과는 군집의 변화를 연구함에 있어 중요한 것들이다. 다만 일정정도의 기초를 세울 필요가 있으며 향후 연구를 위한 방향을 제시할 필요가 있다. 산업 군집 연구는 발전 여지가 크며 전망이 좋은 연구 프로젝트이다.

제2절 창의산업 군집

창의산업이 의존하는 문화자원은 비교적 강한 구역성, 민족성, 역사성을 갖고 있다. 문화산업의 발전은 지리상의 집중 요구뿐만 아니라 생산·창작에 있어서 상호 협조를 필요로 한다. 그래서 창의산업은 여타 물질 생산 영역의 산업과 비교할 때 강한 군집화라는 특징을 띠게 된다.

1. 창의산업군집의 의미

1) 창의산업군집의 개념

산업군집에 대한 여러 가지 정의를 바탕으로, 이 장에서는 창의산업군집을 창의산업 분야의 독립적인 관련 문화창의기업 및 기관이 전문화 분업과 협조 관계에 따라 특정 구역에 집합되어 형성된 산업조직으로 보고자 한다. 이에 따라 일반적 의미로서의 창의산업 군집에는 창의산업사슬상의 모든 상·하류 기업, 창신을 촉진할 수 있는 정식·비정식 관계 등이 종합되어 포함될 수 있다.

2) 창의산업군집의 구성요소

창의산업군집의 기본구성요소로는 인터넷을 구성하는 주요 결점, 각 결점 간 연관되는 관계사슬, 인터넷에서 유통되는 생산요소, 정보 등이 포함된다. 구체적으로 말하자면,

창의산업군집의 주요 결점으로는 기업, 대학 및 기술개발연구기관, 중개 서비스기관, 정부 및 공공부문이 포함된다.

첫째, 기업은 산업군집 창신 인터넷 중에서 가장 중요하며 양적으로 다수인 경제 주체로, 원자재 생산자·반성품 고급자·부품분포자·완성품제조자·제품판매자 및 설비수리·보호 등의 서비스업이 여기에 포함된다.

둘째, 대학 및 기술개발연구기관은 국가별 주요 산업과 긴밀한 관계를 맺는다. 여기에 속하는 예로는 미국 할리우드 영화 학교나 네덜란드의 화훼재배 및 처리 연구소를 들 수 있다. 연구기관은 기업과 정보의 기부와 전문 인재를 받아들임을 통해 산업문제를 해결하는 지혜의 창고이며, 기업보다 더 신속하게 독자적인 연구를 수행하여 유리한 성과를 낼 수 있다.

셋째, 중개서비스기관으로는 각종 협회·상회·창업서비스중심의 조직기관, 변호사사무소·회계사무소 등의 각종 중개조직, 은행·보험 등의 금융서비스 등이 포함된다.

넷째, 정부 및 공공기관은 포터의 다이아모형 및 산업군집 네트워크 모형에 있어 빠져서는 안될 중요한 결점이다.

위와 같이 산업군집의 네트워크에는 기업, 대학 및 기술개발연구기관, 중개서비스기관, 정부 및 공공기관간의 결점이 형성된다. 중개서비스기관과 정부 및 공공기관은 기술창신 활동에 있어 경험은 적으나, 자금과 전문화 서비스를 제공함을 통해 기술창신환경을 만드는 데에 공헌한다.

2. 창신산업의 유형

문화창신집단은 여러 가지의 입장에 따라 다양한 유형으로 나뉜다.

1) 군집의 형성 원인

군집의 형성 원인에 따라 나누는 유형은 다음과 같이 문화유사형, 위치결정형, 정부작용형을 들 수 있다.

첫째, 문화유사형은 공통의 문화배경, 가치관, 제도환경에 의해 창의산업의 군집이 이루어지는 유형이다. 군집 내 기업구성원은 강한 귀속감, 신뢰 관계를 유지할 수 있으며, 정보 교류·의사소통·제품의 창작 및 거래를 쉽게 진행할 수 있다. 문화의 유사성은 산업군집의 형성에 있어 안전한 발전을 보장하는 접착제의 역할을 하는 것으로 창의사업에 있어 중요한 요소이다. 예를 들어 북경 798 창의산업단지를 들 수 있다. 중앙미술학원 조각과로 시작한 이 곳은 1995년 술선교 4호 798에 위치한 창고에서 루구교항일 영웅기념조각을 만들던 조각공장이었다. 2002년부터 역사문화실정이 주입됨에 따라 창의공간 및 개성문화를 중시하는 많은 예술가들이 이곳에 이주하기 시작했으며, 그들에 의해 공장이 개조되고 특색 있는 전시공간 및 작업공간이 되면서 국제화 특색을 띠는 "SOHO 예술구", "LOFT 생활방식"이 형성되었다. 이러한 이런 독특한 예술 분위기가 세계의 200개 예술기관을 매혹하게 되어 북경·전국의 "예술명함"이 되었다.

둘째, 위치결정형은 특정한 지리위치에 의해 창의산업의 군집이 이루어지는 경우이다. 창의군집·목표소비군·거래시장과 가까운 지리위치는 창의산업군집의 형성과 발전을 촉진시킨다. 예를 들면, 적봉로 건설설계 거리는 상해에서 가장 먼저 형성되었으며 전망이 좋은 대규모 창의산업단지이다. 통제대학교 캠퍼스라는 특정한 지리 위치에 의해 형성되고 발전된 경우이다. 적봉로 건설설계 거리는 대학의 경제활동을 통해 최초로 형성되었으며, 거리에 위치하는 대부분의 기업들은 통제대학교의 교수 및 학생들과 함께 창조하며, 교수·학생의 전공과 통제대라는 유명세를 이용해 신속하게 시장을 열었다. 500여 개의 건축설계 관련 산업들이 기업군집을 이루며 이곳에 모여 있으며, 20억위안의 연매출액을 달성했다. 대학과 연구원은 창의산업단지에 기술 제공뿐만 아니라 인재의 주입, 단지 내적인 발전을 촉진한다. 한편 창의산업단지는 앞으로의 연구, 교육훈련, 거래, 전시 등 기능을 위한 든든한 기초를 세우고 단지의 발전을 위한 넓은 공간을 제공한다.

셋째, 정부작용형은 정부의 규칙대로 움직이며 형성되는 창의산업단지의 유형이다. 정부는 현재 산업의 구조와 현황을 기초로 자원과 공간을 이용하며, 그에 상응하는 창의산업 집단을 구축한다. 예를 들면, 상해의 상해도시광장은 정부가 상해시 여행기념품산업 발전을 목적으로 조성한 것으로, 아파트를 개조하여 상해공업 설계단지를 만들었다.

2) 군집의 형성 방식

군집이 형성된 방식대로 유형을 나누면 아래에서 위로 가는 자발형, 정부 추종형, 자발형과 정부추종형을 결합한 형태의 세 가지로 나눌 수 있다.

첫째, 아래에서 위로 가는 자발형은 시장에 의해 자발적으로 발동되는 산업군집이다. 이 종류의 군집은 예술가 및 기업이 특정 지역을 선택하면 이후 다수의 예술가 및 기관이 끌려들어 형성된다. 정부는 산업군집의 어느 정도 발전한 시점에 단지 능동적으로 개입하여 책임진다. 이러한 창의산업군집 내 기업·개인의 지리 접근성과 기업간 합작 네트워크는 창의계층을 위한 정보 교류를 제공하는 역할을 한다. 군집 내 창의 계층이 창조한 문화 분위기는 군집의 자체적인 강화 체계이다. 창의산업이 특정 장소에 모이면서 이루어지는 창의산업군집은 예술가와 창의기업의 자발적 행동으로서, 기업과 개인간 상호 합작 교류를 기초로 창의산업사슬과 가치사슬을 동시에 형성하게 된다. 한 예로서 영국 런던 동부에 위치한 Hoxton와 shoreditch를 들 수 있다. 이 두 곳은 방직업으로 유명했으나, 산업의 몰락 및 이동으로 인해 공장만 남은 지역들이다. 90년대 이후 런던 중서부의 주거비용이 높아짐에 따라 저렴한 주거시설, 자유로운 작업환경을 원하는 예술가들이 동부로 이주했다. 이 과정에서 500여 개의 창의산업 기업이 모이고 창의산업군집 구역으로 발전하게 되었다.

둘째, 정부 추종형은 위에서 아래의 방향으로 배양되는 산업군집이다. 이는 정부의 구역산업 총체 발전 전략 및 규칙에 따라 구역 경제·사회·문화의 발전 상황 및 환경 조건을 평가하고, 창의산업군집 발전전략을 제정한 결과물이라고 할 수 있다. 예를 들자면 정부에 의해 창의산업 발전을 목적으로 아파트, 공장 등을 개조함을 통해 창의산업 군집을 개발하는 것을 들 수 있다. 정부의 계획적인 활동을 통해 개발된 시설과 창의 환경은 비교적 완전한 특징을 보인다. 일본의 가나자와시 시민예술촌이 이 모형에 속한다고 할 수 있다. 100년 전의 가나자와시 시민예술촌은 방징회사의 공장이었는데, 정부는 역사 건축물의 보존을 목적으로 120억을 투자하여 창고 및 주변 토지를 매입했으며, 17억을 투자하여 가나자와창의산업집합의 시설을 개조하고 창조했다. 가나자와에는 비록 대규모 문화 설비는 구축되지는 않았지만, 전통공예 제조·유통·서비스 등의 산업 형식을 통해, 시민의 교육 참여라는 교육 훈련 정책을 통해 가나자와시를 유명한 예술촌으로 발전시켰다.

셋째, 자발형성과 정부추종형 창의산업군집은 상하 결합 방식의 산업군집이다. 즉, 정부는 산업군집의 출현을 발견한 즉시 개입하여 교육과 지도를 통해 산업군집을 형성한다. 여기에 속하는 예로는 중국 항주의 LOFT49를 들 수 있다. 깊은 문화, 느긋한 창의공간, 저렴한 개조비용 및 임대료로 인해 많은 예술가와 중소형기업이 자발적으로 모였다. 정부는 구역에의 지원, 전문가 초빙을 통한 집합구 건설 및 발전 연구, 위원회의 구축을 통한 정부 기관화, 집합구의 기획 및 관리, 기업을 위한 서비스 등을 제공한다.통일된 기획, 정부지원, 기초시설의 건설, 서비스의 완성등을 통해 자발적으로 형성된 창의산업집합구는 인재, 자금, 문화, 창의이념, 관념 면에서 최대한의 집합 효과를 보이며 창의산업 집합구를 형성한다.

3) 군집 내 기업이 제품을 제공하는 형태에 따른 유형

군집 내 기업이 제품을 제공하는 형태에 따라 군집을 나누면 다음과 같이 유형제품형, 무형서비스형으로 나눌 수 있다.

첫째, 유형제품형은 유형제품 위주의 산업하에 실체물품을 통해 창의를 표현하는 군집으로, 창의는 제품품질 수준, 모양특색, 스타일, 브랜드, 포장 등의 구체적인 형식을 통해 표현된다. 북경의 송장화가촌은 전국 각지의 1,000여명의 예술가들이 모인 곳으로 독특하고 전위적인 스타일로 인해 중국 현대예술의 발전 조류를 이끌고 있으며 가장 규모가 큰 예술모임센터가 되었다. 이곳에서의 각종 창의는 유형제품, 다시 말해 문화 작품, 서화, 조각 등을 통해 전달된다. 구매자가 예술품을 구매하는 거래과정을 통해 창의제품의 목적이 달성되며, 창의의 소유자와 사용자가 된다.

둘째, 무형서비스형은 군집 내 기업이 무형서비스를 위주로 제품을 제공하며 무형서비스의 힘을 빌려 창의제품의 표현과 전달을 완성하는 유형이다. 무형 서비스의 거래와 서비스는 소유권의 이동은 발생할 수도 발생하지 않을 수도 있다. 장안 거리 문화 연출집합구가 이 유형에 속하는 군집으로, 이 군집은 장안 거리에 밀집된 문화 자원을 기초로 주변으로 확장되며 형성되었다. 군집 내 기업의 창의는 대개 문화연출, 영화, 연극 등의 무형서비스에 부착되어 이루어지는데, 현장문화 연출과 영화방송 등을 통해 얻어지는 감상이 구매자 및 관중에게 주어지나, 이들은 창의제품의 실체를 차지할 수는 없다. 이러한 경우에는 창의의 소비에 있어 창의소유권의 이동이 발생하지 않는다.

집합의 대부분 기업이 제공된 창의는 문화연출, 영화, 연극 등 무형 서비스에 부착하여 이런 현장문화 연출과 영화방송 등 구체적으로 관상된 것이 구매자와 관중한테 주고 그런데 그들에게 창의 제품의 실체를 차지할 수 없다. 그래서 이런 창의의 소비자는 창의 소유권의 이동을 발생하지 않는다.

4) 군집내 기업 제공 제품의 특징에 따른 유형

군집 내 기업이 제공하는 제품의 특징에 따라 군집의 유형을 나누면 다음과 같이 기술창의형, 문화창의형, 종합창의형으로 나누어 볼 수 있다.

첫째, 기술창의형은 기술함량을 강조함과 동시에 문화면에서의 끊임없는 제고를 강조하는 유형이다. 기술의 목표는 제품 및 서비스의 기능구조 개선에 있으며, 소비자를 위한 새로운 가치의 제공, 생산공예 개조, 절약 및 효율을 높이는 기능을 갖고 있다. 예를 들어 미국의 창의산업집합구의 경우 군집내 기업의 고기술수단에 의존하여 전문화된 제품과 서비스를 제공함을 통해 소비자의 다양한 욕구를 만족시킨다. 고기술수단을 잃어버리게 되면 군집 내 기업은 생존의 기초와 발전의 동력을 잃게 된다. 따라서 이 유형의 군집 내 기업 및 고수준창의작업자의 모임의 형태로서 외부의 고기술수준의 단지, 도시, 국가와 교류의 소통을 중시하는 특징을 보인다.

둘째, 문화창의형은 문화의미를 강조하는 반면 기술의 중요성은 비교적 낮은 유형이다. 문화창의형 군집 내 기업은 제품과 서비스에 새로운 문화 요소를 주입시키는데, 여기의 요소로는 관념, 정서, 품위 등이 포함된다. 또한 소비자를 위한 새로운 체험을 제공함을 통해 제품과 서비스의 관념가치를 제고한다. 예를 들어 중국의 상해 전자방 창의산업집합구의 경우 현재까지 18개국의 100여개이상의 창의설계기관이 입주한 유명 시각창의설계 기지이다. 집합구 내 기업들은 대부분 화실·설계실·갤러리·촬영장·미술관·도예관 등의 문화 및 예술을 중시하며, 창의제품은 과학보다는 문화의미에 주로 의존하고 있다. 그 결과 집합구의 강하 문화와 예술 분위기가 전자방 공장 인근 아파트까지 만연하게 되었다.

셋째, 종합창의형은 문화의미와 기술의미를 동시에 갖고 있는 유형으로, 군집 내 발전이 고기술수단뿐만 아니라 문화의미에도 의존하며, 이 둘을 융합함을 통해 소비자에게 새로운 경험과 체험을 주고자 한다. 예를 들어 게임 창의설계 전문화 생산기지인 신진남산 창의산업단지를 들 수 있다. 군집 내 기업들은 디지털 기술, 인터넷 기술, 정보통신 기술등의 현대기술뿐만 아니라 문화자원, 문화유산, 문화브랜드와의 결합도 중시한다. 이를 통해 남산 게임 산업은 점점 커져 신진시 내에서 매년 2억 위안의 가치를 창조한다.

5) 군집 내 기업조직 및 관련구조에 따른 유형

미국 구역학자 Markusen는 군집내 기업조직과 관련구조에 따라 산업구조를 분류하여 산업군집을 마샬식, 륜축식, 위성편대식, 국가역량의뢰식 등으로 나누었다.

첫째, 마샬식은 군집 내부에 복잡한 전문화 분업협조 및 경쟁합작관계를 갖고있으며, 집합구 외의 기업간의 합작 연결성은 낮으며 군집 내 기업간의 장기적 합작 관계및 승낙관계만을 갖고 있다. 이탈리아의 산업식 산업구가 이것의 변형체이다

둘째, 륜춘식은 다수의 기업과 설비를 중심으로 내부에 핵심 기업 및 상·하류 기업 군집이 형성되는 유형이다. 륜춘식 산업 군집은 단일 혹은 다수의 산업 중심 내지는 대기업이 산업을 지탱하고, 중소기업들이 이를 둘러싸는 구조를 취하는 특징을 보인다. 또한 구역 내 기업의 합작이 핵심 기업을 중심으로 펼쳐지는 경향이 있으며, 가치사슬상의 상·하류 및 수평방향으로 합자관계가 펼쳐진다.

셋째, 위성편대식은 외부의 기업이 설비의 군집이 되는 경우이다. 도시나 교외 등에서 발전하지 못한 지역을 개발구의 기초로 삼아 발전하는데, 지역의 임대료, 노동력, 세금 등이 원인으로 작용하다

넷째, 국가영량의존식은 공공·비영리기관에 의해 움직이는 군집이다. 구역내 임대자

는 군대·군수공장·연구소·대학·정부 사무실일 경우가 많다. 지방의 산업구조는 이러한 시설로 인해 결정되는 경우가 많으며, 경제 관계는 국가의 정치 역량에 따라 달려있다.

6) 군집내 기업의 산업관련 방식에 따른 유형

군집내 기업의 산업관련 방식에 따라서 군집을 분류하면 수직관련형과 수평관련성으로 나눌 수 있다.

첫째, 수직관련형 산업군집은 상·하류 기업 간 원재료 공급, 완성품 및 반완성품 의 생산, 완성품 판매의 투기 등의 산출연결의 복합형 산업군체로 존재한다. 이러한 유형은 창의산업 중에서 영화 산업에서 흔히 볼 수 있다. 예를 들어 중국 중앙방송국과 북경방송국의 사옥 이전으로 드라마 제작·광고대리·출판·인쇄·광고·애니메이션·인터넷게임등의 문화산업 회사들이 CBD 혹은 주변 지역으로 이동했다. 프로그램제작, 대형활동 기획, 광고매체, 교육훈련, TV매니저 등의 각종 관련산업의 발전은 영화, 매체서비스를 중심으로 산업사슬을 형성하며 이루어진다.

둘째, 수평관련형은 군집기업 내 생산된 제품이 대부분은 똑같으며, 공동의 시장에서 고객을 상대함에 있어 기업의 차별화라는 전략을 사용하는 특징을 보인다. 중관촌 고기술단지가 이 예에 속하는데, 300km²의 지역에 2만개의 고기술 중소기업들이 많이 모여 있으며, 기업간 소프트웨어나 전자제품 등의 제품 생산 및 경영에 있어 상호 치열한 경쟁을 한다. 이는 주로 수평형과 관련이 있는 것이다.

3. 창의산업 군집의 특징

창의산업은 기존 재래산업과는 다르게 창신형, 침투형, 고증식형, 강 확장형와 고 위험성 등의 특징을 갖고 있는 점에서 여타 군집산업과는 선명한 특징을 보인다. 다각도에 따라 창의산업군집을 여러 유형으로 분할했지만, 어떤 형태의 창의산업 군집이던 모두 지식·지혜·창조력을 생산요소로 삼으며, 기술밀집·제품의 고부가가치, 환경오염의 최소화, 자원에너지의 최소 소모 등의 특징을 가진다. 다시 말하면 창의산업군집들은 여러 방면에서 공통된 특징을 갖고 있다.

1) 위치선택 면에서

첫째, 군집이 강한 지방성 특징을 갖고 있다. 사회학의 입장에서 보면, 경제행위 주체의 활동은 특정 사회 네트워크 구조를 벗어나선 안 되는 것이다. 사회구조와 인간관계가 포함된 네트워크 내 각종 행위가 현실 경제 사회에서 받아들여진다. 군집 내에는 다수의 군집배경·사회자본·제도 환경이 있는데, 예를 들면 공통의 언어·지식배경·도덕규범·풍습·가치 표준 등을 들 수 있다. 이에 따라 더 높은 예견성·신뢰성·안정성을 얻어 낯선 사람들과의 거래시 발생할 수 있는 문제를 피할 수 있다. 이러한 요소는 군집 내 기업간의 장기관계라는 연결고리를 유지하게 하며 군집이 외래 경쟁자와 대면함에 있어서의 경쟁우위를 갖게 해준다.

현대 문화 산업의 첨단산업으로서 인문 창의산업의 형성은 구역성 인문환경과 밀접한 관련성을 맺는다. 역사 및 인문 환경 분위기는 창의산업의 집합에 있어 사회 환경 기초의 역할을 한다. 창의산업 집합구의 형성은 해당 구역 내의 독특한 문화 분위기를 기초로 하며, 이를 이용해 창조성 개발이 이루어진다. 이에 따라 창의산업은 선명한 지역 특징을 갖게 된다. 강한 예술적 분위기, 개방적 문화요소, 다원적 도시문화 기질, 넓은 도시문화태도 등은 창의영감의 계발에 있어 중요하며, 창의산업 발전의 기초이기도 하다. 시장경제조건으로서 강한 도시문화 분위기와 창의환경이 자발적으로 시장과 결합하여 창의산업군집의 발전과 형성을 촉진한 것이다

둘째, 군집은 지역 선택에 있어 제조업 및 기존 서비스업과는 다른 특징을 보인다. 기존의 제조업군집은 주로 원자재나 저비용 노동력 자본의 획득 용이성을 고려함을 통해 두 세개의 대기업에 근접하여 모이거나 도시의 교외에 모이는 경향을 보인다. 현대 서비스업 군집은 도시경제 발전에 따른 경제기초·사회구조·산업인터넷·인재 등의 기초 조건에 높게 의존하며 형성된다. 또한 현대서비스업 군집은 외부 지식이나 정보 등의 요소를 주로 사용하며 글로벌 시장에 대한 의존도가 높다. 그러므로 현대 서비스업은 대도시에 고도로 모일뿐만 아니라 대도시 중앙의 사무업무 지역에 위치한다.

반면 창의산업은 전통적인 지역이라는 의존성에서 벗어나 창의계층의 생활요소를 고려할 수 있다. 동시에 군집구 내 작업·생활·여행 등의 구역조건을 갖추어 창의집단을 위한 넓고 즐거운 환경을 제공한다. 이에 따라 광범위한 산업군집의 분포를 보이며, 그 결과 글로벌 대도시에 유명 창의계층 집합구가 형성되며, 구역적 중심도시에서 특정 문화자원에 의존하여 지역적인 창의산업을 형성한다.

창의산업군집은 다음의 세 가지의 환경 속에서 발전한다. 대도시의 교외지역과 대도시의 폐공장, 신단지 등이다. 이러한 구역 선택의 이유로는 앞서 논의했듯이 외부환경이 넓으며, 목표 소비집단과 어느 정도 가깝고, 기업의 비용을 낮출 수 있음을 들 수 있다. 이를 통해 동종 기업들을 이끌어내는 능력과 양호한 성장성을 갖추게 된다.

2) 창작과정 면에서

첫째, 군집은 지력, 기술, 경제와 문화의 융합이라고 할 수 있다. 창의산업은 현대시장경제와 지식경제를 배경으로 발전된 신흥산업으로, 그 실질은 정신문화 제품과 서비스의 생산·교환·분배와 소비에서 파생된 신흥경제업체로, 연결고리로서 기술, 경제, 문화와 밀접하게 관련 있다. 창의는 기술, 경제와 문화 등과 융합하는 산물이며, 창의제품은 신사상, 신기술, 신내용을 물질화한 형식이다. 특히 디지털기술, 문화, 예술의 융합 및 업그레이드는 기술산업과 문화산업이 서로 발전된 결과라고 할 수 있으며, 더 많은 산업 부분에 침투할 수 있는 가능성을 갖고 있다. 새로운 경제형태로서 창의산업은 그 자체적으로 풍부한 지력과 기술을 포함하고 있으며, 기술은 문화창조 및 전파의 주체이며 창의산업의 발전의 근본 동력이므로, 기술의 역할은 창의산업 발전에 있어 아주 중요하다. 어떤 의미에서는 기술이 이미 문화산업 발전의 중요한 요소가 되었다고 할 수 있다. 하나의 창의는 반드시 어떤 구체적인 형식으로 표현되어야 하며, 소비자가 듣고 보게 해야한다. 이를 위해서는 반드시 상응하는 기술이 뒷받침되어야 한다. 예를 들면 컴퓨터 기술회사, 광고회사, 그림 제작 회사 등이 속할 수 있다. 과학기술의 진보는 소비자의 소비영역, 특히 정신문화 소비영역을 크게 발전시켰으며, 동시에 문화의 생산·전파·유통에 있어 큰 변화를 일으켰다.

이와 동시에 문화창조는 특정한 문화의미를 기초로 삼아야 한다. 창의산업 집합구의 형성과 발전에 필요한 문화요소는 사실상 일종의 문화 분위기라 할 수 있다. 독특하고 넓고 개방된 사회 문화 환경과 특색있는 문화의미는 끊임없이 창의 인재와 예술가의 영감을 자극할 수 있으며 끊임없는 창조의 원천이다.

둘째, 군집 내 생활은 작업과의 결합이며 문화제품의 생산은 소비와의 결합이다. 창의산업 자체가 녹색산업으로 높은 예술성과 융통성을 갖고 있으며, 작업모형에 있어 기존의 분업체제는 깨뜨려 생산과 소비를 일체화하고 작업과 생활을 결합할 수 있는 특징을 지닌다.

창의의 생성은 영감의 순간이동으로 표현된다. 다수의 경험에 따르면 창조자는 탐색과정에서 문제를 해결할 수 없을 때 생각을 중단하고 상상력을 자극할 수 있는 일, 예를 들면 친구와의 대화나 산책, 휴식등을 한다. 이러한 환경의 전환은 영감과 창의의 생성에 있어 신기한 효과를 발생시킨다. 대부분의 창조자는 작업에 생활, 여가 오락을 결합하며, 여가에서 창의를 자극하고 창의에서 만족을 찾는 경향이 있다.

창의제품의 소비에는 강한 주관적 색채가 있으며 목표소비자의 만족도 역시 주관적 문제이다. 따라서 창의 창조자는 목표 소비자와의 교류와 의사소통을 중시한다. 창의산업의 제품은 구체적인 물품이 아닌 활동과정이라 할 수 있으며, 대부분 동질성·분할불가능성·저축불가능성을 띤다. 따라서 창의제품의 생산과 소비는 항상 동시에 발생하고 진행된다. 이 과정에 있어 창의제품의 소비자가 직접 참여함을 통해 생산자와의 관계를 맺는다.

셋째, 군집 내 기업의 조직 형태는 다르다. 창의산업 군집 내 기업은 자체적인 특징과 발전 요구도에 따라 조직형태를 달리하는데, 여기에는 분산된 개별 노동, 간단한 협조 군집노동, 집중된 사회 결합된 노동 등이 있다.

분산된 개별 노동은 개인을 단위로 창의제품을 창조 및 생산하는데, 예를 들면 화가·작가·조각가 등이 여기에 속한다. 이들은 작업실에서 창조를 하며 구체적인 경제 실체에 소속되지 않으며 자유직업(프리랜서로 추측)의 신분을 유지한다.

간단한 협조의 집합노동은 설계·음악제작·광고등의 창조과정과 같이 작은 단체를 단위로 진행되는 형태로, 단체 내부에 간단한 분업 협조 관계가 맺어져 있다.

집중된 사회결합 노동으로는 프로듀서·라디오·신문 출판·인터넷 게임 등을 예로 들 수 있는데, 이들은 대형회사라는 형식을 통해 회사 내부에서 전문화 분업을 이룬다.

3) 창의제품 면에서

첫째, 군집 내 기업은 제품의 독창성을 중시한다. 일반적인 경제활동에서의 생산자는 제품의 성능과 특징에는 관심이 없으며 봉급과 근무 조건을 중요하게 생각한다. 작업물의 품질을 중시하기는 하나, 일반적으로 제품 및 서비스의 스타일·색채·개성 등은 고려하지 않는다. 창의과정의 창의자는 제품과 서비스의 독창성·타고난 예술표현·기술과 예술의 통일을 중시하며, 이들은 창의의 내용·특징·기초·스타일에 있어서의 독특성 및 독창성이 제품 및 서비스의 생명과 영혼이라 생각한다. 창조자의 독창성과 예술성을 추구하는 특질에 의해 창의산업의 생산조직은 전통 산업과 비교했을 때 느긋함의 특징을 보인다.

둘째, 군집 내 기업은 제품과 서비스의 차별화를 강조한다. 기존의 재래 제품의 경우 시장에서의 인정여부를 경제상황에 따라 판단할 수 있으나, 창의제품은 소비자에게 받아들여질 수 있는지 확인할 수 없다. 따라서 창의기업은 제품과 서비스의 차별화를 중시해야하며 창조자의 기술성·원찬성의 차이를 통해 다양한 소비계층의 소비자를 만족시켜야 한다.

전통 산업과 비교하면 문화창의 제품 및 서비스는 비교적 강한 시간, 공간차별성을 하고자 하며, 대다수의 창의산업은 특정한 시간 및 지리위치와 연결되며, 문화창의 기업은 창조한 제품과 서비스에 있어 시간과 공간성의 차별성을 표현하고자 한다.

4) 환경지지의 방면에서

첫째, 군집은 다양하고 느긋한 사회분위기 및 환경을 필요로 한다. 창의산업은 문화를 중요내용으로 삼으며 다각문화의 공존이 창의의 토양이 된다. 창의산업의 발전 자원은 인간으로, 구체적으로 개방적·유동적·다각적 시각과 사고를 갖고 있는 사람이라고 할 수 있다. 인간의 다각화는 문화의 다각화를 가져온다. 서로 다른 문화간의 교류는 좋은 창의를 발생시키며 문화산업의 발전의 동력으로서 활력을 가져온다. 집합구 내의 다양한 국가·문화·업종별 예술가들이 한 데 모여 상호간 교류하고, 정보를 향유하고, 계발하고, 창의설계 및 정보를 침투시키고, 기회를 제공하는 것은 공존과 경쟁의 발전모형을 형성한다. 창의산업 종사자의 대부분은 예술가·설계사·공예사 등의 각종 재능을 갖고 있는 프리랜서이며, 이들은 개인 영감과 독창성을 추종하는 자로서 창조의 독특함, 활동의 자유로움, 작업의 융통성, 광범위성의 특징을 갖고 있다. 문화창의제품은 생관과정에 있어 기존산업과는 달리 규칙성을 중시하지 않으며. 느긋하며, 뚜렷한 개성화를 갖고 있으며, 분산화 작업방식으로 이루어지는 등 후공업화의 특징을 갖고 있다. 창의의 본질은 창신인데, 창신은 각종 위험에 부딪힐 수 있다. 창의는 목표 소비자의 주관과 정서상에 있어서의 인정과 공감을 필요로 한다. 소비자의 거주 지역과 심미 표준 등에 따라 창의 자체가 위험할 수 있으므로, 자체적인 특징과 내재 규칙에 근거하여 창의의 발전을 위한 광범위한 민주주의를 구축해야하며, 실패를 포용하고 탐색을 지지하는 사회 분위기와 환경을 만들어야 하며, 넓고 인간적인 외부환경을 통해 창의 창조자의 사고와 창의를 자극하여 창의산업 군집의 발전을 촉진해야 한다.

둘째, 군집의 형성과 발전에는 지식재산권의 보호가 있어야 한다. 창신 능력은 기업 혹은 산업의 발전을 유지할 수 있는 영혼으로, 독창성을 중시하는 창의산업에 있어 특히 중요하다. 문화창의제품의 창조 개발이란 창조성의 생산활동이며 하나의 특수한 지식제품의 생산활동이다. 문화 창의제품의 창조와 개발에는 대량의 시간과 정신력, 그리고 재력이 지불되어야 하며, 창조자의 지식과 능력의 구축이 필요하다. 물질 제품에 있어 문화창의제품의 창조과정이란 "개발하기는 어려우나 복제하기는 쉬운 것"이다보니 창의제품의 창조활동은 큰 위험성을 안고 있다. 따라서 완전한 지식재산권 제도가 구축되어야 하며, 문화제품 조직자와 창조자의 지적 성과의 합법적인 권리를 확인해주고 철저히 보호해주어야 한다. 건강, 안전, 경쟁, 순서 있는 외부 시장환경이 있어야 창의산업은 유지되고 끊임없이 발전할 수 있다.

양호한 법률·제도 환경, 특히 지식재산권의 안정성은 제품의 독창성의 인정과 보호에 있어 개인 창조력의 가치를 존중하고 인정하는데 도움이 되며, 창신의 고려와 창의산업 발전을 촉진할 수 있는 중요한 요소이다. 또한 창의산업 군집 발전의 중요한 보장성이며, 창의산업 발전의 기초가 된다.

4. 창의산업 군집의 발전모형 및 동력 체제

창의산업 군집의 동력체제는 창의산업 군집의 발전과 연화의 역량구조 체계 및 운행 규칙을 지키는 것에 있으며, 이는 어느 정도의 안전성과 규칙성을 갖고 있다. 산업군집이 안전하고 고정적인 협조관계와 뚜렷한 작용 규칙의 역할하에 발전해야 강한 경제 우위를 낼 수 있다. 이러한 의미에서 산업군집의 동력 체제는 산업군집 발전의 핵심 문제이며, 완전한 동력 체제는 산업군집을 지속적으로 건강하게 발전시킬 수 있는 보증이 된다.

1) 원인 분석

산업군집이론은 주로 아담 스미스와 마샬의 규모경제이론 및 산업위치이론, 기술창신이론, 경쟁력을 기초로 한 산업군집이론 등에 기반한 이론이다. 귀납적으로 생각하면 외부경제효과, 협동발전효과, 인터넷창신효과는 일반 산업군집을 형성할 수 있는 중요한 요소이며 창의산업군집의 원인으로 작용한다. 각 효과별로 살펴보면 다음과 같다.

(1) 외부경제효과

기업군집은 기업과 외부환경간의 연결을 통해 발생 비용을 절감할 수 있다. 문화제품과 문화 서비스 자체가 독특한 특징을 가지고 있기 때문에 지식의 역할을 강조한다면 창의산업 군집에 발생하는 외부경제 효과는 매우 뚜렷해질 것이다.

외부경제에는 규모경제와 외부범위경제가 포함된다. 창의산업군집은 외부서비스를 용이하게 얻을 수 있으며 거래 비용 역시 저렴하기 때문에, 대량의 문화창의기업의 역량을 집중하여 전문화 생산을 실행할 수 있다. 지역 보조 상공업이 제공하는 전문화서비스, 공동기초시설, 노동력 공급 및 훈련을 통해 비용절감을 누릴 수 있으며, 지리적 접근성을 이용해 상호 의존관계를 세우고 신뢰와 도덕 체계를 건립함을 통해 기회주의 행위등 의 기업간 연합에 의한 부정적 영향을 줄일 수 있다. 그 외로는 합작 및 합자를 통해 공동생산을 진행하여 공동된 마케팅을 이룰 수 있으며, 도·소매 시장을 형성하여 군집 내 기업 생산품의 운송 및 보관 비용을 줄일 수 있으며, 기업의 평균 비용을 절감할 수 있다. 문화제품과 서비스가 끊임없이 구역 외부의 시장으로 운송되어 전체 산업군집구 내의 시장점유율이 확대됨에 따라 외부규모 경제효과를 획득할 수 있다. 동시에 창의산업군집내 기업들이 완전한 생산사슬을 구성하여 중간 제품이 기업 군집 내에서 생산되고 소비됨에 따라 창의산업군집의 범위경제가 나타난다. 외부규모경제와 외부범위 경제의 존재로 인해 군집내 기업간 비용의 우위가 존재하는데, 이것이 바로 군집경제력의 관건이 된다.

(2) 협동발전 효과

협동발전 효과란 기업의 자원배치와 경영범위에 있어 내리는 결정에서 찾을 수 있는 각종 공동 노력의 효과를 의미한다. 창의산업군집은 군집 내 자원·브랜드·자금·정보 등의 요소를 이용해 상호간의 우열을 보완한다. 이를 통해 각 구성 기업들의 개별적 효과를 모두 합한 것보다 더 큰 집단적 효과를 발생시킨다. 즉 1+1>2 이론을 충족시킨다. 창의산업 군집내의 지식정보 협동은 누락 효과이다. 군집 내에 고도로 전문화된 기술과 지식은 기관·경쟁자·상관기업·고객 간의 지리 위치에 집중된 지식과 정보 누락효과를 생산하고, 기업을 위한 창신의 원천과 물질기초를 제공한다. 동시에 창의산업은 군집 내에 다수의 대하고가 공공연구기관을 보유하고 있으며, 이는 창신을 위한 인력자원을 제공한다. 창의산업 군집의 사업사슬의 모든 부분에 있어 기업은 하나가 아니다. 군집 내부의 동류기업간 끊임없는 경쟁은 자아를 돌파하는 능력과 군집 발전의 활력을 보증한다. 인적 유동과 개인 간 교류를 통해 온전하며 안전한 관계를 유지하고, 조직 내부 및 동맹 조직을 위해 숨겨온 경험적 지식을 전달하고 확산하기 위해 상응하는 조건을 제공하는 것 등은 협동 창신 속도의 제고에 있어 유리한 점이다. 이러한 표지셔닝에서 기업들이 서로 경쟁하고 구역 내부에서 시장정보 및 경험을 누림을 통해 생산의 효과를 제고한다. 또한 군집 내 다수의 문화창의기업이 같은 시기에 동일한 표준의 제품을 시장에 출시하는 것도 협동효과의 확대라고 볼 수 있으며, 이는 산업군집의 경쟁력을 제고한다.

(3) 인터넷 창신효과

Audretsch와 Feldman는 신제품의 창신산출 연구에서 다음과 같은 사항을 발견했다. 창신발명 활동은 집합에 집중하는데, 새로운 지식일수록 중요 산업에 투입되고 창신활동의 집합 집중 특징이 더 뚜렷해진다고 했다. 이를 통해 창의가 핵심인 창의산업군집의 창신효과는 더 뚜렷해진다.

첫째, 창의산업의 창의주체는 개방적인 커뮤니케이션 인터넷 플랫폼을 제공한다. 정식적인 교류방식뿐만 아니라 전시회나 영화제 등의 비정식 교류방식도 여기에 포함된다. 예를 들어 식당에서의 대화, 운동중의 만남, 가족 모임 등도 포함된다. 문화의 발전과 지식의 전파를 위한 방법을 제공하고 창의 열정을 위한 장소를 제공한다. 이러한 군집 내 행위주체간의 네트워크는 창의 인원의 신패션, 신문화의 민감도를 제고하며, 기업보다 더 넓은 작업 장소를 제공하여 창신이 다방면, 다계층에서 발생되게 한다.

둘째, 창의산업의 제작주체와 전·후방 관련 기업간의 긴밀한 연결은 기술창신의 방향성과 기술성을 보증한다. 문화제작산업 군집은 제작주체를 위해 창의주체와의 일대일 교류기회를 제공하며, 제작주체는 창의자의 의도를 이해하여 기술창신시 독창성을 기초로 각양각색의 문화제품을 생산한다. 동시에 창의자는 제작과정 중의 어려운 점을 이해하여 창의의 실현 가능성을 정한다. 이러한 관계는 건축설계와 토목시공사간의 관계와 비슷하다. 건축설계사는 완전한 예술 작품을 창조하는 것에 대한 책임을 지며 토목시공사는 건축 설계도를 현실에 구현시키는 것에 대한 책임을 진다. 건축설계사의 설계가 역학 원리와 부합되지 않는다면 토목시공사는 작업을 할 수 없으며, 시공사가 설계자의 의도를 파악하지 못한다면 설계자의 이념과 부합되지 않는 건축물이 건축된다. 제작주체와 전파주체의 밀접한 접촉은 제작주체의 지속적 창신의 원동력이 되며, 군집 내의 전파주체는 소비시장과 직접 접촉하여 시장요구의 변화에 대한 예민한 후각을 갖고 있다. 지리적 접근을 통한 제작주체와의 교류는 정보전달의 우회성을 줄이고, 제작주체의 시장 민감도를 제고하여 문화창의제품의 문화시장에서의 경쟁력을 제고할 수 있다.

마지막으로 창의산업 군집을 통해서 창의산업의 전파주체, 서비스주체, 연장주체에게 네트워크 구조의 하위 방향으로의 판매 유통, 신속한 시장 정보 획득, 문화제품에 대한 소비자 욕구변화의 조정을 제공할 수 있다. 또한 문화창의 기업의 시장경영 전략의 반응능력을 제고한다. 동시에 주체가 수평적 관련 업체까지 연장되어 이들의 조직창신 진행, 전략연맹 형성, 시장·금융·기술·전략위험의 저항에 도움이 될 수 있게 한다. 그 외로는 정부 및 기타기관, 예를 들어 대학·연구기관·컨설팅 기관·교육훈련 기관·금융 기관 등과 상관 관계를 구축하게 한다. 이러한 산업 네트워크와 비산업 네트워크는 창의산업 군집의 창신네트워크를 형성하고, 각종 정보와 지식과 창의를 즉각적으로 보급하여 완성시킨다.

2) 발전 모형 분석

90년대 이후 창의산업은 현대서비스 산업의 첨단 형태로서 선진국 및 지역에서 신속하게 발전했다. 21세기 이후 중국의 창의산업은 양호한 발전 형태를 갖추었으며, 전세계적으로 창의산업은 성숙한 발전모형을 형성했다. 모형에 대해 살펴보면 다음과 같다.

(1) 극화와 확산의 비균형 발전 모형

이 모형의 기초는 1950년에 논의된 프랑스 경제학자의 성장 이론에 기초한다. 이 이론에 따르면 성장은 동시적으로 전 범위에 나타나는 것이 아니며, 특정 성장에 집중된 후 각종 유통 경로를 통해 외부로 확산되어 전체 경제에 영향을 발생시킨다. 이 과정에서의 중요 요소는 발전의 잠재력이 있는 도시와 중심도시를 택하여 돌파구로 삼고, 집중적으로 투자하여 신속하게 증장하고 확산하는 능력을 갖추어 극화 효과와 확산 효과의 교체작용을 통해 구역의 경제 증장을 촉진하는 것이다. 중심 도시의 집합정도가 높기 때문에 강한 집합성·확산성·상품성·고효성·개방성을 갖고 있으며 대유통·대산업·대시장 발전 과정 중 필연적으로 선도와 주도역할을 하게 된다. 이러한 이론은 지리성의 이차원 경제이론을 토대로 논의되는 이론이다.

이러한 관점에 따라서 후발국가는 산업구조를 구성할 때 정부계획과 중점을 통해 투자를 모으는 형식으로 특정 지역에 성장 을 형성해야 하고, 규모경제를 실현해야 하고, 국가경제발전의 우위와 중심위치를 확보해야하고, 시장체제의 인도로 극화와 확산효과를 발휘하게 해야 하고, 증장극 이외의 지역의 발전을 이끌어야 한다.

영국, 미국, 한국 등 현재까지 창의경제가 발달된 국가들은 모두 극화구의 비균형 발전모형을 위해 노력하고 있다. 예를 들어 영국정부의 경우 창의산업에 있어 개인의 창조력을 강조하며 개인의 영감, 이념, 기술이 가치를 창조하는 핵심가치로 본다. 런던의 핵심산업은 극화식으로 발전한다. 극화 효과를 이용해 영국정부는 취업자와 참여자의 수를 표준으로 삼으며, 범위를 분할함에 있어서는 확산효과를 이용해 117개의 프로젝트 중 13개를 창의산업의 범위로 정했다. 광고, 건축예술, 예술 골동품시장, 수공예품, 패션설계, 영화와 비디오, 음악, 출판업, 소프트웨어개발 및 컴퓨터 서비스, TV 등이 여기에 포함된다. 예를 들면, 미국 헐리우드 영화의 수입은 전세계 영화수입의 85%를 차지한다.

(2) 산업관련 발전모형

산업관련 발전모형 이론은 미국 경제학자 헐만의 외부경제학 이론을 응용하여 발표된 산업관련 효과 이론이다. 이 이론은 현재 경제의 각 부문에 있어 전·후방적으로 관련이 있으며, 경제 발전의 특정 부문은 다른 부분에 대한 불균형 발전의 결과라고 한다.

이 이론에서 창의산업은 핵심업체로서 중요한 업체로 여겨진다. 서양 선진국의 문화산업은 GDP에서 10%를 초과하는 비중을 차지한다. 예를 들어 미국의 문화제품 수출은 항공업을 추월하여 가장 큰 수출업이 되었으며, 일본 문화산업의 규모는 전자업·자동차 산업보다 더 크다. 통계에 따르면 미국, 이탈리아 등의 국가 문화산업의 취업자는 전체 취업자의 10~20%를 차지한다고 한다. 대부분의 선진국의 창의산업 노동력은 1980년 당시 12%였던 것에서 30~40%까지 상승했다. 창의산업이 문화산업의 핵심 업체로서 문화산업과 각 업체간의 발전을 연결했으며 산업관련 효과를 충분히 표현했다.

글로벌화 산업구조로 변화하는 발전 추세하에 국제 창업산업의 발전은 점차 규모효과, 우회자원, 상호 침투와 집합의 형태를 추구하며, 이는 상술한 창의산업의 극화와 확산 비균형 모형과 산업발전모형과 뗄레야 뗄 수 없는 관계가 되었다.

3) 동력체계 분석

창의산업군집 형성과 발전 영향요소로는 여러 가지가 있다. 창의산업군집 동력체계의 구성요소는 창의산업군지 형성과 발전을 이끌 수 있는 유리한 요소이다. 동력체계는 모든 유리한 요소가 공동작용하여 피드백하는 시스템이다.

(1) 위치요소

정보시대의 신기술이 지리위치와 자원에서 발생하는 비용을 개선하고 있으나, 비용을 없앤 것은 아니다. 지리 위치와 자원비용 등의 요소는 창의산업 군집의 중요한 요인이나 그만큼 심각한 영향을 준다.

창의산업의 발전에 있어 군집의 각종 자원, 특히 노동력과 기술자원등은 창의산업 군집의 발전을 촉진하는 강한 동력이다. 미국이든 중국이든 기업의 발전에 필요한 자원 조건은 교통발달, 깊은 경제문화의미, 대내외 교류, 인재, 기술설비, 기술성이며 이를 제공함을 통해 많은 기업이 군집에 모이게 된다. 기업이 집중하게 되면 자금·기술·인재 등 각종 자원의 효력이 커지며, 자원의 유동과정이 빨라져 경제자원에 대한 흡수력이 생기고 점점 많은 자원이 군집에 투입되게 된다. 이에 따라 더욱 많은 기업을 모으고 규모의 효과를 형성한다.

위치요소는 문화추동형과 위치결정형문화산업 군집의 중요한 동력원이다. 예를 들어 북경시 798 공장은 지역의 깊은 문화의미와 충분한 채광, 저렴한 토지 시세 등을 요인으로 예술가를 이끌어 모았다. 예술가들은 이곳을 규모적으로 임대하여 개조함을 통해 역사와 현실, 전통과 현대, 동양과 서양, 실용과 심미, 예술과 건축간의 대화를 가능하게 했다. 강력한 시각 반응과 문화의미의 충돌, 선명한 개성, 독특한 예술 창작 기조 등을 창조하여 2년이라는 짧은 기간 내에 수많은 예술가와 문화기관을 입주시켜 798 창의산업단지를 중국현대 예술의 표지로 만들었다.

(2) 욕구요소

창의산업 군집의 형성과 발전의 원동력인 욕구상황은 대중의 문화제품 및 서비스의 욕구를 반영한다. 효율적인 욕구가 끊임없이 문화 창의 제품 및 서비스의 효율적인 공급을 자극하며 변화를 촉진한다. 산업의 욕구 조건은 제품의 시장욕구, 즉 산업성장과 발전의 공간이다. 요즘 중국 경제 역시 신속하게 발전하여 수입 증가, 교육수준 증가, 여가시간의 증가에 따라 실물형 제품, 특히 생활필수품에 대한 욕구보다 의료보건, 교육문화, 오락 소비등의 정신욕구가 늘어나는 추세이다. 욕구가 없다면 발전 동력도 없어진다. 창의산업의 발전은 소비자의 정신문화욕구를 만족함과 동시에 소비자의 정신문화에 대한 욕구를 발굴·개척·제고한다. 인간의 정신문화의 다양함과 창의산업의 군집화 발전은 깊은 사회기초와 넓은 발전공간을 갖고 있다.

창의산업의 형성·발전단계에서 욕구 요소는 큰 영향을 발휘한다. 욕구가 없으면 시장도 없고, 시장이 없으면 창의의 제품 전환은 불가능하다. 결국 부를 창조, 창의 가치의 실현이 불가능해짐에 따라 창의제품과 서비스 공급의 의미가 사라진다. 욕구요소는 무형서비스형 창의산업군집의 중요 동력요소이다. 창의산업에는 예술가와 예술작품 창작에 있어서의 영감·언어·사고·이념이 포함되며, 출판·마케팅·소비의 유통경로로서 창의를 사람들과 나누는 것도 포함된다. 창의는 부의 전환이 창의제품의 교환과 소비, 즉 무형서비스의 제공에 있다. 그러므로 창의제품 및 서비스의 생산과 소비는 분리하여 볼 수 없으며, 이러한 특징은 서비스형 창의산업군집이 목표 소비자와 떨어지게 되면 안됨을 의미하게 된다. 소비자를 잃으면 아무리 좋은 창의를 하더라도 가치가 없어지기 때문이다.

무형서비스를 제공하는 창의산업은 도시 교외에 형성되어 발전되는데, 예를 들어 북경의 쾌락곡 주체공원의 경우 다양한 오락 욕구를 만족시키기 위해 건축된 문화체험 및 패션·여행 프로젝트로, 패션·동감·쾌락을 특징으로 북경 창의산업의 대표가 되었다. 쾌락곡 주체공원의 형성과 발전은 소비자 욕구와 큰 관계를 갖는다. 쾌락곡이 북경시에 위치하게 된 주요 원인은 북경시의 강력한 소비 욕구이며, 편리한 교통을 조건으로 소비자 시장을 주변구역 혹은 전국으로 확대할 수 있었다. 거대한 소비욕구는 지속적 발전의 강력한 힘이 된다.

(3) 인재공급

창의산업이 발전하기 위해서는 반드시 대량의 우수한 인재가 있어야 한다. 새로운 사상의 발생은 인재에 달려있으며 인재가 없다면 창의산업은 발전할 수 없다. 따라서 창의산업의 집합, 발전, 확대는 인재의 집합 여부에 달려있으며 국내외의 높은 소질을 가진 인재를 모이는 것이 창의산업의 객관적 욕구일뿐만 아니라 발전 가능 요소로 기능한다. 전문화 인재가 없다면 창의산업군집 역시 없는 것이다.

창조력을 핵심으로 두는 창의산업에 있어 인재 자본은 핵심 생산요소이며, 대량의 창의인재의 보유 여부가 창의산업 발전에 있어 중요한 요소이다. 창의인재란 전공과 기술을 수단으로 독창적인 작품을 창조할 수 있는 창의인재 뿐만 아니라 문화 품위, 시장운영에 대해 알고 있으며 비교적 높은 경영관리 재능을 통해 법규에 따른 직업 수행능력, 창의제품 산업화, 시장화 능력을 갖고 있는 자를 가리킨다. 이는 즉 신매개계층을 의미한다.

인간의 지혜와 창조력을 추종하는 창의산업군집은 인간이라는 요소에서 떠나지 못한다. 특히 기술형 창의산업과 원창성·전문성을 중시하는 창의산업군집의 경우 대량의 첨단 인재와 분리하지 못할 정도로 인재 요소란 군집의 형성과 발전에 있어 중요한 원인 요소이다. 기술창의인재의 집합 수준이 기술형 창의산업 단지의 발전 잠재력과 수준을 결정한다. 미국 대도시의 성공을 통해 이러한 점을 증명할 수 있다. 미국 대도시는 글로벌적으로 일체화된 기술 창의 인재의 유동 체제를 채택하며, 전세계의 인재를 미국 대도시로 빠르게 모은다. 이를 통해 매일 62명의 부자를 키워낸다. 기술창의인재는 기술형 창의산업 단지의 건설 및 발전에 있어 주요 이익 획득자이며 이윤 실현자이다. 창의인재가 없어진다면 미국은 전진할 수 있는 동력을 잃게 되며 국가를 이끄는 힘 역시 약해질 것이다.

5. 정책과 소프트웨어, 하드웨어 환경

창의산업의 발전은 정부 정책과 적당한 환경 이 두 가지에서 벗어나지 못한다. 완전한 기초 설비, 예를 들어 발달된 현대화 통신시설, 편리한 교통, 행복한 환경 등은 창의산업 군집화 발전의 중요 요소이다. 제도 환경은 군집의 지속적인 발전을 보장하는데, 전국의 경제와 연결 가능한 자유 시장 경제 제도, 법제 사회 및 통일된 규칙 및 표준이 건전한 정책 체계라 할 수 있다. 제도 환경은 시장거래 환경의 비용을 절감하고 효율을 높임을 통해 기업이 이익을 획득할 수 있도록 도와준다. 그중에서 정부가 제공하는 정책 환경은 가장 중요한데, 산업 인도 정책, 특정 재정 보충, 정책 우위 등이 효율적인 창의산업의 발전을 이끌 수 있다.

산업군집화는 대부분 시장체제하에 자발적으로 형성되지만, 산업군집의 형성과 발전에 있어 각 요소들이 광범위하게 복잡성을 띠므로, 산업군집의 합리적인 발전과 창신을 위한 환경 조성을 위해서는 정부정책의 역할과 영향이 매우 중요하다 할 수 있다. 지역간의 치열한 경쟁을 적극적으로 유도하는 환경, 고효율적인 행정환경, 공평한 경쟁의 환경, 일류의 인재 환경 등이 강한 능력을 형성하게 하며 현대서비스업 군집화의 발전을 촉진한다.

상술한 네 개의 요소는 창의산업군집 발전의 보편적 동력요소이다. 창의산업군집의 특징에 따라 네 개의 요소에 대한 의존도가 제각기 다르다. 그러나 창의산업의 형성은 단일 요소에 의해 발생하는 결과는 아니다. 모든 요 소가 공통적으로 작용함을 통해 일어난

결과이다.

제3절 창의 산업 단지

군집화와 규모화는 지식경제시대의 발전 추세로, 창의산업은 지식경제의 핵심산업으로서 개인 설계사나 예술사의 영감과 창조를 필요로 할뿐만 아니라 집단 및 기업의 지리적 집합을 필요로 함을 통해 군집화의 외부 환경을 형성한다. 창의산업단지는 창의산업군집의 기초이다. 창의산업단지는 첨단 창의 인재와 작품의 집합 중심 및 교류 중심이 되었으며, 이들의 기술·자본·시장 등의 요소를 결합하여 산업사슬을 통합·규모효과 형성·산업발전 촉진을 통해 창의산업의 발전에 적응했다.

1. 창의산업 단지의 개념

창의산업단지는 창의 산업과 고기술 산업을 통합시킨 것으로, 기술 산업과 문화 산업이 공존하며 융합하는 신형 경제단지로서 창의산업의 발전에 있어 유리한 기초이다.

창의산업단지는 정부·시장·기업 간의 신형 사회 경제조직과 기업발전의 플랫폼으로서 신규 창업 기업의 발전에 필요한 관리 지원과 자원·인터넷을 제공하는 것을 통해 신규 창업 기업이 독립적으로 운영되고 건강한 성장을 이룰 수 있게 도와준다. 창의산업단지의 구축은 특정 공간에 창의 산업을 집합시켜 기업의 발전을 위한 각종 설비 및 서비스를 제공할 수 있으며, 정부는 중요 산업과 기업을 효율적으로 도울 수 있다.

창의산업 단지는 창의제품의 소비자와 공급자, 그리고 경쟁력 제고 요소로 긴밀하게 연결되는 산업군집으로, 창의산업의 무역과 서비스를 통해 형성되는 산업사슬에 의해 현저한 부를 쌓는다. 창의산업단지는 생산－발행－소비의 가치사슬을 갖게 되며, 이러한 가치사슬은 기술·전문기초설비·창의성예술·익숙한 차이개체의 존재로 인해 강해진다. 따라서 창의산업단지는 일반적인 기술창의산업단지와 구분되어야 한다. 창의산업단지는 창의인재와 기업의 집합지로서 창의전략 제품의 거래·산업연구·작품전시·인재의 훈련·교류상담 등의 각종 기능을 효율적으로 결합해야 한다.

지식사슬 미국의 창의산업 단지모형[4]

1956년에 미국 경제학자에 의해 부화기라는 개념이 제출되고, 뉴욕에 첫 기업이 창립된 후 미국창의산업단지는 네 단계를 거쳐 발전했다.

1단계는 80년대 이전시기로, 대다수의 단지는 정부 및 아파트 단지와의 합작을 통해 비영리기관의 형식으로 존재했다. 기본적으로 혼합형 단지를 위주로 하였다.

2단계는 80년대 중후기로, 개별 단지에서 계층 단지로 넘어가던 시기이다. 정부는 정보와 인터넷을 제공했으며, 동시에 정부·기업·연구교육기관·사회단체와의 전면 협조를 시작했다. 단지의 주체는 다각화되었다.

3단계는 90년대 전반기로, 단지의 서비스 대상이 내부에서 외부로 확장하면서 창신을 점차 강조하게 되었다.

4단계는 90년대 후반기에서 현재까지로, 수많은 창의 단지의 그룹이 등장하였다. 이들 자체가 신규 창업 기업으로, 다른 신규 창업기업에 사무실과 설비를 제공하고 전면적인 관리상담 지원을 제공했는데, 여기에는 기업발전·기술개발·마케팅·경쟁연구분석·법률상담·회계서비스 등이 포함된다. 이 모형의 장점은 창업자와 투자자의 결합을 통해 거액의 자금을 얻을 수 있으며, 대량의 창의 신형 기업을 결합함을 통해 대량의 우수한 관리 인재를 가맹시킬 수 있다는 점에 있다.

지금까지의 미국의 창의산업단지는 주로 네 종류로 나누어 볼 수 있다. 정부 주도 단지, 개별적 단지, 학술 기관 단지, 공·사 합작 단지가 그것이다. 이 중 앞의 두 가지는 대학의 단지내에서 나타나며, 창조를 통해 다수의 프로젝트와 고급 연구 인재를 흡수한다.

2. 창의산업단지의 기능

하버드 경영학원의 마이클 포터는 국가의 국제경영우위은 국가 우위 산업의 산업군집 형성 여부에 관련이 있다고 했다. 창의산업단지의 기능은 창의산업의 산업과 인재를 집합시키는 것을 통해 창의산업의 발전을 일으키는 데에 있다.

1) 집합 효과를 발휘와 산업 발전의 촉진

창의산업단지는 산업집합 효과가 효율적으로 일어나게 하고 단지의 경험의 축적과 전파를 통해 창의산업의 발전을 촉진한다.

군집이론에서는 산업군집이 규모경제와 집합 효과의 발휘에 있어 유리한 점을 갖는다. 창의산업의 발전 초기에는 규모 효과와 집합 효과에 의존하였는데, 창의산업의 발전은 개인 및 단일 기업의 행위뿐만 아니라 상호간의 움직임과 기업의 지리적 집합을 필요로 한다. 문화창의 및 관련 산업은 도시의 특정 지역, 예를 들어 과학원, 매체중심 집합, 문화기업, 비영리기관, 개인 예술가 집합 등에 모여 있어야 움직임에 있어 유리하며, 독특

---

4 자료원천: <미국 창의산업단지 모형탐색>, <창의산업참고>, 2007년 제8기

한 군집 발전 환경을 형성할 수 있다. 창의산업 군집 환경은 창의산업 부문별로 차이점이 있으나, 각 부문별로 공통적인 속성을 갖고 있다. 예를 들어, 동일한 제품 또는 관련 제품을 생산하고, 동일한 시장을 공유하며, 지식과 인력에 의해 이루어진 군집이며, 과학이념과 기술이 상호간 지원한다. 산업단지는 공통된 산업운영사슬에 의해 구성되고, 산업·기업간 충돌하며 산업 우위를 형성한다. 산업단지 내 기업은 동맹을 구축하고 공동적으로 소비자에게 제품과 서비스를 제공한다. 동시에 산업군집의 지리상 우위성에 의해 기업은 빠르게 발전하게 된다.

창의산업 군집은 생활과 창조를 결합하며, 문화제품의 생산과 소비를 결합하며, 다양화의 특징을 가지며, 세계 각지와 긴밀한 관련을 맺는다. 따라서 창의산업 단지는 창의산업군집을 발전시키는 최고의 방식이라 할 수 있다. 산업단지는 집합의 효과를 발휘할 뿐만 아니라 창의산업의 위한 시범 기지의 형성을 통해서 창의산업의 발전을 촉진한다.

2) 제작 창의 분위기, 산업 발전 추진

창의산업 단지는 다양한 문화배경과 전문지식을 가진 인재를 통합하고, 다양한 사상과 전공간의 결합 및 창의를 자극하여 각종 현상을 일으키며, 다양한 설계·경영·관리의 창조분위기를 쉽게 형성한다. 창의산업의 발전체계는 다양한 전공의 인재와 다양한 조직의 유기적인 결합에 있으며, 전문화된 분업과 서로 다른 배경의 인재가 통합이 인간의 창의를 자극한다. 미국 경제학자의 연구에 따르면 창의의 활력이 있는 지역은 곧 기술 연구인원과 문화예술 인재가 모이는 지역이라고 한다. 많은 창업 단지에 두 부류의 사람이 모이게 되는데, 하나는 과학자, 시공사, 설계사, 건축사 등이며, 다른 하나는 예술가, 문화인, 매체작업자, 프리랜서 등이다. 이들 구성원에는 다양한 문화 배경을 갖고 있는 이민 단체들이 포함되며, 이들이 다양한 문화 정보를 가져오게 된다. 다양한 문화 배경을 가진 인재들의 집합은 창의산업단지의 독특한 분위기를 형성할 수 있다.

3) 외국의 창의산업 단지의 발전

창의산업은 90년대에 새로운 산업개념으로서 등장했다. 창의산업은 다수의 선진국에서 중시되었는데, 여기에는 산업발전의 전략 및 정책의 제정, 창의산업단지 발전 등이 포함된다. 현재 창의산업 단지발전의 실현은 전세계적으로 이루어지고 있다. 다음으로는 두 부류의 창의산업에 대해 살펴보도록 하겠다.

(1) 미국 SOHO

SOHO(South of Houston Street)는 본래 뉴욕의 공업구로서 50개의 공장으로 구성된 지역이었다. 1차 세계대전 이후 뉴욕의 제조업의 쇠퇴에 따라 공장이 파산함에 따라 50년대에는 예술가들이 공장 건축물을 사용했다. 60년대 초에는 재개발 계획이 실행될 예정이었으나, 예술가들의 강력한 반발에 따라 1969년에 도로 개설 및 재개발 계획이 취소되며 1973년에 보호구로 지정되었다. SOHO는 세계에서 처음으로 공장을 역사문화유산으로서 법률적으로 보호받는 지역이 되었다. 정부의 정책에 따라 지역 발전이 촉진되어 다수의 예술가의 입주, 백여 개의 갤러리 입점 등이 이루어지며 패션 업체나 설계기관을 유혹했다. 이에 따라 많은 기업이 입주함에 따라 뉴욕에서 가장 토지 시세가 높은 지역이 되게 된다. SOHO는 구건물의 철거 불가, 기존 건축물의 구조 변화 불가, 인테리어 현대화 개조 가능이라는 특징을 갖는다. 개조된 건물들은 외적으로는 공장의 모습을 유지하고 있으며 벽면 역시 형태를 유지중이다. 이러한 건축물들이 재료와 수단으로서 새로운 내용을 부여하게 되었다. 역사문화와 현대예술의 결합을 표현했다고 보아도 될 것이다.

(2) 이탈리아 쿠시란 창의단지

쿠시란 창의단지는 쿠시란 정부와 기술대학이 합작하여 4억원의 투자를 통해 등장한 단지로, 2001년에 시공하여 2004년 5월에 정식적으로 이탈리아 첫 정부·교육계 합작 프로젝트를 수행했다. 단지에는 인쇄매체, 시각연기예술, 음악 창작, 출판, 신매체, 전통예술 활동 등이 모였다.

창의산업단지는 이탈리아 창의산업 발전의 훌륭한 기초와 환경이 되었다. 단지 내 기업들은 긴밀한 관계를 맺었으며 생산 네트워크를 형성했다. 창의자 개개인은 이 환경에 흡수되어 창의산업의 주도역할을 형성했다, 이들은 창의계층으로서 환경의 창신분위기를 강조한다. 신제품과 신설계 및 마케팅은 높은 이윤을 가져오게 되었다. 기초 설비의 건설이 물적보장과 창의자의 이주를 유도했다. 쿠시란 창의단지는 아래의 기능을 기초로 움직인다.

첫째, 교육훈련이다. 쿠시란은 창의산업의 발전을 중시하는 지역으로, 쿠시란 기술대학 내 창의산업학원을 통해 설계·무용·시각예술·음악·창의적 글쓰기·광고·뉴스·애니메이션·디지털매체등의 학과를 설립하고 인재를 배양한다.

둘째, 연구중심이다. 여기에는 창의산업연구와 응용중심, 설계중심이 포함된다. 연구중심의 연구로는 이탈리아 창의실무발전 및 아시아 국가창의산업의 응용하여 발전 전략 및 기획을 정부에 제출하는 것들로 이루어져 있다.

셋째, 산업중심이다. 여기에는 창의산업의 사업중과 디지털 매체, 설계기업과 극등이 포함된다. The Works 빌딩 내에 전체 교수·연구전문가 및 기업인원이 한자리에 모일 수 있으며, 도보 10분 거리의 지역이 학생의 교실과 극장으로 구성되어 있다.

4) 중국 창의산업단지의 실천

최근 중국의 창의산업은 크게 발전하였다. 특히 홍콩의 창의문화 산업이 신속하게 발전하고 있으며, 상해·북경·신진·성도 등의 지역은 적극적인 조치를 통해 창의산업의 발전을 촉진시키고 있다.

(1) 북경창의산업단지

몇 년간의 발전을 통해 북경창의산업은 안전하게 발전했으며 뚜렷한 집합양상과 산업구조를 확립했다. 지금까지 정식으로 개업한 10개의 창의산업 군집 외에 구축중인 8개의 창의산업군집도 존재한다. 10개의 창의산업군집을 제시하면 다음과 같다.

첫째, 북경 디지털 게임 시범기지이다. 석경산에 위치하여 소산자 연구소, 만상빌딩, 조각공원 선경산 놀이공원, 실내 주체공원, 팔대처 공원, 기술관으로 이루어져 있으며 기술부로부터 인정받은 네 종류의 디지털 게임 산업 기지 중 하나이다. 200개가 넘는 디지털 게임 상품을 통해 경영수입이 억대를 넘어섰다.

둘째, 중관촌 창의산업 선도기지이다. 도서성을 중심으로 북경대학 기술원, 청화대학 기술원, 중국인민대학 문화산업단지, 북대평촌 애니메이션 설계중심, 간가구지역 건설 창의설계 거리 등이 이 지역에 모여 있다. 2005년 말까지 이곳에 흡수된 소프트웨어·게임·애니메이션·음악·출판 영역 업체는 200여 곳에 달한다.

셋째, 장안거리 연출집합구이다. 장안거리를 중심으로 장안대극장, 중산음악당, 인민대회당, 북경음악청, 민족문화궁, 국가대극장 등이 모여 있으며, 문화자원을 기초로 주변 분산되어 문예연출기능구를 형성했다.

넷째, 반가원 골동예술품 거래구이다. 반가원 및 주변지역을 중심으로 반가원 거래시장, 북경골동성, 북경골동성 서예 예술세계, 가구시장, 국제골동성 등의 예술품 거래시장이 집합되어있다. 상당수의 골동품 경영 산업 실체들이 모여 있으며, 산업에 있어 관련도가 상당히 높은 사슬을 이루고 있다.

다섯째, 유리장 문화산업단지이다. 유리장 문화산업단지는 유리장 골동 거리를 중심으로 총면적 1km² 내에 전통 공업구, 상업구, 종합발전구 등의 문화전문구가 위치해있다.

여섯째, 고비점 전통민속문화 산업단지이다. 고비점촌은 천년동안 이어온 자체적인 문화의미를 이용해 가구문화원, 화하민속문화원, 국제민속접대구, 민속문화광장 등 가구·전통민속문화산업단지를 성공적으로 구축한 단지이다. 현재까지 미국·영국·독일·일본·한국 등의 20여개 국가 및 지역의 여행객을 상대하며 북경시 여행구 중 민속여행구로 선정되었다.

일곱째, 백공방 전통공예미술기지이다. 광명대교에 근접해있으며, 총면적 4.2만m²의 전통공예미술기지이다. 인문올림픽 신경관이 중점 공정으로, 현재 50여개의 예술 부문이 모였으며, 30개의 대가 작업실과 공방이 설립되어 102명의 공예 미술 대가가 모였으며, 중국 내 가장 큰 공예미술박물관의 위치를 차지하고 있다.

여덟째, 대산자 문화예술구이다. 북경시 조양구 대산자 지역의 칠성화전 기술그룹 공장을 기반으로 발전되었다. 독특한 공장 내 건축구조와 넓은 내부공간을 통해 문화기구와 예술가를 유입시켰다. 자발적으로 형성된 문화 예술구 내에는 200여 개의 문화기구와 개인작업실이 존재하며, 다양한 국가의 예술가들이 활동중이다. 이에 따라 북경과 중국창의 산업의 패션 표지의 역할을 하고 있다.

아홉째, 통주구 송장 화가촌이다. 북경시 통주구 북쪽에 위치해 있으며, 1993년부터 예술가들의 이주가 이루어진 지역이다. 2006년에는 1,000여명의 규모를 달성하였다. 예술가들의 집합이 형성되면서 화가촌으로 불리면서 가장 큰 독창예술가 집합구가 되었으며, 단순 예술가 거주 집합구에서 독창예술가·갤러리·평론가·매니저 드응로 구성된 다각화 예술집합구가 되었다.

열째, 신사해 문화여행구이다. 북경 중심 지역에 존재하며 지역내 다양한 골목길과 역사문화를 갖고 있다. 이 지역은 북경시가 중점적으로 보호하는 25개 역사거리로, 문화보호단지는 40곳, 국가급 문화단위는 3개가 존재한다. 문화유적 기초의 호광산책을 바탕으로 한 민속문화 문화여행구이다.

계획 중이거나 건설 중인 8개의 창의산업집합구는 다음과 같다.

첫째, 동성구 문화산업단지이다. 가화그룹이 운영하며, 디지털 산업의 발전에 주력하며 애니메이션 인터넷 산업브랜드를 세웠다. 가화창의산업을 중심으로 북경 애니메이션, 인터넷 연구개발 중심 및 무역·수출입 거래를 중심으로 건설 중이다. 창의산업시범과 연구 개발 등의 6개 기능을 갖추었다.

둘째, 국가 신매체 산업기지이다. 이촌의 서부에 위치하며 일구, 삼원, 삼중심으로 건설 계획 중으로 십일오(11차 5개년 발전계획) 투자에 있어 100억원 투자가 계획되어있다. 영국 애니메이션 기업, 디즈니 등 세계 유명 기업이 5~10을 인용하며, 2010년까지 100억에서 200억의 생산가치를 생산한다.

셋째, 중국영화 생산기지이다. 2008년에 발행·촬영·편집·제작 등의 기능을 일체로 한 종합 영화기지가 된다.

넷째, 삼진 애니메이션 인터넷 산업기지이다. 산학연 일체의 인터넷 산업기지를 건설했으며, 총 생산가치는 30억원에 달한다.

다섯째, 북경 쾌락곡 주체공원이다. 개미왕국 등의 6개 문화체험과 패션 프로그램이 주체이다.

여섯째, 신국전 전시회이다. 1기 공정은 2007년에 끝났으면 최종 완성될 경우 총 생산가치는 60억, 세금 수입은 2.3억에 달할 것으로 보인다.

일곱째, 덕승원 공예설계 창의산업 기지이다. 중국 내 첫 번째 공업설계 창의산업 기지로, 1기 공정상 7,000km²의 기지 내에 설계기술, 재료전시, 교류훈련, 기관배양, 기초연구의 5개 기능을 할 것으로 계획되었다.

여덟째, 조양공원 문화단지이다. 마천륜, 봉항방송구를 중심으로 쇼핑·전시·오락·음식점·여가를 일체로 한 항만을 건설할 예정이다.

(2) 상해창의 산업단지

1999년에 설계사 유기동이 상해 최초의 창의산업집합구를 창조했다. 이를 통해 상해 창의산업단지 내 창고·공장이 생명을 얻게 되었다.

상해창의 산업단지의 건설을 통해 창조적인 창의인재가 모이게 되었다. 이로서 상해에 다수의 국제영화제, 음악제, 예술제, 전시회 등이 개최되면서 국제적으로 높은 인기를 얻게 되었으며, 창의산업의 초기 규모와 집합 효과를 얻게 되었다.

상해시는 공식적으로 네 종류의 창의산업 집합구를 공개했는데, 집합구는 총 75개로 구성되어 있으며 건축 면적상 225만m²로 이루어져있다.

첫째, 창의산업단지는 2005년 4월에 개업한 18개의 집합구로, 전자방, 8호교, 창의창고, 매체문화원 등의 설계원이 포함된다.

둘째, 창의산업단지는 2005년에 개업한 18개 단지로, 해상해, 창의연맹, 2577 창의대원 등으로 구성되어있다.

셋째, 창의산업단지는 2006년 5월에 개업한 14개 단지로, JD제작, 숫오빌딩, 호사점, 1933공장 등이 포함된다.

넷째, 창의산업단지는 2006년 11월에 개업한 27개의 단지로, 외마로창고, 제작국, 신혜곡, 금사곡, 남소하 등이 포함된다.

(3) 신진창의 산업단지

신진시는 2005년에 발표한 <신진시문화산업기지 건설에 대한 실질 의견>에 의해 2006년부터 2010년 사이에 게임·창의설계·공예미술·문화여행 등의 문화산업 중심 단지가 건설된다. 문화산업집합구, 신진창의산업단지, 화교성창의산업단지, 신진골동성 등이 형성된다.

신진창의산업단지는 신진시의 발전전략에 따라 초상국기술 그룹 게임, 창의설계 등의 업체로 구성된 전문화 문화산업단지이다. 1기 공정이 2005년 6월에 정식 운영중이며, 공장개조, 산업교환등이 신진시의 중점 발전 요소이다. 현재까지 인기 게임, 창의설계기업이 기지에 유입되고 있으며 사용율 100%의 산업효과가 형성되었다.

창의산업의 발전을 위해서 주삼각지역과 전국에서 큰 부사효응이 형성한다. 조상국공업단지의 통솔하에서 신진시 국제화인문사구의 아름다운 환경 및 문화분위기는 사구공업단지산업의 업그레이드와 환경개조의 총체기획을 결합하고 1기기지의 성공경험을 빌려서 해상세계의 삼양공장을 신진창의산업단지 2기기지로 개조되고 더 나아가서 규모를 확대한다.

화교성창의문화단지는 신진 화교성 동쪽에 위치한다. 계획 당시 59,000m², 초기 프로젝트 당시 5,546m², 2기 프로젝트 당시 95,571m²의 면적에 구축되었다. 2004년부터 화교성이 LOFT 항목으로서 신진화교성 동부공업구 공장의 건축이래 창의산업주체로서의 신 공간 형식으로 전환되었다. 건축의 새로운 정의를 통해 후 현대 공업 특색의 생활 공간을 창조했으며, 창의·설계·예술 등의 요소를 융합하여 예술·설계·출판·오락 등의 창의산업 사슬을 구축하였다. 이를 통해 창의·설계·예술 영역의 집합지로 발전하여 화교성의 문화품질과 예술을 제고했다. 초기 프로젝트상으로는 30개의 창의기관으로 구성되었으며, 여기에는 예술·설계·광고·생활 등의 방면과 세기봉황매체, 홍파정보, 고문한설계 등의 서비스 기관이 포함되어 있다. 2기 항목은 2007년에 시작되었다.

전원 창의설계단지는 복전 중심에 위치한 복전구 문화산업 항목 중 하나이다. 건축면적 4,969만km²를 차지하며, 설계창의업 위주의 공업설계·평면설계·공간설계를 일체로 창의설계·연구개발·제작·거래·전시·교류·훈련·공공서비스의 기능을 수행하는 창의설계 산업단지이다.

대분유화 산업기지는 0.4 제곱킬로미터를 차지하며, 1989년에 홍콩화가가 대분촌에 이주하여 유화를 그린 이후 대분촌을 중심으로 홍콩, 마카오 산업권을 분산시켰다. 현재 대분촌의 1,091m²의 면적만큼 확대되었으며, 통계에 따르면 2006년 8월 당시 700개의 유화작업실이 위치한 것으로 알려져 있다.

신진골동성은 신진시 연하로와 신수로 사거리에 위치해 있으며 면적상 45만m²를 차지한다. 5천만 위안의 투자가 예정중이며, 신진시골동성의 각종 경영상은 2,000여개이며 전시된 골동상품은 역대 국옥, 도자기, 진주, 민족공예품, 서예 등 수십만 건으로 이루어져 있다. 골동품의 상품가치는 200억 위안대이며, 중국내 삼대 골동시장 중 하나의 위상을 차지하고 있다.

세기공예품 문화 광장은 신진시 족전구 복강로와 신주로 사거리에 위치해 있으며, 6.3만m^2를 차지하고 있다. 총 7억 위안이 투자되었으며, 개업 이래 주체관의 경우 85%의 임대율을, 시설구역의 경우 90%의 임대율을 기록했으며, 입주인 700명, 상가 500곳으로 구성되어 있다.

신진시 진주 구역은 진주 거래 주요 집중지로서, 56.63만m^2의 면적에 1.48억 위안의 투자가 이루어질 예정이다. 입주 기업은 500여개 곳이며 신진시의 70%, 전국의 50% 정도의 진주 생산 능력을 갖추고 있으며, 진주 거래량은 전국의 50%정도를 차지하고 있다.

남산애니메이션 산업단지는 3만m^2의 면적에 조성되어 있으며, 이 중 1.3만m^2가 애니메이션 전시구로 사용되고 있다. 이 단지는 디지털을 특징으로 창의·파생·가공·제작·합성 업체와 함께 발전하며, 애니메이션 제작·영화후기가공제작·인터넷 게임·기술개발 방면의 산업을 포함한다.

(4) 홍콩창의 산업단지

홍콩은 아시아 내 창의산업 중심지로서 디지털오락, 영화, 설계, 만화, 출판 등의 찬의산업 업체로서 유명하며 큰 영향력을 가지고 있다. 여러 해에 걸친 발전을 통해 홍콩창의산업은 상당한 규모를 형성했으며 큰 성공을 얻었다. 최근 홍콩은 창의산업의 영향력을 중시하여 창의산업기지를 기초로 정부 주도하의 창의산업사슬의 완성을 목표로 기획 및 통합을 진행중이다. 홍콩 내 창의산업단지에 대해 살펴보면 다음과 같다.

디지털항은 홍콩의 기술 선전으로서 전체 프로젝트에 20억 달러가 투자되는 단지이다. 홍콩 특별행정구의 소유물로서 홍콩디지털항 관리회사의 책임하에 운영된다. 디지털항의 면적은 24ha(헥타르), 오피스텔 4곳, 5성급호텔 1곳, 판매 및 오락중심 상가로 구성되어 있다. 디지털항 1기 공정은 2002년 4월에 완료되며 면적 1.8만m^2, 8개 아파트로 구성되어 있다.

기술원은 홍콩의 백석구에 위치하며 홍콩 중문대학과 근접해있다. 홍콩행정 분할에 따라 기술원은 중국 내륙과 홍콩시 사이에 위치하게 되었다. 디지털항과 비슷하게 대학캠퍼스의 저밀도 계획이 채택되었으며, 고기술 및 운영기술을 주체로 한 연구소가 운영중이다. 홍콩기술원은 2001년 5월 7일 정식적으로 운영되었다. 기술원 1기 계획 당시에는 22m^2의 면적에 29억 위안을 투자하여 임대면적 84,000m^2의 단지로 될 예정이었다. 2기 계획에는 30억 위안이 투입될 예정이며 2008년에는 전면적으로 운영될 예정이다. 단지 구성은 실험실 빌딩 2채, 연구개발 중심빌딩 6채, 에너미 빌딩 2채, 세계급 회당 1곳으로 이루어져 있다. 3기 공정은 2009년 완공 예정이며 330,000m²의 면적을 목표로 하고 있다.

5) 창의산업단지는 미래의 발전 추세이다

지리적 요소를 실체로 구축된 창의산업 단지는 지역분할·전통구축·자원배치·이윤 예견 등의 조건에 있어 한계점을 가지고 있으며, 이상적인 요소 구축 및 산업 배치에 도달하기 어려우며, 동시에 시장선택의 과정에 있어 위험성과 불확실성을 갖고 있다.

사실, 창의산업의 근본 개념은 타 업체·영역간의 합작의 촉진에 있다. 월계를 통해 새로운 증강점을 찾고, 문화·경제발전을 추진하고, 사회적 차원의 창의산업 발전을 추진하며, 사회체계에 있어서의 개혁 창신을 촉진한다. 디지털 첨단융합이 창의산업단지의 고급 형태이자 미래의 발전 추세인데, 이에 따라 창의산업은 창의산업단지에 의존하여 실물을 기초로 한 국제적인 가상의 창의단지를 만들고, 디지털 인터넷 시장 및 거래시장의 건설을 통해 인터넷 정보교환·상업거래·기술성 전환·제품추천판매를 전개하고자 하며, 최신기술의 형식을 통해 관·산·학·연을 디지털화 통합을 실현하고자 한다.

사 례 **도쿄 애니메이션 산업단지**

일본은 애니메이션 왕국이라는 호칭을 갖고 있으며, 세계에서 가장 큰 애니메이션 제작국이며 수출국이다. 중국 내 방영 애니메이션 중 일본에서 제작된 것은 60%정도를 차지하고 있다. 세계의 60개국이 일본 애니메이션을 방영함을 통해 수많은 캐릭터들이 전세계적으로 유명해졌다. 일본 무역총회에서 공개한 통계자료에 의하면 2005년 일본 시장에서 2339억위안의 매출을 차지하고 있으며 일본 GDP의 20%를 차지하는 3순위 산업이다.

2004년의 일본의 애니메이션 제작업체는 약 439개로, 그중 83%가 도쿄에 위치해 있다. 60년대부터 당시 다수의 대형·중소형 애니메이션 제작업체들이 도쿄에 위치해 있었다. 일본의 첫 번째 극장용 장편 애니메이션은 〈백사전〉이며, TV 애니메이션에 있어서는 〈Astro Boy〉(鐵臂阿童木)이 세계적으로 유명하다. 90년대에는 일본 산업의 수출액이 커지면서 유명 영화회사들이 일본 애니메이션을 구매하고자 했으며, 〈포켓몬스터〉(寵物小精靈)은 45개국에서 방영되며 380억원의 수입을 가져왔다. 2003년 4월부터 2004년 3월까지의 수입은 3,739억 위안에 달하며, 애니메이션 캐릭터에 의한 파생 수입은 2만억원에 달한다.

도쿄 애니메이션 산업은 완전한 산업사슬, 성숙한 산업군집 등을 특징으로 갖고 있다.

일본 산업의 영리모형은 완전하며 지속적인 산업사슬로, 만화창의의 경쟁에 있어 시장토달체계, 애니메이션 마케팅, 파생품 개발, 이미지 수입 등이 지속가치사슬의 구조를 형성한다. 산업 수직적 관계를 통해 형성된 산업사슬의 집합이 애니메이션 산업의 집합을 형성하며 시장 경쟁력을 갖추게 된다. 애니메이션 산업은 원천기술만으로는 성공적인 상업화를 실현하기 어려우므로 그에 상응하는 산업사슬 및 파생품을 필요로 한다. 일본시장의 운영은 다음과 같이 제작사의 애니메이션 제작, 대리점 판매, 방송국 방영, 기업의 제품 구배 및 파생품 개발, 제품 판매로 이루어진다. 이는 연속적인 시장과정으로, 개별 기업이 완성할 수 없는 것이다. 영리 모형으로서 살펴보면 도쿄애니메이션의 영리의 80%는 파생 제품의 개발 및 시장 가치의 발굴을 통해 얻어진다. 예를 들어 일본의 토에이 그룹은 애니메이션의 투자 및 제작에 앞서 파생 제품의 개발 및 계획을 미리 준비해둔다. 애니메이션의 방영이 시작되면 관련 제품을 판매와 자금 회수, 시장 개척, 캐릭터 추진 등을 동시에 전개한다. 파생제품의 영리성을 위해 일본은 미국이나 유럽 시장에 애니메이션을 제공하거나 심지어 무상 제공하여 방영한다. 일본 애니메이션의 국제적 성공에 따라 일본 애니메이션의 이미지는 점점 국제화되었다.

애니메이션은 정부 추진의 산업으로 변모했다. 일본의 애니메이션은 산업뿐만 아니라 일본의 문화상징을 겸하기 때문에 정부는 정책이나 자금 및 조직에 있어 큰 지원을 제공했다. 애니메이션의 발전 촉진을 위해 투자를 통해 해외문화의 발전에 이용했다. 외무성은 자금을 이용해 제작자의 제품을 구매하여 개발도상국에 제공하여 방영한다. 2002년 도쿄도는 스기나미구, 네리마구, 무사시노시, 미타카시 에서 도쿄국제전시회를 개최했으며, 2006년에는 도쿄 문화중심의 추업원이 완공되고 일본산학 협회기지가 되었으며, 도쿄 신산업 문화 창작연구소에서 경영한다. 추업원은 도쿄 첨단 기술·매체·예술의 실험지와 연구개발지가 됨을 통해 산·학·연 일체화의 산업 군집을 형성했으며, 전세계의 소비자를 모아 관광과 소비를 유도했다. 애니메이션의 가치사슬이 연장됨과 동시에 도쿄 애니메이션 산업을 위해 상호 보충 제품을 제공하는 것이다.

중소기업은 대기업에 맞서 경쟁하거나 신기술을 적용하는 능력이 부족한데, 이 경우 도쿄정부는 산병구 정부와 협조하여 애니메이션 중심이 설계한다. 고급 디지털 설비를 갖추고 임대 등의 형식으로 서비스를 제공한다. 중소형 기업은 애니메이션의 디지털화를 실현함을 통해 경쟁력을 제고한다.

이러한 큰 산업체계의 지원을 위해 일본은 인재와 교육을 중시하는데, 예를 들어 도쿄 애니메이션 학교는 학교 설비와 역량에 있어 국제적으로 일류의 수준을 자랑한다. 일본 애니메이션 산업을 위한 대량인재 배양 전문기관인 것이다.

▶▶ 연습문제

1. 산업군집의 개념이 무엇인가?
2. 창의산업이 무엇이고 그 구성요소는 무엇인가?
3. 창의산업군집이 어떤 특징이 있는가?
4. 창의산업군집이 어떤 유형이 있는가?
5. 창의산업의 동력체계는 무엇인가?
6. 창의산업단지의 개념, 기능 및 우리나라의 발전실천을 간단하게 서술하시오.

제7장

창의경제의 융자

학습요점

1. 창의경제융자의 기본원칙
2. 창의경제의 내성적(endogenous) 융자선택
3. 창의경제의 정책성융자경로
4. 창의경제의 주주권 융자방식
5. 창의경제채권융자의 운영절차

제 7 장 창의경제의 융자

제1절 창의경제융자의 기본원칙

지속적인 자금공급은 창의경제기업의 생명선이다. 신설기업이든 정상 경영중인 기업이든 임시적 성질, 계절적 자금 수요, 고정자산의 갱신, 신 시장의 개척 등에는 모두 일정량의 융자와 함께 진행된다. 창의산업은 문화예술, 신문출판, 방송, 소프트웨어, 광고 등의 여러 업종과 연관되어 있기 때문에 기업규모가 크거나 작거나, 신용능력이 높거나 낮다. 또한 자금수요와 운영에 있어서도 큰 차이를 보인다. 모든 이윤 추구가 목적인 기업은 융자효과를 보증하기 위해 자금 사용 효율을 제고하므로, 창의경제기업 역시 융자활동을 함에 있어 이러한 기본 원칙을 지켜야 한다.

1. 융자프로그램의 실행가능성 연구 원칙

창의경제에 종사하는 기업의 융자 목적은 일정한 원가(이윤)의 투입을 전제조건하에 모집된 자금을 관련 경영항목에 투입하고, 경영의 성공을 통해 원가수준보다 더 높은 수준의 예정 수익을 얻음에 있다. 이러한 목적을 달성하기 위해서는 융자항목의 가능성에 대한 연구가 중요하다.

항목의 실행가능성 연구(Feasibility Study)는 미국에서 기원했다 1936년에 미국 국회는 <홍수통제법안>을 통과시키면서 실행가능성 연구를 유역개발 계획의 중요한 단계로서 개발 프로그램으로 삼을 것을 입안했다. 2차 세계대전 이후 과학기술의 급격한 발전을 통해 실행가능성 연구는 대다수의 조건의 구비가 완료된 기업들의 투자활동에 있어 필요한 준비 작업이 되었다. 실행가능성 연구를 통해 투자 프로그램의 수립에 대한 시장잠재력, 경제기술조건에 대한 비교 논쟁, 문화창의기업의 투자가치 고찰, 수익능력을 분석하여 결정에 발생될 수 있는 실수를 줄이거나 피할 수 있게 되었으며, 프로젝트의 종합 투자 효과(수익)를 제고하여 융자안정성을 보증할 수 있게 되었다. 현재 프로젝트의 실행가능성을 판단하는 데에 있어 많은 계량화 지표가 생겨났다. 자주 이용되는 계량화 지표로는 아래의 몇 가지가 있다.

1) 순현가

순현가(net present value, NPV)란 예정된 투자 프로그램의 유효수명주기 내에 가능한 수익의 현재치총액(PCI)과 지출된 현가치총액(PCO)의 차액으로, 다시 말하면 예정된 투자 프로그램의 유효수명주기 내 각기 순수익은 일정한 할인율을 시작점으로 선정되는 총순경제수익이라는 것이다. 공식은 다음과 같다.

$$NPV = \sum_{i=0}^{n} NC_t (1 + r_0)^{-t}$$

공식에서, 'NC'는 제 t년의 순현재가치(네트 캐시 플로 − net cash flow)로, 이는 제t년의 수익에서 제t년의 지출을 뺀 것이다. r_0은 기준수익율로, 일반적으로 1년기한의 대출금리를 기초로 한다. 따라서 투자리스크, 목표이윤, 무가변동 등의 요소를 종합적으로 따져 확정되는 것이다. 이는 프로그램의 실행가능성 평가기준으로서 중요한 표준 중의 하나이다. 만약 NPV≥0 일 경우, 프로그램은 경제이익을 얻을 수 있으며 투가가치가 있다고 설명할 수 있다. 반대로 NPV≤0의 경우, 프로그램은 기대치의 이익목적에 도달할 수 없으므로 신중한 고려가 필요해진다.

순현가법(净现值法)과 상재적으로 대응되는 기법으로는 순년가법과 순미래가법(纯未来值法)이 있다. 순현가법(net Annual Worth, NAW)은 예정된 투자 프로그램의 유효수명주기 내에 생산가능한 수익의 등액연치(等额年值)−(ACI)와 지출의 등액연치(ACO)의 차(差)이다. 이는 예정 투자프로그램의 환산 후발생되는 평균 연도별 생산 수익이며, 계산공식은 NAW=ACI−ACO이다.

순미래가치(Net Future Value, NFV)는 예정 투자프로그램의 유효수명주기내에 생산가능한 수익의 미래총액(FCI)과 지출적미래가치총액(FCO)의 차액으로, 예정 프로그램의 유효수명주기내에 환산된 종점적 총순수익을 나타낸다. 계산 공식은 NFV=FCI−FCO이다.

외관상 순현치와 순연치, 순미래치는 모두 차이점을 갖고 있는 평가방법으로, 예르 들면 순현치는 현금의 흐름을 종점으로 환산한다. 그러나 세 가지 지표 모두 예정 투자프로그램의 미래 효과에 대해 예측적 지표이며 완전적 상관성을 구비한 공통점이 있다. 일반적으로는 순현가치지표가 자주 선택되어 사용된다.

2) 투자회수기

투자회수기(Payback Period, PBP)는 예정 프로그램의 순수익과 투자자금 금액의 필요 연한을 상쇄보완 한다. 투자회수기는 정태와 동태 두 가지로 나뉜다. 정태투자회수기는 누계순현금유동량을 0시의 시간으로 확정하는 방법이며, 동태투자회수기는 정태투자회수기를 기반으로 추가적으로 조절되는 방법이다.

시발점에서 투자할 경우, 이후 각 년도의 순수익(NB)은 대등하다. NC은 제 N년의 순현금유동량으로, 즉 $NC_0 = K$, $NC_t = NB(t = 1,2\cdots,n)$이다. 정태투자회수기의 계산공식은 다음과 같다.

$$PBP = \cdots K/NB$$

동태투자호수기의 계산공식은 아래와 같다.

$$PBP = \frac{-1g(1 - \frac{K \cdot i_0}{NB})}{1g(1 + i_0)}$$

투자회수기를 통한 단일 문화창의 투자항목평가 기준은 다음과 같다. PBP$\leq$0일 경우 프로그램의 진행이 가능하며 그렇지 않을 경우 불가능하다. 투자회수기가 짧을수록 회수속도는 높아지며 프로그램의 리스크는 줄어든다.

자금원이 부족하다는 한계점을 지닌 문화창의기업들은 이 방식을 채택하여 투자효과를 평가하게 될 경우 자금회수에 있어 더욱 과학적이며, 자금순환과 조달방안에 있어서는 적극적이라는 의미를 갖게 된다. 투자리스크가 비교적 크거나 예측불가능한 문화창의 프로그램은 이 방식을 채택함을 통해 리스크를 어느 정도 통제할 수 있게 된다. 투자금액이 비교적 작으며 각 대안 현금유동량이 유사한 문화창의 프로그램에 있어 투자회수기방법은 상대적으로 간편하며 실행하기 쉬운 방법이다.

3) 기타 평가지표

(1) 수익비용비율법

수익비용비율(Benefit－Cost, Ratio BCR)은 투자프로젝트의 유효 수명주기 내 수입의 현가치총액와 지출의 현가치총액 간의 비율이다. 계산공식은 다음과 같다.

$$BCR = PCI/PCO$$

(2) 내부수익율법

내부수익률(Internal Rate of Return, IRR)은 프로젝트 유효수명주기 안 내 현가치총액이 지출의 현가치총액일 경우, 즉 순현가가 0일 때의 수익률이다. 다방안 우선선택일 때 내부수익률이 최고인 방안으로 투가효과가 높다. 이 방식은 일반적인 투자프로젝트에 적용되며, 계산 방법이 복잡해 수차례의 시험계산을 필요로 한다. 규모가 작은 창의기업의 경우 전문가의 초빙을 통해 협조를 구해야 한다.

(3) 투자효과계수법

투자수익률(Return on Investment, ROI)은 연 순수익을 투자총액으로 나눈 것 과 같다. 즉 단위투자매년획득의 순수익으로, 계산공식은 다음과 같다.

$$ROI = \frac{NB}{K}$$

공식에서 NB는 순수익으로 동등액 연 순수익으로 간주 할 수 있으며, 평균연순수익 혹은 정상연도의 순수익이다. K는 투자금액이므로 초기투자액 혹은 투자총액이기도 한다. ROI가 표준투자 효과계수보다 클 경우 프로그램의 운영이 가능하며, 그렇지 않다면 운영 불가능하다.

2. 융자규모의 최적화원칙

창의기업이 융통한 자금을 통해 기존의 생산경영규모의 유지 및 확대의 필요성을 확정하고 나면, 합리적인 융자규모의 확정이라는 또 다른 문제를 맞게 된다. 융자가 과다할 경우 유휴자금이 발생함에 따라 경영위험이 증가한다. 반대로 융자가 부족할 경우 기업의 일련 경영계획의 진행에 있어 악영향을 준다. 따라서 창의기업 융자규모의 최적화를 보증하기 위해선 반드시 자금용도에 근거한 과학적 추산이 필요하다.

일반적으로 창의기업의 자금 용도는 다음과 같이 두 가지 방면으로 나타난다. 하나는 일상운영자금이며 다른 하나는 프로젝트 투자에 필요한 자금이다. 일상운영자금은 다시 고정자금과 유동자금으로 나뉜다. 고정자금은 생산설비·사무설비·교통 도구 등의 고정자산에 필요한 자금이며, 유동자금은 직원 월급·출장비·일반 사무비용 등의 정상영업에 필요한 순환회전자금이다. 두 항목의 자금은 모든 기업의 생존과 유지의 필요조건이다. 대개 기업은 자체 보유중인 자금으로 이 문제를 해결하나, 문화창의 기업은 비상사태 등의 특정 시기에 이 방면의 자금의 수요를 갖게 된다.

창의기업 프로젝트 투자자금규모의 추산에 대해 중점적으로 논의하면 다음과 같다.

창의기업 프로젝트 투자자금은 투자항목으로 설정한 전기 작업부터 건설까지 등의 발생된 투자비용과 생산 기간 동안 필요한 유동자금의 총계이다. 구체적으로 프로젝트 건설 필요자금, 건설 대출이자, 유동자금의 세 부분이 포함된다.

문화창의 프로젝트에 대한 건설자금 추산을 진행할 경우, 관련 문서·규정·조례 등의 자료를 수집하고 분석하는 것은 추산작업에 있어 정확하며 객관적인 기초자료의 제공하기 위한 것이다. 건설항목 계획의 추산, 프로젝트 건의서 추산, 기타 임시적 추산에 대해서 아래와 같은 세 가지의 방법을 선택하여 추산할 수 있다.

첫째, 단위생산능력 투자추산법이다. 계산공식은 아래와 같다.

$$\text{건설기획하려는 프로젝트} = \frac{\text{기업과 유사한 건설투자액}}{\text{기업과 유사한 생산능력}} \times \text{프로젝트 초안에서의 생산능력}$$

이 방법은 프로젝트와 해당 생산능력이 간단한 선형관계(linear relation)를 이루는 특징을 보인다. 사용하기 편리하다는 장점을 갖고 있으나, 추산정확도가 부족한 단점이 있다. 따라서 유사 기업을 찾지 못할 경우 이 방법을 통해서는 추산 작업이 불가능하다.

둘째, 생산능력의 추산방법이다. 계산공식은 아래와 같다.

$$\text{건설하려는 프로젝트} = \text{유사한 기업의 건설투자액} \times \frac{\text{건설하려는 프로젝트의 생산능력 } n}{\text{유사 기업의 생산능력}}$$

공식에서, n은 생산능력지수로, 이 수치는 다양한 유형의 기업 통계자료에 따라 확정된다.

세 번째는 비례추산법이다. 자료의 확인을 통해 동종 기업의 주요 설비투자가 전체 건설 투자에 차지하는 비례를 계산한다. 건설기획 프로젝트를 K라고 가정할 때의 공식은 다음과 같다.

$$K = \frac{1}{D}\sum_{i=1}^{n} Q_i P_i$$

공식의 D는 동종 기업의 주요 설비투자가 전체건설투자에서 차지하는 비례이며, n은 설비종수(species number)이고, Q_i는 제 i번째 종류의 설비수량이며, P_i는 제 i번째 종류의 설비 가격이다.

실질적 수요와 근접한 추산 결과를 내기 위해서는 투자항목의 프로젝트 비용, 기타 건설비용과 예비비용을 따로 추산해야 한다.

프로젝트 비용은 건축 프로젝트 비용, 설비구매비용, 프로그램 설치비용으로 나뉜다. 건축 프로젝트 비용은 인건비, 재료비, 공사 기계사용비, 공사관리비 등이다. 설비구매비용을 계산할 때에는 설비의 원가 외에도 설비 운송 관련 잡부금도 감안해야 한다. 프로젝트 설치비용을 계산할 때에는 설비가 원설비 가격에서 차지하는 백분율을 계산해야 한다.

기타 건설비용에는 건설 계획 중인 프로젝트 설계 범위 내에 사용된 토지와 공사용 도로 임시 점용한 토지징용비 · 보상비 · 안치보상비 · 프로젝트 보상비 · 건설단위 관리비 · 생산기획비 · 연합시험운영비 · 연구실험비 · 인건교육비 등으로 구성되어 있다.

예비비용은 기본 예비비용과 가격인상 예비비용의 두 가지로 나뉜다. 기본 예비비용은 기획 프로젝트의 설계 및 공사 중 증가될 수 있는 프로젝트 비용이다. 자연재해로 인한 손실 및 자연재해 예방조치용 비용은 상급기관을 통한 검사 시 프로젝트 공사의 질을 보장하기 위한 책정하는 개착 비용과 프로젝트 복원 비용이다. 기본예비비용은 단일 종목 비용의 총계 또는 프로젝트 비용 및 프로젝트 건설 기타비용의 총합을 기수로 간주하며, 규정된 예비비용율에 의해 계산된다. 가격인상 예비비용은 기획된 투자 프로젝트 건설 기한 내에 가격변동으로 인해 발생한 투자금액의 증가 비용으로, 보통 예정가격 인상지수를 선정한 뒤 복리계산법(compound interest method)을 통해 계산된다. 계산 공식은 다음과 같다.

$$P_j = \sum_{j=1}^{n} K_j[(1+f)^{t-1} - 1]$$

공식에서 P_j은 가격인상예비비용이며, K_j는 건설기한내 연도별 투자계획에 의해 분배된 투자금액이며, n은 프로그램 건설 연수이다. f는 예상가격인상지수이다.

만약 해외도입과 관련된 투자기획 프로젝트일 경우, 설비의 도입 · 재료의 비용 등은 아래와 같은 방법으로 계산된다.

화물가격=관련된 외화×선정된 환전환율

외국운송비=화물총중량(gross weight)×운송요금비율

외국운송보험비=본선인도가격(FOB price)×운송보험요금비율

외국무역수수료= 착선인도가격(CIF가격)×외국무역수수료비율

은행수수료= 화물가격×은행수수료비율

관세=착선인도가격(CIF가격)×관세세율

부가가치세=(착선인도가격+관세세율)×부가가치세 상수

그밖에 수입을 통한 국내 각종 세트 비용, 국내 초빙 전문직 연구원 및 생활비용, 해외출장, 교육, 인적 비용 등도 고려해야 한다.

건설 초기대금이자는 두 가지 상황으로 나뉜다. 매년 지불해야하는 이자를 S로 가정하고, 각 연도별 대금금액을 매년 초에 일시불식으로 지불할 경우는 아래의 공식과 같다.

$$S=(\text{년 초기 대금 원리금 누적}+\text{당해 대금금액}/2)\times\text{연이율}$$

건설자금과 건설대금이율의 합은 예산을 들인 투자항목 총 건설비용이라 지칭한다. 따라서 추가 투입 생산 뒤 필요한 자금 유동까지 포함하여 프로젝트 총 투자로 구성된다. 구체적인 수치의 측정 후, 문화창의기업은 이 수치에 의해 보유중이거나 투입가능한 자금을 뺄 수 있다. 이 두 가지의 차액이 융통 가능한 자금이다.

3. 융자원가 최적화원칙

융자원가는 융자활동 중 부담하는 지출비용으로, 구체적으로 융자비용과 사용비용으로 구성된다. 융자비용은 문화창의기업이 자금을 모집하는 과정 중 발생하는 각종 비용으로, 신용평가비등이 예에 속한다. 사용비용은 문화창의기업이 자금을 사용함에 있어 자금공급사슬에 지불하는 보수이다. 일반적으로 융자원가가 낮을수록 융자효율은 높다. 다양한 융자방식을 선택할 수 있는 상황이라면, 반드시 융자원가 최적화원칙을 유지해야 한다. 융자원가의 계산은 여러 요소와 관련되어 있으며, 구체적인 운영별로 일정 난이도가 있다. 대체적으로 재정성융자의 원가효율은 최저이거나 원가가 없다. 채무융자와 주식보유융자의 원가는 아래와 같은 공식으로 계산한다.

$$채무권리융자원가율 = \frac{채무이자율 \times (1+소득세율)}{채무금액 \times (1-융자비용율)}$$

$$채무권융자원가율 = \frac{매년\ 고정주식배당금\ 혹은\ 유동주식배당금}{기업\ 실수입주식자본금액 \times (1-융자비용율)}$$

경영과정 중 문화창의기업은 다양한 융자방식을 사용할 수 있다. 따라서 원가 비용을 계산할 때에는 다양한 융자경로의 원가를 가중하여 처리해야 한다. K를 가정융자 원가율이라고 가정하면 공식은 다음과 같다.

$$K = \sum A_i P_i$$

위의 공식에서 A_j는 j번째 자금으로 총 융자액의 비율 P_i 로, 이는 j종자금의 원가율이다.

융자원가는 융자기한과 융자방식과 직접적인 관계가 있다. 정확한 측정계산 결과를 얻으려면 문화창의기업은 융자활동을 함에 있어 이자율의 변화추세를 고려해야 한다. 융자가 기업 주식보유권에도 영향을 미칠 수 있음을 생각해야 한다.

채무권융자하는 과정에서 이자율은 자금의 가격이다. 이는 자금공급·수요원칙에 영을 받음에도 불구하고 여러 가지 기타요소에도 영향을 받을 것이다. 시장경제조건하에서 이자율은 국가가 거시적으로 제어하고 조절하는 중요한 지렛대이다. 따라서 상업은행 역시 일정 범위 내에서 이자율 유동 권리를 갖는다. 2004년 10월부터 중국은 8차례의 연속적인 이자율 하향 조취를 취한 뒤에 다시 6차례의 상향 조절한 적이 있다. 대금 이자율로 예를 들면, 2007년 8월 중국인민은행이 공지한 위안화 대금 기준 이자는 아래의 <표 7-1>과 같다.

〈표 7-1〉 위안화 기준금리율

대금기한	대금이자율(2007년 8월)	대금이자율(2006년 8월)
6개월	6.21	5.58
1년기	7.02	6.12
1~3년기(포함)	7.20	6.30
3~5년기(포함)	7.38	6.48
5년이상	7.56	6.84

<표 7-1>에서 살펴본 바와 같이, 1년 사이에 반년기한의 대금기준금리이자율은 11.3%, 1~3년 기한의 대금기준금리이자율은 14.3% 상승했다. 각 기한별 대금이자율 역시 같은 수준을 보인다. 문화창의기업이 1년 전의 대금이자율 상승가능성을 예측할 수 있었다면, 융자를 미리 앞당겨 이자부담율을 낮출 수 있었을 것이다.

융자시기의 선택 외에도 이자율 계산방식의 고려도 필요하다. 만약 현재 대금이자율이 비교적 높을 경우, 하락의 가능성이 있으므로 문화창의 기업 대출은 변동이자율을 통한 계산법을 선택하기 쉽다. 이를 통해 대금이자율이 하향 조절될 경우 이자율지출을 감소시킬 수 있다. 만약 대금이자율이 비교적 낮을 경우, 상승의 가능성이 있을 경우 고정이자율로 계산하는 것이 유리하다. 대금이자율이 상승하더라도 유효적으로 원금을 고정할 수 있기 때문이다.

문화창의기업이 2006년 9월에 3년 기한의 연고정 6.3%의 이자로 대금 1,000만 위안을 신청 및 획득했다고 가정할 경우, 이자는 매년 1차례씩 상환해야 한다. 2006년 9월에 62만 위안의 이자를 지불한 후, 2년마다 6.3%의 이자를 상환할 수 있으므로 7.2% 표준으로 이자를 상환할 필요가 없다. 결국 3년 이자율 총계 189만 위안을 지불함을 통해 18만 위안을 절약할 수 있다.

권력통제권리(이하 통제권)의 양보는 융자 원금의 표현 형식 중의 하나이다. 통제권의 주체는 문화창의기업의 영향력으로, 공제 측의 직·간접적인 직원 파견을 통해 기업경영 관리팀으로서 입주한다. 이에 따라 경영 전략에 참여하고, 최종 결정에 있어 큰 영향력을 갖게 된다. 통제측은 간접적인 투표 결정방식으로 기업의 발전방향을 이끌어 간다.

융자 행위는 기업의 통제권력의 변화를 초래한다. 기업생산경영의 독립성과 자주성에 영향을 끼치며, 기업이윤의 분류 효과도 갖고 있기에 기업소유자의 이익에 손상을 끼칠 수 있다. 따라서 통제 권력의 양도가 확실·불확실성이나 문화창의기업의 상황에 따라 결정되어야 한다. 생존에 곤란함을 겪으며 자금 조달 궁지에 몰려있는 중소형 문화창의기업의 경우 특히 비교적 낮은 원가의 자금을 투자받은 뒤 일정한 비례의 지배권력을 교환하더라도 여전히 하락할 가치를 갖고 있게 된다. 이러한 기업들은 일정 규모의 고정자금을 통해 실력을 증명할 수 없다보니, 기업의 가치가 단지 한 종류의 핵심기술, 전위적 제품, 또는 비전 있는 창의 및 아이디어에 국한될 수 있다. 이에 따라 융자의 획득이 어려울 수도 있다. 투자 동기가 있는 기구가 수시로 출현하기 어렵게 되며, 만약 있다 하더라도 기업에 과한 압력을 줄 것으로 생각된다. 이 경우 부분적인 주식 양도로 자금을 획득하여 빠른 속도의 발전 기회를 얻거나, 기업이 실패하는 두 가지의 양상을 보이게 된다. 이상적인 관리자는 의구심 없이 현명한 선택을 해야 한다.

절대적인 통제권력은 문화창의기업경영자의 최종적 목표가 아니다. 최적자본구조가 문화창의기업의 건강한 성장 요소이다. 최적자본구조란 기업의 융자자금의 최소화를 통해 예상기대가치를 키우고 관련 주체의 적극적인 조달을 최대한으로 늘릴 수 있는 자본구조이다. 금융시장의 지속적 발전 및 투자주체의 다원화 환경에서 기업 통제에 요구되는 자금비례는 대폭하락하기에, 각종 융자 방식과 융자수량의 정밀한 계산은 기존 융자 원금 구간내의 융자 활동을 전개할 수 있게 한다.

제2절 창의경제의 내원성융자와 정책성융자

1. 내원성융자

내원성융자는 창의형기업의 창립과정 중의 원시자본과 경영과정 중의 내부자금 간의 운영효율을 제고하는 과정에서 얻는 자금원이다. 현행 재무 체제하에서 기업의 내원성융자는 수익·고정자산상각·국내상업신용융자·국제상업신용융자·자산전당융자 등으로 이루어져 있다. 이러한 종류의 융자는 재무원가가 작고 사용주도권은 큰 특징을 보인다.

1) 유보수익

유보수익은 주로 잉여보존과 정액채무부담을 가리킨다. 잉여보존은 문화창의기업의 획득한 영업업적을 기초로 당기이윤의 불 분배(不分配) 혹은 불완전 분배를('완전 분배 혹은 불완전 분배'로 추측) 통해 남겨진 기업 내부 생산경영활동이다. 여기서의 잉여란 자본적립금, 잉여적립금, 미분배이윤을 의미한다. 규정상의 자본적립금은 손실을 메우거나 자본이전을 증가시킬 때에만 사용될 수 있다. 문화창의기업의 경영상황이 양호하며 장기간 적자가 없을 경우, 자본이전 증가를 통해 운영 규모를 직접적으로 확대할 수 있다.

미분배이윤은 대다수 주식 주주의 인증하에 기업에 남겨 둘 수 있다. 이는 기업소유자의 추가투자라고 볼 수 있다. 정액 부채는 현행 재무 규정상 문화창의기업 내부에 보존된 인정량의 경상적 연기지불금액으로, 입금비·복지비용·세금부담·예산비용·기타 지불액 등이 포함된다. 이러한 자금은 통상 예금의 인출 후 지불되는 방식으로 사용되며, 수지간 길거나 짧은 기간 간격을 갖는다. 자금의 소유권이 기업에 속하지 않더라도 일정 부분에 있어 기업의 안정화의 용도를 가질 수 있으며, 기업의 유동자금의 근원으로서의 항목을 차지한다.

고정자산상각은 문화창의 기업 자금의 일종의 전환방식이다. 감가삼각의 목적은 기업 고정자산갱신의 물질준비조건에 있다. 이를 통해 기업생산순환회전의 지속적인 진행을 보장한다.

비자본금(out-of-pocket cost)으로서 고정자본은 구입에 있어서는 일시불로 지불하고, 고정자산의 사용기간 내 규정에 의거한 감가상각률을 통해 매출 수익 중에서 분기별로 회수된다. 자금조달각도에서 보면 고정자산 감가삼각률은 기업의 자금 규모를 증가시키지는 않지만, 기업의 당기 현금의 흐름을 증가시키고, 다음 고정자산의 갱신 이전에 기업내부자금으로 운영될 수 있는 이점을 갖고 있다. 창의기업이 융자활동을 전개할 경우에는 미래의 특정 기간 동안의 감가삼각률을 고려해야 하며, 기업 총 수입원에 포함시키면서 총괄적으로 기획해야 한다. 또한 융자 경로를 넓혀 융자원가를 낮추는 동시에 융자효율을 제고해야 한다.

2) 국내 상업신용융자

국내 상업신용은 문화창의기업이 국내시장 내 상품거래를 함에 있어 외상매출·매입의 형식으로 일방으로부터 다른 일방으로 제공하는 신용을 의미한다. 구매 측의 입장에서 보자면, 통상적으로 미불계정(account payable)의 형식으로 나타나는 특징을 보인다. 판매 측의 입장에서는 통상 선수금액이나 어음 등으로 나타난다.

미불계정(account payable)은 문화창의기업의 상품 구매 후 판매 측에 대해 미불금액으로서 발생시킨 지불금을 의미한다. 일반적으로 상품의 수취 후에는 일정 시기동안의 지불이 필요하며, 이 시기 내에 판매측으로부터 차입된 비용이 미불계정이다. 차입금은 상호 신용관계를 맺었으며 업무상 장기간의 협력 관계를 맺는 거래 쌍방 간의 구두신용의 방식으로 나타나게 된다. 다만 보통은 지급어음(bills payable)의 방식으로 많이 나타남에 따라 규범화되고 있다.

지급어음(bills payable)이란 연기 지불 거래시 제시되는 채권채무관계의 증빙서류이다. 일반적으로 상업인수어음(commercial acceptance bill)과 은행인수어음(bank acceptance bill)의 두 가지 종류로 나뉜다. 지불기한은 최대 9개월로, 지급 어음에는 이자율이 포함될 수도 되지 않을 수도 있다. 이자율을 포함되지 않은 어음은 무료신용으로 간주되며, 이자율이 포함된 어음 역시 원가에 있어 동시기의 은행대금이자율보다 낮다. 물론 모든 기업이 어음을 자유롭게 발행할 수 있는 능력을 갖고 있는 것은 아니다. 문화창의기업이 이 방식을 통해 자금을 융통할 경우, 통상적으로 은행에서 정한 일정 신용한도액(credit line)까지만 제공되며, 지불어음금액의 자금출처가 확실해야만 한다.

선수금이란 창의기업이 계약서 혹은 협약을 통해 화물을 교부하기 전에 구매 측으로부터 전액 혹은 부분적으로 비용을 미리 받는 것을 가리킨다. 화물판매 측에서 구매 측으로부터 미리 일정 비용을 빌리는 것과 같으며, 이후 화물로 상환한다. 이 방법은 문화창의기업이 단기적으로 자금을 융통하고자 할 때 사용하는 방법이기도 하다. 다만 창의제품의 초과 수요현상이 발생할 경우를 제외하면 이러한 융자방식의 채택은 쉬운 일이 아니다. 현재 중국의 대다수 상품들은 아직 구매시장에 결정권이 있기 때문이다. 또한 신용의 보증을 위해 이러한 기회가 있더라도 기업은 제품생산량의 기준으로 예매주문금액의 상한을 설정한다. 규정된 기간 내에 좋은 품질과 계약 요건에 부합되는 제품을 제공해야 되고 미래의 고객경영관리에 있어 양호한 관계를 유지해야 하기 때문이다.

많은 기업에 상업신용을 통해 상품을 판매하고자 할 때, 어쩔 수 없이 연기수납의 조건을 허락하는 방식으로 시장을 확대하는 경우도 있다. 다만 이익의 보장을 위해 구두신용은 가능하면 피해야 한다.

어음할인(bills discounting)이란 기업의 만료되지 않은 어음을 은행에 매도함을 통해 미리 현금을 받는 행동을 의미한다. 예를 들어 문화창의기업이 금액 100만 달러의 6개월 후 만료예정인 어음 한장을 보유할 경우, 기업의 자금이 넉넉하여 일상 운영의 조건을 충족한다면 6개월 후 100만 달러를 수취하면 된다. 자금을 이용해 재료 등을 구입할 경우 공급자의 허락하에 어음배서한 후 납부 증거로 제시하면 된다. 반대로 임금 지불 등의 현재 닥친 비용을 지불해야 할 경우 은행을 통해 어음할인을 신청할 수 있다. 연 할인률이 5%라 가정한다면, 다음과 같이 계산 할 수 있다.

공식: 은행이제거한할인이자 = 어음금액 × 연할 인율 × (만료일 − 할인일)/360
예시: 100만 달러 × 5% × 180/360 = 2.5만 달러

즉, 기업은 현금 97.5만 달러를 은행으로부터 받을 수 있다.

위의 예시와 같이, 어음할인은 은행대금의 또 다른 형식이다. 그러나 문화창의기업은 자금을 통해 상품 판매를 이룰 수 있게 된다. 장래의 수입원이 있는(来头, 절 제목의 '내원' 보다는 '또다른 수입원으로서의'가 문장에 있어 매끄러울 것으로 추측) 자금을 미리 현금화 한 것이다. 따라서 이는 내원적인 융자 범주에 속한다. 기업이 할인을 신청하여 융자비용을 지불해야 하다 보니 당연히 비용은 동시기 은행 대금에 비해 상당히 낮은 수준이다. 현금 운용 시간을 확인할 수 있는 문화창의기업은 할인을 통해 은행과 환매계약을 체결할 수

있다. 자금이 돌아 흐를 때 할인한 어음을 되찾아 이자비용을 줄일 수도 있다.

현재 시점까지, 중국의 어음시장이 크게 발전되어 왔다. 기업의 단기자금원의 상당 부분은 할인방식을 통해 얻어진 자금이다. <중화인민공화국어음법>의 규칙에 따라 어음의 신청 조건은 다음과 같은 사항에 부합되어야 한다. 첫째, 단장어음금액은 100만원을 초가하지 못한다. 둘째, 어음의 발급과 취득에 대하여 성실하게 신용을 지키는 원칙을 따라야 하며 진실하고 합법적인 교역관계와 채무관계를 바탕으로 한다. 셋째, 인수업자는 은행인증을 받는 액셉터(accepter) 자격으로 가지고 있고 액셉터 및 할인신청자의 신용은 양호해야 한다. 어음은 합법적인 상품교역을 바탕으로 출표, 배서, 인수, 보장되어야 하며 중국의 법률 규칙을 충족해야 한다. 문화창의기업은 어음할인을 처음 신청할 때 은행에 기업법인영업면허증원본 및 사본·기업법인코드증서 및 사본·대부증명서와 사본·어음관계 자료·위탁서·법인 대표 혹은 업무 담당자의 신분증 및 여권·상업어음·상품교역사실서류를 제출하고 은행규정에 의해 절차를 밟아야 한다.

3) 국제상업 신용융자

문화창의기업이 국제무역에 참여할 수 있음과 동시에 무역계약에 있어 연기수납의 종목을 포괄하며, 수출입계약을 체결한 후에 아니면 배송·수취·수납과정에 있어 상응하는 융자활동을 할 수 있다. 이 종류의 융자활동에는 다음과 같은 것들이 있다.

패킹구즈(packing goods)란 문화창의기업이 수출계약을 체결한 후에 수입은행이 신용장(신용 보증 문서)의 자금 반납을 보장으로 은행에 신청하는 적재 전 융자의 하나이다. 주로 수출 측의 생산 상품을 구입하는 데 쓰이는 지출 및 기타 종속비용을 이용하며, 융자비례는 일반적으로 신용장 금액의 90%를 초과할 수 없다. 은행 측은 문화창의기업의 신용도 상황과 상환 능력에 따라 패킹구즈의 한도를 설정하며 순환사용 한다. 기업은 패킹구즈를 신청 할 때 신용장 개설은행(letter of credit issuing bank)의 신용도·신용장 조항의 선명도의 정도 및 합리성, 수출자에 있어 불리한 규정의 유무, 융자한도의 잔액 상황, 상품 종류에 따르는 상품대금의 금액 및 기한을 따지며 결정을 내리게 된다.

수출화환어음(outward documentary bill)이란 문화 창의기업이 수입 은행을 통해 개설된 신용장에 따라 화물을 배송한 후, 수출영수증을 담보품으로서 은행에 재도 자금융통을 신청하는 것을 가리킨다. 거래는 이미 성립됐으나 배송 후 상품대금을 받을 때까지의 기간 동안 자금이 부족할 경우, 융자위험이 크지 않으므로 은행을 통해 자금을 융통할 수 있다. 탁수결제 방식을 채용한 기업은 은행의 위탁을 통해 상품대금 수취의 대리를 의뢰하며, 은행에게서 일부분의 대금을 미리 지불받고, 수입자의 지불이 완료된 후 은행에 자금을 반환하는 과정을 거친다. 이 방식은 수출탁수화한어음으로 지칭되기도 한다. 수출업무가 가능한 문화창의기업은 이를 통해 융자절차의 간소화·현금흐름 개선·자금 융통 가속화의 효과를 얻을 수 있다.

수입화환어음(inward documentary bill)이란 창의문화기업이 수입 업무를 진행함에 있어 자금이 필요할 때 수입 상품을 담보물로 대금신청을 제출하는 것을 가리킨다. 은행은 배송중인 수입상품을 선적서류(export documents)상의 담보물로 지정하고, 기업에게 담보물의 제공을 요구할 수 있다. 상품이 배송된 후 수입 측이 자금을 반환하지 않을 경우 배송된 상품은 은행의 담보물이 된다. 이 과정에서 상품대금을 신청한 문화창의기업은 은행의 대리인으로서 관련 영수증을 통해 세관신고를 하고, 화물을 수취해야 하며, 은행의 지시에 따라 은행의 명의로 지정하고 은행의 신탁영수증(letter of credit)에 서명해야 한다. 신탁영수증에 의해 화물의 수출 후 획득된 자금을 규정기간 내에 은행에 지불해야 한다. 은행은 이를 근거로 영수증을 발급하고, 출하 권한을 부여하여 수입자에 전달하여 처리한다. 화환어음기한은 수입상품 전매의 기한과 일치하며, 판매자금을 중요 환불 근원으로 삼는 개념이다.

보부대리(del credere agent)는 보리라고도 지칭하는 개념으로, 문화창의기업이 국제시장에서 외상의 방식으로 상품을 판매한 후 영수증 ·어음·선적서류 등을 매출 채권의 구매를 담당하는 재무회사나 전문 기관에 매각하는 것을 가리킨다. 보부대리는 일반적으로 전문기관을 통해 대리되거나 상업은행에 의해 대리된다. 문화창의기업이 보부대리를 신청하고자 한다면 수출입계약을 체결하기 전에 보리기구와 연락해야 한다. 이어서 보리기구에 수입자의 신용도 상황과 관련된 자료를 제공함을 통해 보리기구가 신용도·상품의 지불가능성을 확인하게 한 뒤 무역 협정을 체결하게 된다. 문화창의기업은 수추화물을 적재·운송한 뒤 수취관리를 일정 할인비율별로 무구상권을 가지고 있게 보리기구에 판매함을 통해 보리기구로부터 화물 자금을 미리 받을 수 있게 된다. 만기될 경우 수입자의 지불 거절 등의 위험이 발생하더라도 수출기업과 관계업싱 보리기구가 부담해야 되는 것으로 정해져 있다. 국제시장이 낯선 중소형 문화창의기업의 경우 보리기구를 통해 수입자의 신용도 조사나 위탁 수납등의 서비스를 제공받을 수 있다. 단, 보리기구의 수납 기한은 1년 내지 1년 미만의 기간으로 구입해야 한다.

퍼휘팅(forfaiting)이란 연기하여 납부하는 대형설비 무역에서 수출자가 수입자를 인수하여 반년~6년 기한의 기간부 어음을 무소구권(without recourse)으로 수출은행에 매도함을 통해 현금을 받는 융자방식이다. 퍼휘팅은 보리와 유사하나 업무상 보통 대형설비 수출업체가 신청하며, 거래액이 크며, 납부기한이 길다는 점에서 차이점을 보인다. 문화예술·신문출판·드라마·영화·소프트웨어·광고 등의 문화창의기업은 이러한 융자방식을 신청할 수 있는 기회가 적다.

보상무역(compensation trade)이란 국제 무역 중 해외 기업이 기계설비·기술·서비스 등의 형식으로 국내 문화창의기업에 대금을 제공하여 특정 생산에 참여한 뒤 기업의 생산상품이나 서비스로 보상을 제공받는 무역 방식으로, 동시에 융자 방식이기도 하다. 문화창의기업은 보상무역을 통해 설비 기술을 수입함으로써 자금이 부족하더라도 설비의 갱신과 기술의 갱신을 이룰 수 있다. 뿐만 아니라 상품의 품질을 높임을 통해 시장경쟁력 역시 높일 수 있다. 상품의 판매를 통해 설비·기술에 대한 자금을 반환함과 동시에 국제시장의 진입을 촉진할 수 있다. 설비·기술에 대한 자금의 반환은 보상무역 중 생산된 상품으로 반환할 수 있을뿐만 아니라 거래측과 협상한 원재료 및 다른 상품으로도 반환할 수 있으며, 가공·서비스 등의 근로활동을 통해서도 반환할 수 있다.

이 융자방식을 통해 예상 목적을 달성함에 있어 주의해야할 사항은, 수입 설비나 기술에 대한 품질보장이나 기술협조방식에 있어 엄격한 조건을 제시함을 통해 국내외적으로 높은 수준의 기술·설비를 확보해야 한다는 점이다. 또한 재판매할 상품에 대한 가격책정·정가 기준·판매 상품의 수량 및 금액·보상기한에 대해서도 정해두어야 한다. 대부분의 국가마다 무역관세법이나 외환규제법 등의 관련 법률 및 규칙이 존재하므로 문화창의기업은 보상무역을 체결하기 전에 합법성을 확보할 수 있도록 사전 조사를 해야 한다. 동시에 해외 기업이 제공한 기계설비·기술로 인해 브랜드·소유권 등의 지식소유권 분쟁이 발생할 경우 해외기업이 배상을 부담해야 할 것으로 명시해야 한다.

4) 자산전당융자

전당이란 법인이나 개인이 보유한 부동산·동산 혹은 재산 권리를 저당의 방식으로 전당포(pledge business)에 전달하여 융통자금을 받고, 약속 기한 내에 자금을 상환하여 전당 물을 되찾는 행위이다. 유구하고 오래되지만 새로운 산업으로서 최근 몇 년 동안 전당산업은 중국에서 빠른 발전을 이루어 왔다. 2005년 4월 1일 중국은 특별 상공기법으로서 <전당관리방법>을 새로 수정하고 집행했다. 현재까지 중국의 많은 대도시에 여러 전당포가 개업하여 융자서비스를 제공하고 있다. 타 융자방식에 비해 전당은 자산범위에 있어 넓으며 대금 지급 속도가 빠르다는 장점을 갖고 있다. 수속이 완료되면 현장에서 자금을 받을 수 있는 특징을 지닌다. 부동산·자동차·금은보화·유가증권 등이 전당물로 활용된다. 어떤 지역의 경우 지식소유권과 부분 무형자산까지도 전당물의 범주에 포함한다.

전당물의 금액 가치는 쌍방의 협상에 의해 인정되며, 의견이 일치하지 않을 경우 전문기구에의 위탁을 통해 평가받을 수 있다. 중국의 현행 규정상 기업이 전당을 신청할 때에는 법인영업면허증부본 사본, 법인코드증서, 법인대표신분증 사본을 제출해야 하며, 담당자가 법인이 아닐 경우 법인대표위탁서와 담당자 신분증을 추가 제출해야 한다. 전당자금은 일반적으로 평가 가격의 50%의 범위에서 지불되며, 높은 현금화 비율을 가진 전당물의 경우 평가가격의 90%까지 지불받을 수 있다. 기한에 있어서 1~3개월의 기한으로 설정된 전당을 예로 들면, 기한을 초과하여 반환이 불가능한 상황이 생길 경우 기업은 만료 5일 전에 기한을 연장한 전당을 신청해야 한다.

전당 자금 이자율에 대해서 말 하면은 중국인민은행이 발표한 6개월 대금 이자율 및 전당 기한을 절산하고 난 것에 따라 집행하고 자금 선리해서 안 된다(전당 자금의 이자율의 경우, 중국인민은행의 6개월 대금 이자율에 따라 전당기한을 결산하여 집행해야 하며, 자금을 선리해서는 안된다). 전당대금의 종합서비스 비용·보관 비용·보험 비용의 경우 중국 금융 정책에 따라 종합적인 비율이 정해지며, 기업이 전당자금을 반환할 때 전당포를 수납한다. 전당기한 혹은 연장기한이 만료될 경우 만료 5일 전 기한 연장을 신청하거나 되찾아야 한다. 기한이 초과되어 되찾지 않거나 연장하지 않을 경우 전당은 무효가 된다.

문화창의기업은 자산전당 융자를 이용할 때 전당물은 기업에 보관·이전 등의 처리권이 있는 생산 및 생활 자료라는 것이다. 전당은 단지 자금 융통을 제공할 뿐이다. 중국의 전당포는 월(月)을 단위로 5일에서 최장 6개월을 당기 기한으로 잡는다. 기한이 늘어날수록 지불 비용 역시 커진다. 전당자금은 보통 전당물의 2차 유통가격에서의 50~80%에 불과하므로 기업의 손실을 피하기 위해서는 전당물을 제때 되찾거나 수속을 밟아야 한다.

지식링크 지식소유권 저당대금의 위험성

지식소유권에 대한 가치평가에는 큰 위험성이 존재한다. 지식소유권의 가치평가는 지식재산권 저당의 설정 및 실현에 있어 영향을 미치는데, 지식소유권 객체의 비물질성과 지식소유권의 독특성·유일성에 의해 지식소유권의 가치를 가치평가를 통해 확인할 수 있기 때문이다. 이러한 문제에 있어 은행은 다음과 같이 네 가지를 고려하게 된다. 첫째, 특허에 개선점과 경쟁력을 가지고 있는지 고려한다. 둘째, 특허수익기한의 장단점과 현금화 능력을 고려한다. 셋째, 소유권에 대한 체재기술의 존재를 고려한다. 넷째, 기업의 현금 상황을 고려한다.

또한 은행은 전당된 지식소유권을 직접 점유할 수 없음에 따라 신용위기가 내재되어 있다고 할 수 있다. 은행의 자산이용 최대 요구조건은 자금의 안전성과 유동성의 확보에 있다. 지식소유권 객체의 비물질성은 은행이 직접 점유할 수 없는 지식소유권에 의해 결정된다. 지식소유권객체의 지적성과에 따른 무형의 부이기 때문에 진정한 점유가 아닌 허구적 점유라 해야 한다. 아울러 지식소유권의 가치가 여러 요소에 영향을 미치며 파동을 일으키기 쉽다. 이러한 불안전성에 의해 직접 공제는 어렵다.

마지막으로 지식소유권의 변형 능력을 예측하기 어렵다. 부동산에 비해 지식소유권은 유동성이 나쁘며 처리하기 어렵다.

2. 정책적 융자

정책적 융자(policy financing)란 문화창의기업의 창립 및 경영과정에서 정부 및 담당부서가 산업구조를 최적화하고, 첨단기술성과의 산업화를 촉진하고, 중소기업의 발전을 위해 제공되는 재정 지출 및 우대형 대출을 의미한다.

현재까지 문화창의기업을 위해 설치된 정책적 융자의 수는 그다지 많지 않다. 그러나 대부분의 문화창의기업은 높은 기술수준의 특성과 중소기업에 속하는 성질에 의해 아래의 두 가지 영역에 있어 정책적 자금의 도움을 받을 수 있다.

1) 정책적 융자의 경로

중국의 정책적 융자의 경로는 주로 국가·성·시·구의 여러 층위에 존재하며, 사용 방식으로는 무상자조, 대출지급, 이지머니, 주식 자본투자 등으로 이루어진다. 성·시·구별 정책적 융자의 명목과 특징은 다양하므로 각종 자금에 대해 간단하게 소개하면 다음과 같다.

첫째, 국가 첨단기술 산업화 시범공정은 국가발전과 개혁위원회로 설립되어 있다. 매해 3~5월마다 각 성 및 중앙 지속개발 도시에 소속된 발전·개혁위원회, 첨단기술처가 신고 업무를 진행한다. 국가 첨단기술 산업화 시범공정에 포함되는 기업은 300~500만 위안의 정부자금을 받을 수 있다. 최근 10년 동안 전문적 자금을 통해 2천여개의 시범항목이 지원을 받았는데, 정보·생물·현대농업·공업자동화 등의 분야와 관련되어있으며 이 중 문화창의기업 역시 상당수 있다.

2) 과학 기술적 중소형 기업 기술 혁신 기금

이 기금은 과학기술부에 조성되어 있으며, 과학 기술적 중소 기업기술의 혁신 활동을 지원하기 위함에 목적이 있다. 각각의 특징에 따라 세 가지의 지원방식이 있다.

첫째, 지급대출이다. 일정 수준의 규모와 이익을 보이는 혁신 항목에 대해 대출방식을 통한 은행 대금을 지원하여 생산규모를 확대시킨다. 대출 표준은 대부금액 이자율의 50~100% 대이며, 대출 총액은 100만 위안을 초과하지 못하며, 개별 항목별로 200만 위안을 초과할 수 없다.

둘째, 무상보조이다. 중소기업의 기술혁신상품 연구 개발 및 시험단계에 있어 필요한 보조와 과학연구원이 기술성과를 통해 기업을 창립한 후 성과전환을 함에 있어서 필요한 보조를 대상으로 지원된다. 부조 금액은 보통 100만 위안 내로 책정된다.

셋째, 자본금 투입이다. 정부는 주주의 자격으로서 자금을 투입하며, 혁신잠재력이 높으며 신흥 산업 구축의 희망이 있는 프로젝트를 대상으로 지원된다.

3) 중소형 기업 국제시장 개척 자금

중소형 기업 국제시장 개척 자금은 2000년에 조성되었으며, 중소기업의 국제시장 진입과 참여를 촉진함에 목적이 있다. 기금의 성질·사용방향 및 조건·신고 및 신고절차·자금내용 및 비례·관리 방법 등은 중국재정부 주도로 발표된 <중소기업 국제시장 개척 자금관리(시행)방법>, <중소기업 국제시장 개척 자금 관리방법 실시 새칙(임시)>에 자세히 명시되어 있다.

자금의 한도는 중소기업의 국제시장 실질 지출의 50~70%의 범위이며, 매해 3월초에 신고를 받아 시기별로 나누어 지원이 진행된다. 2001년 당시의 자금 계획 한도는 4.5억 위안이었으며, 2002년이 되자 6억 위안으로 한도가 증가했다. 최근 몇 년 사이 지속적으로 한도가 늘어나면서 전국의 수 만 중소기업이 해외 전시회에 참여하나 국제시장에 진입하고 있다.

4) 국가개발은행 중소기업 대금

2004년에 조성되었으며, 지원 대상은 중국국가 산업정책에 부합하는 과학기술형·취직형·자원종합이용형·농부산품가공형·수출위주형·지역사회서비스 기업 등으로, 중소기업의 발전 촉진뿐만 아니라 국민경제와 사회발전의 공헌 촉진에 그 목적이 있다. 대금은 보분미익(保本微利)원칙을 지키고 비영리를 목적으로 부분을 바탕으로 미익을 실현해야 한다. 대금의 한도는 3천만 위안 내에서 규제되며, 이자율은 중국인민은행의 대금이자율에 의해 집행된다. 대금의 기한은 최소 1년에서 평균 3년, 최고 5년으로 설정되며, 대금 절차는 중국 개발 은행과 각 중소기업관리부문이 연합하여 결정한다. <중소기업대금 합조 계약서>를 체결해야 하며, 합조 목표와 내용 및 형식이 명시하여 작성하게 되어 있다. 각 지역 중소기업관리부문은 대금 표준에 의해 조건에 부합되는 중소기업 명단을 선택하여 추천하며, 개발 은행은 독자적으로 대금을 심사하고, 지역에 따라 대금총량규제를 진행한다. 이를 통해 운영효과가 우수하며 원금 및 이자 회수율이 높은 기업에는 대금의 규모를 확대하는 반면, 운영효과와 원금 및 이자회수율이 나쁜 기업에는 대금 제공의 정지 수준의 규제를 가한다.

그 외의 중국 내 전문적 자금 목록은 아래의 <표 7-2>와 같다. 문화창의기업은 기업 상황에 따라 각 자금의 신청가능성을 고려한다.

〈표 7-2〉 국가부위전용자금

자금유형	자금 금액	신청기간
중소기업발전전용자금	200만 이내	7월초
중소기업 기술창의자금	보통 100만 이내, 중요한 프로젝트 200만 이내	4월,6월, 1년에 2~3번
중소기업 서비스시스템전용보조자금	실재지출액에 따라 적당히 지원	1월초
농업기술성과전화자금	보통 200만 이내, 중요한 프로젝트 300만 이내	4~5월
농업종합개발중앙재정할인자금	중앙재정이 대출 5000만원 이하 부분에 대한 할인	2~4월
전자정보산업발전자금	보통 200만 이내, 중요한 프로젝트 400만 이내	2~4월
대외경제기술합작전용자금	실제지출 50%	12월~다음해 1월
대외도급프로젝트대차재정할인	외환대출이 할인율이 3% 내, 유효기간 3년	2월
포장산업 하이테크놀로지 연구개발 자금	500만 이내	8월초
응용기술연구 및 개발 전용자금	자본금 보상이나 정액 보조	1월초
기술개조대차프로젝트 할인자금	프로젝트 맡기는 기업 실제대출금액 1년 동안 전액 보조	1년에 몇 차로 나눔
기술혁신개조 대차프로젝트 할인자금	할인율이 프로젝트 당기의 대출이자율 초과하지 않으며 유효기간 3년	5월
국가 과학기술기획프로젝트재차할인	첫 해의 과학기술 대출이자율 총액 초과하지 않고 급별로 할인 보조	10월
집적회로산업 연구 및 개발전용자금	300~800만	4월

3. 정책적 융자의 주의 사항

문화창의기업이 정책적 융자를 성공적으로 사용하면 적은 비용으로 자금원을 확보할 수 있을뿐만 아니라, 기업의 중요한 무형 자산의 기능을 하므로, 다양한 자금원을 획득하기 위해서는 좋은 신용을 바탕으로 두어야 한다. 이에 따라 정책적 융자에 대한 경쟁이 치열해지고 있다. 정책적 융자 지원의 성공율을 높이기 위해, 문화창의기업은 정책적 융자를 받음에 있어 다음과 같은 사항을 주의해야 한다.

첫째, 국가산업 정책 및 정책적 융자의 정보에 대해 조사해야 한다. 산업 정책은 국가거시경제조절의 기본 정책임과 동시에 국가산업구조를 최적화하고 경제운영의 질을 높이는 수단이다. 국가는 다양한 시기에 다양한 산업 중점이 있을 때 관련 자금을 배합하여 정책을 지원한다. 문화창의산업은 발전가능성이 높은 신산업으로 국가 및 각 정부가 중시하고 있는 산업이다. 기업 관리층은 인식을 강화하고 시장을 개척하며 기술개발을 함과 동시에 정부자금의 지원을 중요시한다. 따라서 정부 각 부문의 웹사이트나 정부 기관 담당자와의 연락, 각 협회 및 강좌의 참석을 통해 국가보조의 대상 산업, 신청 조건 항목, 절차 등의 정보를 확인해야 한다.

둘째, 신고를 하기 전에 사전 준비를 해야 한다. 각종의 다양한 정책적 전문자금이 존재하므로 어떤 자금이 기업과 어울리는지 확인해야 한다. 시간과 정력의 낭비를 피하기 위해 적합한 기회를 잡아야 한다. 문화창의기업은 정보 수집을 함에 있어 기업과 적합한 전문자금항목 탐색, 신고 경로·시간·한도 등의 요구사항 숙지·재무상황의 분석·재산공급 판매에 대한 발전 잠재력 파악 등을 해야 한다. 이어서 효율적인 정부 지원 지점을 찾아야 한다. 아울러 더 많은 사람은 회사에서 이미지와 회사경영진의 능력과 책임감을 살펴보도록 필요한 공공관계를 맺어 항목을 신보하기 위해 필요한 준비를 한다.

셋째, 고품질의 신고재료를 제작. 재료를 신고하는 것은 문화 창의기업이 정부 전문자금을 신청하여 부지원인을 전체적인 설명해 주는 거고 주관부문이 자금보조를 줄 수 있는지 근거로 하는 것이다. 이기 때문에 재료신고 질의 중요성에 결정된다. 일반적으로 말하면은 대부분 전문자금이 고정적인 차트가 있다. 뿐만 아니라 정부가 알기 원한 상황에 대해 진실적이고 객관적이고 정확한 대답을 해야 한다. 예를 들어 기업이 현재에 영업상황, 자금동향 예측효익 등이다. 문화창의기업은 이러한 도표를 작성할 때 이성적인 문자로 자기 소망을 명확히 표시하는 동시에 되도록 이 기업의 내재적 가치를 충분히 찾아야 된다. 보조재료도 중요하지만 필요하면 기업의 생산된 신제품의 실험과 측정결과, 특허, 브랜드, 저작권 등 무형자산의 서명증서, 각종 과학기술 장항을 취득한 상황, 권위기구가 등급에 대한 평가를 첨가하여 제출하여 평가전문가는 신고한 기업을 이해시키고 이 정부자금을 투입하고 나서 경제효율과 사회효율을 나타난 믿음을 높이고 이 항목을 신청할 가능성을 증가한다.

제3절 창의기업의 주권융자

주권 융자(equity financing)란 문화 창의기업이 주식을 공개적으로 발행하여 위험투자·기타투자 유발·지분양도 등의 방식을 통해 자금원을 얻는 것을 의미한다. 일반적으로 주권융자를 통해 받은 자금을 고본(股本)이라 지칭하는데, 기업의 핵심자본으로서 고정기한이 없을 뿐만 아니라 투자수익요구도 없는 것이기 때문이다. 기업경영 상황이 좋으면 이윤이 넉넉하므로 분배 역시 많아진다. 반면에 기업 경영상황이 좋지 않으면 이윤이 약하므로 배분량이 적어진다. 기업의 향후 발전을 도모하기 위해서는 주주의 허락 하에 이윤이 있더라도 시장파동으로 인한 기업의 안정성 위험을 회피하기 위해 배분을 하지 않아도 된다. 중국의 창의기업에서 이용하는 주권융자로는 국내시장 주식 발행 융자, 해외시장 주식발행융자, 위험투기, 시드머니, 지분양도 등의 여러 가지 형식이 있다.

1. 국내시장 주식발행 융자

1) 국내시장 주식발행 융자의 전제

중국의 공사법 및 채권법규칙에 따르면 주식유한회사가 주식을 발행할 수 있다. 문화 창의기업이 개인·기업집단·독자 혹은 합명회사일 경우 표준적인 주식유한회사로 개조되어야 한다.

주식유한회사의 설립절차는 다음과 같다.

첫째, 발기인의 자격과 수를 확인한다. 발기인은 법인 혹은 자연인으로, 민사능력을 갖춘 자만이 가능하다. 발기인의 숫자는 국가마다 다르지만, 보통 3인 이상의 기구로 규정되어 있다. 중국의 경우 규칙상 5명 이상이어야 한다.

둘째, 회사규정을 제정해야 한다. 회사규정은 회사발기인 혹은 위탁된 법률고문이 제정하며, 모든 발기인이 승인한 회사발전 방침에 관한 원칙 서류이다. 회사규정에는 회사명·주소·경영종지 및 범위·주식총액·주식 종류 주식 당 금액·최초 발행 주식 및 금액이 포함되어야 한다. 회사규정 제정후에는 이를 준수해야 하며 회사규정을 수정하기위해서는 규칙된 절차에 따라 수정해야 한다.

셋째, 자금을 모집해야 한다. 주식유한회사를 설립하기 위해서는 발기설립과 초주설립의 두 가지 방법을 선택할 수 있다. 전자의 경우 발기인이 자동적으로 최초 발행된 주식 구매를 승인해야 하며, 발기인 간 체결된 계약에 의해 발기인간의 금액을 확인해야 한다. 발기인 설립절차가 간단한 장점을 보여 소규모 문화창의기업에 어울리나, 외부자금원을 받지 않을뿐만 아니라 주식회사의 최종 형태는 아니라는 점에서 단점을 보인다. 후자의 경우 발기인이 구매를 승인하는 것을 제외하고 대중을 통해 모집하게 되는데, 발기인의 구매 승인에는 일정한 비례가 필요하다.

넷째, 창립대회를 개최하고 등록 수속을 지켜야 한다. 초기 주식의 모집을 완성하면 발기인은 각 응모자에게 출자금을 지급받아야 한다. 발기인은 구매 승인한 주식을 서명형식으로서 주식종류·수량·가격을 등재하고 서명해야 한다. 구매의 승인 후 취소할 경우 발기인은 주식유한회사의 설립에 있어 책임을 지게 된다. 출자금을 받는 대로 발기인은 전체 주식 응모자를 창립대회로 소집하며, 회사성립을 공시하고, 기업 정상 운영을 위한 조직원으로서의 동사·간사·이사장 등의 구성원을 선출해야 한다. 창립대회 종료 후 이사장은 2주내로 회사를 대표하여 공상등록 및 조세등록을 완료해야 한다. 제출 서류는 회사규정과 창립대회 회의 기록 외에도 은행 출자금 보관증명서 등도 제출해야 한다. 등록을 마친 후 회사의 성립을 공시해야 한다.

2) 국내시장 주식 발행의 조건

여유가 있는 문화창업기업은 투자효과와 재부수익의 상승을 위해 호심증권거래소를 통해 주식의 발행 및 출시를 신청한다. 국내외 대형 기업이나 최상급의 부자들의 경우 주식을 부가가치로서 부를 쌓았다. 중국 내 소프트웨어 회사의 예를 들면, 초기에 1억고의 주식을 발행하여 7,500만주는 발행자가 실물자산을 수천만 위안으로 할인하여 구매를 승인하고, 나머지 2,500만주는 주당 40위안의 가격으로 공시 발행함으로서 10억여 위안을 조달하게 된다. 이 경우 주식 출시 후 부분기구를 띄우는 경우 최고 100위안의 시장가격을 갖게 된다. 조식고당 80위안으로 계산할 경우 발기인이 승인한 7,500만고의 가치가 60억으로 증가하게 된다.

소비자의 이익을 보호하기 위해 주주 체계 조를 이미 실현한 문화창의기업이 호심증권거래소를 통해 주식의 발행 및 출시를 신청하기 위해서는 다음과 같은 조건을 충족해야 한다.

첫째, 기업경영은 국가의 정책에 부합되는 보통주가 하나와 동고동권(同股同权)으로 제한되어 있다.

둘째, 발기인이 구매를 승인한 주식은 회사 발행 주식 총액의 35%이상이어야 하며 총금액은 3000만 위안 이상이어야 한다. 발기인의 이익과 회사의 이익에 연결함을 보장함으로써 기업의 주주 및 채권자의 책임을 지운다는 목적에 있다.

셋째, 발기인이 구매를 승인한 주식은 회사 발행 주식총액의 25% 이상이어야 하며 기업의 지원은 주식총액의 10%이상으로 설정해야 한다. 기업은 주식총액이 4억 위안을 넘는 자의 관리부문에서의 허락을 통해 공중발행의 비례를 줄일 수 있는데, 최적의 발행 주식총액은 15%이상이다.

넷째, 일정한 경영 연도 기한을 두고 재무상황을 안정적으로 유지해야 한다. 공개발행을 신청한 기업의 경우 일반적으로 설립과 관리를 시작한지 3년 이상이 지난 시점에 지속적으로 영리를 나타내고 6%의 순 자산수익률을 보인다. 이 시기동안 자금을 빼거나 재무회피, 재산은폐, 계산서 위조, 탈세 등의 행위를 하는 것은 규정 위반 행동으로 공신력을 잃게 된다.

2004년 5월에 관리부문은 호심증권거래소에 차스타를 설립했는데, 메인보드시장에 비하면 차스타는 "불변 2, 독립 2"의 특징을 지닌다. 즉 출시 표준 불변, 감관법률 불변, 운영독립, 지수독립, 코드독립, 감찰독립이 그것이다. 소규모의 문화창의기업은 이를 바탕으로 자금 확보의 기회를 구할 수 있다.

3) 국내시장 주식발행의 절차

문화창의기업은 주식을 발행함에 있어 주식대리 발행 자격을 가진 종합형 증권회사를 초빙하여 자문을 구해야 하며, 중국증권감독관리위원회(중국증감회)의 지역 지점에 출시 지도 신청을 해야 한다. 규정에 따르면 중국의 주식유한회사는 주식을 공개적으로 발행하기 전에 1년 이상의 지도를 받아야 한다고 규정되어 있다. 지도를 통해 공개발행후의 책임, 관련 증권 지식및 법률 지식에 익숙해지는 것은 기업에 도움을 주는데, 기업이 진정한 경영규 기계로 전환됨으로써 소유권과 채권이 분명하며, 관리과학적인 현대화 기업이 될 수 있다. 지도기가 지난 후에는 다음과 같은 절차를 밟게 된다.

첫째, 지방정부나 상급 주관기관의 허가를 받아 증권관리기구에 정식으로 주식의 공개발행을 신청한다. 증권관리기구의 신청을 받아야 자격초보심사를 받을 수 있다.

둘째, 초보심사의 합격을 받은 뒤 관련 증권관리기구에 전반적 상황에 대한 자료를 제출해야 하며, 허가를 통해 중국증감회에 이를 전달하여 한도 심사를 비준해야 한다. 확인 후 발행신고자료를 정식적으로 제작한다.

셋째, 발행 출시할 증권거래소에서 기업의 전반적 상황 자료를 제출하고 출시 신청을 한다. 증권거래소 출시부문에서 초보심사를 통과하고나서 출시약속을 가진다.

넷째, 관련 증권거래부문은 제출한 자료를 받아 법률규정에 의거해 자료의 완비성·유효성·확실성·합법성 여부를 검사하는 초보심사를 진행한다. 심사 통과후 중국증감회에 전달되어 다시 확인된다.

다섯째, 중국 증권 금감관리위원회는 복핵 신청(requisition review)을 받아 발행부문의 심사자료를 초보 심사하고 통과시킨 후 중국증감회 주식발행심사위원회로 제출하여 심사한다. 심사 통과 후 중국증감회는 주식발행 관련 자료를 발급하여 회사 주식 발행 방안에 대한 심사를 진행한다.

여섯째, 회사는 조식모집설명서를 작성하여 중국증감회에 제출하고 추가로 증권거래소에도 제출한다. 발행함에 있어 2~5일 근무일 전 주식모집설명서의 개요를 중국 증권감동관리위원회가 지정한 출시회사 정보공개 간행물에 게재해야 한다.

일곱째, 회사는 온라인 정가 또는 중국증감회가 허가한 발행 방식을 통해 주식을 발행한다. 발행 후 1 근무일 내에 중국증감회발행부에 발행 상황 재생표를 전달하여 7 근무일 내 중국증감회 발해우에 주식발행상황보고서·자금조사보고서·구입신청·배급판매상황보고서 등을 제출하고 지방 증권관리부문에도 제출해야 한다.

2. 국제시장주식발행융자

중국의 문화 창의기업이 국제시장에서 주식을 발행하여 자금을 융통하고자 할 경우, 현재까지는 주로 중국홍콩지구, 싱가포르와 미국의 주식시장을 선택해왔다.

1) 중국홍콩지역주식시장

홍콩증권거래소와 홍콩연합증권거래소에서의 주식발행 출시 조건은 다음과 같다.

첫째, 공중 주식보유 수량이다. 출시 당시 예비시가 1억 홍콩달러이상이어야 한다. 시가가 40억 홍콩달러보다 부족하다면 공중주식보율은 최저 25%이며, 40억 홍콩달러 이상일 경우 주식거래소의 상황에 따라 결정되는데, 보통 10%~25%사이이다. 100만 홍콩달러의 주식을 발행할 때에는 3인 이상 보유해야 하며 최소 100인 이상 보유해야 한다. 둘째, 영리요구이다. 일상 업무를 통한 수익과 손실을 제외한 최근 1년 동안의 수익이 2000만 홍콩달러이상이어야 하며 2년 전부터 당시점까지의 누적 수익이 3000만 홍콩달러이어야 한다. 셋째, 홍콩 혹은 국제공인의 회계준칙을 채용해야 한다. 회계사 보고는 신고 마지막 회계연도의 결제 일자와 출시문서의 게재일자의 간격은 6개월 이상 넘으면 안 된다.

최근까지 홍콩연합증권거래소를 통해 주식을 발행하고 출시하는 내륙 기업이 많아지면서 홍콩연합증권거래소는 내륙 기업의 출시에 다해서 아래와 같은 요구를 제시하고 있다. 첫째, 중국에 정식적으로 등록하거나 기타 방식으로 성립되었으며, 중국 법률 및 규정에 의해 제약되는 주식유한회사이어야 한다. 둘째, 출시 후 최소 3년 이내에 보증인을 초빙해야 하고, 보증인은 회사의 출시 합리 여부를 확인할 뿐만 아니라 출시규정과 출시협의의 의견을 제공해야 한다. 셋째, 두 명의 위임 대표를 출시 회사 및 연교소(聯交所) 간의 주요한 유통경로로서 위탁한다. 넷째, 중국회계준칙규정에 의해 연교소에서 출시하는 동안 회계사보고서 및 년도 보표에 있어 홍콩이나 국제회계표준을 채용해야 한다. 출시회사의 회계사는 꼭 연교소가 승인된 회계사이어야 한다. 다섯째, 연교소 출시 기간 동안 회사를 대표하여 홍콩에서 소환장 및 통고를 받을 담당자를 위탁한다. 여섯째, 홍콩 주주를 위한 주주명단을 제작하고 홍콩주주 명단에서 등록할 수밖에 없는 주식은 연교소에서 거래해야 한다. 일곱째, 연교소에서 출시하기 전 연교소와 출시협의를 맺어야 한다. 동사와 감사마다 연교소의 규정을 승낙해야하며, 투자설명서가 필요한 자료는 반드시 홍콩법률에 의해 허가된 자료이어야 한다. 여덟째, 주요 주주의 주식 판매제한이 있어야 한다. 출시 6개월 내에 부분주식은 판매할 수 없으며, 6개월이 지나도 공주권을 여전히 유지해야 된다.

홍콩타스닥은 창던단계의 중소기업을 상대로 주식을 발행하고 출시하며, 조건은 다음과 같다. 첫째, 구체적인 영리 기록요구가 없더라도 출시하기 전 24개월 내 기간 동안의 활발한 업무기록이 있을 경우, 규모 및 공중 주식권유지 방면에 있어 조건이 충족될 경우 12개월 활발 기록기를 채용할 수 있다. 둘째, 기업의 주요경영업무 외에도 핵심업무를 협조하는 주변업무도 허가 가능하다. 셋째, 출시를 신청하기 24개월 전에(회사는 규모라는지 공중고권방면이 라든지 여러 조건을 맞는 회사가 12개월로 면제할 수 있다.) 회사는 동일한 자가 경영하고 보유해야 한다. 넷째, 회사는 보증인 한 명을 위임하여 준비 및 출시에 도움을 받아야 한다. 이 외에 회사는 출시 후 2개 재정년도 동안 보증인 한 명을 고문으로 초빙해야 한다. 다섯째, 회사는 독립이자 비 지행이사로, 회계사와 감찰주임을 위임하고 심사위원회를 설립해야 한다. 여섯째, 시장가치 40억 달러 이내의 회사의 경우 최저 공중 주식보유량을 25% 점유해야 하며, 금액이 3,000만 홍콩 달러이상이어야 하며, 시장가치 40억 홍콩달러 이상의 회사는 최저 주식보유량 10억 홍콩달러 또는 이미 발행된 고본의 20%이상을 점유해야 한다. 두 가지 중 가장 높은 것을 표준으로 정한다. 일곱째, 회사의 주주는 일정하게 분포해 있어야하며 출시 당시 최소 100명의 공중인이 주식을 보유해야 한다. 여덟째, 회사는 홍콩, 버뮤다(Bermuda) 및 케이만 제도 등의 사법지역에 등록하여 성립된다.

2) 싱가포르 주식시장

문화창의기업은 싱가포르에서 주식을 발행하여 자금을 모으려고 할 경우 싱가포르증권거래소나 싱가포르 거래자동정가시스템을 선택할 수 있다.

싱가포르 증권거래소는 회사의 출시 신청에 따라 결정하는 권력을 갖고 있다. 싱가포르 등의 채권거래소에서 출시 신청을 하려면, 일반적으로 다음과 같은 조건을 준수해야 한다.

첫째, 납부 자금액이 1500만 싱가포르 달러이상이어야 한다. 둘째, 주주는 1,000명이어야 하며, 적어도 400만 싱가포르 달러 혹은 25%의 자본을 유지해야 한다. 셋째, 양호한 경영업적이 필요하다. 회사의 재무상황은 튼튼해야하며 운영자금이 넉넉해야하며, 출시 이전의 회사동사와 공제된 기타회사 및 주요 주주에게 반납해야 할 재무를 반드시 반납해야 된다. 넷째, 회사경영진의 변동이 생길 경우 설득력 있는 근거를 제출함을 통해 새로운 경영진의 전재를 지님을 증명해야 한다. 이사회는 비지행동사를 최소 두 명 선출해야하며, 발행인 간상업 및 재무관계가 없어야한다. 다섯째, 회사는 발행한 주식을 유지하는 중개인을 누구나 소지인으로서 등록하고, 대리인은 등록한 지고수가 이 같은 주식 총수량의 10%를 초과할 수 있다. 여섯째, 증권거래소와 증권업위원회의 허가 이전에는 기업의 기채취지서(prospectus)를 공시할 수 없다.

해외 회사는 싱가포르증권거래소에서 주식을 발행하고 출시하려 할 경우 다음의 조건을 부합되어야 한다. 첫째, 회사는 다른 증권거래소서나 공인된 장외시장에서 출시해야 한다. 둘째, 회사의 주식은 공개적 시장을 갖춘 상태이어야 하며. 주식을 보유 중인 전구주주는 2,000명 이상이어야 한다. 셋째, 회사는 최근에 3년 동안 종합과세전의 영리를 5,000만 싱가포르 달러 이상 내야하며, 유형자산 가치가 5,000만 싱가포르 달러를 초과해야 한다.

싱가포르자동정가시스템이 타스닥과 유사하다. 1989년에 설립되었으며, 발전잠재력을 지닌 중소기업에서 자금을 모집함에 있어서의 경로를 제공한다. 자동보가시스템은 설립 초기싱가포르 내 등록한 회사에 개방되어 출시 신청을 받았으며, 1997년 3월부터는 외국회사에도 개방했다. 발행과 출시의 조건은 여유로운 편으로 발전잠재력과 기업의 자금융통과 항모융자의 진행, 제품 개발 가능성을 증명하는 것이 유일하게 요구되는 사항이다. 주권분포방면에 있어서는 500명 이상의 주주가 15%의 주식을 보유 중이어야 한다.

3) 미국의 주식시장

미국의 주식시장은 거래소 시장과 장외시장으로 구분된다. 거래소 시장은 주로 뉴욕증권거래소와 나스닥 시장가 이용된다. 미국에서 주식을 공개적으로 발행하려면 미국증권관리위원회에 등록보고서를 제출해야 한다. 증권관리위원회는 주로 등록보고서에 기록된 정보의 진실·정확성여부를 심사하며, 발행회사가 등록보고서를 수정하는 권력을 부여하고 있다. 등록보고소가 사실만을 공시할경우 보고서에 표기한대로 주식을 판매할 수 있다고 규정한다.

뉴욕증권거래소에서의 발행 및 출시된 조건다음과 같다. 첫째, 최저 공중 주식보유수량과 업무 기록이 필요하다. 최저 2,000명 이상의 주주가 있어야 하며 주주 마다 100고 이상을 보유해야 한다. 혹은 2,200명의 주주의 최근 6개월 월평균거래량이 10만고 이상이 되어야 하거나 500명 주주의 최근 12개월 월 평균거래량이 100만고 이상이어야 한다. 시장에서의 투자자는 최소 100만고를 보유해야 한다. 둘째, 최저 시장가치이다. 유통주의 시장가치는 4,000만 달러 이상이어야 하며 유형자산은 4000만 달러 이상이어야 한다. 셋째, 영리요구이다. 출시 전 2년의 기간 동안의 조세 이전 연수익이 200만 달러이상이어야 하며, 최근 1년간의 조세 이전 수익이 250만 달러 이상이어야 한다. 또는 3년 동안 영리를 유지하거나 조세 전 수입총액이 650만 달러 이상이어야 하며, 최근 1년 동안의 최저 조세 이전 수익이450만 달러에 이르러야 한다. 마지막으로 최근 회계년도 시장가치 총액이 5억 달러 이상이며 수입이 2억 달러 이상이어야 하고 3년간 순수익 합계가 2500만 달러 이상이어야 한다. 넷째, 출시기업유형이다. 상승한 기업의 경우 미국의 일반 공인된 회계준칙을 채용하고 거래소의 연보, 기보와 중기보고제도를 지켜야 한다.

나스닥 시장은 전문적으로 창업기·성장기의 발전 잠재력 있는 중소기업을 대상으로 설립되어 있다. 전국 시장과 소형 시장으로 구분되며, 구체적인 발행 및 출시 조건은 신청하는 회사의 상황에 따라 달라진다. 구체적인 규정은 아래 <표 7-3>과 같다.

<표 7-3>은 미국 나스닥 전국자본시장에서의 출시 규정이다. 본 요구 외에 아래의 조항을 준수해야 한다. 첫째, 이사회에는 독립 동사가 2명 존재해야 한다. "독립동사"란 회사의 고급지원과 고용자 및 동사회가 동사직책을 수행함에 있어 독립적인 판단하는 사람에게 영향을 미친다고 여길 수 있다. 둘째, 회사는 심계위원회를 설립해야 한다. 회사의 심계위원회 중에서 대부분 구성원은 독립동사로 구성되어야 한다. 셋째, 회사는 매년에 수차례의 대회를 개최하고 전국 증권거래상협회에 통보해야 한다. 주주대회는 주주대표를 위탁을 허락할 수 있으며, 회의대표의 위임서 사본을 전국증권거래상협회에게 제출해야 한다. 보통주 주주 대회를 개최할 때 법정인수가 보유중인 있는 주식은 발행된 주식의 1/3이거나 회사의 규정에 의해 상한되어야 한다. 넷째, 주주에게 연도보고서, 기도 보고서 및 기타 중기보고서를 제출해야 한다. 다섯째, 상술한 규칙과 발행회사 국가의 법률이나 상업관리에 있어 상호 저촉될 경우 미국증권거래협회에 의해 면제받을 수 있다.

〈표 7-3〉 나스닥 전국자본시장의 발행 및 출시 최저요구

항목	새로 출시			지속 출시	
	선택1	선택2	선택3	선택1	선택2
순자산	600만	1800만	제한 없음	400만	제한 없음
시장가치 총자산 총수입	제한 없음	제한 없음	75만 75만 75만	제한 없음	50만 50만 50만
세금 납부 전 수입	100만	제한 없음	제한 없음	제한 없음	제한 없음
대중 보유하는 주식	110만 주	110만 주	110만 주	75만 주	110만 주
경영년도	제한 없음	2년	제한 없음	제한 없음	제한 없음
발행 시장가격	800만	1,800만	2,000만	500만	1,500만
주주 인원수(100만 및 100만 이나 주식 보유)	400명	400명	400명	400명	400명
투자전문가 인원수	3명	3명	4명	2명	4명

나스닥 소형자본시장에서 출시하려면 다음의 조건 중 하나만을 만족시키면 된다. 순자산 400만 달러 이상, 시장가치 5,000만 달러 이상, 순수입이 75만 달러 이상이어야 한다. 계속적으로 출시할 경우 조건은 더욱 낮아진다. 순 자산 200만 달러 이상, 시장가치 3500만 달러 이상, 순수입 50만 달러 이상이어야 한다(구체사항은 <표 7-4> 참고). 관리부문의 효율적인 감독을 위해 이미 발행하여 출시한 회사는 기한 내에 연도와 중기 보고를 제시해야 한다. 최소 2명의 동사가 있어야 하며, 동사심계위원회 중 대부분의 구성원이 반드시 독립동사이어야 하고 매년 주주대회를 개최할 수 있어야 한다.

〈표 7-3〉 나스닥 소형자본시장의 발행 및 출시 최저요구

규칙	새로 출시	지속 출시
순자산이나 시장가치	400만 달러나 5,000만 달러	200만 달러나 3,500만 달러
순수입	75만 달러	50만 달러
대중 보유하는 주식	100만 주	50만 주
발행 시장가격	500만 달러	100만 달러
투자전문가 인원수	3명	2명
주주 인원수(100만 및 100만 이나 주식 보유)	300	300
경영년도나 시장가치	1년이나 5,000만 달러	제한 없음

3. 리스크투자

리스크투자는 발전이 빠르며 잠재력이 높은 신흥 기업에의 투자를 가리키며, 장기성, 고위험성의 성격을 지니는 투자 방법이다. 3~5년의 기간 동안 투자가 이루어지며, 투자가 막 시작하거나 그렇지 못한 하이테크놀로지 기업 및 생산품을 위주로 투자하게 된다. 이러한 의미에서 리스크가 높으나 수익을 얻는 확률 역시 높다.

미국은 리스크 투자의 발원지이다. 40년대 미국은 뉴잉글랜드지역의 전통공업의 손해에 따라 경제쇠퇴 현상을 겪었다. 당시 국회의원 플랜더스의 조사에 따르면 전통 공업에 의한 현상이 아닌 신흥 기업 창립의 부족에 기인하는 것에 기인했다. 뉴잉글랜드 지역은 기술자원 풍부하나, 단지 자금의 부족에 의해 현실적 생산력으로 전환하지 못했다. 자금조달의 담당 전문기구의 성립 제안이 정부에 제출되고, 받아들여졌다. 이에 따라 1946년에 미국 연구 및 발전회사(ARD)가 정식 운영되였다. 최초에는 8개 회사를 투자했으나 경험 부족으로 손해를 보았다. 1958년에는 디지털시설회사(DEC)에 7만 달러를 투자하며 10년 후 5억 달러라는 천 배 이상의 가치를 획득했다. 1978년에는 미국 엔지니어 아서로커가 5.76만 달러로 한 주당 9센트 가격으로 창업 시기에 있던 애플 사의 주식 64만 주를 구입했다. 이후 1983년 초에 출시 당시 주식가격이 1,400만 달러로 5년 만에 243배 올르게 되었다. 90년대에는 클린턴 대통령이 신 경제 운동을 추진함에 따라 리스크 투자가 하이테크놀로지산업의 원동력이 되었다. 1995~1997년의 리스크 투자 수익률을 각 48%, 40%, 36% 의 높은 수치를 기록했다. 뿐만 아니라 미국 경제 역사상 높은 성장률, 높은 취업률 그리고 낮은 인플레이션이 공존하는 상황을 조성함을 통해 세계적인 관심을 이끌었다. 중국 삼대 포털사이트 SOHU 역시 미국의 리스크투자에 의해 만들어져 커진 것이다.

창의 산업 중 문화예술·신문출판·방송·영화·소프트웨어·광고 영역에 있어 과학기술적 기업의 수는 적지 않다. 이러한 기업의 투자 유치에는 해당 기업만의 독특한 장점을 보인다. 리스크 투자가 권익자본의 자격으로 참여하는 것이다. 기업의 리스크투자 권익은 일부 주식이며, 비 회사 기업 권익은 합력이익으로 표현된다. 합력관계는 운영관리에 있어 발언권을 표현할 수 있는 보통 합작형식일 수도 있으며 발언권이 없는 재무적인 제한 합작형식일 수도 있다. 대다수의 중소형 문화 창의기업들은 좁은 시장 내에서 제한된 제품만을 생산하기에 남다른 발전 전망을 보여주지 않는다면 투자를 유치하는 데 어려움을 겪게 된다. 따라서 투자자의 시선을 집중시킬 수 있는 프로젝터 계획서의 중요성은 두 말할 필요도 없다.

프로젝트 계획 구성은 도전성을 요구한다. 전문적인 형식을 통해 체계적이며 완벽하게 구성되어야 한다. 개요는 계획프로젝트에 대한 간단한 설명으로서 기업의 제품 및 서비스, 독특한 시장 성격, 재무예측, 미래 운영목표와 투자시 얻게 되는 수익을 포함해야 한다. 좋은 개요란 리스크 투자자에게 깊은 인상을 남겨 개요의 뒷내용까지 읽게 할 수 있는 개요이다. 통상적으로 프로젝트 계획서에는 다음과 같은 내용이 포함된다.

〈표 7-5〉 리스크투자 프로젝트 계획서의 내용 및 요점

항목	내용	요건
1. 기업 성질	만들자고 하는 기업이 어떤 것이며 어떤 제품과 서비스를 제공하는 기업인가? 앞으로 발전기회가 어떤가.	자세히 성정 잠재력, 장점과 성공할 이유를 설명한다. 산업 배경자료 첨부.
2. 시장 마케팅	누가 잠재 고객인가? 예측 시장점유율이 얼마인가? 경쟁 상대가 누구인가? 상품과 서비스에 가격을 어떻게 매은 것인가? 앞으로 마케팅 어떻게 할 것인가?	투자자를 판매 목표 완성할 수 있다고 생각하게 만들다. 객관적으로 경쟁상대를 평가한다. 시장 목표와 포지셔닝을 명확하다. 광고비용을 예측한다.
3. 연구개발	연구개발이 기존 상품보다 어떤 전을 진보하는 것인가? 기술적 지지를 받은 것인가? 계속 개발하면 비용 어느 정도 들 것인가?	완성한 부분을 자세히 설명 이미 얻은 연구 성과 및 할 받을 수 있는 기술적 지원을 기재한다.
4. 제조 과정	기업 주소를 선택하는 이유. 어떤 시설이 필요한가? 공급해 주는 기업이나 사람이 누가인가? 노동력 자원 모집방법. 제조비용 어느 정도 필요한가?	기업 주소의 장점을 설명한다. 운송 경로를 설명한다. 월급과 제조비용 비교해서 장점을 기재한다.
5. 관리과정	누가 기업을 운영한가? 어떤 조건을 제공하야 하나. 전문가나 컨설턴트 고용할 것인가? 주주 구조의 특정. 월급과 복리계획 및 결정 이론적 근거와 표준이 무엇인가?	해당 운영자 이력을 제공한다. 기업의 법률 구성을 설명한다. 전문가와 컨설턴트 역할 및 담당업무를 설명한다.
6. 리스크	예상치 못한 부분을 존재하나? 해당한 원자재 및 기술 제한이 있는가? 기술 갱신에 따라 연구 의미를 없어지는 거 아닌가? 시장에서 인증 받지 못하거나 시간을 오래 걸리는 문제가 존재한가?	잠재하는 리스크를 충분히 고려해서 대응 가능 방안을 세우다.
7. 재무예산	필요한 자금이 얼마인가? 자금 얻을 수 있는 방법. 리스크 투자자이 투자해야 하는 자금 얼마인가? 언제부터 현금 유통이 가능한가? 언제부터 수익을 얻을 수 있는가? 자금이 완전 커버하는 데 시간을 얼마 걸리나?	자금 용도를 설영한다. 자금의 사용단계 및 효과를 구분하다. 객관적 언어를 선택 신빙성을 높이다.

완벽한 프로젝트 계획을 통해 문화 창의기업의 현재 상황, 예측 수요, 미래 발전방향을 설명해야 한다. 이는 기업의 발전과정에서 겪을 수 있는 마케팅·연구개발·제조운영·리스크와 재무 등의 내역 및 계획 스케줄을 보여주는 것이다. 관리자에게 기업의 향후 발전방향 및 조치를 생각하게 하며, 투자자에게 필요한 서식 서류를 제공해준다. 이를 통해 비판적이며 객관적으로 기업을 평가함을 통해 투자 여부를 결정하게 할 수 있다.

중국의 경우 80년대에 리스크 투자가 관심받기 시작했다. 리스크 투자는 1986년의 성화계획, 863계획 이후 실행되었다. 상기 계획에 포함된 기업은 세금과 대차함에 있어 혜택을 받았으며 신제품 연구개발, 생산 및 판매 과정에서 감수되는 리스크 일부를 국가가 부담했다. 1986년에는 중국 기술창업투자회사가 설립됐다. 등기자본 1,000만 달러를 기술투자를 위주로 운영했다. 다만 관리 실수로 인해 1998년에 부도났다. 현재까지 전국적으로 유사한 투자회사가 약 350곳이 있었으나, 아직까지는 시장이 미숙한 탓에 제한 자금이 리스크 투자나 하이테크놀로지 성과에 사용되지 않는다.

리스크투자를 받은 창업자가 무책임한 낭비와 자신의 비전만의 달성 등의 나쁜 시범사례가 존재했다. 리스크 투자자의 설득은 창업자에게 어려운 일이다. 정부는 해당 정책을 세운 뒤 리스크 투자의 발전을 경제 및 사회발전 총체 계획에 포함시킨다. 정책을 통해 은행은 해마다 자질 있는 리스크 투자 회사에 저이자율이나 무이자로 대출을 한다. 문화 창의기업은 이러한 융자경로를 통해 효율적인 지원을 받게 된다.

4. 재산권 양도

재산권 양도란 상호 경제주체 간에 발해되는 생산요소 및 생산요소에 부착되는 모든 권리의 유상 양도 행위를 의미한다. 문화창의기업은 재산권의 합리적 유통을 통해 양도측의 발전 필요 자금을 마련하고, 양도 받는 측은 빠른 성장과 강해지는 조건을 갖추게 된다. 이를 통해 기업자원이 과학적으로 통합된다.

중국 기업재산권의 양도는 80년대 중 후반에 시작되어 20여년 동안 걸쳐 이루어져왔다. 초반에는 실물 자산 위주로 이루어지다가 기업 간의 주식 양도까지 발전하였다. 자산유형도 단순 유형 자산에서 공업재산권·상표권·공업기술 등의 무형자산으로 발전했다. 최근 몇 년 들어 경제체제의 개혁에 의해 각 지역마다 재산권 시장의 건설을 중요시하게 되었다. 현재 중국에는 약 200개 규모의 서로 다른 유형의 재산권 거래소·하이테크놀로지 거래시장·지적재산권 거래시장이 존재한다. 통계에 따르면 2006년 상해재산권 시장에서는 기술재산권거래 1,700여 건, 거래액 천억 위안 근접, 직·간접 융자 금액 500억 이상의 수치를 기록했다. 창의 산업에서 출시되는 상품과 창의에는 자기만의 독특한 색깔을 갖고 있으며. 지적재산권 거래에 있어 창의 산업은 현저한 우세를 보인다. 기업에 대한 운영권을 유지하는 동시에 일부 주식을 팔아 다른 투자자를 유치할 수 있기 때문이다. 한편 가격이 적당한 상황하에 기업의 운영권을 양도하여 받은 자금으로 새로운 기업을 설립하거나 특정한 업무만 집중하기도 한다.

제4절 창의산업의 채권융자

채권융자란, 문화창의기업이 자금을 대출하면서 일정기간 내에 규정된 조건에 따라 원금과 이자를 상환함으로써 자금원의 취급을 승인하는 것을 의미한다. 일반적으로 채권융자를 통해 조달한 자금은 채무자금으로서 대차관계를 드러낸다. 중국의 경우 채권융자의 주요 경로는 은행대출, 채권발행, 민간대출과 금융리스 등이 있다.

1. 은행융자

1) 문화 창의기업의 은행대출금 신청절차

문화 창의기업이 은행에게 대출금을 신청하려면 합법성·합리성·유효성·합격성을 구비해야 한다. 합법성은 차입기업과 경제활동이 합법적임을 의미한다. 합리성은 차입기업의 분포와 자금의 구조가 합리적임을 가리킨다. 유효성은 차입기업이 제공하는 상품과 노동이 효율적으로 이용되며 지속적인 생산과 판매를 통해 이윤을 창출함을 의미한다. 합격성은 차입기업의 신용이 양호하다는 의미이다. 구체적으로 말하자면 차입자에게 법정 자본금이나 처리권을 보유한 자유자금과 재산이 있어야 한다. 또한 중국 인민은행이 발행한 '대출증'을 보유함과 동시에 원금과 이자의 지불 능력이 있어야 한다. 마지막으로 예정된 만료기일에 상환할 수 있어야 한다. 위의 조건이 충족되어야 아래와 같은 절차를 진행할 수 있다.

첫째, 대출신청을 제출한다. 문화 창의기업은 대출신청을 제출할 때 '차입신청서'를 작성하여 은행에 제출해야 한다. 동시에 다음에 자료를 제출해야 한다. ① 차입자 및 담보인의 기본정보 및 사업자 등록증, 법인대표증명서 등이다. ② 재정부문이나 회계사무소가 심사 비준한 전년도 회계제표와 대출금 신청 1달 전 기간 동안의 재무제표나 대차대조표를 제출해야 한다. ③ 이전의 대출금의 불합리적인 점용에 대한 교정상황이다. ④ 자유자본과 자유유동자금의 보충상황, 담보물 및 담보의 허가와 관련된 증명서 등이다. 문화 창의기업이 중장기 대출을 신청하면 위에서 언급한 자료의 제공뿐만 아니라 사업 시작 전의 준비 완료 보고서, 계좌 개설 은행에 규정된 은행예금증서, 관련부서의 사업시작허가통지서, 규정에 따른 사업낙성 투자가 필요한 자유 유동자금의 이행상황과 증명서류, 수출입 합의와 계약서를 제출해야 한다.

둘째, 대출조사와 신용평가를 받는다. 은행은 문화 창의기업의 '대출신청서' 및 관련 자료를 받은 뒤 조사를 위해 대출 담당 직원을 파견한다. 주로 대출신청서의 내용이 완전한지, 데이터가 확실한지, 대출금의 용도가 국가산업정체, 환경보호정체 및 기술발전추세와 일치하는지를 조사하며 대출기업의 신용기록을 조사한다. 또한 대출금 사용 후의 잉여 상태와 대출금 및 이자 상환의 자금원을 예측한다. 대출결과에 따라 대출기업에 대한 신용평가를 통해 신용등급 부여한다. 신용평가는 은행 단독적으로 진행되어 내부 참고용으로만 사용되거나 전문 신용평가기구를 통한 평가를 통해 모든 은행이 참고용으로 사용할 수도 있다.

셋째, 대출금심사를 기다린다. 대출조사와 신용평가에 거쳐 대출조건과 일치하는 문화 창의기업을 심사해야 한다. 현재 다수의 은행은 '등급(직급)별로 책임을 지면서 전체심사하며 일인 처리'의 규칙에 따라 대출을 결정하며, 대출금액·기간에 따라 심사의견을 체결하여 대출심사수속을 한다. 부실대출금을 줄이기 위해서 상당수의 은행은 대출심사위원회를 설립하여 단체결정을 실시한다.

넷째, 대출계약을 체결하고 대출금을 받는다. 문화 창의기업의 대출신청은 은행의 인가를 받은 후 은행은 『경제계약법』과 『대출계약조항』에 근거한 기업과 대출계약을 체결한다. 계약본문을 은행으로 세운 계약서를 2부 작성하여, 쌍방이 각 한 부씩 소유한다. 계약의 효력이 발생된 후 은행은 규정에 따라 대출금을 지급한다. 대출금을 지급할 때 문화 창의기업은 먼저 '차용증'을 기입한다. 은행업무자가 기입한 내용에 대해 정확한지, 대출계약과 일치하는지를 검사한다. 착오가 없을 경우 과장 혹은 은행장의 사인을 받고 회계부문으로 이전한뒤 대출금을 차입기업의 계정계좌로 이체한다.

2) 은행대출의 이자 계산방법과 발행근거

중국의 경우 특별한 규정이 없으면 은행대출의 이자를 단리로 계산한다. 계산공식은 다음과 같다.

이자=원금×이자율×대출기간

대출기간이 정년정원이 아닐 경우 단계별로 계산해야 한다. 예를 들면 연율 10%, 3년 6개월 10일의 대출금액이 100만 위안이라고 가정할 경우, 먼저 3년의 이자를 계산한 다음 연율을 월이자율로 전환하여 6개월의 이자를 계산한다. 그리고 연율을 일일이자율로 전환하여 10일의 이자를 계산한다. 따라서 본 대출금의 총 이자율은 30만 위안+(100만 위안×10%÷12×6)+(100만 위안×10%÷360×10)=352으로 778위안이다.

이자율의 시장화 혁신을 추구하기 위해서 중국인민은행은 점차 금융기구 대출이자율의 변동구간을 확대하고 있다. 현재 정책에 의하면 중국 인민은행이 규정한 기준 이자율에 근거하여 상업은행, 도시 신용조합은 변동의 상한을 기준 이자율의 1.7배로 확대할 수 있다. 농촌 신용조합은 변동의 상한을 기초 이자율의 2배로 확대할 수 있다. 금융기구대출 이자율의 변동 하한은 기준 이자율의 0.9배이다. 1년 기간의 대출을 예로 들면, 현행 기준 이자율이 7.02%일 경우 금융기구는 6.32%~11.93% 구간에서 시장원칙에 따라 자유롭게 대출 이자율을 확정할 수 있다. 계산의 표준을 살펴보면, 1년 및 1년 이하의 단기 대출금에 대해 계약 이자율을 실행하여 단계별로 계산하지 않는다. 1~3년, 3~5년과 5년 이상의 중장기 대출에 대해서는 단계별로 계산한다. 대출 이자율을 조정하면 다음 해 1월 1일부터 새로운 이자율로 실행된다.

은행과 기업 간의 관계는 상호혜택과 이익을 주고받는 협조관계이다. 은행 간 시장개척을 함에 있어 우수한 고객을 빼앗는 현상이 발생되고 있으며, 신용도가 높고 경영효과와 수익이 좋은 기업에게 혜택을 주는 경향이 있다. 따라서 문화 창의기업은 대출금을 신청할 때 비교작업을 통해 최저 대출비용을 선택해야 한다.

은행대출금의 발행은 일반적으로 신용, 보증과 담보의 3가지로 구성되어 있다. 이와 대응되는 것은 신용대출, 보증대출과 담보대부이다.

신용대출은 차입기업의 높은 신용도에 의해 발행되는 대출금이다. 차입기업의 신용도 인증은 주로 이전 신용기록과 현재 경영현황에 의존하여 이루어진다. 신용도는 무형적이며 상황의 변화에 따라 변화할 수 있기 때문에 차입기업의 신용도는 주관적·객관적 원인으로 인해 악화될 경우 은행은 발행한 대출금을 회수할 수 없을 수도 있다. 따라서 은행의 신용대출 심사는 엄격하다. 단, 은행과의 장기적인 우호적 거래가 있어왔다면 신용도를 고려하지 않아도 된다.

보증대출이란 제3자의 담보에 의해 차입기업에 발행되는 대출을 말한다. 담보자의 책임은 차입기업이 합리적으로 대출금을 사용하여 약정된 기간에서 원리금과 이자를 상환하는 것을 독촉하는 것이다. 차입기업이 만기일까지 원리금과 이자를 지급하지 못하면 담보자가 책임져야 한다. 제3자의 개입으로 은행의 자금 위험을 줄이므로 신용등급이 낮은 문화 창의기업에 있어 보증대출의 신청은 더 나은 선택일 수 있다. 담보자는 법인자격 혹은 담보능력을 가지고 있는 경제실체이어야 하며 '대출담보약정서'를 제출하여 은행으로 이송해야 한다.

은행은 '대출담보약정서'를 받은 후 담보기업의 사업등록증, 재무체표 및 기타자료를 인증하여 담보기업이 제공할 수 있는 유효한 담보금액을 책정한다. 담보기업은 다른 은행에서 계좌를 개설함에 있어 상관 은행을 통해 신용상태를 확인해야 하며, 담보기업의 재산이 저당채무로써 이미 사용되거나 기타 차입기업의 담보로써 사용되는지 심사해야 한다.

담보대출이란 문화 창의기업이 법규에 따라 재산의 소유권을 은행으로 이전하여 대출금을 취득하는 것을 말한다. 만기일에 약정한 금액에 의해 원금과 이자를 지불한 후 은행은 저당재산을 차입기업으로 반환한다. 그렇게 하지 않을 경우 은행은 법규에 의해 재산을 처리할 수 있으며 이 재산을 통해 우선적으로 은행의 대출금을 반환받는다. 담보대출은 전세계에 널리 퍼져있는 대출 방법이다. 담보대출은 차입기업의 신용을 규제할 수 있고 대출위험을 낮출 수 있다. 담보로써 사용되는 재산은 부동산, 재고상품, 유가증권, 기계설비, 미수계정, 은행예금증서, 생명보험 등이 있다. 각종 저당물은 법정 절차에 따라 기록되어야 한다. 부동산으로써 저당되는 재산은 특별한 법규나 계약이 없다면 일반적으로 차입기업에 의해 관리되거나 사용된다. 소유권과 경영권을 증명하는 서류는 원칙적으로 은행에 의해 관리된다. 한편 유가증권, 저금통장 등 동산과 같은 저당대상은 일반적으로 은행에게 관리를 당한다. 후자를 담보공탁이라고 지칭하기도 한다.

3) 은행 대출의 종류

은행대출의 분류 방법은 여러 가지가 있다. 방법에 따라 결과가 다르므로 용도와 기한에 따라 다음의 몇 가지 대출에 있어 주의해야 한다.

첫째, 법인계정을 초과 인출한다. 법인계정초과인출은 은행이 차입기업의 신청에 따라 계정의 초과 인출한계를 심사하여 결정되며, 결제 계정의 예금이 부족할 때에도 사정한 한도에서 직접 초과 인출하면서 융자금을 얻는 대출방식이다. 이 대출은 발생 빈도가 높으나 금액이 크지 않고 기한이 길지 않는 문화 창의기업의 융자 수요를 만족시킨다. 이 대출의 가장 큰 장점은 절차가 편리하다라는 점이다. 차입기업은 은행과의 계약 체결한 후 규정된 기간 내에 언제든지 초과 인출할 수 있으며 언제든지 갚을 수 있다. 기업이 당좌 대월액을 사용한다면 은행이나 상관 부서에 미리 통지하거나 특별한 신청할 필요가 없다. 기업의 당좌대월계정의 예금 잔고를 초과한다면 기업의 초과대출신청을 간주한다. 기업의 초과인출잔액이 한계에 도달하지 않으면 기업이 당좌불입이 대월금을 상쇄한다. 당좌 대월액의 한도는 은행의 허가를 받는 기업의 초과 인출할 수 있는 최고한도액이다. 일반적으로 1년을 단위로 규정되어 유효기간이 1년을 초과하지 않을 경우 초과 인출계약일로부터 계산하게 된다. 초과기간은 최장 3개월을 초과하지 않는다. 3개월을 초과할 경우 불량대출로 간주하여 처리한다.

법인 계정당좌대월이자는 중국인민은행의 규정에 따라 1년기 대출기준이자율을 10%~30%로 상승하여 실행하며, 당좌대월기간이 1개월 및 1개월 이내일 경우 이자율은 10%로 상승하고, 2개월 및 2개월 이내일 경우 20%, 3개월 및 3개월 이내의 경우 30% 상승하며, 초과인출기한이 3개월을 초과하면 대출기한경과대의 이자율에 의해 실행된다. 계정의 초과인출은 날짜대로 이자 기본수를 계산한다. 실질 초과 인출시간에 따라 실행이자율이 확정된다. 은행은 심사 및 결정한 초과인출한도와 기한에 의해 기업과 초과인수계약을 체결하며 규정에 따라 기업에게서 일시 초과승낙비용을 수취한다. 초과승낙비의 연율은 최고 0.3%를 초과하지 않는다. 현재 은행은 신용 등급 AA이상의 기업에게는 이상의 대출을 제공한다.

둘째, 유동자금대출이다. 유동자금대출은 문화 창의기업이 생산경영과정에서 단기자금수요를 만족하기 위해 또는 생산유통을 정상화하기 위해 신청하는 대출이다. 유동자금은 문화 창의기업의 운영과정에서 일반적으로 화폐자금, 결제자금과 잔고자금의 3가지 유형으로 나뉜다. 화폐자금은 문화 창의기업이 일상생활상태를 유지하기 위해 구비해야 하는 화폐준비금이다. 결제자금은 문화 창의기업이 원자재를 구매하거나 제품을 판매하는 과정에서 점용하는 결산중도자금이다. 잔고자금은 문화 창의기업이 원재료에 사용하는 준비금으로, 제품 및 반제품의 생산에 사용하는 자금 또는 완성품의 생산에 사용하는 자금이다.

유동자금대출은 기한에 따라 1년 이내의 단기 유동자금대출과 1~3년의 중기유동자금대출로 나뉜다. 사용방식에 따라 하나씩 신청하거나, 심사하는 단기회수대출이 있을 수 있으며, 규정된 시간 내에 언제든지 빌려 쓰고 갚을 수 있는 단기 순환대출도 있을 수 있다. 문화 창의 기업은 이러한 대출 신청을 제출할 때 보편적인 대출조건을 갖추어야 할 뿐만 아니라 제품이 시장성과 생산경영의 효율성을 통해 신용대출자금을 점용하지 않으면서 시간에 맞춰 원금과 이자를 지급할 수 있는 능력도 지니고 있어야 한다. 원래 지급해야 하는 대출이자와 만기대출을 청산하든지의 여부와 관계없이 은행이 허가한 상환계획을 수행하면, 대출신청이 은행의 심사를 통과한 후 『인민폐유동자금대출협의』가 체결된다. 은행은 협의에 따라 자금을 지급하며 차입기업은 협의에 따라 대출을 사용한다.

셋째, 고정자산대출이다. 고정자산대출은 문화창의기업이 신축, 증축, 개축, 고정자산을 구입하기 위해 신청하는 대출이다. 주로 기술개축대출과 기본건설대출로 나뉜다. 기술개출대출의 기한은 일반적으로 3년으로 최장 5년을 초과하지 않는다. 기본건설대출의 기한은 일반적으로 5년이며 최장 10년을 초과하지 않는다. 10년을 초과하는 경우 중국 인민은행 본점의 특별 허가를 받아 현지인민은행에서 접수해야 한다.

문화 창의기업은 이러한 대출을 신청할 때 보편적인 대출조건을 갖추어야 할뿐만 아니라 자금의 용도를 국가산업정책 및 사회발전계획과 일치시키고 권위 있는 부서의 확정문서를 보유해야 한다. 또한 국무원이 규정한 자본금비례와 일치해야 한다. 계좌개설이나 일반 예금계정을 신청할 때 계좌에서 최저 대출금 잔액의 10%의 예금이 있는 것을 확보하여 결제지급보정으로서 사용하면서 자발적으로 은행의 신용심사와 계산심사를 받아 개설은행을 통해 경영재무제표를 제공받아야 한다. 만약 차입기업이 만기일에 대출금을 갚지 못한다면 대출만기일 이전 30일에 은행에 신청서를 제출해야 한다. 은행의 허가를 받게 되면 일정량의 대출금을 1회에 한해 연장할 수 있다. 5년 및 5년 이하의 대출연장기는 원래의 대출기간의 반을 초과하면 안 된다. 5년 이상의 대출연장기는 3년을 초과해선 안된다.

넷째, 창업대출이다. 창업대출은 은행이 국가의 관련 정책에 의해 민영경제, 사영경제, 개인경영자창업을 지원하기 위해 발행하는 중·단기 대출이다. 대출기간은 일반적으로 1년이며, 최장 3년을 초과하지 않는다. 대출이자율은 중국인민은행의 규정에 의해 동일 기준의 이자율을 아래로 20%만큼 변동할 수 있는 반면 위로의 변동은 불가능하다. 창업단계의 문화 창의기업에 대해 이러한 대출의 신청은 이자율의 혜택에 있어 장점을 보인다. 창업대출의 신청조건은 신청자의 연령이 만 18살이며 합법적인 신분이 증명되어야 하며 대출은행 소재지의 합법적인 거주 증명이 있어야 한다. 또는 고정적인 거주지와 경영장소가 있어야 한다. 그리고 영업등록증서 및 관련 업종 경영허가서가 있어야 한다. 정당한 경영활동이어야 하며 안정된 수입과 상환능력이 갖추고 있어야 한다. 마지막으로 투자항목에 대한 일정한 자유자금이 있어야 한다. 일반적으로 1년 및 1년 이하의 창업대출금은 만기일까지 한꺼번에 지급해야 한다. 1년 이상의 대출금은 일반적으로 같은 수액의 원금과 이자를 상환하는 방식과 같은 수액의 원금을 상환하는 방식으로 나뉜다. 전자는 매월 상환하는 금액이 일정하고 계획에 따라 차입기업의 수입과 지출을 규제할 수 있는 특징이 있다. 후자는 매월 일정한 금액을 갚아야 하고 나머지 원금에 의해 이자를 계산하게 된다. 이 방식은 초기에는 상환한 금액이 많지만 이자부담을 감소할 수 있는 장점을 보인다.

2. 채권발행융자

1) 문화창의기업의 채권발행 조건

채권은 채권채무관계를 표명하는 서면 증빙으로, 채권 소지자는 약정조건에 의해 발행인에게 이자를 수취하여 만기일에 원금을 회수하는 권리를 증명한다. 문화 창의기업은 채무자로써 채권을 발행하여 채무투자자에게 자금을 차입한다.

은행대출에 비해 이 방식의 융자가 갖는 가장 큰 장점은 비용이 낮다는 점이다. 예를 들면 문화 창의기업이 기준 이자율 7.2%의 3년 기한 대출금을 신청했다고 가정할 경우, 만약 3년 기의 채권을 발행한다면 액면 이자율 6%대의 자금으로 시장을 이끌 수 있다는 것이다.

국제관례에 의해 주식회사만이 채권을 발행할 수 있다. 중국의 경우 주식회사, 국유독자회사, 2개 이상의 국유기업이나 국유투자주체가 투자 및 설립하는 유한책임회사가 채권을 발행할 수 있다. 발행주체는 다음과 같은 조건을 구비해야 한다. 주식회사의 순자산은 최저 3,000만 위안을 넘어야 한다. 유한책임회사의 순자산은 최저 6,000만 위안을 넘어야 한다. 누적채권총액은 순자산의 40% 이상 초과하지 않아야 한다. 최근 3년간 평균 분배가능 이윤으로 1년 기한의 기업채권 이자를 충분히 지불할 수 있어야 한다. 모집자금이 반드시 심사기구의 심사로 사용되어야 한다. 결손의 벌충이나 비생산성 지출의 사용은 금지된다. 이전에 발행된 채권의 모집이 완료되지 않았거나 이미 발행된 채권 및 다른 채무가 위약하거나, 연기지불이 사실인 경우 다시 기업채권을 발행할 수 없다.

문화 창의기업의 유형 및 경제성에 따라 채권의 상환능력은 다르다. 투자자의 이익을 보호하기 위해서 전문적인 기구의 자세한 표준에 의해 규정된 채권발행의 가능성에 대해 객관적으로, 공정하게 평가될 필요가 있다. 이것이 채권의 신용평가이다. 채권평가의 평가요소는 다음과 같다. 첫째, 위약의 가능성이다. 즉 채권만기일시의 발행주체의 상환능력과 상환의원에 대해 측정한다. 둘째, 채권의 성질과 조항이다. 예를 들면 보증 및 담보가 있는지 여부, 자금의 용도 및 한계성 조치 등이 여기에 속한다. 셋째, 의외적 상황의 처리이다. 예를 들면 채권 만기일 전에 발행주체의 파산, 인수, 합병으로 인해 주체의 성질이 변할 때 파산법이나 기타 법규에 의해 채권자의 이익을 어떻게 보호하는지 평가한다. 평가 결과의 권위성 보증을 위해 관리부서의 인증을 받은 신용평가기구만이 이 업무를 실행할 수 있다. 현재 중국의 채권평가는 주로 기업채권과 금융채권에 대해 이루어진다. 평가기구는 발행주체인 소유자의 성질, 재무상황, 투자방향, 발전전망과 잠재적 효과에 근거하여 채권의 위험에 대해 평가하여 상응한 등급을 부여·표시하여 투자자의 참고가 되게 한다. 채권의 신용등급 및 의의는 <표 7-6>과 같다.

〈표 7-6〉 중국 채권신용등급 및 투자위험

<table>
<tr><th>급별</th><th>등급</th><th>등급표시</th><th>등급의의</th></tr>
<tr><td rowspan="4">투자별</td><td rowspan="3">1등</td><td>AAA</td><td>아주 높은 상환능력, 투자자 무위험</td></tr>
<tr><td>AA</td><td>높은 상환능력, 별도의 위험이 없음</td></tr>
<tr><td>A</td><td>일정한 상환능력, 보호조치를 취한 후 기한대로 상환할 수 있음</td></tr>
<tr><td rowspan="3">2등</td><td>BBB</td><td>상환자금이 부족함. 발행주체가 경제추세의 변화에 대한 적응능력이 부족함. 연기상환, 일정한 위험이 있음</td></tr>
<tr><td rowspan="5">투기별</td><td>BB</td><td>상환능력이 조금 약함. 투자 위험이 높음</td></tr>
<tr><td>B</td><td>상환능력이 약함. 투자 위험이 높음</td></tr>
<tr><td rowspan="3">3등</td><td>CCC</td><td>상환능력이 낮음. 투자 위험이 뚜렷함</td></tr>
<tr><td>CC</td><td>상환능력이 매우 낮음. 투자 위험이 매우 높음.</td></tr>
<tr><td>C</td><td>기업이 파산위기에 처해 상환능력이 없음. 투자위험이 매우 높음.</td></tr>
</table>

일반적으로 투자등급(BBB)이상에 도달해야 시장에서 자금을 모집하는 권리를 취득할 수 있다.

2) 문화창의기업 채권발행의 범위와 경로

채권의 발행범위에서 문화창의기업은 공모발행과 사모발행 2가지 방식을 선택할 수 있다. 공모발행은 사회에 지향하여 공개적으로 발행한다. 공모발행은 발행의 범위가 광범하고 삼사가 엄격하고 발행후의 채권은 시장에서 이전 및 유통할 수 있으니 유도성이 좋다는 성격을 갖는다. 사모발행은 특정한 투자자에 지향하여 발행한다. 사모발행은 발행조건이 상대적으로 여유하고 발행수속이 간단하지만 발행후의 채권은 시장에서 직접 거래하지 못해서 유통성이 좋지 않는다는 성격을 갖는다. 지금 중국의 규정에 따라 기업채권의 발행금액이 3,000만 위안 이상이면 공모발행방식으로 사용한다.

채권의 발행경로에서 문화창의기업은 직접발행과 간접발행 2가지 방식을 선택할 수 있다. 직접발행은 기업 스스로 발행하는 것이다. 이는 발행비용이 낮다는 장점이 있지만 기한대로 발행계획을 이루어지지 못하여 자금을 모집하지 못한 위험도 있다. 또한 자발적인 발행이 시장에 대한 관리가 어려워진다. 따라서 관리부문의 허가가 없으면 일반적으로 직접발행하지 않는다. 허가가 있어도 직접발행은 사모발행의 범위내만 실행할 수 있다.

간접발행은 중개기구를 통해 채권을 발행한다. 여기의 중개기구는 경영증권자격을 가지고 있는 기구를 말한다. 중국의 경우 주로 종합적인 증권회사를 가리킨다. 간접발행에서 발행기업과 중개의 책임을 명확히 하면서 대리판매, 도움판매, 일수판매를 구분해야 한다. 대리판매는 중개가 규정한 시간내 대리로써 판매한다. 만기일에 판매하지 않으면 발행기업으로 반환한다. 채권발행을 준비하여 자금을 융통하고 있는 문화창의기업에게 자금용도, 모집시간, 사용시간 등에 대해 엄밀한 계획이 있다. 대리판매를 실시하면 기간대로 모집계획이 실패할 가능성이 있으므로 전체의 기업기획은 영향을 받는 가능성이 있다. 따라서 기업은 자기의 채권이 시장에서의 흡인력이 높지 않다고 생각하면 대리판매를 실시하지 않는다. 도움 판매는 중개사가 규정한 시간에서 판매하기 안 되는 채권에 대해 중개가 전부 매입함으로 잔고총판이라고 말한다. 이런 발행방식은 기업이 규정한 시간에서 자금을 모직하기를 보정할 수 있으니 지금 가장 넓게 사용하고 있다. 총판은 중개기구가 기업이 발행할 예정이 있는 채권을 모두 매입하다가 판매하는 것이다. 총판의 장점이 자금의 모집시간이 빠르다는 반면 중개기구는 자금을 점용해야 할 뿐만 아니라 팔지 못한 위험을 부담해야 한다. 따라서 발행비용이 높다는 단점을 가지고 있다. 어떤 발행방식을 시행하는지 문화창의기업은 중개기구와 계약문서를 체결해야 하고 서로의 권리와 의무를 명확히 하여 채권발행의 행위를 규범화해야 한다.

3) 문화창의기업채권의 이자계산방식

문화창의기업이 채권을 발행할 때 단리로 계산, 복리로 계산, 어음계산과 누적이자율 계산 4가지 이자계산방식으로 나눈다.

단리로 이자 계산방식이란 기한과 관계없이 채권의 액면금액에 의해 이자를 계산하는 방식을 말한다. 당년 생산해내는 이자는 원금에 더하지 않고 다음 단계의 이자를 계산한다. 계산 공식이 다음과 같다.

$$\text{채권이자} = \text{책권의 액면금액} \times \text{기정이자율} \times \text{채권기한}$$

복리로 이자계산방식이란 일정한 기간(통상 1년)에 의해 생산해내는 이자를 원금에 더하여 다음 단계의 계산기본수로써 이자를 계산한다. 따라서 원금이 많을수록 나타낼 이자가 많아진다. 계산 공식이 다음과 같다.

$$\text{채권이자} = A(1+r)n - A$$

A는 액면금액이며 r은 채권의 기정이자율이고 n은 채권기한을 가리킨다. 일반적으로 액면금액, 기한과 기정 이자율이 다 같은 경우에는 단리로 이자를 계산하기보다 복리로 이자를 계산함을 통해 얻은 수액이 더 높다. 따라서 투자자에게 더 큰 수익을 얻을 수 있으며 발행은행에 대해 더 많은 비용을 들어야 한다.

할인 어음 이자(Discount Charges)는 채권 액면에서 이자율이 규정되어 있지 않고 발행할 때 할인이율에 따라 액면금액보다 낮은 가격으로 발행하여 만기될 때 액면금액으로 상환하는 것을 말한다. 이는 발행가격과 액면금액 사이의 차액은 투자자의 수익으로 구성된다. 예컨대, 어떤 할인 어음 이자 채권의 가한은 1년이고 할인이율은 5%인다면 액면금액은 100위안인 이 채권의 발행가격은 95위안이 될 것이다. 할인 어음 이자 채권은 선리이므로 투자자의 투자원금을 줄일 수 있으며 그의 실제수익률은 액면이율보다 더 높을 것이다. 또한 대부분의 경우에 할인 어음 이자 채권은 주로 단기채권이다.

누적이자는 이율이 투자기간에 따라 동등한 비율로 변동하는 것을 말한다. 누적이자 채권은 최단 보유기간 및 최장 보유기간을 요구하고 후기이율이 전기이율보다 높아 일정한 증가율이 있으며 누진적 상태를 갖춘다. 예컨대, 어떤 채권기한은 5년이고 최단보유기간은 1년이며 기초이율은 3%인다고 하자. 앞으로 연마다 0.5%를 체증하면 5번째 해가 되면 5%가 될 것이다. 투자자가 1년을 넘어 2년 미만의 채권을 보유할 경우에는 3%의 이자율로 계산하여 2년을 넘어 3년 미만의 채권을 보유할 경우에는 3.5%의 이자율로 계산하고 보유기간이 길면 길수록 이자율이 더 높다. 이는 투자자가 장기적으로 채권을 보유하기를 격려하고 발행기관이 충분히 자금을 이용하도록 하는 데 목적이 있다. 이에 따라 이자율을 계산하는 공식은 다음과 같다.

$$I_n = A_n[i + \frac{(n-1)r}{2}]$$

위식에서는 I_n만기 n년의 채권이자액을 뜻하고 A는 채권의 액면금액을 뜻하며 I는 기초연이율을 뜻한다. 또한 n는 보유연한을 의미하고 r은 해마다의 이자율 체증비례를 의미한다. 문화 창의기업이 일정기한에 시장에서 채권의 종류와 투자자의 선호에 따라 어떻게 선택하느냐를 판단해야 한다.

3. 민간대출 및 금융리스

1) 민간대출

민간대출은 창의기업과 정규의 금융기관 밖의 기타 주체가 개최하는 자금융통행위를 말한다. 다른 자금융통방식에 비해 민간대출의 절차가 간편하고 시간성이 강하는 점이 있다. 중소형 창의기업은 자금부족 또는 다른 융자 내원이 찾기 힘들 때 채무자의 자격으로 자금을 차입하기도 하고 자금이 잠시 방치할 때 채권자의 자격으로 자금을 대출함으로써 은행예금의 수익보다 더 높은 수익을 얻을 수 있기도 한다. 그러나 민간대출은 규범화 하지 않아 분규를 일으키기 쉽다. 문화 창의기업이 이런 융자행사를 참여할 때 아래와 같은 문제를 주의해야 한다.

첫째, 차용증서의 요소를 완비해야 한다. 채권자와 채무자 양측이 차용금액, 이자, 기한 등에 대하여 서면의 차용증서 혹은 협의를 체결해야 하고 필요시 법률 공정 수속을 밟아야 한다. 뿐만 아니라 제3자가 담보를 제공하는 것을 약속한 경우에 차입 협정에서 명확히 써야 하고 보증인에게서 서명을 받고 확인해야 한다. 차용증서는 다른 해석을 생기지 않도록 규범적인 용어를 사용해야 하고 보존성이 있어야 한다.

둘째, 이자율은 법적인 범위에 넘으면 안 된다. 현재 중국의 규정에 따라 민간대출의 이율은 은행보다 적당히 높아야 하나 많아도 동기 은행대출이율의 4배보다 작아야 한다. 해당 한도를 초과하면 고리대금으로 인정되고 법으로 보장되지 않는다. 또한 이자율은 원금 안으로 계산하면 안 된다. 어느 한쪽이 남을 억압 혹은 협박하거나 남의 위급한 상황을 틈타 남을 해치함으로써 상대방이 진정한 의향을 어기는 상황에서 이루어지는 대차관계가 무효이다. 이에 대하여 무효대차관계가 대출하는 측으로 일으키는 경우에는 차입하는 측이 원금만을 반환하면 되는 반면에 차입하는 측으로 일으키는 경우에는 차입하는 측이 원금을 반환할뿐더러 동기은행대출이율의 4배로 이자를 지불해야 한다.

셋째, 냉정히 분쟁을 해결해야 한다. 민간대출에서 차용증서는 대차행위를 증명할 수 있는 근거이므로 반드시 그것을 특수한 유가증권으로 보고 특별히 잘 보관해야 한다. 대차쌍방은 이자율에 관한 약속이 있는지 없는지에 대하여 쟁의를 발생하나 또 증명할 수 없는 경우에는 동기의 은행대출이율로 참고하여 이자를 계산한다. 대차쌍방은 약속된 이자율에 대해 쟁의를 발생하나 또 증명을 할 수 없는 경우에는 동기의 은행대출이율의 4배보다 적은 것으로 이자를 계산한다. 대차쌍방 중에 어느 한쪽의 권리를 침범하여 피해를 끼치는 경우 피침 당하는 측이 권리를 피침하는 것을 아는 혹은 알아야 하는 날짜부터 계산하여 2년 안에 법원에게 소송을 제기해야 한다.

민간대출의 왕성한 생명력이 시장수요에 달려 있다. 장점은 살리고 단점은 피할 수 있도록 현재 많은 은행들이 개최하는 개인위탁대출은 즉 민간대출행위를 규범화하는 일종의 효과적인 방식이다. 개인위탁대출이란 개인이 공탁자로서 자금을 제공하고 대출대상, 용도, 금액, 이율, 기한 등을 정하여 은행이 수탁자로서 공탁자의 의향에 따라 대신에 대부금을 지급하고 대부금의 사용, 협조 및 대부금의 원금과 이자를 돌려받는 것을 감독해 준다. 2002년 1월에 중국인민은행의 비준을 거쳐 민생은행(民生银行)이 위에서 말한 업무를 개최하는 첫 번째 국내 자본 은행이다. 그러자 다른 은행들에게 모방된다. 개인위탁대출업무가 나타남에 따라 은행이 합법적인 중개의 자격으로 민간대출의 규범화에 관계를 맺어 주는 역할을 한다. 또한 중소형 창의기업들에게 자금융통의 새로운 채널을 개척함으로써 대차쌍방의 이익을 잘 보장할 수 있다. 개인위탁대출에서 대출하는 측이 완전한 민사상 행위능력이 구비하고 합법적이고 효과적인 증명서를 갖추어 대출취급은행에서 위탁대부금을 예금할뿐더러 자금내원이 정당하고 합법적이어야 한다. 은행이 위탁승낙의 대부금 금액은 원칙상 5만 위안보다 많아야 하고 외국 화폐는 등가의 1만 달러보다 많아야 한다. 대출기한은 짧아도 3개월을 넘어야 하고 많아도 3년을 넘지 않아야 한다. 공탁자와 차입자는 중국인민은행이 규정하는 이자율범위에서 위탁대부금이자율을 협의하여 경정한다.

2) 금융리스

금융리스(financing lease)는 문화 창의기업이 기계나 설비를 임차하는 방식으로 생산경영활동을 확대함으로써 영업운영과정에서 생긴 머니 플로로 임대료를 상환하고 최종적인 설비소유권을 획득한 융자활동을 말하는 것이다. 겉으로 보기에는 금융리스는 임대물이지만 실제로는 여전히 융자이다. 운영절차로 보기에 만약 문화 창의기업이 임차인의 자격으로 나타나면 기계나 설비의 종류, 규격, 모델, 성능을 자유롭게 선택한 다음에 리스회사와 임차계약서를 체결한다. 이어서 임차회사가 출자해서 임대물을 구매하여 융자에게 편리함을 주고 그것을 문화 창의기업에게 임차해 준다. 임차회사가 일정한 표준에 따른 이자율과 임대차기한에 의하여 융자금액과 기한에 의하며 정기적으로 임대료를 받는다. 기본적인 임대차기간 안에 임차회사가 임대물을 한 사용자한테 임대해 주고 이 사용자가 납부한 임대료 총액에서 전부투자금과 이윤을 거두어들인다. 임차 유효 기간 안에 임차물의 소유권은 임차회사에 속하고 사용권은 임차인에 속한다. 계약을 만기될 때 임대료를 청산한 후에 임차인이 잔존가액으로 임대물을 구입할 수 있음으로써 기계나 설비의 소유권을 획득한다. 문화 창의기업에게 금융리스의 흡인력은 아래 몇 가지와 같이 있다. 첫 번째는 융자의 문턱이 낮다는 점이다. 금융리스는 임차기업의 과거에 경영업적에 관한 요구가 높지 않다. 고찰할 것은 이전의 재무기록이 아니라 바로 현재의 자금흐름이다. 또한 일반적으로 기타 자산담보가 필요 없이 임대물 자체를 담보로 함으로써 고정자산이 많지 않은 문화 창의기업에게 특히 편리하다. 두 번째는 임차인의 재무상태를 개선할 수 있다. 금융리스에서 임대물은 대차 대조표의 자산에 계상하지 않는 동시에 융자액은 부채에 계상하지 않는다. 기업이 사용의 입장에서 고정자산을 얻었으나 부채를 증가하지 않는다. 따라서 기업의 재무상태를 개선할 가능성이 있고 자금력과 신용도가 강화됨으로써 다른 경로로 통하여 자금을 융통하기에 유리한다. 뿐만 아니라 전문적 임차회사의 개입으로 문화 창의기업이 외자를 이용하여 외국의 선진 기술을 도입하기에도 유리한다.

현재 문화 창의기업이 금융리스를 취급하는 조건은 다음과 같다. 단독법인 자격을 갖춰야 하고 불량신용기록이 없어야 한다. 또한 지도자들의 소양이 훌륭하고 생산경영상태가 안정적이고 정상적이어야 하며 재무상태가 좋아야 한다. 뿐만 아니라 적어도 융자금액의 20%~30%인 보증금을 납부해야 하고 프로젝트의 상품이 환영을 받아야 하며 투자 수익률이 높아야 한다. 마지막으로 임차기업이 제시간대로 임대료를 납부해야 한다.

사례 1 창의기업이 위험투자를 어떻게 획득하는가?

(1) 창의 산업의 자금은 주로 벤처 캐피탈(venture capital)에서 나온다.

첸티엔쟈오(陳天橋), 리옌홍(李彦宏), 마윈(馬雲) 등 사람들이 위험투자의 추진에 의하여 성공하였다. 이는 "좋은 운수를 붙잡다"로 여겨졌으나 실제로는 그렇지 않다. 위험투자자가 나름대로 창의적인 프로젝트에 대하여 종합 심사하여 평정하는 기준이 있기 때문이다.

랸쿠(軟庫)중국리스크투자유한회사 상해대표부 수석대표 위웨이(余蔚)는 위험투자기관이 선택을 할 때 가리키는 바가 있다고 여긴다. 창의 프로젝트를 중시할 뿐만 아니라 창업기업의 정책 입안자를 더 중요시하는 것이다.

아래와 같은 특징을 갖춘 창업자와 창의프로젝트는 위험투자기관의 인기를 끌기 십상이다.

1) 수익 패턴. 기업의 이윤은 기업의 수익패턴계획에 달려 있으므로 위험투자기관은 투자 프로젝트가 훌륭한 수익패턴이 있는지 없는지에 대해 매우 관심을 가진다. 특히 성공선례가 있는 수익패턴이 더욱더 위험투자자에게 중요시된다.

그중에 대표적인 사례는 알리바바(Alibaba)이다. 미국의 골드만삭스 또는 일본의 연은이 알리바바를 투자하였을 때 마침 인터넷 퇴조기를 만났다. 그러나 알리바바의 독특한 상업패턴과 이념이 그들에게 투자가치가 있다고 느끼게 하였다. 알리바바의 상업패턴, 야후(yahoo)의 인터넷포털사이트(internet portal site) 패턴, 아마존 (Amazon)의 B2C패턴 및 Ebay의 C2C패턴은 넓은 발전공간이 있어 인터넷의 4대 패턴이라고 부른다. 그러나 마윈이 대기업을 포기하였고 중소기업을 선택해서 온라인거래를 전개시키는 창업 아이디어를 실행함으로써 알리바바에게 많은 카스터머를 흡인하는 동시에 위험투자자의 인기도 끌렸다.

2) 창의 프로젝트 팀. 창업은 개인행위가 아니라 일종의 단체행위이다. 모든 성공적인 창업기업은 좋은 팀이 있을 것이다. 리더에서 직원까지 사람마다 명확한 착임과 분업이 있다. 그리고 이렇게 좋은 팀은 흔히 핵심인물이 있을 것이고 직원들을 한마음으로 힘을 모으게 인도함으로써 기업이 신속하게 성장시킨다. 따라서 위험투자기관이 투자 프로젝트를 선택할 때 창업자가 좋은 교육배경이 있는지 또는 튼튼한 전공지식이 있는지에 비해 그의 단체협력이념을 더욱더 중요시하다.

3) 창업자의 직업 정신. 창업자가 사업에 대한 태도가 직업정신에 따라 결정된다. 창업과정에서 순조롭게 진행되지 못 할뿐더러 심지어 수많은 난관이 놓여 있다. 자금, 시장, 관리, 인재 등 여러 가지 난관이 앞에 놓여 있어 창업자가 끝까지 버티는 마음이 없으면 이 난관들을 거치는 게 매우 어려울 것이다.

4) 창업자의 상업 후각. 남이 상업기회를 아직 못 봤을 때 그는 보았다. 남이 상업 기회를 보고 하지 않았을 때 그는 하기 시작하였다. 그는 하고 있을 때 목표달성을 목적으로 100%정성으로 몰입한다. 이런 창업자가 더욱더 위험투자기관의 관심을 끌일 수 있다.

5) 창업자의 책임의식. 어떤 창업자가 위험투자를 흡인하는 것을 무자자로부터 자금만 끌어 모으고 이익금은 지불하지 않는 게임으로 간주하고 어떤 창업자가 "어차피 남의 돈"이라는 생각을 든다. 이 두 종류 창업자가 모두 다 책임감을 모자라 그들은 대부분의 경우에 투자자의 이익을 고려하지 않고 개인의 득실을 따진다. 이런 창업자가 위험투자자의 인정을 받기 힘들다. 뜻밖에 운이 좋을 때 인정받아도 불량한 기록을 남을 것이고 후속의 자금지원을 받기 힘들 것이다.

(2) 창의기업이 자기를 마케팅 해야 한다.

위험투자자와 창의기업은 서로 작용하는 것이다. 위험투자자가 좋은 프로젝트를 찾아야 할 뿐만 아니라 창의기업도 자기를 마케팅 함으로써 위험투자기관을 흡인한다. 성공적으로 위험투자자를 흡인하려면 반드시 위험투자자가 프로젝트의 선택절차를 알아야 한다.

우선 상업계획서는 위험투자자의 시선을 끌 수 있는 출세수단이다. 상업계획서는 일자리를 구할 때의 학력으로 보면 되고 완비한 내용과 타당성은 그의 기본적인 요소이다. 그 다음에 여러 가지 경로로 이용하여 위험투자기관과 접촉시켜야 한다. 중국 국제첨단기술 성과 박람회에 참여하거나 재산권거래소에 등록하거나 직접방문 등 여러 가지 경로로 자기를 얼려주고 위험자본을 찾는다. 그 가운데서 가장 효과적인 방식은 권위적인 기관이나 인사의 추천받는 것이다. 이런 추천이 위험투자자와 창업인원이 신속하게 신뢰관계를 맺을 수 있게 하고 불필요한 의심이나 근심 특히 도덕적 위해를 없앨 수 있게 한다. 첫 만남을 위해 철저하게 준비해야 한 후에 끊임없이 추적하여 위험투자기관의 요구에 따라 계속해서 관한 자료를 보충하고 상업계획서의 내용을 수정해야 한다.

그다음에 심사절차에 들어가기 전에 위험투자자의 산업투자선호를 알아야 하고 특히 위험투자자가 투자 프로젝트에 대한 심사절차를 알아야 한다. 또한 쌍대방의 입장에서 개관적으로 본 기업을 분석할 줄 알아야 한다. 많은 창업인원은 기술자로 출신해서 자기의 기술이 중요시되나 실제로는 위험투자자가 기술뿐만 아니라 기술, 시장 및 관리팀 등 자원을 통합해서 이루어지는 수익패턴을 중요시한다. 위험투자자가 기술이나 기업자체 아니라 투자수익을 원하는 것이다.

또한, 창의기업이 위험투자기관의 가치평가와 자산실사를 반드시 협력하여 잘해야 한다. 위험투자기관이 해당 프로젝트에 관심을 가지기만 하면 한 걸음 더 나아가 고찰을 하려고 할 때 그는 기업에 대한 가치평가와 자산실사를 진행할 수 있도록 해당기업과 투자의향서를 체결할 것이다. 평상시에 창업자와 위험투자기관이 창업기업에 대하여 기치평가를 할 때 착안점이 다르다. 한편으로는 창업자가 되도록 기업의 평가가치를 제고하기를 바란다. 다른 한편으로는 기대수익이 예정인 위험을 보상할 수 있을 때만 위험투자기관이 정가를 받아들일 수 있다. 따라서 창업자가 자기의 기업을 사실에 의하여 보고 위험투자기관을 호응하여 자산실사를 제대로 함으로써 정보 비대칭 문제가 없애도록 해야 한다.

마지막으로 상대매매와 계약을 체결하는 것이다. 쌍방이 투자금액, 투자방식, 투자수익이 어떻게 이루어지는지, 투자후의 관리 및 권익보장, 기업의 주주권 구조와 관리구조 등 문제에 대하여 세밀하고 간신하게 현상할 것이다. 만약에 의견이 일치되면 정식적인 협의를 체결할 것이다. 이 과정에서 창업기업이 자기의 위치를 바로잡아야 하고 구체적인 시행과정에서 충분한 보장이 될 수 있도록 위험투자기관의 이익을 충분히 고려해야 한다.

사례 2 창의적인 융자의 영국경험

영국의 창의 산업이 풍부한 융자경험이 있어 아래와 같이 나온다.

우선 영국의 금융 감독관리기관이 업계자율기관의 역할을 매우 중요시하다. 금융 감독관리기관이 거시적인 정책으로 통하여 필요한 인도를 함으로써 창의 산업에게 넓고 편안한 경제와 법적인 융자환경을 만든다.

그다음에 정부지원이 매우 중요하다. 정부가 해당 요구에 부합된 창의기업에게 "엔젤투자" [개인투자자가 신기술의 사업성을 높게 평가하고, 사모든 공모든 관계없이 자금을 모집하기 전에 회사설립단계에서 창업하는 벤처기업에 투자하는 것을 말한다.]를 해 주고 기업들은 세제 혜택을 누릴 수 있게 한다. 이밖에 정부가 직접적인 지급금 혹은 정부담보 등 방식으로 창의기업의 발전을 지지한다. 창의 산업이 정상적으로 운영하는지가 정부가 지적소유권의 보호를 강화할 수 있는지 없는지에 따라 다르다.

또한, 영국 창의 산업의 융자방식이 매우 특별하다. 영국 창의 산업은 신탁방식이 융자의 주류패턴으로 하고 있다. 영국의 창업 자본 신탁은 1995년부터 효력이 발생한다. 창업 자본 신탁은 구조적으로 투자신탁과 비슷하나 법적으로 개인투자자에게 세제혜택을 제공하는 것이 제한된다. 처음에 자금을 모은 후에 창의기업의 주식이 런던증권거래소에서 등록하고 거래함으로써 투자자가 보다 좋은 퇴출메커니즘이 있을 것이다. 이런 투자도구의 설립은 개인투자가 보다 작은 민영화 무역회사에게 투자시킴으로써 회사가 발전하여 규모가 커지는데 목적이 있다.

마지막으로 영국의 창의 산업의 융자경로가 많다. 영국 금융업계에서 업계를 섞어서 경영하는 것을 시행하고 있다. 위험자본은 연금기금, 보험회사 자금 등에서 나온다. 뿐만 아니라 은행자금도 무시할 수 없는 비중을 차지고 있다. 최근 몇 년에 정부가 개인이 위험기업을 투자하는 것을 격려하기 때문에 개인 투자의 비중이 창의 산업에서 해마다 상승하고 있다. 이밖에 영국정부는 해외투자자가 위험기업을 투자하는 것에 대한 특별한 혜택정책이 있으므로 해외위험자금도 영국창의 산업이 중요한 융자경로 중에 하나가 된다.

연습문제

1. 창의경제가업이 융자과정에서 어떤 원칙을 따라야 한가?
2. packing loan는 무엇인가?
3. 창의경제기업이 정책적인 융자를 할 때 주의해야 할 문제는 무엇인가?
4. 창의경제기업이 은행대출을 신청할 때 기본절차가 무엇인가?
5. 창의경제기업채권은 발행할 조건은 무엇인가?

제8장

창의경제 및 지식재산권 보호

학습요점

1. 지식재산권의 주요내용과 지식재산권 보호의 구조
2. 창의산업 지식재산권 보호의 가치
3. 창의제품 지식재산권 교역의 특징
4. 창의기업의 지식재산권 관리
5. 창의경제의 지식재산권 보호조치

제 8 장 창의경제 및 지식재산권 보호

창의경제의 특징은 창의가 경제발전의 수반적 추진력으로 작용한다는 것이다. 창의사회에서 중요한 것은 단순한 과학기술과 정보가 아닌 인류의 창조력이다. 창의는 지식경제의 산물이며, 지식경제의 단단한 지렛대와 초석은 바로 지식재산권이다. 어떤 의미에선 창의경제의 본질을 지식재산권 경제로 볼 수 있다. 따라서 지식재산권 보호는 창의산업 발전의 필수불가결한 보장이며 기초이다. 지식재산권에 의해 창의기업은 경쟁력을 제고할 수 있으며, 창의경제를 번영시킬 수 있다.

제1절 지식재산권 보호 개술

지식재산권이라는 단어는 17세기의 프랑스에서 발원한 개념이다. 주 제창자는 Capzov이며, 벨기에 법학자 피카디(皮卡迪)가 진일보로 개척했다. 지식재산권의 개념에는 두 가지의 관점이 있다. 하나는 지식재산권은 인간의 지적 능력을 통해 성과를 창조하고 법에 의해 점유 권리를 지닌다는 관점이며, 지적 성과의 주체인 창조인이 가질 수 있는 법에 의한 향유 가능 권리와 생산·경영활동 중 향유하는 권리의 총칭이라는 관점이다. 두 번째 관점은 지식재산권의 지적 성과 보호뿐만 아니라 상업에 대해서도 언급하기에 보편적으로 이 관점으로 인증된다. 지식재산권은 공업·과학시술·문학·예술영역 및 기타 지적 활동에서 나오는 재산속성적인 권리로, 법류로서 확인될 수 있는 재산권이다.

지식재산권은 지적 능력과 창조인이 법에 따라 향유하는 하나의 권리이나, 모든 지적

성과가 지식재산권의 보호대상이 되는 것은 아니다. 지식재산권은 반드시 법에 근거하여 생기는 권리로, 동시기 국가별 지적 성과의 보호 범위는 각각 차이점을 갖게 된다.

1. 지식재산권의 법률적 특징[1]

지식재산권은 민사권리의 일종으로서 기타 민사권리에 비해 보호 대상이 무형의 지적 창조적 성과라는 점에서 법률적 특징을 갖고 있다.

첫째, 지식재산권의 객체는 무형의 재산이다. 무형재산으로서의 특징은 유형재산과 비교했을 때 다음과 같은 특징을 갖는다. ① 유형적인 저장 장치를 통해 여러 번 복사하여 쓸 수 있다. ② 다수가 동시에 쓸 수 있다. ③ 무형재산의 가치 실현은 유형재산과의 결합과 전환을 통해 이루어진다.

둘째, 지식재산권은 재산권과 인신권이라는 이중의 속성을 갖는다. 상표권은 인신권리의 내용에 직접 미치지 않으나, 기타 각종 권리는 모두 재산권과 인신권에 포함된다. ① 재산권의 속성은 권리 소유자가 직접 실시하거나, 타인의 실시 허가하여 수익과 보수를 얻는 권리를 뜻한다. 예컨대 특허·상표 및 작품의 양도수수료·허가사용비등이 포함된다. 재산권은 권리주체의 인신과 분리할 수 있으므로 부분 및 전체 양도·증여·상속할 수 있다. ② 인신속성은 주로 지적성과 창조인의 특정한 신분에 근거하여 법에 따라 향유되는 정신권리를 뜻한다. 예컨대 서명권·명예권·영예권 등이다. 인신권과 지력성과 창조인은 분리할 수 없으므로 양도·증여·상속할 수 없다.

셋째, 지식재산권은 반드시 법에 근거하여 심사되고 확인되어야 한다. 무형재산은 유형재산과 달리 시각으로 확인할 수 없으므로 지적성과의 재산권 및 법률 보호를 확인하려면 법에 근거한 심사를 통해 확인해야 한다. 예를 들어, 특허권이나 상표권의 취득은 권리자가 국가 주무부처에 신청한 후, 주무부처의 심사 및 합격에 의해 권리를 수여받게 된다. 저작권은 작품이 완성된 후 자동적으로 생기나, 저작권이 보호하는 객체·기간 및 저작권 객체의 독창성 등은 모두 법률로 확인해야 한다.

넷째, 지식재산권은 독점성 또는 배타성을 지니고 있다. 독점성 또는 배타성이란 권리자의 동의 혹은 사회공공이익에 근거한 법률적 강제 허가 이외에는 그 어떤 단체 및 개인이 권리를 사용하지 못함을 뜻한다. 만일 이를 위배할 경우 권리 침해가 성립됨에 따라 상당한 법률적 책임을 지게 된다.

다섯째, 지식재산권은 지역성을 갖고 있다. 지역성이란 특정 국가의 법에 따라 취득

1 朱子: 《知识产权的概念与特征》, 《产权导刊》, 2004年 6月. (주자: <지식재산권의 개념과 특징>, 재산권도간)

한 재산권은 해당 국가에서만 유효하며, 다른 국가에서까지 효력이 발생하지 않는다는 것이다. 이는 지식재산권을 법률로 직접 확인해야 한다는 점에 의해 결정된 사항이다. 어느 국가든 타국의 지적 성과의 보호는 본국 법률규정에 의거하여 판단하지, 지적 성과 소속국의 법률 규정의 의거하여 판단하지 않는다.

여섯째, 지식재산권은 시간성을 갖는다. 지식재산권에는 법정 보호 기간이 있으며, 보호기간이 만료될 경우 권리를 자동적으로 정지되어 사회적으로 자유롭게 사용될 수 있는 지식이 된다. 지식재산권의 시간성의 규정 목적은 지식성과의 공개와 사용 격려에 있는 것으로, 이는 과학기술의 진보와 문화예술의 발전 및 인류사회의 번영을 촉진시킨다.

2. 지식재산권 보호의 구성

1) 지식재산권의 주요 내용

현대 지식재산권은 여러 방면의 권리를 포함하면서 부단히 확장하는 추세이다. 중국의 지식재산권이 포함하는 권리는 주로 특허권, 상표권, 저작권, 그리고 상업비밀권(商業秘密權)이다. 그 밖에 상호권, 식물신품종권, 회로배치설계권(布圖設計權) 및 부정경쟁방지 관련 권리가 포함된다. 이를 도식화하면 [그림 8-1]과 같다.

기업의 지식재산권에는 주로 산업재산권(工業產權)과 판권(版權)이 포함된다. 이 중 산업재산권의 특허권과 상업비밀권이 기업의 자주혁신과 밀접한 관계를 맺는다.

특허권에 포함되는 것은 발명의 창조이다. 신청자가 국가특허행정부서로 신청하면 국가특허행정부서의 심사·합격에 따라 발명창조에 대한 규정 기한 내의 특허권을 향유하게 된다. 특허에는 발명, 실용신안(實用新型), 외관디자인의 3가지 유형이 포함된다. 발명이란 제품 및 공정이나 개선에 따라 제기되는 새로운 기술방안이다. 실용신안은 제품의 모양, 구성 혹은 결합에 있어서 제기되는 실용적 새로운 기술에 적용되는 것이다. 외관디자인이란 제품의 모양, 도안 혹은 그의 결합 및 색채와 모양, 도안의 결합에 대한 미감(美感)으로 공업응용에 적용되는 새로운 다자인이다.

상업비밀권이란 기업이 대중이 알지 못하는 것에 적합한 보호 대책을 채취하는 중요한 기술정보와 경영정보의 전유권이다. 상업비밀의 범위는 매우 넓어 기업경제이익과 관련이 있는 정보라면 상업비밀이 구성될 수 있다.

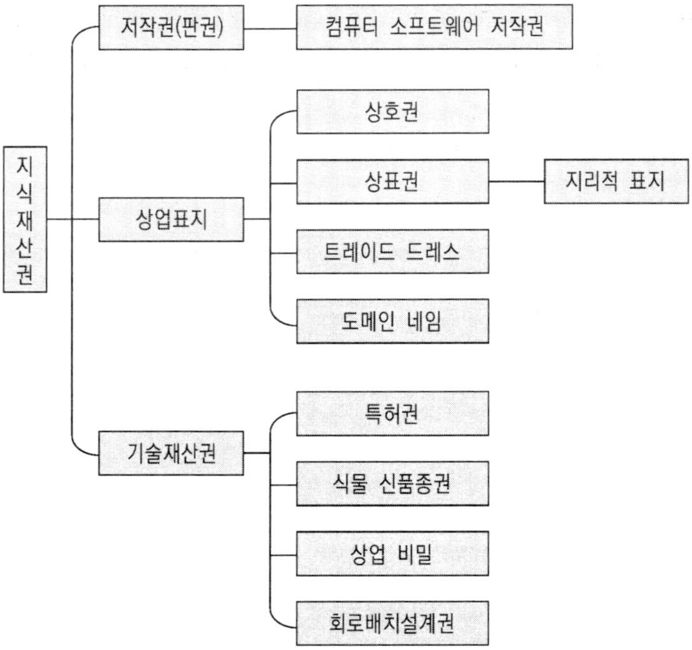

[그림 8-1] 지식 재산권의 주요 내용

출처: 상해 시 협력변호사 사무소 지식재산권 사무센터: 〈창의산업지식재산권관리〉, 학림(學林)출판사 2006년 판, 9페이지.

기업은 일반적으로 자주적인 연구 개발과 지불비용 구매를 통하여 산업재산권을 얻는다. 대량의 사례를 통해 살펴보면, 기업은 빈번한 연구개발을 통하여 산업재산권을 얻으며 법률적 수단으로 자주적 지식소유권을 확보한다. 자주적 지식소유권은 기업 핵심경쟁력의 중요한 구성부분으로 예로부터 법률적 보호의 중점이었다.

2) 지식재산권 보호의 구성

지식재산권에 포괄되는 범위를 살펴보면 지식재산권의 종류가 매우 다양하며 권리유형들이 분리·무관련성을 띠는 것이 아닌 밀접한 관계, 보호대상간의 교차의 특징을 보임을 알 수 있다. 이에 따라 지적 성과나 상업 표지의 지식재산권보호에 있어 다양한 선택을 제공하게 된다. 예를 들어, 제품에 응용된 회화 작품에 외관설계특허를 신청하거나 상표 보호를 신청할 수 있으며, 작품의 자체로서 저작권의 보호도 받을 수 있다. 각 국가에서는 법률을 설계함에 있어 지식재산권에 대한 다양한 보호 유형을 제공하는데, 이러한 방식들은 지불을 요하는 보호 비용과 보호강도 등에 있어 서로 일치하지 않는다. 따라서 기업은 지식재산권의 보호 방식을 선택함에 있어 보호기간, 수속 절차, 보호강도, 관리 비용 등의 요소를 비교해야할 필요가 있으며 각각의 보호 방식을 종합적으로 고려해야 한다. 지식재산권 보호 형식을 비교하여 살펴보면 <표 8-1>과 같다.

〈표 8-1〉 지식재산권 보호의 비교

권리유형	특허권	상표권	저작권	상업비밀권
보호범위	제품(형상, 구조를 포함), 방법 및 그의 개량, 제품도안, 색채 및 그의 조합	제품이나 서비스 출처의 가시성(可視性) 표지를 구분	창저적인 작품의 표현 형식, 예: 그림, 소설, 공연광고 등	대중이 알지 못하는 기술정보와 경영정보
보호시간	발명특허는 20년, 실용신안 및 외관디자인은 20년	1회 등록보호는 10년, 갱신가능	최소 50년	비밀보호를 유지할 수 있다면 유효가 영구
밟는 수속	신청필요	신청필요	자동 취득	자동 취득
보호강도	강함	비교적 강함	비교적 강함	자동 취득
관리비용	높음	비교적 높음	높음	비교적 낮음

출처: 상해 시 협력변호사사무소 지식재산권 사무센터: 〈창의산업지식재산권관리〉, 학림(學林)출판사 2006년판, 15페이지

제2절 창의산업의 지식재산권 보호

David Thirsty는 창의산업이 3가지의 특징을 갖는다고 제시했다. 첫째, 창의산업활동은 생산과정에 있어 특정한 형식의 '창의'를 운영한다. 둘째, 창의산업활동은 상징적 의의 발생 및 연결과 관계가 있다고 간주된다. 셋째, 창의산업의 제품은 최소 특정 형식상의 지능 재산이 될 가능성이 있다.

중국학자 오계송(吴季松)은 창의산업의 특징을 다음과 같이 다섯 가지로 제시한 바 있다. 첫째, 창의산업은 고부가가치적 산업으로, 강한 삼투성을 갖고 있다. 창의산업의 핵심가치는 정보, 지식, 특히 문화와 기술 등의 무형자산으로, 자주적 지식재산권을 갖고 있는 고부가가치적 산업이다. 둘째, 문화창의적 제품의 수요는 불확실성을 갖고 있어 산업에 있어 투자 위험을 갖는다. 셋째, 문화창의제품은 독창성, 예술성, 다양성 및 쉽게 지나는 특성을 가지고 있다. 넷째, 창의산업의 기술은 지능적, 지식적 등의 방향으로 발전하고 있다. 다섯째, 창의산업은 지식재산권보호와 브랜드적인 특징을 갖고 있다.[2]

2 오계송(吴继松): <지식경제학>, 베이징수도무역대학출판사 2007년판, 185페이지

이를 종합하면, 지식재산권은 창의산업과 창의경제의 주요 특징 중 하나라 볼 수 있다. 창의경제가 전 세계 경제의 중심무대에 점차 등장함에 따라 지식재산권보호는 대다수 경제활동에 있어 중요한 요소가 되었다. 창의산업에 있어 지식재산권보호는 창작자와 권리자의 합법적인 권익을 보호해줄 뿐만 아니라, 창의영감의 발생, 창의생산력의 전환, 창의경제의 가치와 사회가치를 실현하는 기초와 지역 창의산업 핵심경쟁력의 구축에 있어 중요한 구성부분이 되었다.

1. 지식재산권보호가 창의산업에 있어 갖는 의의

1) 지식재산권은 창의산업의 핵심적 가치이다

창의산업의 핵심은 창조성과 혁신성에 있다. 창조성과 혁신성은 창작자의 개인적 창의와 기교 및 재능을 바탕으로 한 일종의 지적성과로, 지식재산권은 창조적 노동성과에 있어 법률·법규에 의거하여 창의 주체가 향유할 수 있는 독점 권리이다. 따라서 지식재산권은 창의사업의 핵심가치이다. 따라서 지식재산권은 창의산업의 핵심가치이다. 각국의 창의산업의 정의를 통해 핵심가치를 충분히 확인할 수 있다(<표 8-2>).

〈표 8-2〉 부분 국가(지역)와 국제조직은 창의산업에 대한 정의

국제조직/국가/지역	창의산업에 대한 정의
유엔	창의재능과 선진기술을 결합한 일련의 지식에 기초한 활동임, 그의 산출은 지식재산권의 비교적 큰 보호를 받음. 창의산업은 생산하고 판매하는 제품과 서비스는 문본, 기호와 도상을 중심으로.
영국/뉴질랜드/싱가포르/일본	개인의 창의, 기교 및 재능에서 발원하고, 지식재산권의 개발과 운용을 통하여 재부 창조와 취업 잠재력을 갖고 있는 업종임.
중국 홍콩지역	한 경제활동의 그룹은 창의, 기술 및 지식재산권을 개척하여 이용하고 사회의의 및 문화의의적인 제품 및 서비스를 생산, 분배하며 한 재부와 취업을 창조하는 생태시스템이 되길 갈망함.
중국 대만지역	창의나 문화의 집적에서 나오고, 지혜재산의 형성 및 운용으로 재부 창조 및 취업기회의 잠재력을 갖추면서 전체생활 환경의 제고를 촉진하는 업종임.

출처: 번근(潘瑾), 진효춘(陈晓春): 〈基于价值链分析的创意产业知识产权保护法与途经探讨〉 〈知识产权〉2006년 第2期

영국은 창의산업이라는 개념을 가장 먼저 제시한 국가이다. 창의산업을 개체의 창조행위, 기술과 재능을 원천으로, 생산수준 제고를 갖추어 지식재산권을 이용하여 부의 축적 및 취업기회 잠재력을 창조하는 산업으로 정의했다. 이 정의에 의하면 창조적 성과는

지식재산권과 같다.

홍콩에서는 창의산업을 창조적 기술과 지식재산권 개발 및 이용을 통해 사회문화의 의를 갖춘 제품과 서비스를 생산하고 판매하는 일련의 경제활동이며, 또한 부의 창조와 취업기회 잠재력을 실현하는 생산체계로 정의했다. 창조력을 통해 교역이 가능하고, 교부 가능한 사용서비스로 전환하기위해 지식재산권을 개발하고 이용한다는 것이다. 따라서 창의경제의 발전은 지식재산권에 완전히 의지한다고 볼 수 있다.

만약 창의산업을 일종의 동태적 과정으로 여긴다면 이 과정은 지능을 자산과 자본으로 전환하는 과정으로 볼 수 있으며, 만약 창의산업을 일종의 형태적 재부로 여긴다면 바로 지식재산권의 형성, 보호와 집적하는 과정으로 볼 수 있다. 창의산업의 핵심가치는 사람의 창의 및 얻는 지식재산권이다.[3]

2) 지식재산권은 창의경제의 핵심자산과 측정 척도이다

지식재산권은 경제 이익으로서의 창의 및 혁신이 요구하는 독점적 통제를 제고하며, 창의제품의 접촉 및 이용함에 있어서의 법률 기초를 제공한다. 소유권과 통제권의 확립을 통해 지식재산권은 집행 가능한 법률적 토대를 세우며, 이 토대는 창조적 노동에 대한 가치를 창출한다. 지식재산권법과 경제가치 간의 관계는 단순한 법률개념과 원칙이 아닌 격려 제도의 확립과 비즈니스 무역을 지원하는 법적 개념에 있으며, 그 목적은 지식재산권의 창조의 격려를 통해 재산의 상업적 이용의 촉진함에 있다. 지식재산권은 창조적 성과의 창조자에게 법률 보장을 제공할 뿐만 아니라 지식재산권 재산에 대한 경제시장과 교역의 프레임을 세운다. 지식재산권은 기본적 제도를 제공하며 이 제도를 통해 재산의 가치가 보증되며 증가된다. 그러므로 지식재산권은 창의경제의 핵심자산이라 할 수 있다.[4]

지식재산권은 창의의 창의성 여부를 효과적으로 측정할 수 있다. 창의는 무형성, 공공성, 제어가 쉽지 않은 성질과 쉽게 지나가는 성질을 갖고 있다. 무형적 창조력에 의해 생기는 창의나 경제적 시장가치 등을 효과적으로 조작할 수 있는 측정 척도가 필요하다. 법률 및 법규의 형식으로 존재하는 지식재산권 제도는 법정 판단표준에 일치하는 유효 방식이다.

---

3 王红珊整理: 《保护知识产权与发展创意产业 — 知识产权与创意国际论坛综述》, 《上海商学院学报》, 2006年3月第7卷第1期(왕홍산 정리: <지식재산권 보호와 창의산업 발전 — 지식재산권과 창의국제포럼총론>, <상해상학원 학보>, 2006년 3월 제7권 제1기)

4 王红珊整理: 《保护知识产权与发展创意产业 — 知识产权与创意国际论坛综述》, 《上海商学院学报》, 2006年3月第7卷第1期(왕홍산 정리: <지식재산권 보호와 창의산업 발전 — 지식재산권과 창의국제포럼총론>, <상해상학원 학보>, 2006년 3월 제7권 제1기)

3) 지식재산권보호는 창의경제의 중요한 관리수단이다

창의제품은 공업제품별로 다르다. 생산과정과 산출형식에 일정한 불확성을 띠며, 혁신부분은 내포적인 형식으로만 존재한다. 객체의 무형적 성질은 지식재산권의 주요 특징이다. 기계와 공장 건물 등의 유형재산은 일반적으로 실질점유와 지배의 상황에 의해 권리귀속을 추정할 수 있으나, 유형적 자산에 대한 물질적 방법으로서의 통제는 무형적 자산에 있어서는 불가능하다. 그러므로 창의가 공개될 경우 법률 보호를 받지 못한다면 관리자는 제 3자에 의한 독단적 사용을 방지하지 못함에 따라 실질점유를 통한 권리귀속을 추정하지 못하게 된다. 예를 들어 특정 인쇄용 그림의 소유권 취득은 작품의 저작권 취득과 같지 않다. <저작권법> 제18조의 규정에 따르면 미술 등의 작품 원고 소유권의 이전은 작품 저작권의 이전으로 간주하지 않지만, 미술작품 원고의 전람 권리는 원고소유자가 향유하는 것으로 되어 있다. 인쇄용 그림의 소유권은 작품의 저작권과 뚜렷하게 다른데, 인쇄용 그림의 물권자는 저작권자의 동의 없이 작품에 출판·복사·발행 등의 행위를 해서는 안 된다. 이를 위배할 경우 권리 침해가 성립된다.

창의작품에 대한 모방은 한정된 범위 하에 권리침해에 해당하지 않는다. 예를 들어 서예작품의 임모(모작)는 허가된다. 서예의 기예 향상을 위해 임모 한 뒤 이를 통해 돈을 버는 것 역시 허가된다. 진품을 복사하거나 위조품을 만들어 사칭하지 않는다면 권리침해가 구성되지 않는다. 예술 품격에 대한 모방은 법으로 제정되지 않음에 따라 역사적 서화에 대한 임모(모작) 작품은 상품으로 여겨지거나 허가된다. 일부 고대 예술품의 경우 전문부서가 복제하여 판매하는 경우도 있다. 그러나 권한 부여나 지식재산권을 소유하지 않은 자가 복제하여 사리를 취하는 상업행위는 불법이다. 특히 명품 제품의 복제는 지식재산권 소유자에게 특수한 권한 수여를 받지 않는 경우 불법이다.

창의산업은 연구개발 디자인, 건축디자인, 문화예술, 상담기획과 패션소비 등의 많은 업종을 망라한다. 이러한 업종들은 모두 기술 및 지식과 밀집한 산업으로 특허권, 판권, 상업비밀 등의 지식재산권은 바로 이러한 신기술, 신안, 신형식 및 신사상을 겨냥해 생긴 재산권기구이다. 지식재산권이 없다면 창업산업은 임의적으로 복제 및 방조되는 혼란스러운 국면에 직면함에 따라 전 업종에 있어 생존과 발전의 위기를 맞이할 것이다. 따라서 지식재산권의 독려와 이익의 보장이 없다면 창의, 혁신, 창조는 존재하지 않을 것이다. 사실, 창의산업의 지식재산권에 대한 의존도는 전통산업보다 더 높으므로 창의경제의 발전은 지식재산권의 보호에 의존해야 한다. 창의기업의 생존은 적극적이며 유효적인 지식재산권 법률보호 프레임 건설에 의존하며, 각국 정부도 창조력과 혁신능력을 통해 지식재산권 법률보호를 목표로 한다. 그러므로 지식재산권보호는 창의경제에 있어 중요한 관리수단이다.

4) 지식재산권은 창의기업의 중요한 상업자원이다

경제학적 기업이윤의 분석에 따르면 기술의 연구, 개발과 브랜드가치는 고 이윤구역인 반면 가공산업과 제조업은 저 이윤구역이라 할 수 있다. 이것은 이른바 U자 Smiley's law로 지칭되는 것이다. 그러므로 산업에 있어 부가가치가 더 높은 부분은 연구개발과 판매에 있으며, 제조 일환은 이윤의 5%만을 차지하므로 가치 취득 층위에 있어 낮은 위치에 놓인다. 연구개발과 마케팅은 지식재산권과 갈라놓을 수 없다. 연구개발은 특허와 기술비밀의 형성에 치중하며 마케팅은 상표(브랜드)와 서비스에 의존한다. 미국의 산업발전 과정을 살펴보면, 다수 기업의 활동이 모두 마케팅과 혁신 연구개발의 2가지를 주체로 진행되는 것을 확인할 수 있으며 창의산업은 더욱 그러한 특징을 보인다고 할 수 있다. 특허, 상표(브랜드)등의 지식재산권을 소유하는 것은 비교적 높은 부가가치를 보장한다. 지식재산권은 날이 갈수록 창의기업의 상업자원이 되며 심지어 경쟁우위를 준다도 할 수 있다.

첫째, 지식재산권은 창의기업 재산의 표현이다. 미국의 예를 보면, 지식재산권의 가치는 미국 주식회사의 주식가치 전체 비율에 있어 매년 대폭 증가 추세에 있다. 1982년에는 500여개의 대표적인 주식회사 시가(市值)중 유형자산은 62%를 차지하고 무형 자산은 38%를 차지했으나, 1992년에 상황이 역전되어 유형자산은 38%, 무형자산은 62%를 차지하게 되었다. 2002년에는 유형자산의 비율이 더욱 축소되어 13%만을 점유하는 반면 무형자산의 비율은 87%에 달했다. 이에 따라 현재 미국의 대형 기업의 주식시가(市值)의 87%는 모두 무형자산으로 구성된다. 지식재산권은 무형자산의 주요 구성부분으로 그 가치 역시 매해 상승하고 있다.[5] 그러므로 기업은 지식재산권의 실현 및 가치 이용을 선결과제 또는 주요 목표로 간주하게 된다. 지식재산권과 같은 무형자산을 핵심자산으로 삼는 창의기업에 있어서는 더욱 그러하다.

둘째, 지식재산권은 창의기업의 이윤원천이다. 현대사회에서 지식재산권은 기업 생존의 생명줄이며 심지어 기업경쟁의 상업수단이라고 할 수 있다. 소위 "3류 기업은 제품을 팔고 2류 기업은 상표를 팔고 1류 기업은 특허를 팔고 초일류 기업은 표준을 판다"나, "기술은 특허화, 특허는 표준화, 표준은 독점화"라는 말은 지식재산권의 실질적 기능이 이윤극대화의 실현이라는 것을 입증한다. 이를 통해 지식재산권은 현대 상업 경쟁에 있어서의 중요성을 알 수 있다. 지식재산권은 이미 기업, 특히 창의기업의 이윤원천이 되었다.

셋째, 지식재산권은 창의기업의 경쟁우위이다. 특허 등의 지식재산권은 창의기업의

---

5 상해 시 협력변호사 사무소 지식재산권 사무센터: <창의산업지식재산권관리>, 학림(學林)출판사 2006년판, 5페이지.
上海协力律师事务所知识产权事务中心:《创意产业知识产权管理》, 学林出版社2006年版, 第5页

경쟁우위를 집적하고 제고하는 중요 도구이다. 예를 들면 지리(吉利)회사는 특허보호를 통해 보호망을 성공적으로 구축하여 경쟁자의 시장진입을 차단할 수 있다. 예상되는 것과 같이 지식재산권은 미래의 제품 차이를 실현할 수 있고 경쟁우위를 집적할 수 있는 요소이다.

넷째, 지식재산권은 창의기업의 투자조합이다. 기업의 발전은 자본의 투입을 떠날 수 없으며 특히 신흥 창의 기업은 자본의 투입을 더 필요로 한다. 경제학적으로 보면 창의는 일종의 자본형태이고 지력자본이나 창의자본이라고 할 수 있다. 회사 투자에 있어서 지식재산권을 가지고 있는 창의기업은 경쟁우위와 독점이윤을 갖고 있다는 것을 뜻하며 양호한 투자 장래가 있음을 뜻하기도 한다. 창의기업에 있어서 지식재산권의 소유는 융자의 경로가 증가되는 것을 뜻한다.

지식연결 판권의 위기 디지털화의 역효과[6]

디지털 판권의 위기는 디지털 정보가 간단하게 복사, 모조 및 전파될 수 있음에 기인한다. 관련 매체의 보도에 의하면 영화, 음반, 상업 소프트웨어, 오락 소프트웨어, 동영상 및 게임의 해적판으로 인한 미국의 경제적 손실은 매년 580억 달러에 달한다. 만약 해적판이 없다면 미국의 일자리는 373,375개가 증가될 수 있다. 미국의 노동자들은 해적판에 의해 매년 163억 달러의 손실을 보고, 정부 역시 26억 달러의 조세수입을 손실했다. 디지털화로 인해 판권에 생기는 손해는 이미 업계인사가 토론하는 초점이 되었다. Baird Macmillan Education 주석 克里斯托弗 白德信는 디지털 판권관례가 아직 초급 단계에 있으며 출판사에 대한 법률보호도 명확하지 않다고 주장했다. Google은 이전에 Google과 인쇄품 출판업자간 Google 인쇄품 도서관 항목에 대한 '전문색인'을 건설함을 통해 대중이 사용하기 편하도록 모든 판권자료를 스캐닝한 도서창고를 만들려고 했으나, 업계, 특히 주요 출판사의 강한 반대를 받았었다. 출판사는 작품이 인터넷에 올려지는 즉시 인터넷을 통한 열람자 수가 증가하며 이에 따라 작품의 판매량에 영향이 나타나며 권리자의 이익에 손해를 입힐 수 있다고 여겼다. 따라서 디지털 도서관에서의 작품에 대한 사용이 합리적 사용으로 간주된다면 판권자의 이익에 불리해지게 된다. 현재 이 문제는 여전히 논쟁 중에 있다. 그 외에 인기도서가 디지털로 복제되는 사례가 늘어남에 따라 출판사의 걱정을 늘리고 있다.

2. 창의제품 지식재산권 교역의 특징

1) 창의산업 지식재산권 보호의 특성

지식재산권의 법률 특성과 창의제품의 특성을 결합하여 분석 및 고찰을 통해 지식재산권을 핵심가치로 두는 창의제품은 아래의 몇 가지 특징을 지님을 알 수 있다.[7]

---

6 杨建飞:《版权危机：数字化的负效应》,《创意产业参考》, 2007年第10期

7 邓达:《创意产业的核心价值与知识产权》,《管理世界》, 2006年第8期

첫째, 창의제품은 정보의 무형화와 쉬운 전파성을 갖고 있다. 창의 제품의 특성은 지식재산권의 객체와 동일하게 정보 특성을 지니고 있다. 지식의 유용성이란 정보가 사람 사이에 광범위하게 퍼져 유용함에 있어 쉬워짐을 의미하며, 이 조건 하에 있는 정보의 특성은 바로 지식이 기타 유용한 객체를 구분하는 본질에 특성이 있다. 정보는 무형적이고, 한없이 복제될 수 있고, 전파가 쉽고, 사용해도 소모되지 않고, 다(多)주체가 동시적으로 사용할 수도 있다. 지식의 정보특성 및 지식 발전과 인류 진보의 역사를 통해 지식은 인류의 공통의 재산임을 증명할 수 있다. 지식의 확산, 학습, 연구와 새로운 지식의 창조를 위해 지식 그 자체는 항상 공개된다.

이러한 전제하에 지식재산권을 핵심가치로 하는 창의제품은 끝없이 복제될 수 있으며 더구나 전파하기도 쉽다. 창의가 발생한 후에도 천연적인 희소성을 갖지 않으므로 한계효용가치를 갖지 않는다. 그러므로 그 자체로는 재산이 될 수 없으며 반드시 법률을 통해 인위적인 희소성을 갖추어야만 지식재산권이 경제학적 재산으로 인정될 수 있다. 지식재산권 제도는 사회가 창의제품 권리자의 지식재산에 대해 법률 보호를 제공하는 제도이다.

둘째, 창의활동의 권리는 법적인 전속성(专属性)을 갖고 있다. 창의활동은 창조적 활동이고, 그 목적은 지식과 창조력으로써 부를 창조하는 것이다. 지식재산권의 보호 요소는 지식 자체뿐만 아니라 지식과 관련된 권리도 포함된다. 법정(Legislated)이란 법률로 부여하고, 규범하고, 보호함을 의미한다. 사유재산으로서의 지식재산권은 법률에 의해 설정된 것으로 천연적으로 나타나는 것이 아니다. 지식재산권 법률이 생기기전에는 사유재산이 지식재산권에 포함되지 않았다. 법률 규정이 없기에 지식과 정보가 재산으로서 시장평가받고 교환되기가 어려웠다. 유형 재산은 천연적으로 생기는 것으로, 법률이 발생하기 전부터 사유재산 속성을 갖고 있었으며, 법률은 단지 이를 인증하고 규범하는 역할을 수행할 뿐이다. 따라서 법정 전속성은 지식재산권과 유형재산의 큰 차이점이라 할 수 있다. 지식재산권의 배타성, 시간성 및 지역성 등은 모두 법정으로 인해 나타난다.

창의산업에 있어서 중요한 것은 지식재산권 권리 중 지배권의 법정성이다. 지배권(Dominating Right)이란 지식의 경제의의 상의 배타사용권(排他使用權), 복제전파권(複製傳播權), 이 지식사용효과를 응결하는 제품 판매, 판매의 청약권, 수정권, 사용지정동의권, 이익 쉐어링권 및 상술된 권리 및 지배권리 자체의 처분권(양도 허가, 증여, 상속 등)을 가리킨다. 지배권애 포함되는 구체 사항은 시대의 발전과 기술의 혁신에 따라 변화될 수 있다. 지배권의 구체 사항은 법에 의해 상세히 규정되어야 하며 법의 변화에 따라 변해야 한다.

창의활동은 인력, 물력, 재력과 시간의 거대한 투입을 필요로 하고 실패에 대한 위험

부담이 필요하며 창조자의 지휘도 필요로 한다. 지식의 보존에 있어서 특정한 조건이 필요하며 특정한 대가를 치러야 한다. 법정의 지배권은 창의활동과 창의산업 가치의 실현에 조건을 마련한다.

셋째, 창의산업은 지식의 보호와 공유의 공존을 실현한다. 지식재산권제도는 혁신을 보호하는 목적을 실현함과 동시에 창출된 지식을 공유하게 하는 목적 또한 갖고 있다. 즉 지식재산권제도의 실현은 공유와 공존이다. 호키스(霍金斯)가 강조했던 것처럼, 21세기 지식재산권 보호 법률체계 중의 핵심문제는 이 두 가지 목적(개인 지식재산권보호와 공공정보 공유) 사이의 균형을 탐구하는 것이다.

2) 창의제품 지식재산권 교역의 유형

창의제품은 창의 및 창의의 물질적 부가 속성에 따라 두 가지의 종류로 나눌 수 있다. 한 종류는 물질적 담체(운반체, 캐리어)와 밀접한 결합성이 있다. 예술작품(원화, 서예진품 등)을 예로 들 수 있다. 다른 한 종류는 복수의 다양한 담체를 지닐 수 있다. 예를 들어 애니메이션, 상표디자인 등이 속한다. 창의산업의 시장교역은 특정한 선호 취향을 갖고 있으며, 그 표현은 창의제품의 "창의" 부분의 관심에 있다. 다시 말하면, 창의제품에 반영되는 문화와 과학기술에 내포된 깊이·넓이, 창의의 상관 가격대성능비·시장전망·시장경쟁력·잠재적 시장호소력·시장경쟁력, 희소석 대체불가성, 가치의 여부 등은 시장교역의 쌍방이 가장 강조하는 것들이다.[8] 그러므로 창의산업은 지식재산권 방면에서의 교역량이 크다. 시장교역의 일환으로 창의제품은 상표, 특허, 저작권 등을 갖고 있는 경우가 많으며, 이와 관련된 교역 역시 많다. 창의제품의 지식재산권 교역은 창의산업의 창의부호, 창의요소, 창의소유권, 창의사용권 교역에도 영향을 미친다. 저작권, 특허권, 상표권을 포함하는 특정 창의제품의 지식재산권을 겨눈 교역이 이 부류에 속한다.

첫째, 창의부호(符号)교역이다. 창의부호는 회사 지식재산권보호의 범주에 속하며 창의부호를 통해 대량의 재산권 교역이 나타날 수 있다. 미국은 전형적인 창의산업 왕국으로, 디즈니 사가의 애니메이션 캐릭터(미키마우스나 도날드 덕 등)나 마법사 해리포터 등은 모두 유명한 창의부호이다. 기업은 창의부호에 힘입어 수많은 프로젝트를 개발하는데, 예를 들어 디즈니 창의부호와 관련된 프로젝트로는 카툰완구, 문구, 아동의류 기념품, 테마공원(디즈니랜드) 등이 있으며, 해리포터와 관련된 프로젝트로는 영화, 기념품 및 해리포터 테마 공원 등을 들 수 있다. 상기된 창의부호를 둘러싼 개발이 진행됨에 따라 수많은 지식재산권 교역이 파생된다.

---

8 厉无畏:《创意产业导论》, 学林出版社 2006年6月版, 第115页

둘째, 창의요소교역이다. 구미선진국의 문화 창의기업은 대부분 창의독립 마케팅으로 발전하는 경향을 보인다. 즉 표준의 제정자가 되는 것으로, '일류 기업은 표준을 판다'를 의미한다. 맥도날드와 KFC가 전 세계에 널리 분포하는 이유는 요식표준흐름창의, 운영흐름창의 등을 요소 교역으로서 포함시키기 때문이다. 자체적으로 크게 변하지 않는 적정규범화조작, 표준화 및 통일된 재질, 맛, 통일된 이미지가 내포된 기업프로세스 제정 등에 집중한다. 이러한 프로세스가 현지 도시에 들어오게 될 경우 현지의 음식문화를 참고하여 맛에 대해 필요한 조정을 하게 되며, 현지의 특유 음식 문화요소를 제품시리즈에 융합한다. 예를 들면 KFC의 멕시코 치킨롤, 베이징 치킨롤 등을 들 수 있다. 문화요소의 창의는 맥도날드와 KFC의 마케팅에서도 중요한 위치를 차지한다. 예를 들어 소형 오락실, 완구기증, 진인카툰쇼, 생일파티, 퀴즈쇼 등이 속한다. 그러므로 이들은 가맹 체인점의 투자에 있어 음식표준프로세스, 운영프로세스의 방면에서도 엄격할 뿐만 아니라 지역 시장 예측, 음식문화 인식, 문화마케팅의 방면에서도 엄격하다. 문화요건과 밀접하게 관련된 창의요소는 교역의 중요 요소가 된다.

셋째, 상표의 교역이다. 본질적으로 일반 상품과 유명브랜드 및 기업의 상표는 모두 창의를 갖는 문화상징 부호이다. 구체적인 물질 담체, 다시 말해 물질상품과 경영실체를 막론하고 "상표"라는 것은 구체적 명칭, 구체적 도안, 구체적 부호에 있어 풍부한 정보를 포함하고 있다. 상표 자체가 창의제품으로 시장에 진입할 수 있으므로 기업은 자체적인 상표제품을 판매하거나 무형자산의 방식으로 자산의 재구성을 진행할 수 있다. 현재 외국의 경우 남들보다 앞서 상표를 등록함을 통해 이익을 얻는 자가 많다. 예를 들면 2006년 6월 CCTV의 춘절 야회에서 투표로 대만에 기증된 팬더에게 "투안투안(团团)", "위안위안(圆圆)"이라는 이름을 붙이고 현장에서 공개했는데, 특정인이 이미 두 단어를 조합하는 방식으로 10여개의 인터넷 도메인을 등기하고, 10만~50만 위안의 가격으로 판매한 사례가 발견되었다. 기술의 발전에 따라 제품의 종류가 많아지며 제품의 특징 및 서비스도 비슷해지면서 시장은 브랜드 경쟁시대에 진입하게 되었다. 기업에 있어서 브랜드의 역할은 매우 중요하며, 상표는 창의기업의 소중한 무형자산임과 시장경쟁의 무기가 된지 오래이다.

넷째, 특허와 저작권의 교역이다. 창의제품을 상표로 하는 시장교역에 비해 특허권과 판권을 통해 시장교역에 진입하는 창의제품의 비율은 더 높다. 음악시장과 출판시장에서 판권교역은 시장 교역의 핵심으로, 일련의 파생 교역을 일으키기도 하다. 전세계의 도서 판권교역 수익은 매해 수천억 달러에 달하며, 도서제품 직접교역을 통한 총 수입을 이미 넘어섰다. 판권교역이 나날이 발달하는 오늘날 원고주체의 창의를 통해 일어난 지식재산권 연장 교역 역시 자주 나타나고 있다. 예를 들면 인물형상 사용권, 방송 방영권, 전자저작권, 복제권, 축소저작권, 한자번체판권(汉字繁体版权) 등이 있다. 연장개발이 완료만 되면 저자와 출판사 및 특정 판권구매자 사이에 필연적으로 시장교역이 발생하게 된다.

제3절 창의기업의 지식재산권 관리

재산권 제도의 시점에서 보면, 재산권이란 일정한 목적에 따라 희소자원의 이용·처리·경제이익의 획득의 권리를 의미한다. 재산권은 재산권주체 간 재산객체(자산)를 중심으로 일어나는 경제이익 관계에 있어서 재산권 관계를 규범화하고 생산자의 투입·수익을 결정하는 기능을 수행한다. 창의의 지적성과는 무형성, 일정 공공성, 규제의 어려움, 쉽게 지나가는 특성 등을 갖고 있으므로, 창의산업의 재산권 문제는 필히 지식재산권 및 제도를 통해 규정에 맞게 처리되어야 하며, 권리자의 합법적 관리 역시 지식재산권을 통해 보호받을 수 있어야 한다. 창의산업활동의 시점에서 지식재산권 보호에 대해 논의하면 다음과 같다.

1. 창의성과 각 단계별 지식재산권 관리

창의제품은 최초의 창작으로부터 최종 소비 상품까지에 있어 일련의 가치증식과정을 거쳐야 한다. 이러한 활동의 주요내용은 다음과 같은 단계를 거쳐 구현될 수 있다. 창의창작단계, 창의제품의 개발과 생산단계, 창의제품의 전파와 판매단계, 창의제품의 소비단계이다. 상기된 일련의 단계별로 창의산업의 가치사슬이 구성된다. 창의산업 가치사슬의 최초 단계는 창작자의 무형적 영감과 구상이다. 이어서 진일보된 창작을 통해 상응하는 담체와 결합됨을 통해 표현이 될 수 있는 창의작품으로 전환된다. 이를 통해 일정한 규모로 복제 및 생산되어 창의제품 및 서비스가 되고, 이를 시장에 전파 및 교환함을 통해 최종적으로 창의상품의 형식으로 나타날 수 있게 된다.

지식재산권의 시점에서 살펴보면, 위에서 언급한 가치사슬의 형성과정은 곧 지식재산권 창조에서부터 지식재산권개발, 지식재산권교역 및 지식재산권소비까지의 과정이기도 하다. 따라서 창의산업의 지식재산권 보호는 전체 산업 가치사슬의 가치증식과정과 일관된다. 다만 지식재산권의 보호방법 및 경로의 차이와 중점 차이는 다소 있을 수 있다. 이를 도식화하면 [그림 8-2]와 같다.

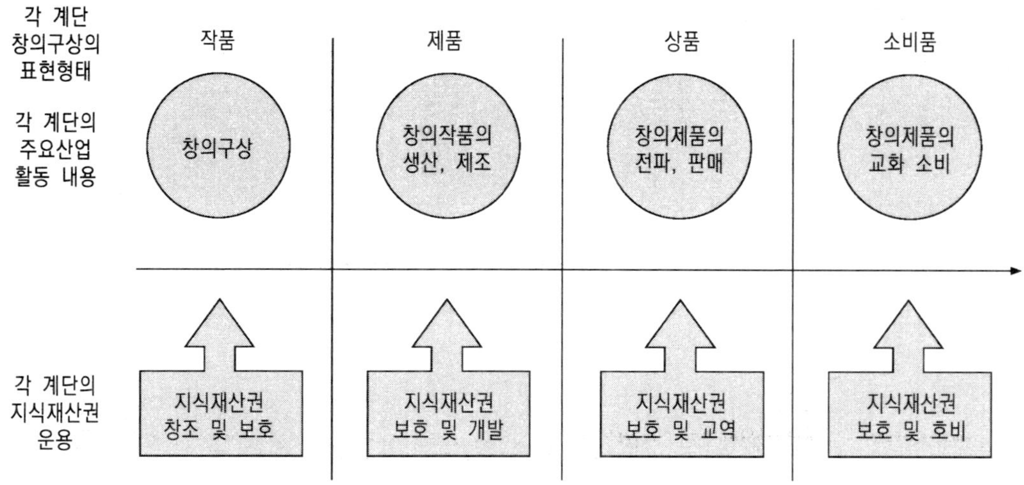

[그림 8-2] 창의산업의 가치사슬

출처: 潘瑾, 陈晓春:《基于价值链分析的创意产业知识产权保护方法与途径探讨》,《知识产权》, 2006年第2期

1) 창의 창작단계의 지식재산권 보호

창의단계에서 작품 창작자의 창의는 아직 구상, 창작 과정에 있으며 일정한 작품 담체를 통해 체현된다. 그러므로 창의창작단계는 지식재산권의 창조단계이며 창의작품에 대한 지식재산권보호는 창작자 개인과 창의 직원을 갖는 기업과 정보의 세 층위에서 중점적으로 고려되어야 한다.

첫째, 창의산업 가치사슬 중 창작자 개인은 핵심적 창의 주체로, 지식재산권의 창조자임과 동시에 자주 약세 위치에 놓이다보니 자아보호능력이 약하며 잦은 권리 침해를 겪는 대상이다. 따라서 창작자는 지식재산권 자아보호와 타인의 지식재산권을 존중하는 의식을 가지고 있어야 한다. 지식재산권 기본 법률의 이해와 파악 강화를 통해 자신의 권익보호 의식과 능력을 제고해야 한다. 동시에 창의 소재의 요구와 전파의 과정에 있어서도 창작자는 타인의 지식재산권을 자발적으로 보호해주어야 한다.

창의산업의 업종 활동은 주로 창의디자인(광고, 건축, 패션, 컴퓨터, 소프트웨어 설계 등)과 문화정보 및 예술 대중매체 영역의 범위 하에 이루어지며, 상응하는 지식재산권 문제는 저작권 및 인접권의 보호 방면에 많이 집중된다. 저작권 및 인접권(邻接权)은 자동적으로 나타나는 것으로, 작품이 완성되면 저작자는 법률에 의해 작품 기반에 상응되는 인신 및 재산권리를 향유할 수 있다. 권리분쟁이 생길 경우 저작등기는 행정 구제와 사법 소송에 있어 기본적이며 유력한 증명의 기능을 한다. 작품저작권 양도와 허가사용 등에 있어 등기를 거친 권리 증명문서는 가장 직접적이며 권위적인 신용보증임과 동시에 위험성과 정보의 비용을 줄이는 기능을 한다. 그러므로 실질적인 활용성과 비용투입면에서 저작권(소프트웨어 저작권 포함) 등기는 창의자가 실행가능성을 갖고 있으며 일정 실효를 갖고 있는 지식재산권 보호 조치이며, 창의작품 지식재산권보호의 주요 경로이기도 한다.

둘째, 창의 직원을 고용한 기업의 경우 지식재산권 창조단계의 보호 중점을 기업 창조 직원의 권리 및 격려에 두어야 한다. 예를 들어, 훈련을 통해 직원의 지식재산권 보호 의식을 제고하고, 기업 내 상업비밀보호규제제도를 만들고, 계약서 관리를 통해 창의개발 과정 중 생기는 성과귀속에 대한 규정을 제정하고, 직원간 경쟁금지 계약서를 체결해야 한다. 물론 관리강화 외의 심적 격려역시 중시해야 하며, 특히 직무발명창조와 직무작품의 지식재산권 귀속문제 및 합리적 경제이익 배분을 잘 처리해야 한다. 이는 기업관리 수단의 범주에 속할 뿐만 아니라 중국 지식재산권과 관련된 법률적 요구사항이기도 하다. 예를 들어 중국의 <특허법> 16조에 의하면 "특허권을 받는 부서는 직무발명창조의 발명자나 설계자를 장려해야 하며 발명창조 특허 실시 후 응용 보급 범위와 경제이익에 따라 발명자나 설계자에게 합리적 보수를 지급해야 한다"의 내용을 찾아볼 수 있다.

셋째, 창의창작 단계에서 지식재산권공공정보시스템의 구축과 완비를 통해 창조자 개인 또는 기업의 특허·등기된 저작권에 포함된 각종 지식재산권 정보 검색을 제공한다. 이를 통해 창조자는 창작과 관련된 고유 작품이나 기술발명의 지식재산권 상황을 쉽게 알아볼 수 있으며 창작의 신규성을 객관적으로 인식할 수 있으며, 중복투입 및 개발로 초래될 수 있는 자원낭비를 피하고 타인의 지식재산권을 침해하지 않는 자주적 지식소유권의 창의 제품을 취득할 수 있게 된다. 동시에 창의교류의 촉진과 창의산업 발전의 추진함에 있어 유리한 점을 가지게 된다. 지식재산권 정보 시스템은 본 업종의 기술 변화와 발전추세의 파악에 있어 편리함을 제공하며, 지식재산권 데이터베이스의 검색을 통해 유사 작품 및 기술의 지식재산권보호와 관련된 권리침해사례를 알아볼 수 있거니와 창조자에게 처한 상황별로 지식재산권개발 보호를 진행할 수 있다.

다만 사회수익과 공공복지의 시점에서 살펴보면, 창의창조 단계에서의 과도한 지식재산권보호는 부적절할 수 있다. 즉 법률이나 법류를 통한 지나친 규제는 부적절하며, 권리자의 기본권익과 기업의 기본생존을 보증하고 환경을 발전시키는 것을 기초로 양호한 창의가 서로 융합할 수 있는 환경을 창조해야 하나는 것이다. 그리하여 창의 전파에 유리한 사회혁신 분위기를 조성할 수 있다.

2) 창의작품의 개발과 제품생산단계에서의 지식재산권 보호

창의작품의 개발과 생산 단계는 지식재산권의 개발과 생산단계이기도 하다. 지식재산권 보호의 중점은 지식재산권 관련 법률 및 법규의 보완과 법률의 종합적 운용, 보호의 강화에 있다. 현재 창의산업은 다종업종에 연관되어 있으며 다양한 종류의 창의제품에 상응되는 법률 및 법규(저작권법, 특허법, 컴퓨터 소프트웨어 보호조례 등)를 구비했으나, 여전히 법률 체계가 완비되어 있지 않으므로 각각의 권리침해 안건을 해결할 수 있는 실제작용 및 완비성을 제고해야 할 필요가 있다.

이 점은 중국 현행 컴퓨터소프트웨어보호조례 및 저작권법 관련 내용에서 두드러지게 나타난다. 예를 들어 중국의 컴퓨터소프트웨어보호조례 중에는 소프트웨어 디자인 과정중 자주 사용되며 분쟁요소가 많은 '데이터베이스'의 정의, 데이터베이스 구축 당시 발생하는 '창의적 노동'에 대한 저작권 보호 기본근거, 판단 근거 등에 대한 명확한 설명이 없다. 또한 저작권법은 표현방식만을 보호하고 사상을 보호하지 않는데, 이러한 기본 원칙에 의해 발생하는 여러 법리 이견 및 컴퓨터 소프트웨어 권리 침해 인정 등의 문제는 여전히 소프트웨어개발 생산단계하의 지식재산권 보호에 있어 주요 곤란거리이다. 이에 대해서는 특허법과 상업비밀법 중의 일부 사상 및 내용을 참고로 하여 처리할 수 있다. 보호되는 특허가 강한 독점성을 갖고 있을 경우, 모종의 컴퓨터소프트웨어에 권한이 부여된 이후에는 동일하거나 비슷한 소프트웨어는 전유권을 취득할 수 없다. 이는 컴퓨터소프트웨어사상, 즉 소프트 구상기교, 기술방법의 보호를 강조하는 소프트개발자에게 있어 매우 중요한 보호이며, 지식재산권보호의 합리성과 공평성의 구현 방법이다.

다수의 조사에 의하면 창의기업은 지식재산권개발, 창의제품생산활동의 주요 참가자임과 동시에 산업 가치사슬의 중요한 경제단위임에도 규모가 작다보니 지식재산권보호로 사용할 수 있는 자금 및 인력자원에 있어 한계점을 갖기도 한다. 상업비밀보호의 원가는 낮지만, 기업과 직원의 자아 구속에 의해 보호 난이도는 복잡한 반면 보호강도는 비교적 취약하다. 그러므로 창의기업은 이 단계에서 반드시 제품에 기술보호를 중시하고 강화해야 한다. 예를 들면, 소프트웨어업종은 보안암호 조치를 취하거나 "보호"코드를 도입하거나, 심지어 더 복잡하고 치밀한 디지털 저작권 관리(DRM) 등의 기술을 통해 디지털정보 내용의 액세스 진도를 제어해야 한다(액세스 차수, 시청시간 길이, 공유, 프린터, 저장 등 조작 포함). 동시에 정부도 지식재산권 관리기구의 건설 강화, 입법단체의 전문소양과 효율성 제고, 특허대리 등의 중개기구 발전환경 개선 등의 대책을 통해 중소 창의기업의 지식재산권 개발과 보호에 필요한 원가를 줄여야 한다.

3) 창의제품의 전파와 판매단계의 지식재산권 보호

창의제품의 전파와 판매단계는 지식재산권의 교역단계이고, 이 단계의 지식재산권 보호의 중점은 집행 강도를 늘리고 권리 침해자의 단속에 있다. 경제학적으로 인간의 행위를 해석할 경우, 해적판을 유통하는 자는 권리침해 및 투입 산출에 있어 위험 수익 요소가 되므로, 관련 부서에 의한 단속 및 처벌 강도를 늘려야만 권리침해 행위를 억제할 수 있다. 예를 들어 일본의 경우 저작권범죄의 형사책임 조례에 있어 저작인격침범죄를 규정하고 있으며 저작성명 위조죄, 출처 비명기죄도 규정함을 통해 저작의 인신권을 보호한다. 일본의 저작권 침해의 최고 형벌은 3년의 유기징역이며, 벌금으로는 30만엔에 달할 수 있다.

처벌강도를 높임과 동시에 지식재산권가치평가체계의 완비와 비즈니스 플랫폼을 건설하고 규범적 매니저업종의 구축을 강화하는 것 역시 이 단계에서의 지식재산권 보호에 있어 중요한 경로이다. 예를 들어 상해의 경우, 창의산업의 60~70%의 산업은 비즈니스 플랫폼을 거쳐 시장가치의 전파를 실현하며, 권위평가기구와 전문교역 플랫폼을 통해 정보와 대리서비스의 제공을 받아 비용을 줄이고 지식재산권을 효율적으로 운영한다. 이를 통해 사회의 기술을 진보시키며 창의성의 외적 효과의 향유를 촉진한다. 지식재산권 평가체계의 역할 및 의의는 창작자에 대한 일종의 직접적 지식재산권 보호에 있다. 중국의 <특허법> 제60조의 특허보호와 배상에 관련된 규정에 따르면, "… 권리를 침해받은 사람의 손실이나 권리 침해자가 얻는 이익을 확정하기 어렵다면 이 특허허가사용비의 배수를 참고하여 합리적으로 확정한다"라는 내용이 있다. 이를 통해 알 수 있는 점은, 권리가 침해되거나 혹은 권리자의 특허허가 및 양도가치에 대한 명확한 개념이 없을 경우, 지식재산권 평가체계가 권위의 가치 평가의 역할을 수행함으로써 창작자의 합법 권익을 보장할 수 있다는 것이다.

4) 창의제품 소비단계의 지식재산권보호

창의제품의 소비단계는 지식재산권의 소비단계이며, 제품의 전파·판매단계에서의 지식재산권 보호보다 제품의 소비자 및 사용자 시점에서의 지식재산권 보호를 고려해야 한다. 그러므로 시정권리침해 행위의 단속과 해적판 유통의 엄중 처벌, 소비자의 지식재산권보호 의식 제고는 본 단계에서의 지식재산권 보호의 중점사항이다. 이는 또한 시장질서의 보장과 산업사슬의 연장에 있어서 관건사항이기도 하다. 정부는 여러 경로를 통해 대중에게 지식재산권 기본 법률 상식을 보급하며, 권리침해 제품 구입 시 소비자 자신과 사회에 손해를 초래할 수 있음을 대중이 알게 한다. 다른 한편으로 정부는 정확한 권익수호 경로를 홍보함을 통해 소비자의 합리적인 권익 보장을 도울 수 있다. 이를 통해 정부는 용이하게 법을 집행하고 권리침해 행위를 단속할 수 있다.

이상의 논의를 통해, 창의산업 가치사슬에 있어 창의창작/소비단계의 산업에서 활동하는 참여자가 많으며, 조직이 분산되어 있으며, 관련 지식재산권보호가 비교적 취약함을 알 수 있다. 이에 따라 창작자개인, 창의기업 및 창의소비자의 지식재산권보호를 중점적으로 제고해야 하며 동시에 정부의 권리침해 행위 단속 강도를 높일 필요가 있다. 또한 관련 산업조직 환경과 사회공공서비스를 부단히 보완해야 한다. 예를 들어 특허나 등기된 저작권 정보 검색 등을 포괄한 지식재산권 공공정보 네트워크라던가, 지식재산권 가치평가 체계 및 상무교역플랫폼 등의 구축을 강화해야 한다. 창의작품의 개발 및 제품생산, 판매과정 중에서는 기존제도의 개선에 지식재산권 보호의 중점을 두어야 한다. 예를 들어 컴퓨터 소프트웨어 저작권 보호 및 디자인업종 권리침해 인정 등을 주요 골자로 한 관련 법률 및 법규의 보완을 들 수 있으며, 사법절차의 간소화나 권익수호 비용의 감소 등도 여기에 포함될 수 있다.

요컨대, 각 단계별 지식재산권활동 및 특징에 따라 개인·기업·정부는 지식재산권보호에 대한 작업해야 한다.

2. 창의성과의 지식재산권 귀속

지식재산권귀속의 법률규칙이 매우 복잡하다보니 지식재산권 주체에 대한 논쟁은 지식재산권 분규에 있어서 큰 어려움으로 남아있다. 창의기업의 핵심적 부의 권리귀속이 불분명하다면 기업에 치유하기 어려운 화근을 남길 수 있음이 틀림없다. 지식재산권귀속의 기본 규칙의 숙지는 창의기업이 반드시 해결해야 하는 과제이다.

1) 지식재산권 귀속의 식별

구체적인 재산권의 명시는 시장경제의 정상 운영의 전제조건이다. 재산권귀속을 제3자가 식별할 수 있으며 판단할 수 있어야 교역 질서가 안정될 수 있다. 관련 법률의 규정을 살펴보면 저작권법, 특허법, 상표법, 계약법과 반부정경쟁법(부정경쟁방지법) 등이 지식재산권의 발생 및 변동을 판단하는 법률의거이다.[9]

첫째, 저작권의 귀속은 일반적으로 작품의 서명을 상징으로 하여 서명에 따라 판단할

9 上海市协力律师事务所知识产权事务中心:《创意产业知识产权管理》, 学林出版社2006年版, 第30页
상해시 협력 변호사사무소 지식재산권사무센터 <창의산업 지식재산권관리>, 학림출판사 2006년판, p.30

수 있다. 저작권은 작품창작이 완성되는 시점에 자동적으로 나타나며 권리자는 등기 여부를 스스로 결정할 수 있다. 저작권의 등기여부는 권리발생의 여부를 결정하지 않으며, 등기의 역할은 사회에 권리귀속을 공시함에 있다. 등기와 작품에의 서명은 모두 저작권귀속에 대한 초보적인 증명이다. 충분한 반대 증거가 있는 경우 사법 기관은 저작권등기증서의 효력을 체납하지 않는 권리가 있다. 저작권의 재산권을 양도할 경우 중국 <저작권법> 第25조 규정에 의거해 서면계약서를 작성해야 한다. 소프트웨어저작권 양도 및 허가와 관련된 규칙은 일반 작품의 규칙과 비슷하다. 중국주체가 외국주체에 소프트웨어저작권을 허가해 주거나 양도하는 것 역시 <기술수출입관리조례>의 관련 규칙대로 해야 한다.

중국에는 저작권산생 및 양도와 관련된 법률 및 법규로서 <저작권법>, <저작권법실시조례>, <컴퓨터소프트웨어보호조례>, <최고인민법원 저작권민사분쟁안건 적용법률 문제의 심리에 관한 해석>, <작품자원등기시행방법>, <컴퓨터소프트웨어저작권등기 방법>등이 있다.[10]

둘째, 특허권과 상표권은 저작권과 다른 개념이다 중국의 <특허법>의 규정에 의하면 국무원특허행정부서가 특허신청을 심사하고 규정에 부합한다고 인정하면 특허권을 부여하는 결정을 하고 관련 증서를 발급함과 동시에 등기 및 공고를 하는 것으로 규정되어 있다. <특허법실시세칙>의 규정에 의거해 특허권이 양도 되거나 기타사정으로 인하여 이전되면 당사자는 국무원특허행정부서에 권리자변경수속을 밟아야 한다. 동시에 중국주체가 외국주체로 특허신청권이나 특허권을 양도하는 경우는 상무부 및 과학기술부의 승인을 받아야 한다.

셋째, 상표권의 경우 중국 <상표법>에서 규정한 대로, 등록상표의 유효기간은 승인된 날짜로부터 계산한다. 초보적으로 심정된 상표공고기간이 만료될 경우 이의가 없거나 재정을 통해 이의가 성립되지 않으면 상표국이 등록허가를 하고, 상표등록증서를 발급하며 공고를 한다. 등록상표를 양도하려면 관련 권리기관의 행정 심사 및 등기, 공고를 거쳐야 한다.

넷째, 상업비밀권이다. 중국 <반부정경쟁법(부정경쟁방지법)>의 규정에 의하면 상업비밀이란 일반인이 모르며, 권리자에게 경제이익을 줄 수 있고, 실용성을 갖고 있으며, 또한 권리자가 비밀보호조치를 취할 수 있는 기술정보와 경영정보이다. 이에 상업비밀을 합법적으로 취득·점유·이용할 수 있는 민사주체를 상업비밀권의 권리자로 볼 수 있다. 상업비밀권의 양도의 방식 및 각방의 권리 의무에 있어서는 주로 당사자 간 약정하게 된다.

---

10 《著作权法》《著作权法实施条例》《计算机软件保护条例》《最高人民法院关于审理著作权民事纠纷案件适用法律若干问题的解释》《作品自愿登记试行办法》《计算机软件著作权登记办法》

창의의 지적성과는 저작권에 의해 보호받는 작품이 될 수 있으며, 외관디자인과 발명 및 실용기술은 특허권에 의해 보호받을 수 있다. 다만 상당수의 지적성과들이 지식재산권의 보호를 받지 못하기도 하다(예: 독특한 분석기술, 기획방안, 마케팅계획 및 완성되지 못 하는 창의구상과 기술사상 등). 어떤 지력성과는 모종의 법률보호를 받더라도 형식상의 보호에 미칠 뿐 본질에는 미치지 못하는 경우도 있다. 예를 들어 고객명단과 시장예측보고에 대한 저작권은 작성된 자료의 복사행위는 제지할 수 있지만 경쟁상대의 조사 실시를 막을 수 없다. 더 심한 경우, 창의의 형성 및 완성에는 일련의 과정이 필요한데, 이 과정에 경쟁상대 및 경영자가 창의의 연구방향이나 절차를 알게 된다면 창의기업은 치명적인 타격을 입을 수 있다. 그러므로 사업비밀의 보호는 창의기업에 있어서 더욱 중요한 의의를 가진다.

2) 지식재산권의 취득

저작권, 특허권, 상표권과 상업비밀권의 취득과정을 살펴보면, 상표권과 상업비밀권의 취득 규칙은 비교적 간단하다. 상표취득의 의거는 상표국이 상표등록신청에 대해 비준하고 권한을 부여하는 것에 있다. 상업비밀권은 객체가 비밀상태, 즉 일반인이 알지 못함을 전체로 하며, 기타 지식재산권이 공시인정 권속에 기대하는 것과 달리 상업비밀권의 소유권은 상업비밀권에 대한 점유를 실현함을 통해 인정된다. 점유 방법으로는 일반적으로 권리자의 개발, 발명, 서브파트, 상속, 증여 등의 방식으로 이루어진다. 이와 반대로 저작권과 특허권의 취득은 상대적으로 복잡하며, 취득 방법은 아래와 같다.

첫째, 저작권과 특허권취득의 일반규칙은 다음과 같다. 중국 <저작권법>의 규정에 의하면 저작권은 저자 및 기타 저작권법에 의하여 저작권을 향유하는 국민, 법인이나 기타조직에 속하는 것이다. 저자는 작품을 창작하는 자연인으로, 개인작품의 저작권은 작품을 창작하는 자연인에게 속한다. 중국 <특허법> 규정에 의하면 아마추어발명창조의 특허 신청 권리는 발명가나 설계자에게 있다. 기타법률규정에 부합하는 경우 특허권은 가장 먼저 신청하는 사람에게 수여된다. 특허권 원시취득은 특허신청권을 행사하는 법률결과이며 발명가나 설계자가 특허권자가 되는 것은 특허권취득의 기본규정이다.

둘째, 직무작품 및 법인작품의 경우 다음과 같다. 일반직무작품의 저작권은 저자가 향유하는데 부처는 작품이 완성된 후 2년 동안 우선 사용할 수 있는 권리가 있다. 직무작품의 저작에는 부처사이에 직무적인 상·하급관계가 있어야 하고 동시에 작품은 반드시 부처업무를 이행하는 결과이어야 한다. 즉 반드시 부처의 업무와 관련이 있어야 하고 부처가 명확한 업무지시가 있어야 하며, 적어도 구도지시이야 한다. 부처업무를 이행하기 위해 창작된 작품이 아닐 경우 내용이 부처업무의 법위와 관계가 있더라도 직무작품으로 인정받지 않는다. 특수직무작품이란 주로 법인이나 기타조직의 물질적 기술조건을 이용하여 창작되었으며, 법인이나 기타조직이 책임을 지는 공사설계도, 제품설계도, 지도, 컴퓨터소프트웨어 등의 직무작품을 가리킨다. 또한 법률, 행정법규 규정이나 계약서로 규정된 저작권이 법인 또는 기타조직이 향유하는 직무작품이다. 중국 <저작권법>규정에서는 특수직무작품의 저작권은 법인이나 기타조직이 향유하고 저자는 서명권과 법인이나 기타조직에 대한 장려요청권만을 향유한다.

법인작품의 저작권은 법인을 저자로 한 서명권이 포함된 모든 권리이다. 법인의 저작신분 취득과 서명권의 향유 여부는 법인작품과 특수 직무작품을 구분하는 기준이다. 법인작품이 구성되는 조건은 3가지이다. 첫째, 반드시 부처가 주재한다. 둘째, 작품은 반드시 부처의 의지를 대표한다. 셋째, 작품으로 생기는 책임은 반드시 부처가 담당해야 한다. 또한 법인 작품은 반드시 법인이 서명해야 하며 타인 서명을 불허한다.

컴퓨터소프트웨어는 성질상 일반예술작품과 다소 구별되는데, 비교적 실용성이 강한 점에 있어 공업기술과 비슷하다. 따라서 일반작품의 법인작품과 비교할 경우 컴퓨터 소프트웨어의 법인작품에 대한 저작권법의 인정 조건은 더 광범위하다. 법인작품에 속하는 컴퓨터소프트웨어의 창작은 법인이나 기타조직이 주재할 필요가 없으며, 법인이나 기타조직의 의지를 대표할 필요도 없다. 소프트웨어개발은 개발자의 본직 작업과 관련만 있다면 법인이나 기타조직이 제공하는 물질 및 비공개정보 등의 조건을 이용할 수 있으며, 법인이나 기타조직이 대신 책임을 진다. 법인 또는 기타조직은 이 소프트웨어의 저작권을 향유한다.

셋째, 직무발명창조의 특허권이다. 중국 <특허법>규정에는 본부서의 임무를 집행하거나 혹은 주로 본부서의 물질기술조건을 이용하여 완성된 발명창조를 직무발명으로 인정한다. 직무발명창조의 특허 신청 권리는 상술한 이 부서에 속하며, 신청이 허가된 후 부서는 특허권자가 된다. 직무발명창조 특허신청은 광의적 직무기술성과 권리에 속하므로, 직무발명에 대한 이해는 계약법의 직무기술 성과권리에 대한 규정을 통해 참고할 수 있다.

넷째, 지식재산권의 약정취득이다. 저작권과 특허권의 원시 취득은 모두 법정을 일반으로 하며, 약정을 예외로 여긴다. 중국 <특허법>과 <최고인민법원의 특허분쟁안건을 심사하는 적용법률 문제에 관한 여간 규정>, <최고인민법원 기술계약분쟁안건을 심사하는 적용법률 문제에 관한 여간 규정>에는 이와 관련된 규정이 명시되어 있다.

3) 위탁 및 협력지적성과의 권리 귀속

위탁 및 협력지적성과에는 위탁 작품, 위탁 발명창조, 협력작품, 종합작품과 협력발명창조 등이 포함된다.

첫째, 위탁작품은 직무작품 및 법인작품에 비해 성질이 다르다. 직무작품 및 법인작품은 저자가 법인·조직과 직무관계로 맺어져있을 것을 요구하며, 위탁작품은 민사주체사이에 존재할 수 있을 뿐만 아니라 위탁작품의 인정은 당사자 간의 만사관계에 제한받지 않는다. 당사자 쌍방은 직무관계가 있더라도 계약서를 통하여 위탁창작이 이루어지기에 방해받지 않는다. 위탁작품의 저작권귀속은 우선 당사자의 계약서 규정에 달려 있어 쌍방이 약정하지 않거나 약정이 불명확시 법률규정에 적용받는다.

둘째, 위탁발명창조이다. 특허법과 계약법의 관련 규정에 따라 위탁발명창조의 지식재산권도 우선적으로 당사자의 약정에 달려 있는데 쌍방의 약정이 없거나 약정이 불명확시 위탁발명창조의 지식재산권은 위탁자에 속한다.

셋째, 합작작품이다. 중국 <저작권법>규정에 따르면 2인 이상의 합작으로 창작된 작품은 합작 저작이 공통으로 저작권을 향유도록 명시되어 있다. 창작에 참여하지 않은 자는 합작저작자가 될 수 없다. 일반작품이든 컴퓨터 소프트웨어이든 작품의 완성에 창조적인 공헌을 한 자여야 합작저자가 될 수 있으며 공유저작권을 향유할 수 있다. 합작작품을 분할하여 사용할 수 있으나 저자들이 각자 창작한 부분에 있어서는 단독적으로 저작권을 향유할 수 있으나 저작권을 행사함에 있어 합작작품의 완전성을 침범하면 안 된다.

넷째, 종합작품이다. 종합작품은 일련의 작품들의 조합이다. 예를 들면 노래작품은 일반적으로 가사작품과 곡조작품으로 구성되며, 영상작품은 극본, 노래의 가사와 곡조 및 무대미술로 구성된다. 하나의 영상작품에는 일련의 서로 다른 주체가 향유하는 저작권이 포함된다. 영상작품의 전체 저작권은 영상 제작자에게 속하고 그 권리 및 의무는 영상 제작자가 단독으로 담당한다. 영상작품의 저작권을 전체로 행사할 경우 감독, 시나리오 작가, 가사저자, 곡조저자, 촬영자 등 저자는 서명권만을 향유한다. 그러나 영상작품 중에 독립사용이 허가된 작품은, 예를 들어 가사, 곡조 및 시나리오와 같은 작품의 저자는 독립 저작권을 단독으로 행사할 수 있다. 전체작품의 저작권과 독립작품의 저작권은 공존의 관계에 있으며 서로 모순되지 않는다. 예를 들어 영화작품의 경우, 비디오 CD 발행자가 영화 제작자의 권한부여를 받는다면 즉시 CD를 발행할 수 있으며, 노래의 가사 및 곡조 저자도 영화제작자의 수권을 받을 필요가 없이 단독으로 레코드를 발행할 수 있다.

다섯째, 합작발명창조이다. 합작발명창조 권리의 귀속과 행사는 주로 <특허법> 제8조와 <계약법> 제340조의 법률규정에 의거한다. <특허법>의 규정에 따라 2개 이상의 부서나 개인이 합작하여 완성한 발명창조는 별도의 협의가 있지 않는 한 특허 신청의 권리는 완성한 개인 혹은 공통적으로 완성한 부서에게 있으며 신청이 허가된 후 신청 부서 또는 신청한 개인이 특허권자가 된다.

4) 2차 개발 지적성과의 지식재산권 귀속

작품과 발명에 대한 재개발을 진행하면 고유의 지적성과를 기초로 새로운 성과와 지식재산권이 나올 수 있다. 원칙으로는 재차개발자가 2차 개발의 지적성과에 대한 지식재산권을 갖고 있으나, 새로운 지식재산권은 고유의 지적성과를 개발기초로 삼으므로 권리 행사에 있어 고유 권리와 신권리 사이에서 모순을 일으키는 것이 필연적이다. 이 두 가지의 지식재산권의 관계를 조화롭게 조정하는 것은 법률의 명확한 규정에 의거하여 이루어져야 한다.

첫째, 2차 작품창조와 원작품의 저작권이다. 원작품에 대한 개편, 번역, 주석, 정리와 집대성을 통해 나타나는 새로운 작품을 연역작품이나 파생작품이라고 부른다. 연역은 창의산업에 있어 새로운 작품을 부단히 파생하게 하고 새로운 시장을 개발하는 데 있어 중요한 수단이다. 재창작작품 저작권의 귀속을 파악하는 것은 창의기업의 근본적 이익에 관계되는 일이다. 중국 <저작권법> 규정에는 재창작 작품의 저작권은 재 창작자에게 속하지만 고유작품을 연역하려면 고유작품 저작권자의 동의를 받아야 되며 새로운 작품의 저작권에 대한 행사는 고유작품의 저작권을 침범하면 안 된다고 규정한다. 한편 고유저작권자는 허가를 통해 연역작품을 사용하여 수익을 받을 수 있다.

둘째, 2차 발명창조의 지식재산권이다. 발명창조의 재개발은 상업비밀과 특허를 2차로 개발 하는 것들이 포함된다. 발명창조를 재개발하여 나타나는 지적성과는 새로운 특허권 혹은 새로운 상업비밀권의 보호를 받을 수 있다. 계약법의 상관규정에 따라 당사자는 기술양도, 기술상담, 기술서비스를 하는 과정 중에 나타나는 새로운 성과의 권리 귀속을 정해야 하며 약정이 없거나 불명확할 경우 개선자가 새로운 기술성과를 향유할 권리가 있다. 고유특허를 2차로 개발하여 나타나는 새로운 기술로 특허보호를 신청할 때 이전의 특허권이 여전히 유효기간에 있음에도 허가 없이 사용되어 후자의 권리가 전자의 권리를 침범하는 행위가 일어날 수 있다. 이런 경우에는 재 개발자가 지적성과의 특허권을 취득했더라도 반드시 고유특허권자의 허가를 받아야 사용할 수 있다.

제4절 창의경제의 지식재산권 보호조치

창의경제는 글로벌시대의 경제발전의 새로운 관점이 되어 가고 있다. 통계에 따르면 창의산업의 생산액은 글로벌 GDP의 7%를 차지하고 있으며 매년 10%의 속도로 증가하고 있다. 일반적인 선진국의 문화산업 혹은 창의산업이 GDP에서의 비율은 6%~12%에 달한다. 날마다 전 세계의 창의경제가 220억 달러의 생산액을 창출할 수 있으나, 이러한 데이터에는 수많은 보조기업을 여전히 포함하지 않는다. 제조업과 소매업 등의 보조 산업까지 포함되면 생산액이 몇 단계나 더 올라갈 수 있다. 2010년에는 창의산업의 총 생산액이 4.1만억 달러까지 달할 것으로 예측된다. 창의경제의 산출은 여러 가지 제조업과 서비스업의 수입원 및 발전의 원동력이 된다.[11]

창의산업의 핵심내용은 혁신 활동이며 본질적인 특징은 혁신재산권의 수익에 집약된다. 오늘날의 세계에서 지식재산권은 국가 및 지역 간의 중요 전략적 자원이 되었으며, 지식재산권에 대한 보호는 이미 기업 심지어는 국가가 경쟁 중 우세를 얻을 수 있는 중요한 요소가 되었다. 과학기술의 발전과 경제실력의 강화에 따라 중국의 창의산업은 새로운 발전단계에 들어섰다 고유의 문화영역이 많이 변화했고 신흥 창의산업이 끊임없이 나타나고 있다. 예를 들어 여가산업, 광고, 온라인게임 등을 들 수 있다. 베이징이나 상하이 등의 여러 도시들은 창의산업을 도시 미래발전의 중견·중점 산업으로 여긴다. 2006년 8월 5일에 공포된 <국가 "11.5" 시기 문화발전 계획요강>에는 영상제작업, 출판업, 발행산업, 인쇄복사산업, 광고업, 연예산업, 오락산업, 문화회전업, 디지털내용과 애니메이션산업 등의 창의산업 주요 조성부분이 중국 "11.5"기간 중점적 발전의 9가지 중점 문화산업으로 선정되었다. 현재, 중국의 창의산업 생산액은 GDP의 3%에 달할 뿐이다. 다만 중국은 선진국과 비해 창의산업의 발전정도에 있어 여전히 격차가 크며, 다른 한편으로 중국의 창의산업에 발전 잠재력이 크다는 것으로 생각할 수 있다.

창의산업 자체는 정신노동자의 지혜를 집약하는 활동이며 그 제품의 내포된 것은 한 가지는 디자인과 다른 한 가지는 이념이며, 구체적 담체는 디지털정보 제품이다. 전통산업의 제품에 비해 디지털정보 제품은 복제하기 쉽다. 예를 들어 현대공업 생산 중에서 60%~90%의 공업제품은 모형 도구를 필요로 하며 보통 공업제품을 복제해도 일반적으로 모형, 펀치성형, 압출 성형, 주조, 단조, 판금, 기계가공, 전기 도금 등의 공예 가공단계가 없어서는 안 된다. 제품을 복제에 소요되는 시간과 과정이 길고 자원을 많이 낭비하며 소

11 广东省新闻出版局网:《行业聚焦：我国创意产业渐入佳境》, 见http://www.xwxbj.gd.gow.cn

요 비용도 높다. 그것에 비하면 디지털정보제품은 개발하기는 어려우나 복제하기는 간단할 뿐만 아니라 비용도 저렴하기 때문에 권리침범 행위가 나타나기 일쑤이다. 예를 들면 해적판 소프트웨어의 경우 사용되는 비용 항목은 CD 복제와 판매 두 가지로 나뉜다. CD 한 장을 복제하는 비용은 대략 1위안이나 최종 판매 가격은 5~6위안이다. 국가 및 지역이 정보내용 창조자의 경제이익을 보호하지 못한다면 창의산업은 정상적으로 발전하지 못할 것이다. 따라서 정부는 창의주체의 합법권익을 보호하고 창의활동을 벌이는 것을 격려하며 산업의 수익을 보장하고 산업발전을 촉진시킬 수 있도록 지식재산권 보호를 강화해야 하며 권리침범행위를 엄격히 단속해야 한다.

오랫동안 사람들에게 있어, 특히 기업의 지식재산권의식이 매우 박약하고 지식재산권보호 역시 무기력해왔다. 이는 창의산업을 궁핍하게 하는 심각한 문제이다. 예를 들면 창의산업에 있어 도서의 표절과 위조문제, 음반영상작품·소프트웨어작품의 해적판 문제 등 지식재산권을 침범하는 행위나 모조품 제조·판매 등의 위법행위가 줄 수 있는 부정적 영향은 매우 심각하다. 모방의 기술비용은 혁신비용보다 상당히 적다. 지식은 외부로 유출되는 효과가 있기 때문에 혁신을 통해 발전하는 기업이 흔히 희생물이 되기 쉬운 반면 모방을 통해 제조를 하는 자가 오히려 이익을 많이 얻어 왔다. 이렇게 될 경우 기업의 상업비밀을 보장 받기 어려워짐에 따라 창의기업 혁신주체의 효용이 충분히 발휘되지 못하며 지식재산권 투입의 동력이 부족해진다. 중국의 창의산업은 지식재산권 경쟁능력에서, 특히 국제경쟁에 참여하는 자주적 지식소유권의 수량과 질량에 있어 선진국들에 비해 큰 격차를 보인다. 정부와 기업에게 있어 지식재산권 전략을 이용하여 양호한 창의시장 발전환경을 창조하고 창의기업의 국제경쟁력을 제고하는 것은 국가와 기업 앞에 놓인 중요한 과제가 되었다.

1. 창의산업 지식재산권 보호 의식의 강화

미국은 창의산업을 판권산업이라고 부른다. 2002년의 미국의 판권산업 생산액은 1.25만억 달러에 달한 것으로 나타났으며 미국GDP의 12%를 차지하였다. 70년대 이후부터 미국은 일련의 조치를 취하여 부단히 국내 지식재산권 보호를 강화하고 문화산업의 효과적인 국제시장 내 발전을 추진했다. 동시에 문화산업이 국제보호의 시스템을 보유할 수 있도록 하기 위해 미국은 세계 무역 기구가 지식재산권 보호를 국제무역체계에 넣도록 온 힘을 기울여 촉진시켰다. 1996년부터 미국의 판권산업은 처음으로 자동차, 농업 및 우주항공 등 기타 전통산업을 넘어 미국의 제일 큰 수출산업이 되었다. 미국의 창의산업 국제화의 경험은 주로 지식재산권보호전략을 통하여 창의산업 발전에 적당한 거시환경을 세운 뒤, 창의제품을 국제시장에서 안정되게 발전할 수 있도록 보호하는 것에 있다. 미국은 지식재산권 전략을 통해 해외 시장을 확장한다고 말할 수 있다.

이에 비해 중국의 지식재산권보호의 강도와 의식은 상대적으로 부족한 편이다. 예를 들면 중국의 초전도 첨단기술 영역의 연구 발전 수준은 미국과 비슷하나, 특허신청은 미국의 동일 영역과 대비 시 20%밖에 안 된다. 중국의 접속된 특허를 살펴보면, 1985년 4월 1일부터 2002년 2월 28일까지 핵심기술을 대표하는 발명특허신청에 외국의 경우 54%를 차지했으며 수권의 량에 있어서 60.4%를 차지했다. 상대적으로 낮은 국내발명특허 신청의 수량 중 기업을 포함한 직무발명특허신청은 36.4%를 차지할 뿐이지만 해외의 중국 내 발명특허 신청 중 직무발명점유율은 95%에 달했다. 특허 수권의 총량에서 보면 내국인이 소유하는 특허는 절대우위를 갖고 있으나 소유된 특허유형으로는 내국인과 외국인이 소유하는 특허의 질적 차이가 역력하다. 내국인이 소유한 수권특허에는 실용신안을 주체로 하여 점유된 비중은 반 이상이나 발명특허의 비중은 수권특허 총량의 5%밖에 안 된다. 반면에 외국인이 소유한 수권특허 중에 발명특허가 점유하는 비중은 77%에 달했으나 실용신안 특허는 2%를 점유했다. 표면상으로는 중국의 발명 수량이 부단히 향상된 것으로 보이지만 실제로는 외국인의 주도지위가 더 뚜렷함을 알 수 있다.[12] 기업의 지식재산권에 대한 중시 정도에 대해서도 차이가 매우 크다. 미국 IBM사에는 특허 엔지니어가 500명이 있으며 마이크로소프트사에는 전 세계 25000명의 직원 중의 1/5이 지식재산권에 대한 업무를 담당하며, 소니(Sony)와 히타치(Hitachi;Lta)외사에서도 지식재산권 담당 직원이 300명이 있는 데에 반해 중국에는 화위(华为)나 중싱(中兴)등 소수 회사만이 지식재산권 부분을 갖고 있는 상태이다. 이러한 데이터는 중국의 지식재산권보호 의식이 빈약하다는 것을 반영한다.

창의기업이 발전하려면 지식재산권 보호를 반드시 중시하여야 한다. 첫째, 다중 형식을 통해 홍보 교육활동을 강화해야 하여 전 사회의 지식재산권 보호의식을 높이는 것을 토대로 창의주체에게 스스로 지식재산권 보호업무를 기업의 발전전략에 넣도록 추진해야 한다. 둘째, 지식재산권을 효과적으로 보호하여 권리 침해 행위를 제지하고 창의 활동을 부단히 격려해야 한다. 셋째, 브랜드 의식을 제고시키고 자주 지식재산권을 소유해야 하며 과학기술 수준이 높은 신제품, 신 브랜드를 배양해야 한다. 넷째, 상표의 보호의식을 향상시키고 전국적 저명상표를 적극적으로 육성하여야 한다. 마지막으로는 지식재산권

12 李明月:《对我国知识产权现状的分析与对策思考》,《科学与管理》, 2006年第一期
이명월: <우리나라에 대한 지식재산권의 현황 및 대책사고>, <과학 및 관리>, 2006년 제1기

보호의 각종 형식과 경로를 이용하여 창신 성과를 다각도로 보호함으로써 중국의 창의 기업의 시장경쟁력을 높여야 한다.

2. 지식재산권 중요 업종의 확정

창의산업은 수많은 업종과 영역을 포함하며 업종 및 핵심활동에 따라 다시 다양한 세부 종류로 구분된다. 현재 세계 대부분의 국가와 지역은 영국의 창의산업 분류를 표준으로 사용하며 여기에는 주로 영화 및 영상, 레저소프트웨어게임, 출판, 소프트웨어 및 컴퓨터서비스, TV방송 등의 13개 업종이 포함된다. 중국은 국가과학기술 창조혁신전략 및 산업발전 계획을 결합하여 창의산업 중의 아래의 업종에 있어서 지식재산권 보호를 더욱이 강화해야 한다.[13]

1) 공업설계

공업설계는 국민경제에서 중요한 지위를 차지하고 있으며 새로운 브랜드를 만들고 제품의 부가가치를 제고하는 중요한 수단이다. 20세기 초에 경제에 있어 영국과 프랑스에 뒤지던 독일은 설계에 힘입어 세계적인 공업 강국으로 발전했으며, 제2차 세계대전 이후의 일본도 설계에 의해 경제대국으로 발전된 것이다. 중국은 경제성장의 방식을 바꿔 '중국제조'에서 '중국창조'로의 전략전환을 실현하기위해서는 공업설계가 산업발전과정에 있어 갖는 역할을 중요시해야 한다. 공업설계는 창조 혁신의 표현이고 대량의 지식재산권을 포함한다. 기업은 지식재산권을 높이 중요시해야 하며 설계제품에 대해 적정 시기에 특허권을 신청함으로써 기업이 충분히 이윤을 얻도록 보장해야 한다. 또한 공업영역의 자주적인 창조 혁신 활동을 격려하여 중국의 공업기술 경쟁력과 시장경쟁력을 향상시켜야 한다.

2) 출판재산권

근년의 중국의 출판업 시장수요가 커짐에 따라 출판업의 발전은 활기 있는 증대 추세를 보이고 있다. 컴퓨터, 인터넷과 통신기술의 발전에 따라 디지털출판은 더욱 활발하게 발전하고 있다. 2004년 연말의 중국 인터넷출판 총매출액은 35억이었으며, 연 증가폭은 50%에 달했다. 2005년 4월까지 중국의 전자도서 매출은 총 부수 805만권에 달했으며 출판총량은 14.8만의 종류에 달성함으로써 미국을 넘어 일약 세계 1위가 되었다. 판권산

13 赵弘·张西玲:《发展创意产业要高度重视知识产权保护》,《经济论坛》, 2006年第13期
조홍·장서령: <창의산업을 발전하기 위해 지식재산권보호를 높게 중시해야 함>, <경제논단> 2006년 13기

업은 창의산업의 핵심으로서 근년 이래 또다른 성과를 취득했다. 2006년 8월에 개최된 제13기 베이징국제도서박람회에서 판권 무역량(의향 및 계약 포함)은 1.2064만 항목으로서 역대 최고치였다. 그중에 판권수출계약은 역사적인 돌파를 이루어 총 1,096항(项)을 달성했다. 판권수입계약은 891항(项)으로 베이징도서박람회의 역사상 도서판권무역순차가 처음으로 실현되었다. 통계에 의하면 '10.5계획' 기간 동안의 베이징 지역 판권거래는 3.8533만종을 달했는데, 그중에서 수입도서판권은 3.4152만종, 수출도서판권은 2636종이었다.

해적판은 출판업의 심각한 문제로 출판업의 발전에 심각한 영향을 미친다. 따라서 국가는 반드시 지식재산권보호를 강화하고 해적판 및 불법출판의 단속을 해야 할 뿐더러 인터넷시대의 내용전파와 저자권자의 합접적인 권익을 보호해야 한다. 이를 통해 출판 산업을 위한 양호한 시장환경을 제공한다.

3) 온라인 게임, 애니메이션

정보기술의 발전과 사람들의 생활, 사업방식 및 레저 오락에 대한 관념이 꾸준히 변화함에 따라 게임, 애니메이션 상품의 수요시장이 넓어지고 점차적으로 새로운 산업방향이 발전되었다. 이러한 현상은 한국식, 일본식 온라인 게임과 애니메이션 상품의 유행을 통해 충분히 증명되었다. 2003년 한국 온라인 게임 시장은 7,500억원의 규모에 달했으며 2002년에 비해 66.8%가 늘어났다. 온라인 게임 산업은 이미 '황금산업'으로 발전되었다. 한국의게임 수출국에서 중국은 수출액의 52.4%를 차지했다. 애니메이션 왕국이라고 불리는 일본의 애니메이션 산업은 일본 GDP에서 10% 이상을 차지한다.

중국 사회경제가 빠르게 발전하고 정보기술이 점차적 보급함에 따라 사람들의 레저 소비습관도 점점 변하기에 중국 내 온라인 게임, 애니메이션의 시장수요가 나타났다. 2006년에 문화부, 방송총국 등 10개 위원회와 부서가 연합으로 <중국 애니메이션 산업 발전의 추진에 관한 몇 가지 의견>을 발표했는데, 5~10년 내에 중국 애니메이션의 창작, 개발 및 생산의 능력을 세계적인 애니메이션 강대국 대열에 들어서도록 노력하겠다고 했으며 일련의 조치를 반포한 바 있다. 예를 들면 중앙재정이 애니메이션 산업 발전을 지지하는 전문자금을 설립하는 것, 국가급 애니메이션 원작 대상을 설립하는 것, 효과적인 조치를 취하여 출판·게재·방송·공연하는 국산 애니메이션 제품에 대한 비용보상을 증가시키는 것 등을 들 수 있다.

근년 이래 국산 원작 애니메이션의 경쟁력이 현저히 향상되었고 산업 사슬도 초보적이나마 이루어졌다. 또한 일정한 브랜드 효과도 나타났다. 예를 들어 중국의 유명 애니메이션 이미지인 '란고'(蓝猫)의 경우 애니메이션을 시작으로 하는 비교적 완성된 산업 사슬이 파생되었으며 완구, 음료, 의류, 일상용품을 망라한다. 통계에 따르면 전국의 '란모'(蓝猫) 전문점은 모두 2,400곳이 있으며, 관련 제품의 매출액은 1년에 4억 위안을 넘는다. 현재 이 애니메이션이 브랜드 수권만으로써 얻는 수익은 1,600만 위안을 넘었다.[14]

중국 온라인 게임 시장의 규모도 빠른 속도로 발전하는 추세를 보이나, 온라인 게임 시장에서 해외 게임의 비중이 상당히 크다. 반면에 중국산 온라인 게임 산업은 아직 시작 단계에 있다. 따라서 지식재산권 보호의 강화와 업종 발전 질서의 규범 제정이 필요하다. 또한 중국의 온라인 게임, 애니메이션의 자주적 개발을 장려함으로써 국산 게임 애니메이션 제품의 시장 점유율을 제고해야 한다.

4) 소프트웨어 설계

지식경제시대의 정보화 수준은 한 나라의 종합적인 국력과 사회진보를 판단하는 중요한 지표이다. 중국의 컴퓨터 응용 수준이 향상되고 정보화가 보급됨에 따라 소프트웨어 제품의 수요의 종류는 갈수록 늘어간다. 예를 들어 도구 소프트웨어, 관리 소프트웨어, 재무 소프트웨어, 학습 소프트웨어의 소요량이 많아졌다. 그러나 소프트웨어의 특성상 복사, 개작, 해적판 등의 위법행위를 쉽게 당할 수 있을 뿐만 아니라, 전 과정이 신속하게 은폐될 수 있기 때문에 권리침해 행위가 쉽게 발생할 수 있다. 소프트웨어 설계는 소프트웨어 공정중의 중요한 창조적인 활동으로서 관련 지식재산권제도를 통해 보호해야 한다. 따라서 권리침해 행위의 발행을 예방하고 소프트웨어 시장의 양호한 운영을 위한 제도 보장을 제공해야 한다.

5) 영상 제작

사람들의 문화 수요가 나날이 커짐에 따라 영상 창작 활동도 활발하게 발전하는 추세를 보인다. 정보 네트워크 기술의 발전에 따라 영화계의 지식재산권 보호 문제가 갈수록 뚜렷해지고 있다. MPAA 통계에 의하면 해적판으로 인한 미국의 영화 산업 연간 손실은 약 30억 달러라고 한다. 미국 음반공업협회인 RIAA도 1999년~2002년간 P2P가 음반업종에 초래한 직접적인 경제 손실이 20억 달러에 달한다고 발표했다. 또한 국제음반업종협회 IFPI의 중국지역 자료에 의하면 인터넷 해적판 음반제품의 전파로 인해 음반업종에 최소 50억 달러의 손실이 초래되었다고 한다. 영상 산업의 지식재산권보호에 있어서도 많고 복잡한 문제를 직면 중에 있다. 예를 들어 2006년에 유행된 인터넷 영상 작품인 <1개 만

14 广东省新闻出版局网:《行业聚焦：我国创意产业渐入佳境》, 见 http://www.xwxbj.gd.gov.cn
광동성 신문출판국 홈페이지: <업종초점: 우리나라의 창의산업은 점입가경>

두로 일으키는 유혈 사건>의 경우 <우지(无极)>라는 영화의 저작권을 침해한 혐의가 있었는데 단지 한 종류의 인터넷 엔터테인먼트일뿐 권리침해의 문제가 아니라고 생각하는 사람이 많다. 영상작품의 이러한 문제에 있어서는 새로운 발전 환경에 맞춰 더욱더 완벽한 영상작품 관련 지식재산권 보호법을 제정해야 한다.

2006년 7월 1일부터 시행된 <정보인터넷전파권리 보호조례>는(이하 <조례>로 약칭함) 정보인터넷전파권리의 특정에 의해 인터넷 권리침해 행위에 대하여 상세한 해석을 제시했다. <조례>는 주로 아래의 몇 가지 분야로 보호조치를 규정했다.

첫째, 정보인터넷 전파권리를 보호한다. 법률, 행정법규의 규정을 제외하고 정보인터넷을 통해 대중에게 권리자의 작품을 제공하려면 권리자의 허가를 받아야 되고 동시에 보수를 지불해야 한다.

둘째, 권리자의 정보인터넷 전파권리를 보호하기 위해 취하는 기술조치를 보호한다. <조례>는 기술조치를 일부러 피하거나 방해하는 행위를 금지할뿐더러 제조, 수입을 하거나 대중에게 기술조치를 피하고 방해하는 데에 쓰이는 장치, 부품을 제공하는 행위나 타인에게 기술조치를 피하거나 방해하는 기술 서비스를 제공하는 행위도 금지한다.

셋째, 작품권리의 귀속이나 사용조건을 설명에 언급하는 권리관리전자정보를 보호한다. <조례>는 권리관리전자정보를 일부러 삭제하거나 변경하는 행위를 금지할 뿐만 아니라 권리자의 허가 없이 권리관리전자정보를 삭제하거나 변경한 작품을 제공하는 것을 금지한다.

넷째, 권리침해 분규를 처리하는 '고지 및 삭제'인 편의 프로그램을 구축한다.

<조례>의 실시는 권리침해 행위 단속 집행을 강화하는 데에, 그리고 중국 영상 산업이 건강하게 발전함에 있어 도움을 준다.

3. 창의기업의 지식재산권 관리 수준의 제고

현대경제의 발전 과정 중에 생산조직은 흔히 단일적 형식으로 나타나는 것이 아니라 다중 생산 조직의 방식으로서 공존하며 계속 변화하고 있는 과정에 있다. 새로운 경제에서의 생산조직의 이러한 다양성과 다변성은 창의산업에서 더 뚜렷하게 구현되고 있다.

창의산업의 생산조직 형식은 다음과 같이 간단하게 귀납할 수 있다.

첫째, 분산적 개별 노동이다. 예를 들어 화가, 작가, 조각가의 창조활동 등이 여기에 속한다. 창의과정은 바로 생산과정이라는 특징을 가진다.

둘째, 간단하게 협동하는 단체노동이다. 예를 들어 디자인, 음악제작, 무용, 광고 등이 속한다. 창조생산은 작은 창작단위로 진행된다.

셋째, 집중적 사회결합노동이다. 예를 들면 영화, 영상의 제작, 연극, 방송, 신문출판, 온라인 게임, 애니메이션 등이 여기에 속한다. 흔히 대형 회사의 형식으로 존재한다.

창의산업의 조직형식은 아주 다양하나, 창의노동에 있어 분산화의 특징을 지니기도 한다. 그러나 창의기업의 내부 차원에는 창의제품의 생산·전파·복제·판매활동 등에 있어서의 지식재산권의 관리 문제가 내재되어 있다. 따라서 창의기업도 마찬가지로 지식재산권 관리 수단을 이용함으로써 시장 방침 결정 및 경영을 해야 하며 자주적 혁신과 브랜드전략을 통해 발전을 모색해야 한다. 현재 국제화 시장경쟁 환경 하에 놓인 중국에서의 창의기업의 지식재산권 보호의식은 비교적 약하며 과학적이고 규범적인 관리제도와 방법의 부족을 겪고 있다. 따라서 국외 선진국 기업의 지식재산권 관리모델은 중국 창의기업의 지식재산권 관리에 있어 참고의의가 크다.

1) 국외 창의기업의 지식재산권 권리 모델

국외 창의기업의 지식재산권 관리체계는 다음과 같이 3가지가 있다.

첫째, 집중관리제도로, IBM회사를 대표로 한다. 둘째, 분산관리제도로, 도시바(Toshiba)회사를 대표로 한다. 셋째, 행렬관리제도, 캐논(Cannon)회사를 대표로한다.

집중관리제도의 특성은 회사 전체의 지식재산권 관리부서가 통일된 지식재산권 정책에 의해 운영되며 본사의 전체이익을 최대한으로 보호한다는 것이다. 그리고 제품을 개발, 제조, 매매하는 활동과정에서 작업이 순조롭게 이루어지며 주로 지식재산권의 양도, 수권, 재 수권의 관리방식으로서 구현되어 있다. 다시 말하자면 연구개발의 비용은 본사가 지사에 미리 지불하고 특허권과 수권 후의 모두 사무는 본사의 지식재산권 관리부서가 통일적으로 책임진다는 뜻이다.

분산관리제도의 특성은 권리를 충분히 수여한다는 것이다. 이 의미는 지식재산권 본부의 통일 관리하에 권리를 충분히 수여한다는 것이다. 분산관리는 각 연구소와 위원회를 위주로 하며 각 사업부 및 연구소가 제품의 특성에 따라 특허신청 수량을 제한하여 지식재산권의 예산을 결정할 수 있다는 장점을 지닌다. 특허권을 취득한 후 지식재산권의 운용방법, 대외회담, 분규처리, 이의제출 등의 업무는 지식재산권 본부가 통일적으로 관리한다. 예를 들면 도시바(Toshiba)사에는 국내지식재산권 체계가 설치되어 있으며 해외 지식재산권 체계도 설치되어 있다. 그중에 해외지식재산권체계로는 워싱턴과 미국 서해안에 특허사무소가 설립되어 있으며 특허사무소와 지식재산권위원회의 2부분으로 나뉜다. 두 기관은 현지 기업지식재산권의 관리규칙을 제정하는 것을 책임지며 지식재산권에 관한 문제를 정기적으로 토론한다. 지식재산권 본부는 각 위원회, 연구소를 통하여 각 사업부문의 관계를 조화롭게 함과 동시에 각 사업부의 지식재산권을 책임지는 인선에 대한 결정권을 지닌다.

행렬 지식재산권 관리제도의 특성은 기술종류, 제품종류에 따라 지식재산권을 관리한다는 것이다. 기술종류에 따라 특허를 관리함을 통해 기술의 중복적 개발을 피할 수 있으면서 각 사업부의 제품기획을 협동하여 특허를 관리할 수도 있다. 지식재산권 법무부는 권리의 운용, 협상, 소송 등을 포함한 수권 후의 모든 사항을 집중적으로 관리한다. 법무부는 본부로부터 인원을 파견하여 회사 내의 각 사업부서로 구성된 제품 법무회의에 참석하게 하거나 각종 사안으로 구성된 작업부서를 통해 제품과 관련된 상황을 알아본다. 이에 따라 법무체제를 제품의 개발부터 판매까지 모든 단계에 관통하도록 하며 지식재산권 법규로써 문제를 해결 효율을 높인다.

어떤 관리제도이든지 기업은 전문적인 지식재산권 관리 부서를 설립할 뿐 아니라 기술 관리부서, 경영부서와 같은 기업의 핵심 관리계층을 구성한다. 지식재산권 관리조직 구성의 구체적 설치는 다소 차이점을 보이겠지만, 지식재산권 관리부서의 직책은 거의 일치하다. 주로 지식재산권의 정보관리, 일상관리, 보호관리, 경영관리 및 교육 육성 등이 포함된다. 지식재산권 관리제도가 망라하는 범위는 매우 넓은데, 주로 지식재산권의 귀속, 장려제도, 운용, 분쟁의 처리 및 지식재산권 교육 등 면에 집중한다. 기업마다의 현황이 다르므로 기업관리 제도를 제정할 때 각각 편중되는 부문이 있다.

(1) 제도화의 지식재산권 귀속 약정

국제협약, 각국의 특허법의 준수를 기초로 각국의 회사는 관련 규정을 제정함으로써 지식재산권의 귀속을 명확하게 규정한다. 예컨대, IBM, 미쓰비시(Mitsubishi), 히타치(Hitachi), 후지츠(Fujitsu) 등의 회사는 모두 계약하거나 회사규정을 제정하는 방법으로 지식재산권을 회사가 소유한다.

첫째, 협의를 계약한다. IBM사는 직원과 '정보, 발명 및 저작물에 관련된 동의서'를 계약하고 각 지사와 종합기술계약을 체결한다. 직원들은 회사내부에서 기밀정보를 얻거나 이전 직원이 완성한 발명, 저작물에서 정보를 수집하거나 직무 및 업무를 이행함을 통해 성과를 내면, 회사는 지식결과의 지식재산권을 회사에 넘길 것을 요구한다. 일본 IBM 지사의 직원의 경우 발명양도동의서를 계약하는 것을 IBM사의 입사 조건으로 삼고 있다. 본사는 지사에 연구개발 비용을 제공함으로 인해 그 연구개발성과의 지식재산권은 반드시 본사에 양도되어야 하며 본사는 전 세계 지사의 지식재산권을 집중하고 재수권의 방법으로 상관기술을 다시 지사에 제공하여 사용한다. 상표의 사용권도 이와 비슷하다. 각 지사는 거래액 중에서 본사에 일정한 지시재산권 사용료를 납부해야 한다.

둘째, 사규(社規)규정이다. 일본의 회사는 지식재산권을 회사 소유로 두는 것을 규정한 사규를 제정하며 이임한 후 1년 내의 발명도 회사에 고지해야 하며 회사로부터 지식재산권의 귀속을 결정한다. 예를 들면 히타치(Hitachi;Ltd)의 사내 규정에는 직원의 직무발명과 직무외의 발명 및 권리는 모두 회사의 소유이며 업무 외의 발명도 반드시 회사에 보고해야 하고. 회사의 필요에 따라 소유여부가 결정된다. 만약 직원이 직위기간 내에 직무발명을 완성하다가 퇴직 후 1년 내에 특허권을 받는 경우에도 회사에 통보해야 하고 회사가 이 특허의 사용여부를 결정한다.

미쓰비시(Mitsubishi)사 및 후지츠(Fujitsu)사는 모두 직원의 발명을 회사에 양도할 것을 요구한다. 예를 들어 미쓰비시(Mitsubishi)회사의 규정에는 "직원의 직무발명에 대한 모든 권리는 일률적으로 회사가 소유하며 직무외의 발명과 업무외의 발명은 회사의 필요에 따라 직원과의 상의를 통해 양도받는다"라고 규정하였다. 한편, 후지츠(Fujitsu) 회사는 "직원이 화사업무와 관련된 발명 혹은 연구계획을 종사하면서 생기는 발명, 연구와 관계가 있는 특허나 실용신형 등의 특허는 모두 회사에 관할을 양도되어야 한다"라고 규정한다.

(2) 장려형의 지식재산권 격려 체제

특허출원 수량 순위가 상위권에 있는 외국기업은 모두 직원의 발명창조를 격려하는 양호한 격려 체제를 갖추고 있다. 세계지식재산권 조직이 공개한 자료에 의하면 1999년 전 세계 100개의 특허출원이 많은 기업 중의 절반은 미국 기업이었다. 이는 정부가 실시하는 발명 창조를 격려하는 과학 기술정책 및 각 회사에서 실행하는 장려제도와 밀접한 관계가 있다. 각 회사는 발명자의 성과에 따라 해당 누적채점제도, 등급장려제도 및 여러 가지의 표창제도를 구축했다. 예를 들어 IBM사, 히다치(Hitachi;Ltd)사의 격려정책이 특징적이며, 발명창조를 사회풍조화 하였다.

첫째, 누적채점제도이다. 이는 IBM사가 발명자를 격려하기 위해 설립한 장려방법이다. 기금 프로젝트의 설립하는 특점은 특허를 신청한 발명자에게 채점하되 발명특허는 3점으로, 기술공보에 게재된 발명은 1점으로 계산한다. 점수가 12점이 되면 3,600달러를 발명업적상금으로 지급하며 발명자가 특허를 처음으로 신청하자 바로 채택되면 제1차신청장 1,500달러 제2차 발명신청장 500달러를 지급한다.

둘째, 다종표창(多種表彰)이다. 일본 기업들에는 일반적으로 제1차신청장, 발명신청장, 신청보상장과 특별공로장 등의 종목이 있다. 회사마다 기업 자체의 상황에 맞춰 해당 규정 및 제도를 제정하였다. 즉 발명자에게 중상(重獎)을 수여한다. 지식재산권이 채택되기만 하면 발명자는 장려금을 받을 수 있으며 발명자가 별세하거나 이임할지라도 장려를 받을 수도 있다. 예를 들어 미쓰비시(Mitsubishi)사, 히다치(Hitachi;Ltd)사의 장려는 클레임이 종료될 때까지이며 후지츠(Fujitsu)사와 도시바(Toshiba)사는 등급장려제도를 실행하여 최저 1건 발명에 대한 4,000엔, 최고 4년 동안 발명에 대한 600,000~1,000,000엔까지의 장려금을 지급한다. 후지스(Fujitsu)사의 장려금은 7개 등급으로 나뉘는 한편 히다치(Hitachi;Ltd)사는 5개 등급으로 구성되어 있다.

셋째, 규범적 지식재산권 교육훈련체계이다. 일본의 지식재산권 교육은 두 가지를 함의한다. 하나는 전체 신입사원 혹은 기존 사원에 대한 지식재산권 법률지식 관련 교육과정이며, 둘째는 지식재산권 본부에서 직원에게 가하는 훈련이다. 제1단계 교육 과정은 특허지식입문교육, 특허설명서쓰기지식 등으로 구성되어 있으며 히타치(Hitachi;Ltd)사, 미쓰비시(Mitsubishi)사가 실시하는 방법이 여기에 속한다. 후지츠(Fujitsu)회사는 회사의 각 부서의 책임자에게 지식재산권 관리교육을 진행하며 특허의 이념 및 중요성을 알게 한다. 지식재산권 교육을 진행하는 과정에 있어 지식재산권의 관리부서가 중요한 역할을 한다. 제2단계 교육과정의 내용은 상표권, 저작권, 기술계약, 사례연구, 특허정보, 특허설명서의 쓰기 그리고 특허관리 등이 포함되며 어떤 기업은 특허대리인자격시험을 통과한 직원 혹은 채용한 사원을 구미 특허사무소에서 교대로 연수하게 한다.

넷째, 지식재산권 전략을 기업의 비전 발전전략으로 한다. 경제 글로벌시대인 오늘날 해외 선진 기업들은 지식재산권 전략을 통해 기업의 국제경쟁력을 높이고 지속적으로 발전할 수 있는 무기로 삼는다. 예를 들어 지멘스(Siemens AG)사의 지식재산권 전략은 "특허권으로 시장을 독점함으로써 국내외 시장에서 경쟁 우위를 가지며 기업이 국제시장에서의 점유율을 유지하기는 물론 제고한다"라고 한다. 현재, 이 회사는 70,000여개의 국내외 유효 특허를 보유하고 있을뿐더러 매년 새로 나오는 특허수량도 상당하다. IBM사의 기본 전략은 지식재산권 활동의 최대 자유를 확보한다는 것이다. 즉 연구개발, 원자재구입, 가공재조, 제품판매 등 활동에서 항력이 없다. 이 전략에 의해 IBM사는 매년 총수입의 10% 이상을 기술의 연구·개발활동에 투입하였으며, 이를 통한 연특허출원은 약 600~700건에 달한다. 또한 1950년부터 현재까지 IBM는 매월 기획공보를 출판해 약 8000개 이상의 미신청 발명특허를 공개했다. 이런 면에서 IBM사는 특허를 신청할 때 신중한 태도를 보이는 한편 문헌 공개를 이용해 타인의 특허 신청을 막는 전략을 슬기롭게 달성하였다.[15]

---

15 蔣斌:《國外企業知識產權管理》,《科學與管理》, 2003年第六期
장빈: <국외기업지식재산권관리>, <과학 및 관리>. 2003년 제6기

다섯째, 앞서는 지식재산권 확장 의식이다. 지식재산권은 현저한 국가 한계성을 가지므로 해외 기업은 제품을 타국 시장에 진출하기 위해 미리 경쟁준비를 한다. 예를 들면 중·미 관계가 비정상이었던 50~60년대에 미국 기업들은 중국시장에 진출하지 못했지만 중국의 잠재성이 높은 시장을 예견했다. 따라서 레이밴(Ray－Ban), 바슈롬(Bausch&Lomb)과 같은 미국기업들은 스위스에서 기업을 등록한 뒤에 스위스 회사의 명의로서 중국에 상표를 등록했다. 참을성 있게 20~30년 동안 기다린 후, 중국의 개방에 따라 자동적으로 중국시장에 진출했다.

요컨대, 해외 현대기업 지식재산권관리 작업의 특성은 "첫째, 지식재산권 관리는 조직전략의 핵심 내용에 속한다. 둘째, 인원이 상당한 지식재산권 관리 단체를 편성한다. 셋째, 장려체제를 보완한다. 넷째, 정보작업의 소통을 원활하게 한다"로 요약할 수 있다.

2) 중국 창의기업 지식재산권 관리에 걸린 문제

첫째, 지식재산권전략과 기업전략은 서로 연관성이 없다. 지식재산권이란 지식재산권 보호제도를 이용하여 합법권익를 충분히 보호하기 위해, 경쟁우위를 획득하거나 유지하면서 경쟁상대를 억제하며 최적인 경제수익을 도모하고자 하는 전체적인 기획과 채택된 일련의 전략 및 방법이다. 지식재산권 전략관리는 서양의 기업에서 널리 사용되고 있으며 기업의 경쟁우위를 제고하거나 유지하는 분야에서 중요한 역할을 한다. 그러나 현재 중국의 대부분 창의기업들은 권리침해 행위를 피동적으로 대처하는 한계점을 보인다. 지식재산권전략의 관리는 전반적으로 결여되어 전략적인 면에서 체계적으로 지식재산권 등 무형자산의 운영 기획을 살펴보지 못한다. 또한 지식재산권전략을 고도의 기업전략으로 실시하지도 못한다.

둘째, 지식재산권의 관리의식이 부족하다. 기업들이 지식재산권 관리를 진행하는 조건은 기업이 지식재산권 관리의 중요성을 인식가능성에 있다. 그러나 중국의 대다수 창의기업의 경우 지식재산권관리가 갖는 기업 장기적 발전의 중요성에 대한 인식이 부족하여 지식재산권의 관리가 있어도 되고 없어도 된다는 태도로 취하고 있으며 심지어 인식상의 오류도 갖고 있다. 예컨대, 지식재산권 관리제도의 실시를 여분의 '비용지출'(예: 신청비, 유지비, 조사비, 보호비 등)로 여겨 독립적인 지식자본 제도를 수립하지 않고, 또한 지지재산권에 전문적 경비를 제공하지 않으므로 지식재산권 관리부서가 유명무실하다는 문제를 초래하였다. 이에 따라 일부의 지식재산권의 관리 및 보호의 구체업무에 있어 신속한 처리를 받지 못한다.

셋째, 지식재산권의 관리제도가 완전하지 않다. 이는 두 가지로 나누어 볼 수 있다.

하나는 지식재산권 관리부서가 완전하지 않다는 것이다. 지식재산권 관리업무는 전문성이 강한 업무이다. 대형 기업은 기업의 핵심기술, 정보 등의 안전성을 보호하기 위해 반드시 전문적 지식재산권 관리부서를 설립해야 한다. 이를 통해 기업의 지식재산권은 충분한 보호와 관리를 받을 수 있다. 그러나 대부분의 중국 창의기업은, 심지어 일부의 대형 창의기업조차 전문적 지식재산권 관리부서를 설립하지 않고 전문적 지식재산권 전문요원 역시 배치하지 않는다. 기업의 지식재산권 관리부서는 보통 기타 관련부서에 소속되어 있으며 관련요원이 직위를 겸임하는 수준이다.

다른 하나는 지식재산권의 관리가 엄격하지 않다는 점이다. 이는 중국기업의 지식재산권관리에 있어 가장 약한 부분이다. 지식재산권의 관리는 반드시 엄격하며 기업 운영에 적합한 규정이 있어야 효과적이다. 그러나 현재, 다수 창의기업의 지식재산권 관리는 조직과 규정에 있어 엄밀함, 엄격함이 결핍되어 있다. 관련 규정을 만들었더라도 완전하지 않다. 규정이 엄밀하지 않아 빈틈이 있다보니 기업의 과학적인 성과나 상업비밀 등이 자주 노출되거나 탈취된다. 이에 따라 기업들이 되돌릴 수가 없는 손실을 받는다.

넷째, 지식재산권의 획득에 있어 능동성이 부족하다. 많은 기업들이 개발능력이 없는 것은 아니라 연구결과의 보호는 중시하지 않는다. 신기술, 디자인을 개발하되 특허를 신청하지 않고, 새로운 상표, 브랜드를 보유하고 있더라도 등록하지 않는다. 이것이 기업에 초래하는 결과는 타기업이 같은 상품을 등록하거나 기술을 모방할 때 많은 비용을 들여 고유 상표를 재구매 해야 한다든지, 법률의 보호를 받을 수 없다든지의 사태를 초래한다. 보이지 않는 사태에 의해 기업이 거대한 손실은 받게 되는 것이다. 기업이 개혁을 진행하는 과정 중에 지식재산권의 가치를 정확히 평가하지 못하는 것은 기업의 기타 형태로서 자산과 함께 판매하는 과정에서의 지식재산권 유실을 초래한다.

다섯째, 현존하는 자원을 충분히 이용하지 못한다. 날마다 대량의 특허가 생길 수 있으며 신청된 특허문헌 중에서 경제수익을 갖는 성과가 포함될 수 있다. 따라서 특허문헌을 파악할 수 있는 정보의 수집·분석 능력은 아주 중요하다. 그러나 많은 기업들은 연구에만 집중하다 보니 이미 세계에서 개발되어 운용되고 있는 기술을 개발하는데 인력·물력·재력을 쏟는다. 기업이 현존하는 특허문헌자원을 이용하지 않음에 따라 연구, 개발의 시간과 비용을 무의미하게 낭비한다.

여섯째, 기술혁신성과의 재산권의 정도가 높지 않다. 많은 창의기업들. 특히 기술적 창의기업은 전통 경제의 영향으로 인해 개발한 신기술성과를 토대로 감정, 평가를 통한 증서나 감정증서를 받음에 열중한다. 그리고선 기술성과를 방치하거나 사회에 공개한다. 오히려 기술혁신 성과의 신청에 있어서는 관심이 없다. 그렇다보니 기업지식재산권의 수량은 많지 않으며 재산권화의 정도도 높지 않다. 이에 따라 기타기업의 권리침해 행위를 받을 때 지식재산권 보호 수단으로서인 자체적 합법권익을 유지하지 못한다.

3) 중국 창의기업의 지식재산권 관리수준 제고 조치

첫째, 지식재산권 관리의 전국전략을 수립한다. 창의기업의 지속 가능한 발전을 실현하고 기업의 핵심경쟁력을 제고하기 위해 기업들은 지식재산권 관리에 있어 전국전략의식이 있어야 한다. 지식재산권 관리 작업을 기업의 전략목표와 연결하고 장기적인 시점과 체계적인 고도에서 기업의 지식재산권 관리 작업해야 한다. 지식재산권 작업의 전개도 기업의 목표를 둘러싸야 하며 최대의 한도로 기업의 개성적·잠재력 있는 지식재산권 등의 무형 자산을 이용하여 최대 역량을 발휘시켜야 한다.

둘째, 지식재산권의 관리 의식을 향상시킨다. 기업의 관리자나 직원들이 모두 지식재산권 관리 의식을 수립해야 하고, 특히 지식재산권 기본 지식의 숙지를 강화해야 한다. 지식재산권의 관리에는 첫째로 관리자의 지원이 필요하며, 관리자 자신은 반드시 지식재산권 관리의식이 있어야 하고 지식재산권이 기업에게 중요하다고 인식해야 한다. 직원의 지식재산권 관리의식도 중시해야 한다. 창의 기업은 직원에게 기업의 지식재산권의 보호 의식을 배양해야 하고 직원 스스로 기업 브랜드를 보호하게 하고 상업비밀을 노출하지 않도록 해야 한다.

셋째, 지식재산권의 관리 제도를 수립한다. 기업 지식재산권 관리는 매우 강한 기술성과 법률성을 가지고 있으므로 지식재산권의 관리는 최종적으로 지식재산권 관리 인원의 업무로 설정해야 한다. 지식재산권 관리 인재의 관리수준 정도는 기업의 지식재산권의 관리에 큰 영향을 미칠 수 있다. 따라서 창의기업은 관련 지식재산권 관리 부서를 설립함으로써 지식재산권 관리인재를 배양하고 제도화 관리를 실행해야 하며 기업의 지식재산권 관리 작업을 정상적으로 발전시켜야 한다. 효과적인 대책을 채택하고 실질 의미가 있는 관리 부서를 설립하며 직원에게 효과적으로 격려함을 통해 직원이 기술혁신, 지식재산권성과 등 무형자산의 보호에 종사하는 적극성을 충분히 불러일으킴으로써 더 많은 발명 창조자에게 지식재산권제도를 이용하게 하여 혁신을 촉진하도록 해야 한다.

넷째, 지식재산권 관리보호를 강화한다. 중국은 세계무역기구에 가입한 후 해외 기업들이 중국의 지식재산권을 여러 방법으로 제한하고 있어서 중국 기업은 자주적 혁신 능력의 제고에 있어 심한 방해를 받고 있다. 따라서 기업은 세계무역기구가 실시하고 관리하는 다변협의와 규정 중 허가되는 보호대책을 적극적으로 이용해야 한다. 지식재산권을 갖고 있는 창의 기업은 특허신청·상표등록을 되도록 일찍 진행하고, 기업 사업 비밀의 보호에 유의하여 일련의 수단으로 국제기업보다 앞서 특허를 신청하고, 상표등록과 상업비밀 절취 등의 행위를 방지해야 한다.

다섯째, 지식재산권 관리 정보를 중시한다. 통계에 따르면 세계의 95%의 연구 개발 성과가 특허문헌에 포함되어 있다. 기업이 이러한 특허정보를 효과적으로 이용할 수 있다면 개발시간을 단축할 수 있을 뿐더러 개발경비도 절약할 수 있게 된다. 이를 통해 더 많은 특허의 창조에 있어 유리해진다. 따라서 정보의 수집 및 분석과 이용은 기업 지지재산권의 관리에 있어서 아주 중요하다. 기업은 지식재산권 부서를 충분히 이용하여 세계적 범위의 기업의 제품이나 서비스와 관련된 정보를 수집하고 제때에 전체 업종의 변화 현황을 파악해야 한다. 수집한 특허정보를 엄밀하게 분석함으로써 기업은 기술의 미개척 분야와 발전추세를 찾을 수 있을 것이다. 기존 혹은 잠재적인 경쟁상대를 발견하여 최소한의 대가로 최대한의 수익을 받아야 한다.

여섯째, 지식재산권의 관리전략을 적극적으로 이용한다. 창의기업은 신기술을 개발한 뒤 국제상의 지식재산권보호를 신청하면서 적극적으로 활용해야 한다. 여기에 포함된 내용은 다음과 같다. ① 기업은 무형자산을 유형 자본으로 전환함에 능숙해야 한다. ② 기업은 협력 기업과 전략동맹을 조성하고 공통적으로 이익을 얻는다. ③ 기업은 지식재산권화에 대한 의식이 있어야 하며 증서 등에 열중하지 않으며 시시각각 응용의식을 가져야 하며, 최대한의 한도로 발명 창조의 기술성과 역할을 실현할 수 있도록 한다. ④ 기업마다의 특성, 경쟁환경, 기술개발능력 등에 따라 기업의 발전전략을 결합하여 지식재산권의 관리 작업을 진행해야 한다. ⑤ 창의기업은 완전한 지식재산권관리 체계를 수립해야 하고 지식재산권 보호제도를 보완하여 끊임없이 기업자신의 자주적 혁신능력을 제고해야 기업의 생존공간과 발전공간을 넓힐 수 있다.

4. 지식재산권 제도의 구축 보완과 창의산업의 발전환경 최적화

지난 20년 동안 중국의 지식재산권에는 많은 개선이 있었다. 지식재산권 제도와 지식재산권 관리 체계의 수립역시 괄목할만한 성과를 이룩하였다. 주요 사항은 다음과 같다.

첫째, 비교적 완전한 지식재산권 법률 체계를 수립함을 통해 국제 상황과 통합되어 간다.

둘째, 특징있는 지식재산권 법적 보호 체계를 수립하여 사법심판과 행정집법의 두 가지의 경로를 통합운영하는 작업체계를 실행한다.

셋째, 중국의 자주적인 지식재산권의 산출능력이 일정량 향상되어 지식재산권의 수량에 있어 세계의 선두로 상승 중에 있으며 세계지식재산권 대국에 진입했다. 중국의 지식재산권 제도는 비교적 늦게 시작했지만 중국의 외관디자인 특허와 상표의 연 신청수량은 최근 몇 년 동안 세계 1위를 차지하고 있다. 실용신안과 외관디자인은 90%이상으로 신청되고 있으며 발명특허의 신청수량은 5년 연속 20%이상의 높은 증가율을 유지하고 있다.

넷째, 지식재산권 제도의 역할이날이 갈수록 강화되고 있다.

요컨대, 중국 전체사회의 지식재산권 의식은 점점 강화되고 있고 지식재산권 보호의 환경역시 최적화되고 있다. 이로 인해 중국은 지식재산권 전략을 실시하는 데에 튼튼한 기초를 다지게 되었다. 그럼에도 불구하고 중국은 지식재산권 영역의 국제경쟁에 있어 아직도 열세에 있다. 주요 사항은 다음과 같다.

첫째, 중국내의 기업은 지식재산권 침해를 받고 있다. 통계에 의하면 현재 중국 모조품 권리침해 안건의 80%는 국내기업을 겨누는 것들이다. 국내 유명 브랜드 상품의 모방 문제는 기업의 손실은 뿐만 아니라 소비자의 이익에 있어서도 피해를 준다. 제일 먼저 공격을 받는 것은 성장성이 좋으면서 경쟁력도 강하며 국내시장을 많이 점유하고 있거나 국제시장에 진입 중인 우수한 기업들이다.

둘째, 전통기업의 기술개선은 지식재산권의 경쟁에 직면 중에 있다. 전통기업 중 중국의 일부 기업은 저급 제품을 제조하는 단계에서 고급상품을 제조하는 단계로 전환함에 있어 지식재산권의 도전에 맞닥뜨려있다. 해외 회사는 전통업종의 고급제품영역에 앞서서 등록할 뿐만 아니라 국내시장 내 인기가 높은 국내제품이 해외회사에 의한 권리침해조사를 받고 있는 것이다. 창의산업이 직면하고 있는 문제도 예외 없다.

지식재산권을 보호하는 것은 정부의 대처에 달려 있다. 3가지로 나타내면 다음과 같다.

첫째, 법의 집행을 강화하고 집행 능력을 제고함으로써 불법침해 행위를 단속한다.

둘째, 법률을 완성하고 관련 기술발전의 진도에 따라 관련된 지식재산권의 법률규정을 수정하고 완성함으로써 분명하지 않은 부분을 줄이고 권리침해를 대처함을 통해 법률에 강한 억지력이 있도록 해야 한다.

셋째, 지식재산권에 대한 법률 규정의 보호를 강화한다. 대중의 지식재산권 의식과 지식재산권 중시에 대한 인식을 강화함으로써 지식재산권에 정확한 인식을 전 사회적으로 이루어지게 한다.

정부가 상기된 3가지를 수행한다면 중국의 지식재산권은 비교적 좋은 보호를 받을 수 있을 것이며, 창의산업도 양호한 환경에서 발전할 수 있을 것이다.

현재 지식재산권의 제도와 환경에 있어서는 다음과 같은 3가지를 유의해야 한다.

첫째, 지식재산권 관리체제를 정리한다. 지식재산권의 작업에 관련되는 업종과 참여부서는 비교적 많다. 현재 중국은 국가지식산권국, 국가공상총국상표국, 국가판권국이 각자 책임지는 특허, 상표, 저작권 등 분야 관리 사무가 존재하지 않는다. 각 기능부서가 나누는 관리체제는 효과적인 소통과 조정을 형성하기가 어렵고 지식재산권 보호 작업이 국제화로 발전하고 있음에 따라 지식재산권관리 작업의 수요에 부적응적이다. 따라서 효과적으로 현존 지식재산권 관련 관리부서의 관리 직능을 통합해야 한다. 지식재산권 작업의 귀속관리를 실행하여 특허, 상표, 저작권 등 지식재산권 작업을 일체로 통합해야 한다. 중국의 지식재산권 관리 작업의 효율을 제고하는 동시에 중국 지식재산권 작업 기구의 대외교류 및 협력에 유리하여 더욱 효율적으로 지식재산권 사무를 처리해야 한다.

지식재산권의 보호제도를 완성하려면 우선 창의·창의제품·창의적 산업의 발전의 법칙에 대해 체계적인 연구를 전개해야하고 법규를 법규 그대로 방치하면 안 된다.

둘째, 국제적인 규칙에 부합하며 종류가 완비된 법률 규정과 정책체계를 수립한다. 중국의 세계경쟁 구조와의 융합 속도가 높아짐에 따라 지식재산권 보호 작업에 있어 국제화, 규정화, 법제화를 실현이 더욱 긴박해졌다. 창의적 산업은 대부분 상표권, 저작권, 특허권 등 지식재산권 요소에 달려 있으며 정보시술이 급속히 변화하고 있는 오늘날의 지식재산권 보호 작업은 새로운 문제에 직면했다. 새로운 상황에 있어 명확하지 않은 중국 법률은 WTO의 요구에 따라 관련 법률·규정·규칙을 제정하거나 수정해야 한다. 장점을 갖고 있는 분야에 대해서는 국제적 관련 규칙의 제정에 참여하고 중국의 창의적 산업이 국제화로 발전하기 위해 적합한 기초를 다져야 한다. 동시에 창의적 산업에 대한 정책적 지원을 늘리고 재정, 세무, 금융, 정부구입, 인권육성 등 분야에 있어 일련의 정책 및 시책을 내놓음으로써 지식재산권의 보호를 강화하고 자주적 혁신을 격려해야 한다.

지식재산권제도는 기술, 경제 및 법률과 결합되는 결과이자 이 시대 경제발전의 보장체제이다. 지식재산권제도는 지식재산권에 근거하는 법률, 규정과 국가정책의 총계이지 단순한 '지식재산권을 보호하는 법률제도'가 아니다. 지식재산권 사업의 발전은 지식재산권의 여러 부분에 영향을 미치므로 지식재산권을 보호하는 것은 그중의 일부분에 국한할 뿐 전체가 될 수 없다.

예를 들면 지식재산권 무분별 사용 금지 제도, 지식재산권 중개기구의 규범화 등을 들 수 있다. 정부규정, 특허를 신청시의 비용 감면 및 지원, 특허기술의 산업화 촉진 정책 등도 지식재산권제도의 중요한 구성부분이다. 따라서 지식재산권제도를 보완하려면 지식재산권 사업 발전의 각 부분을 서비스해야 한다. 창의적 산업 발전의 규칙을 체계적으로 연구하는 것을 기초로, 산업 사슬을 둘러싸는 지식재산권에 관련된 제도·정책체계·시장 환경을 연구하고, 체계적으로 지식재산권을 창조·보호·이용에 있어서의 정책체계를 통합해야 한다. 이러한 일환은 혁신, 창의 개발단계에서의 혁신, 창의제품의 전환을 격려할 수 있다. 생산단계에서의 지식재산권 보호, 창의제품 교역(중개서비스)단계에서의 지식재산권의 이용 등이 이 항목에 포함된다.

다음으로 지식재산권 보호의 제도 수립은 거시와 미시를 서로 결합해야 하고 국가전체 방면에 있어 지식재산권 제도와 관련성이 있는 정책체계를 연구해야 할 뿐만 아니라 구체적인 문제에도 개입해야 한다. 다르게 말하자면 제도수립을 진행하고, 지식재산권 관리와 집법체계 그리고 국가문화산업 발전계획에 있어 지식재산권의 관리를 개선하고, 지식재산권 제도와 관련성 있는 시장 질서를 이루어야 한다. 다른 한편으로는 창의적 산업단지·창의기업·개인의 지식재산권 보호 및 이용문제에 주목해야 한다. 예를 들어 창의 개발단계에서 지식재산권보호와 지원에 관련된 제도를 보완해야 한다. 지식재산권 교역단계에서는 정부가 지식재산권을 보호하고, 공공플랫폼의 건설과 투입을 증가해야 하고, 공공정보네트워크의 구축과 서비스를 늘리며, 신흥 창의 산업 중 중소기업의 지식재산권 서비스를 중시하여 원천적인 창작을 격려해야 한다. 지식재산권 플랫폼과 완성된 재산권 교역체계를 건설해야 하며, 기업의 투자 및 융자 그리고 재산권 교역에 있어 효율적이고 편리하고 규범적인 서비스를 제공해야 한다. 이것 역시 문화산업 혁신체계에 있어 중요한 일환이다. 지식재산권 주요 관리부서가 창의적 산업 단지나 기업에서 지식재산권 보호 서비스 기구를 설립할 수 있으며, 기업과 산업프로젝트에 대해 지식재산권 보호의 종합적인 서비스를 제공해야 한다.

지식링크 일본 창의적 산업의 지식재산권 보호

일본 문화산업의 궐기는 일본의 경제구조가 제2산업에서 제3산업으로 전환하는 영향에서 나타난 것이다. 제2산업이 점차적으로 쇠퇴하고 있는 상황에서 제3산업의 핵심 중 하나로서의 문화산업은 일본 경제의 발전에 중요한 역할을 했다. 현재 만화, 애니메이션, 게임소프트웨어를 대표로 하는 일본의 내용산업은 고속의 성장 추세를 보인다.

일본이 〈지식재산권 기본법〉을 제정한 것은 특허권, 저작권 등의 지식재산권을 이용하여 문화산업의 발전을 위한 법률 지원을 제공하며, 문화산업 국제경쟁력의 제고를 위함에 있다. 이 법률에 따른 각종 권리의 보호기간은 다음과 같다. 특허권의 유효기간은 20년, 실용신형권의 유효기간은 6년, 창의권의 유효기간은 15년, 상표권의 유효기간은 10년이다. 이 밖에 지식재산권은 기업비밀보호권 등의 일부의 기타 권익도 포함한다. 이러한 배경에서 문화의 창조, 보호와 유통 등 과제를 기획하기 위해 일본 내각 정부는 2003년에 지식재산권 전략본부를 설립했고 〈지식재산권 추진계획〉을 제정하였다.

2004년에 일본 국회의원은 입법제도 〈문화의 창조, 보호 활용의 촉진에 관련된 법률〉(또한 〈내용산업촉진법〉이라고 한다.)을 정식적으로 발표하였다. 지식재산권 전략본부가 제출한 〈지식재산권추진계획 2004〉의 제4장 "내용산업 비즈니스를 확대하기" 중에서 기술성, 인재의 배양, 업계구조의 강화 자본조달과 내용산업 유통시장의 조정 등을 구체적인 프로젝트로 구상하였다.

2005년에 게이단렌이 〈지식재산권추진계획 2005〉를 제출하였다. 이것은 〈지식재산권추진계획 2004〉을 기초로 각 문화산업의 관련 부서가 협력할 것을 배경으로 제출한 것이다. 새로운 계획은 기존 지식재산권을 강화하기 위함에 목적이 있다. 본국의 산업은 더욱 국제경쟁력이 가질 수 있도록 앞으로의 중점을 환경, 시장 그리고 국제지식재산권문제인 3가지 분야에 두었다. 일본의 문화산업을 국제에서 유리한 경쟁우위에 처하게 하기 위함에 있다고 볼 수 있다.

마지막으로, 지식재산권 보호의 제도구축은 창의권리자의 이익과 공공이익의 균형원칙을 관철해야 한다. 지식재산권을 창조·보호·이용하는 해당 정책체계의 귀납 연구와 권리자 이익의 보호와 공공이익의 보호의 실천 이 두 가지를 서로 결합해야 한다. 보호와 혁신의 동시 추진을 유지하고 보호의 합리적 이용과 사회 공자를 동시에 시행해야 한다. 지식재산권을 합리적으로 보호하면서도 지식재산권 남용 및 독점에 대한 법규도 제정해야 한다. 이를 통해 지식재산권의 공정경쟁과 창의의 새로운 발전을 추진해야 한다. 지식재산권의 보호제도는 시장경제 및 산업의 발전 수준과 밀접한 관계가 있으나, 이것이 지식재산권의 보호 기준이 엄격할수록 좋음을 의미하는 것은 아니다. 지식재산권 보호제도의 구축은 국가의 발전단계 및 창의적 산업의 발전단계와 조화되어야 한다. 개발도상국가에 있어서는 여유 있는 정책적 환경과 시장적 환경이 필요하다. 중국은 개발도상국가이므로 제도 및 규칙에 있어 해외와 통합되어야 하지만 구체적인 표준은 국정에 따라 그대로 옮기지 않아야 하며 WTO의 정책 등도 참고하여 현실에 맞는 보호표준을 제정해야 한다.[16]

셋째, 엄격한 법규 집행과 집행의 감독 강도를 강화해야 한다.

입법을 기초로 법규의 집행 강도를 강화하여 위법 시 반드시 조사해야 하도록 한다. 모조품과 저질 제품 등 지식재산권을 침해하는 범죄행위는 엄격하게 단속하며 권리 침해자에게 민사배상책임을 가중시킬 뿐만 아니라 행사책임도 추궁해야 한다. 지방보호주의를 없애고 지역과 부서를 초월하여 권리를 침해하는 사안에 대해 신속히 공정으로 심사해야 하며 지식재산권 소유자의 이익을 착실하게 보호해야 한다. 또한 집행 인원의 육성과

16 邓达: 《创意产业的核心价值与知识产权》, 《管理世界》, 2006年第8期
등달: <창의산업의 핵심가치 및 지식재산권>, <관리세계>, 2006년 제8기

심사를 강화하여 집행 인원의 종합적인 능력을 제고해야 한다. 이를 통해 법 집행의 합법성과 유효성을 확보한다. 각종 집행 제도와 기구를 구축·보완함을 통해 법규 집행 행위를 규범화하여 효율을 높여야 한다. 전형적 안건을 공개해야 하고 세론의 심판 역할을 충분히 발휘해야 한다. 집중적인 관리와 분산적인 관리를 서로 결합하여 지식재산권을 침해하는 활동을 조사하는 빈도를 증가시켜야 한다.

정부의 업무 능력을 충분히 발휘해야 하고 평등경재의 법제 환경을 만들어야 한다. 창의적 산업은 공공제품의 성격을 가지므로 정부는 관련 산업과 업종간 협조하여 전략적인 발전 동맹을 맺어야 한다. 이를 통해 평등한 시장대우를 쟁취하고 창의적 산업의 전체 브랜드를 보급하고 더욱 큰 국제시장을 도모해야 한다. 법제건설에 있어 내륙의 창의적 산업은 신속히 발전하고 있지만 문화창의제품(예: 상표, 특허, 외관디자인, 반권, 회로배치설계, 동식물품종)에 대한 지식재산권의 중시정도는 중국의 홍콩 및 기타 발달지역 보다는 여전히 미흡하며 소프트웨어 산업, 음반 산업 등 산업의 해적판 현상은 여전히 심하다. 따라서 단속의 미실시와 관련 법률 및 규정의 미보완은 기업의 혁신의 적극성을 크게 위축시킬 수 있으며, 창의적 산업의 발전을 구속할 것이다. 내륙과 홍콩은 반드시 지식재산권 보호, 특허기술 이전 및 산업화 등의 분야에서 지역협력을 통해 공동의 지식재산권 보호 환경을 조성해야 창의적 산업이 건강하게 발전할 수 있는 데에 유리한 법률보호를 제공할 수 있다.

이 외에, 창의적 인재를 끌어들이고 창의적 인재의 배양을 강화해야 한다. 선진국 및 발달 지역에는 창의인재의 배양에 있어 성공적인 기초와 인재배양의 도입모델, 인재 교류 환경을 갖추고 있다. 따라서 내륙과 외부의 정보 교류를 강화 할 필요가 있다. 양호한 생활 및 작업환경을 만들어야 하며 제한 없이 각 지역의 창의적 인재를 끌어오고 다양한 사상과 가치관을 서로 부딪치게 함으로써 지속적인 창의 영감과 이념을 생길 수 있도록 해야 한다. 이와 동시에 창의적 인재의 배양을 더욱 강화해야 하며 광범위한 대중 예술 및 문화 소양을 제고하고 디자인, 매체, 예술 등을 각 단계의 교육에 융합시켜야 한다. 관련된 대학·대학교에서 예술, 디자인과 매체학원을 설립함으로써 일부의 창의적 산업의 발전 규율뿐만 아니라 국제화 경영이념도 아는 복합형 인재를 육성해야 하며, 업자마다 자기의 작업 중에 모두 창조력을 두렷하게 하면서 더 나아가 창의적 산업 및 관련 산업의 발전을 촉진시켜야 한다.

5. 지식재산권의 보호역량과 창의적 산업 발전의 관계 처리

2005년 10월, 영국 왕립 학회는 <지식재산권 헌장>을 발표했다. 이는 저작권법 제정 시 권리와 공공영역간의 균형을 고려해야 하는 것을 강조하는 발표로, 보편적인 경제를 잘 운행할 수 있는 규칙이라 볼 수 있다. 한편에서는 더욱 보편적이고 광범위한 특허 보호와 지식재산권 권리를 요구하는 반면 다른 한편에서는 역전된 추세가 나오면서 사람들도 더 개방적인 지식 공유와 더 여유 있는 허가 제도를 요구하기 시작한다.

지식재산권제도 보호 하의 창의적 산업은 시장경제조건 하에서 규모화의 생산과 교환을 개전함으로써 창의적 제품의 복사 및 전파가 실현되는 것이다. 이 과정은 지식재산권 제도가 격려하는 활동을 달성하기 위함에 있다. 즉, 지식의 공개·전파·학습·연구 및 이러한 토대에서의 혁신·과학연구와 문화예술 창작 과정에서의 기존 지식의 사용을 포함한다. 창의활동의 제품화, 산업화 발전 내지 창의 경제의 실현은 지식재산권의 규범화, 규모화보급과 공유에 있다. 유럽, 싱가포르, 그리고 말레이시아 정부가 지원하는 정보기술 혁신이 증명하듯이, 지식 기반 문화산업의 촉진과 경제발전 간에는 많은 교차점이 있는데, 창의적 산업의 추진은 바로 이 발전 전략의 핵심이라 할 수 있다. 그러나 우리가 동시에 볼 수 있는 것은 지나치게 엄격한 지식재산권 관리 환경은 창의적 산업의 발전에 대해 균형을 제약하는 효과가 있다는 점이다.[17]

중국은 2002년 이래 점차적으로 세계무역기구 규칙에 부합하는 지식재산권 법률제도를 수립했다. 전인대 상무 위원회가 수정한 <특허법>,<저작권법> 그리고 <상표법>은 이미 잇따라 시행되었으며, 국무원도 연이어 <저작권법 시행조례>, <상표법 시행조례> 그리고 <컴퓨터 소프트웨어 보호조례> 등의 행정 법규를 공포하였다. 지식재산권의 입법 부분에서 중국은 이미 TRIPs(무역과 관련 있는 지식재산권 협의)의 조건을 충족한다. 중국이 국제적 시선으로부터 책망받는 것은 법을 집행하는 역량에 있다.

'중국은 지식재산권 문제에 직면할 때 일반적으로 법률 집행의 난점에 귀결한다. 이러한 이유를 부인하지 않지만 사실상 다른 더 큰 속사정이 있다.' 국제적 시각의 중국 지식재산권 문제에 대한 비평 이면에는 산업이익과 규정 제도 강도 간의 충돌관계가 담겨 있다. 지식재산권을 핵심으로 하는 창의적 산업 발전의 뒤편에서 지식재산권 보호 강도를 어떻게 균형 잡을 것인지에 대한 문제는 계속 존재하고 있다.

---

17 赖芳芳·吴光前: 《关于知识经济时代知识产权保护的若干思考》, 《经济师》, 2006年第4期
뢰방방·오광전: <지식경제시대 지식재산권보호에 대한 약간 사고>, <경제사>, 2006년 제4기

1) 창작 보호나 투자 보호

저작권법의 역사를 살펴보면 저작권법은 지속적인 이익균형 메커니즘에 힘입어 2차원 가치취향의 내재적 통일을 탐구하고 있다. 2차원의 가치취향에 있어 작품 창작자의 이익을 보호해야 하며 다른 한편으로는 사회문화사업의 발전도 촉진해야 한다. 전자는 후자가 목표를 달성할 수 있는 조건이다. 따라서 저작권법은 양자를 실현할 수 있도록 독창성이 있는 작품을 창작하는 저자에게 배타성 권리를 우선적으로 부여함으로써 창작행위를 보호하고 격려해야 한다. 권리주체의 귀속에 반영될 경우 창작자는 권리의 향유자가 되어야 하며, 권리객체에 반영될 경우 작품은 독창성을 가지고 있어야 한다. 이러한 의의에서 말하자면 저작권의 중심은 줄곧 창작을 보호하는 데에 있어왔다.

하지만 저작권법은 양면에서 나타나는 문제에 당면했다. 하나는 일부 유형 작품의 창작에 있어 대량의 인력과 물자의 투입이 필요하다는 문제로(예를 들면 영화, 백과전집, 멀티미디어 작품의 창작 등), 다수의 자연인의 조합은 감당하기 어렵다. 투자자의 이익을 확보할 수 없으면 이러한 작품의 창작은 물질적인 지탱을 잃어버릴 수 있다. 다른 하나는 인터넷 환경 하에서 디지털 기술의 발전으로 데이터베이스의 거대한 비즈니스와 사회가치를 충분히 나타낼 수 있다는 점이다. 인터넷 전파가 점차 작품 전파의 중요한 수단으로 되는 환경에서 저작권법의 보호 중심은 창작을 보호하면서 투자도 보호하는 쪽으로 전환되어야 한다.

2) 저작권을 보호하는가? 지식을 공유하는가?

공공영역(Public Domain)의 개념과 저작권법의 역사는 유구하며 3가지 분야의 규정에서 나온다. 첫째, 독창성의 요구(기존의 작품을 출반회사가 회수하지 않도록 보증함)이며, 둘째, 저작권 보호기한의 규정(작품을 일정한 기간이 지난 후에 사회공중이 사용할 수 있도록 함), 셋째, 판권 소유자가 인쇄, 출판과 판매부분에서 갖는 권리의 유한성(finiteness)(판권 소유자의 권리를 첫 판매 후 소진하도록 함)이 그것이다. 미국 헌법에서는 저작권입법 근거에 관련된 조항을 미국학자들에게 3P정책으로 요약하게 되어 있다. 즉, 지식을 촉진하는 정책(the Protection of Learning), 공공영역보류의 정책(the Preservation of the Public Domain), 저자를 보호하는 정책(the Protection of the Author)이다. 공공영역이 존재하는 이유는 여전히 저자권법의 2차원 가치 취향의 통일을 실현하기 위한 것이다. 저작권법이 사회문화사업의 발전을 촉진시키려면 필연적으로 권리자에게 전유권을 부여한 뒤에 그의 권리에 필요한 제한을 실시해야 한다. 권리자가 창작하는 작품은 인류의 기존 지식을 참고하여 나오는 결과이다. 따라서 이익균형의 고려에 근거하여 중국대륙법계에는 영미 법계국가의 입법과 권리한계에 관련된 규정이 있으며 대중에게 공공영역으로 통하는 경로를 생성했다.

그러나 오늘날 공공영역으로 통하는 경로는 기술조치의 한계에 있어 갈수록 당하고 있다. 기술조치는 최소 1991년 유럽연합의 소프트웨어 지령에서 비롯된 것으로 뒤따라 1995년 유럽연합의 <정보사회에 관련된 저작권과 상관 권리 그린 북>, 1996년 WIPO의 2개 저작권 조약, 1998년 미국의 <디지털 밀레니엄 저작권법> 및 2001년 중국의 <저작권법>에는 모두 기술조치권리를 규정하였다. 이 권리의 설립은 인터넷환경 하의 디지털 전파기술의 발전을 겨냥하여 내린 필연적 반응이다. 기술조치권리는 존재의 필요성이 있는 동시에 종류가 많은 기술조치로(예를 들면 접촉형의 기술조치를 제어하거나 방문형의 기술조치를 제어하는 것) 인해 사회공중은 합리적인 작품 사용 가능성에 있어 영향을 받게 된다. 또한 기술조치의 개입으로 인해 공공영역의 범위가 축소될 수 있다. 만약 저작권 작품의 보호기간이 만료되어도 소유자가 기술조치를 실시한다면 공공영역에 진입해야 하는 작품이 진입하지 못하게 될 수 있으며, 공공영역이 확장되지 못 할 수 있는 문제도 초래할 수 있다. 창의적 산업의 디지털화와 인터넷 발전 추세를 결합하여 논의하면 아래와 같다.

3) 인터넷 환경 하에서의 기술보호와 지식재산권 규제

인터넷환경에서 저작권자의 이익은 쉽게 침해당한다. 그러나 현재 각 나라의 저작권법이 아직 완비되지 않아 저작권자가 만족하는 보호를 제공할 수 없기에 저작권자는 자기보호를 탐구하고 있다. 디지털기술은 저작권자의 자기 보호의 가능성을 제공하게 되었다. 기술조치와 권리관리정보는 저작권자가 채택하는 권리보호 및 표시조치로 이를 권리보호체계에 넣는 것은 디지털과 인터넷환경 하의 저작권 보호의 새로운 발전이다.[18]

(1) 기술조치의 저작권 보호체계 삽입 방법 및 프로세스

'기술조치'란 저작권자가 타인의 작품에 대한 불법 사용을 방지하기 위해 저작물에 채택한 기술적인 예방조치이다. 이를 통해 사용자가 저작물을 마음대로 복사, 발행, 전파, 변경할 수 없어짐에 따라 저작권자의 경제 이익과 정신적 권리를 지킨다. 인터넷에서의 기술조치의 종류는 많으며 꾸준히 발전하며 강화되고 있다. 기술조치는 여러 표준에 따라 다종분류로서 진행될 수 있다. 예를 들면 기능에 따라 예방적, 식별적, 제재적인 기술조치로 구분될 수 있다. 예방적인 기술조치로는 암호설정, 기능한 점 등을 예로 들 수 있고, 식별적인 기술조치로는 일정한 방법을 통할 수 있다. 예를 들면 사전 작품에 숨겨놓은 기

18 马治国:《网络版权中技术措施的法律保护》,《科技与法律季刊》, 2001年第2期
마치국: <인터넷저작권중 기술조치의 법률보호>, <과기 및 법률계간>, 2001년 제2기

호를 통해 침해행위를 식별하여 저작권자에게 보고하는 것이다. 제재적인 기술조치는 일반적으로 저작물에 숨어 있는 프로그램을 통해 권리침해 사용이 발생되면 프로그램의 실행을 통해 사용자의 컴퓨터에 영향을 주는 것이다.

인터넷환경 하에서는 저작권의 침해가 쉽기 때문에 기술보호조치를 운용하여 작품을 제어하는 능력은 실질적인 제고를 받을 수 있을 것이다. 그러나 기술보호조치를 채택에는 제품비용 증가, 사용자 사용이 불편하다는 등의 단점이 있다. 또한 일부 사용자는 각종 수단을 사용하여 기술보호조치에 대하여 회피, 크래킹 함으로써 연구·오락·혹은 복제자에게 제공함을 통해 불법이익의 목적을 달성하기도 한다. 인터넷환경에서의 암호를 푸는 프로그램의 비용은 저렴하며 심지어 무료로 받을 수 있다. 한편 전파의 신속성과 광범위성에 인한 더 큰 파괴성과 위해성을 가지고 있다. 따라서 실제로는 기술조치를 채택해 봤자 권리자의 이익은 계속 심한 위협을 받고 있는 셈이다. 이러한 경우 저작권자는 법률에 도움을 청할 수밖에 없다. 기술조치를 보호하는 입법을 요구하고 크래킹, 회피 행위를 제지하는 여론이 늘어가고 있다. 특히 지식제품 시장이 발달하고 컴퓨터인터넷기술과 인프라가 뚜렷한 우세를 점유하는 미국과 유럽연합의 각 나라는 저작권자의 기술보호조치를 둘러싸고 산업계 인사, 입법권 인사, 학술계 인사가 격렬한 논쟁을 전개 중이다.

기술조치가 저작권보호 중의 한 중요한 과제로 될 수 있던 점은 미국이 추진력에 의해 가능했다. 1995년 백서는 미국 저작권법에서 '저작권 보호시스템과 저작권 관리 정보'에 관련된 장절을 추가한다고 제안했으며 그중에 기술조치를 회피하는 행위를 제재함을 규정하였다. 1996년 2월 미국은 WIPO 베른 의정서 전문가 위원회에 비슷한 견해를 제출했다. 즉 '체약국은 아무 장치, 제품을 수입, 제조하거나 발행하고 제품에 부품을 설치하고 혹은 관련 서비스를 제공하거나 실시하는 행위는 불법이라고 인정해야 한다'가 그것이다. 이로부터 미국은 WIPO에 의거하여 기술조치 문제를 국제토론에 부쳤다. 1996년 WIPO 제네바 외교회의 논쟁을 거쳐 기술조치를 저작권의 범주에 넣어서 보호한다는 것은 이미 각 나라의 공동 인식이 되었다.

(2) 기술조치의 보호와 공공이익의 유지

기술조치를 저작권보호체계에 넣으면 공공이익에 영향을 줄 수 있다.

먼저, 기술조치를 저작권보호체계에 넣으면 합리적 이용을 방해할 것이다. 비록 저작권자의 기술조치는 불법해적판을 겨냥함을 통해 권리자의 이익을 보호하지만, 합리적 이용의 방해나 법정 권리 한계의 취소 혹은 약화, 권리자의 근거 없는 이익의 획득 등의 문제를 일으킬 가능성이 있으며, 인터넷의 이용가치를 절하할 수 있다. 예를 들면 합리적 이용의 원칙에 따라 사용자는 작품을 열람하고 감상할 수 있는 권리가 있을 뿐만 아니라 작품이나 작품의 일부를 복사할 수 있는 권리를 가진다. 그러나 기술조치를 통한 보호에 의해 사용자의 학습 및 연구를 목적으로 하는 작품 복사가 불가능해지면서 개인적 사용을 이유로 한 복사 역시 불가능해지게 된다. 기술조치는 저작권 작품에 높은 담을 쌓을 수 있어서 권리자는 기술수단을 이용하여 독점을 진행할 수 있으며, 이에 따라 사유영역이 나타날 수 있다. 공공영역과 공중이익을 침해하고 각자의 이익균형을 훼손시키는 문제가 초래될 수 있다.

다음으로는 기술조치를 회피하는 행위의 성질에 따라 구별화 하여야 한다. 암호를 해제하는 기술을 예로 들면 디지털기술 중 암호 해제행위는 불법 행위로 판단될 수 있으나 합법적 행위로 판단될 수 있다. 그에 상응하여 암호 해제 장치는 기타 정당한 상업적 용도를 가지고 있다. 암호 해제행위와 장치 해제행위를 동시에 금지하는 것은 합리하지 않으며, 일부의 회피나 크래킹 행위는 정당하면서 필요하기도 하다. 만약 사전에 기술조치 회피를 합법적이나 불법적인 행위를 구분하지 못 함을 핑계로 모두 불법으로 여긴다면, 그 결과는 작품에 대한 기술 독점, 전통저작권의 보호 범위를 넘는다는 문제를 초래할 수 있다.

마지막으로, WIPO저작권조약의 제11조 및 관련 조약을 실시하는 입법에 존재하는 문제는 불공정성에 있다. 이 조약은 객체에 암호를 해제하는 행위를 불법으로 규정하지만 저작권 보호를 받지 못하는 객체에 대한 암호화 행위는 불법으로 규정하지 않는다. 예를 들면 데이터베이스의 판매자가 자유롭게 설정한, 저작권 보호를 받지 못하는 데이터에 한 단락의 도언(导言) 혹은 디지털 시스템의 형식으로서 저작권의 라벨을 붙임을 통해 전체의 데이터베이스에 대하여 암호화 하는 행위를 허가한다는 것이다. 또한 제 11조에 규정된 국내법에 따라 타인이 제품을 암호 해제하는 행위를 막는다. 저작권 보호를 받는 내용에는 암호화를 실행하고 공공영역에 있는 내용은 개방시키는 것은 저작권 영역에서의 균형이 현실화되는 것일 뿐이다. 특정 작품이 공공영역에 속하다는 사실은 암호화되지 않은 자료를 통해 얻을 있는 것이라고 생각하게 할 수 있다. 그러나 법률상의 공공영역과 현실 시장에서의 공공영역은 차이가 많다. 만약에 특정 기구가 경제적 이익 때문에 무료로 공공영역을 이용할 수 있는 편리를 제공하지 않으면 공공영역에 속하는 작품을 무상으로 받기 불가능할 것이다. 이외에 유럽위원회의 법단이 제시했듯이 기술보호조치에 대한 광범위한 활용은 사실상 새로운 정보독점의 현상으로 나타날 수 있다.

따라서 기술조치를 저작권보호체계에 편입할 때에는 공중의 이익을 살펴야하며, 각종 회피행위에 대해 차별하여 대우함으로써 공유영역을 축소하지 않도록 보호함을 통해 각자 이익의 균형을 유지해야 한다. 이러한 목적을 달성하기 위해 기술조치에 대해 보호를 진행하는 동시에 예외 규정처리를 할 수 있다. 미국의 <디지털 밀레니엄 저작권 법>은 이 부분에 있어 회피행위의 합법적 이유를 고려하여 각자의 이익 균형을 보호하기 위한 7개의 예외를 설정하였다.

첫째, 비영리 도서관, 기록보관소와 교육기구의 예외이다.

둘째, 법률 집행, 정보기구와 기타 정부활동의 예외이다.

셋째, 반향공정의 예외이다. 즉 소프트웨어 개발자는 합법적으로 획득된 컴퓨터 프로그램의 기술적 대책과 기타 프로그램 겸용을 회피하는 것에 대해 허락하여 독립적으로 창작한 컴퓨터 프로그램과 기타프로그램을 겸용시킬 수 있다는 것이다. 하지만 겸용효과를 받기 위한 식별이 필요한 요소를 획득하기가 힘들다는 조건이 있다.

넷째, 기밀연구는 예외이다.

다섯째, 미성년의 예외이다. 즉 산품에서 속하고 회피하기를 목적으로 부건을 생산하는 것을 허락하여 그 유일한 목적은 부모님에게 미성년들이 인터넷에서 음란물이나 기타 해로운 내용을 접하는 것을 저지하는 데 도움을 주는 것에 있다.

여섯째, 개인 식별력 정보를 보호하는 것은 예외이다. 즉 프라이버시를 보호하기 위한 회피행위이다.

일곱째, 안전시험의 예외이다. 즉 안전 시험과정 중에서 회피하는 것을 허락하는 것이다.

(3) 시술대책과 시술생산품 생산자의 이익

WIPO 저작권조약 제11항에서는 효율적 기술보호대책에 대해 회피를 금지한다고 개괄적으로 언급할 뿐이며, 회피에 있어 행위 자제를 회피하는지, 행위 자제를 제외하는지, 회피를 목적으로 한 예비적 행위가 무엇인지 등에 대해서는 구체적으로 지명하지 않는다. 이에 대한 쟁점은 두 가지가 있는데, 이는 생산자의 절실한 이익과 관련되어 있다. 하나는 금지되는 것은 권리를 침해하는 행위를 회피하는 자체일 뿐으로, 생산·판매 후 쓰이는 이러한 행위를 회피하는 조치가 아니라는 것이다. 또 하나는 이후의 이해를 채용하더라도 주관적 조건의 요구를 설정하여 저작권을 침해하는 자의 책임을 줄일 수도 있다.

예를 들어, 컴퓨터 생산자의 딜레마는 생산된 컴퓨터가 회피할 수 있도록 권리를 침해하는 창치를 여기는데 법률에서 허락될 수 있든지, 아니면 생산과정 중에서 컴퓨터에게 부가한 기술처리를 해야 되어 기타 사람이 컴퓨터산품을 불법적으로 이용하여 회피행위를 종사하는 것을 방지하도록 저작권인의 기술적 요구를 적응하려고 한다. 이는 기술적이고 경제적 인 부가 원가와 부담을 의미할 뿐만 아니라 저작권자 또는 단체와 교섭하는 문제에 걸칠 수 있기도 한다. 법률에서 금지되어야 하는 것은 권리침해 장치가 아니라 권리침해 그 자체라고 여겨진다. 그렇지 않으면 위험이 올 수 있다. 일반용 컴퓨터와 관련된 소프트웨어 및 하드웨어는 불법 분자에게 이용될 수도 있으므로 회피 장치가 된다. 법률집행 권력은 무고한 권리침해 장치에 집중하고, 어려운 일은 피하고 쉬운 사건만을 골라서 하는 문제점을 보이는 것을 초래하기도 한다.

(4) 기술보호대책의 합법적 한계

기술보호대책은 채권자가 이익을 유지하기 위한 수단으로 사용하기도 한다. WIPO 저작권 조약은 각국이 시술대책에 대해 저작권보호를 해야 한다고 규정하지만 모든 저작물에 대해 기술 수단을 채용하는 것은 보호여부에 포함 될 수 있는가? 만약 공공이익의 입장에서 고려한다면 이러한 공격적 시술대책을 보호할 수는 없다. 공격적 기술대책의 본질은 절도를 방지하기 위해 방범 문에 고압전선을 설치하는 것으로 비유할 수 있다. 즉 주관적인 자기 보호 방법은 무고한 자에게 피해를 줄 수 있으며 공공의 이익에 있어 심각한 위협을 초래할 수 있다. 특히 중요한 것은 공격적 기술 공격에 대해 보호받기위해 채권자는 능동적으로 공격적 기술대책을 채용한다는 점이다. 기술대책의 공격성이 크면 클수록 저작물을 보호할 수 있기 때문이다. 강한 파괴력을 지닌 기술대책은 컴퓨터 바이러스와 달리 인터넷 곳곳의 저작물에 작용하므로 인터넷의 정상적인 발전을 위협할 수 있다.

사 례 **KV300 논리쇄 사건**

베이징 강민신기술회사는 컴퓨터 바이러스 백신을 개발하는 회사이다. 이 중 KV 300시리즈에 대한 관심이 높아졌다. 해외에 위치한 중국독도포럼은 인터넷상에서 강민사 및 경영진을 향해 욕설을 퍼부은 뒤, KV300 백신 시리즈의 전용 복호키인 KV300V4(복호화 도구)의 무료 다운로드를 제공했다. 이에 따라 강민사는 KV300L++에 논리쇄(논리폭탄)을 설치하였다. 논리쇄의 운영메커니즘은 특정인이 AV-CHINA에서의 복호키를 이용하여 디스크 복제를 시도할 경우 논리쇄가 시동되어 컴퓨터 드라이버를 잠가 컴퓨터를 이용불가 상태로 만드는 것에 있다. 단 논리쇄는 하드 드라이버의 데이터는 훼손할 수 없으며, 불법 복제 사용자는 회사에 대해 불법 복제 행위를 시인하고 제품을 등록함을 통해 잠금 해제 비밀번호를 받아 드라이버의 사용을 회복할 수 있다.

논리쇄 사건은 등장 후 각계의 폭발적인 반향을 얻게 되었다. 베이징시 공안국은 기술검증을 거쳐 KV300L_++에 컴퓨터의 기능을 훼손하는 서브루틴(subroutine)이 있으므로 〈중화인민공화국컴퓨터정보시스템안전보호조례〉의 규정을 위반했으며, '구 KV300V4를 불법제공한 중국독도포럼의 불법 활동에 대해

KV300L++에 저작권보호프로그램을 투입함으로써 KV300V4를 사용한 컴퓨터를 다운 시킨' 것에 대해 해로운 데이터를 일부러 입력했으며 컴퓨터 정보시스템 안전을 해치는 행위에 해당한다고 판다했다. 이에 〈중화인민공화국컴퓨터정보정보시스템안전보호조례〉 제 14항에 의거하여 강민 사에 벌금 3000위안의 처벌을 내렸다.

이에 강민 사는 두 가지 대책을 취했다. 한 가지는 KV300 시리즈에 암호화 프로그램을 사용한 것은 중국소프트웨어업계의 상응 수단으로 합리적이며 합법적임을 주장했다. 다른 하나는 KV300V4라는 불법 복제도구에 대한 저작권 보호프로그램을 설치했으며 이는 일정한 파괴성만을 지님을 주장했다.

이에 대한 학자들의 의견은 두 가지로 갈리고 있다. 하나는 회사는 법률 집행 기관이 아니므로 대책을 취할 권리가 없으며, 회사의 행위는 과잉 방어에 해당한다고 여겨진다는 것이다. 다른 하나는 회사의 보호대책 설치는 이해할 수 있는 부분이며, 불법 복제물을 사용하여 생기는 문제는 사용자가 불법 회사와 직접 해결해야 하는 문제이므로 소프트웨어 설계자를 비난해선 안된다는 것이다.

총괄적으로 정리하자면 창의산업의 발전은 지식산업의 지탱이라는 제약을 벗어날 수 없다. 혁신 성과에 대한 보호와 격려가 없다면 중국 창의경제의 발전도 없을 것이다. 현재 중국지식소유권의 법률제도는 상당히 완비되어있을 뿐만 아니라 보호 체제 역시 완비되어 있는 상태이다. 따라서 창의기업은 시대적 기회를 잡아 전략을 세우고, 지식소유권의 의식과 관리수준을 지속적으로 높임을 통해 국제경쟁의 도전에 직면해야 할 것이다.

연습문제

1. 지식소유권은 어떤 법률특징이 있는가? 주요 내용이 무엇인가?
2. 지식소유권은 창의 산업에 대한 발전이 어떤 의의를 있는가?
3. 창의성과의 지식소유권은 귀속을 어떻게 식별하는가?
4. 중국 창의 산업 지식소유권의 보호의 현상은 어떤가? 국외 선진국에 비하여 어떤 격차가 있는가?
5. 중국 창의 산업에서 어떠한 업종이나 분야에 대해 지식재산권 보호를 중점적으로 보호해야 하는가?
6. 창의기업은 지식소유권의 경영수준을 어떻게 높일 수 있는가?

제9장

창의경제 인재

학습요점

1. 창의경제인재의 특징
2. 창의경제인재의 분류
3. 창의경제인재의 생성환경
4. 창의경제인재의 배양
5. 창의경제인재의 관리

제 9 장 창의경제 인재

창의경제는 개인의 창의, 기술 및 재능으로부터 나오는 경제 형태이며 창의경제와 연관된 연관고리별 인재와 갈라놓을 수 없으며 개인의 지혜능력에 의존하는 창의성 경제활동이다. 창의인재는 창의경제의 핵심요소일 뿐만 아니라 창의경제활동의 중요 운반체이며 창의경제 발전의 추진력이다. 각 분야의 창의인재의 보유 여부는 창의시대에 있어 창의경제 발전의 관건이 된다. 본 장에서는 창의인재의 특징 및 유형과 창의인재의 관리 및 배양에 대해 살펴보도록 하겠다.

제1절 창의인재의 특징

1. 창의인재의 개념

1) 인재의 개념

인재의 개념은 <시경·소아·청청자아>에서 최초로 나온 개념으로, "청청자아, 즐겁게 인재를 양육하고 군자가 인재를 오래 양육할 수 있다면 천하의 기쁨이다"라는 시에서 등장한다. 이 시는 우거지게 성장하는 식물에 인재의 성장을 비유하고, 천하의 모든 사람들이 좋아하는 재능을 가진 유능한 인재이길 바란다는 의미를 담고 있다. <시경>은 인재를 예기한 최초의 저서라 할 수 있다.

인재와 관련된 요소로는 저마다 다른 의견들이 있다. 일반적으로 인재는 어느 정도의 지식과 재능을 갖고 있으며, 창조성 노동으로 사회발전과 인류진보를 위해 큰 공헌을 하는 사람으로, 인품·지식·기능·창조력과 업적이 요소에 포함된다.

첫째, 인품이다. 인품은 사람에게 내재된 정신기질로, 사회책임감과 어려움을 극복할 수 있는 용기와 자신감 등이 포함된다.

둘째, 지식이다. 지식은 인류가 쌓아온 자연과 관련된 지식과 경험의 총합이다. 지식은 인재를 판단하는 표준이며 습관적으로 학력과 직업을 인재를 판단하는 표준으로 삼곤 한다. 전문대학교 졸업자나 초급이상의 직업을 가진 사람들은 모두 인재로, 스스로 공부함을 통해 인재가 되거나 풍부한 경험을 갖고 있는 것등은 모두 사회에 인정받을 수 있는 것들이다. 물론 인재를 파악함에 있어서는 사람이 갖고 있는 지식과 능력으로 판단해야지, 학력과 직업만으로 판단해서는 안 된다.

셋째, 기술이다. 전문 기술을 습득하여 운용할 수 있는 능력, 혹은 연습을 통해 일정 업무를 완성할 수 있는 동작 시스템을 의미한다. 기술은 능숙함의 정도에 따라 초급기술과 기교기술로 나눌 수 있다. 초급기술은 단순히 '할 줄 안다'의 정도의 능숙 정도를 갖고 있는 것으로, 조직적인 반복 연습을 한다면 기교적 기술 단계로 올라설 수 있다. 기술은 성질과 표현특징에 따라 동작기능과 지적기능으로 나눌 수 있다. 동작기능에는 주로 외부의 동작을 통해 구성되며 기계성과 단일성을 갖고 있는 능력들, 예를 들면 운전이나 기계조작 등이 포함된다. 지적기능에는 내부 심리활동에서 나오며 추상성과 복잡성을 갖고 있는 능력들로 담판, 정보처리, 과학탐색, 고기술제품 운용 등이 포함된다.

넷째, 창조력이다. 창조력은 신사상을 발견하고 새로운 사물을 창조하는 능력이다. 성공적인 창조활동을 완성하는 데 있어서 필요한 심리적 소질이다. 지식, 지능, 능력 및 우수한 개성품질 등의 많은 요소들이 종합적으로 구성하는 능력이다. 신개념, 신이론, 신기술의 창조, 신설비의 발명, 신공법, 작품의 창조 등이 창조력의 표현 결과이다. 창조력과 일반 능력을 구별할 수 있는 기준은 신규성과 독창성에 달려 있다.

다섯째, 업적이다. 업적은 일정시기 내에 지식과 기술을 운용하여 노동을 통해 사회필요에 부합하는 물질·정신성과를 창조해낼 수 있는 능력이다. 업적은 인재평가에 있어 가장 현실적인 표준이다.

2) 창의인재의 개념

창의인재는 일반적인 인재와는 다르다. 창의인재란 비교적 수준이 높은 지식과 창신능력을 가지며, 자신의 창조기술과 수단을 운용할 수 있고, 특별한 표현내용과 정보를 새로운 창의제품 및 서비스로 전환할 수 있고, 제품과 서비스의 생산·유통·경영을 추진할 수 있는 인재를 의미한다.

2. 창의인재의 특징

1) 뚜렷한 개성특징

어떤 서적에서는 인재에 대해 “일반인과 비교할 때 어떤 경우엔 유치하고 어떤 경우엔 우아하고 어떤 경우엔 파괴적이며 어떤 경우엔 건설적이고 어떤 경우엔 광적이고 어떤 경우 이상적이고 …”로 정의하기도 한다. 미국 창의경제 학자는 “창의인재는 업무 태도에 있어 엄격하고, 깨달음이 있으며 사회에서 과묵하여 공중도덕을 무시한다. 상상력이 풍부하고 옷차림이 이상하며 높은 주관성을 가지고 있어 자아자신을 대단하다고 여긴다.[1]”라고 정의하기도 했다. 구체적인 창의인재의 개성 특징은 다음과 같다.

첫째, 상상력이 풍부하다. 창의인재의 돋보이는 특징은 영리하며 풍부한 상상력과 독립적인 사고능력을 갖고 있는 것으로 관례와 전통에 구속되지 않는 특징을 보인다.

둘째, 독립적인 정신기질과 창신의 열정을 갖고 있다. 창의는 창조성 사고 활동에서 나오며, 창의의 최대 특징은 창의인재의 관계와 전통에 구속받지 않는 점에 있다. 창의 인재는 전통 규범을 깰 수 있는 정신을 갖고 있으며 창의와 열정으로 넘치며 독립적인 사고능력을 갖고 있다.

셋째, 양호한 의지를 가지고 있다. 창의산업에는 창조성과 위험성이 융합하므로 창의인재는 안정적인 심리 상태를 갖고 있어야 하며 각종 어려움과 도전을 극복할 수 있는 능력과 용기를 가지고 있어야 한다. 복잡한 창의활동을 팀의 협력을 통해 같이 완성할 수 있어야 하는데, 이에 따라 창의인재는 팀 정신과 인적 협조 능력도 갖추어야 한다.

2) 창의인재의 젊음

창의인재는 인간의 창조성을 강조한다. 이는 일종의 경제형태로서 창의인재가 표현하는 생기와 활력은 많은 젊은이들을 이끌어 직업선택의 방향과 추세가 된다. 동시에 젊은이들은 풍부한 상상력을 갖고 있으며 창조성과 창의 열정, 모험심을 갖고 있다.

3) 창의인재의 높은 문화기조와 종합소질

창의경제시대의 인제는 전공지식뿐만 아니라 비교적 높은 문화기조와 조합소질도 갖

1 (미)리처드.E.개부스: <창의산업경제학>, 손비등 번역, 신화출판사 2004년판, 22면

고 있어야 한다. 세부 항목은 아래와 같다.

첫째, 창의인재는 비교적 높은 문화소질을 갖고 있다. 창의경제는 문화품질과 문화재질의 제품 및 서비스의 제공을 통해 인간의 정신경험을 만족시키는 경제형태이며, 이에 따라 창의산업의 창업자에는 문화소질이 요구된다. 창의인재는 문학, 역사, 철학, 예술 지식을 갖고 있을 뿐만 아니라 동시에 전문 지식과 합리적인 지식구조, 창조적인 지식 운용능력을 갖고 있어야 한다. 예를 들어 문학가, 예술가, 음악가와 서예가는 독립적인 문화재질과 창조력으로 고품질의 문화 창의상품을 생산하며 자신의 재주를 문화가치로 전환한다. 애니메이션 산업, 영화 산업과 전자게임의 설계자들은 기본적인 문화 소질이외에 컴퓨터 및 인터넷 지식을 갖추어야 한다. 예를 들어 프로그램을 짜고 애니메이션 설계, 특효제작과 기술합성 등의 기술을 갖고 있어야 한다.

둘째, 창의인재는 종합 능력이 있어야 한다. 창의경제에는 복합형 인재를 필요하고 창의산업 연결고리마다 다른 역할을 수행해야 한다. 창의산업의 생산자에게는 시장의식이 필요하며 자기의 창의가 시장에 어떻게 받아들여지는지에 대해 알아야 한다. 마케팅 업무자에게는 문화이해력과 마케팅전략 능력이 있어야 하며, 창의기업 관리자는 창의산업 사슬에 얽힌 생산부터 판매까지의 업무를 파악하고 있어야 한다. 창의기업의 의사결정자는 전공 인재일 뿐만 아니라 창의산업의 경영과 관리에 있어서의 인재여야 한다. 동시에 각종 정보를 포착해낼 수 있으며 기업의 경쟁력을 제고해야 하고, 치열한 시장경쟁에서 불패의 위치를 차지해야 한다.

셋째, 창의인재는 창신 사고능력이 있어야 한다. 창의상품의 전략·생산·마케팅은 창조영감과 긴밀한 관계를 맺는다. 창의인재에게는 창신능력, 창조적 사상, 창의와 영감이 있어야 한다. 경영의사 결정자에게도 창신능력이 요구되는데, 창조적 전략을 통해 주어진 모형과 규범을 돌파하고 경영·전파·판매에 있어 창의 상품의 가치를 실현해야 한다. 따라서 창신능력은 창의제품의 생산과 판매 과정에 있어서 핵심자원이며, 독창적인 창의제품의 생산과 시장에의 출시에 영향을 미친다.

넷째, 창의인재는 자아가치의 실현을 중시한다. 창의인재는 도전적이며 창조적인 업무를 좋아하며, 완벽함을 좇는 과정에서 자신의 재주를 표현하면서 가치를 실현한다. 이들에게는 성취격려와 정신격려가 중요하며, 금전적·직업적 물질격려는 부수적일뿐 업무를 통한 성취감 자체가 최고의 격려가 될 것이다. 뿐만 아니라 자아가치의 중시 정도가 높기 때문에 창의인재는 타인·조직·사회의 평가를 중시하며 사회의 인정과 존경을 얻길 바라는 경향이 있다.

다섯째, 창의인재는 업무유동성이 강하다. 창의경제의 연결범위는 넓으며 상호간 융합하는 특징을 갖고 있다. 따라서 창의산업의 종사인원의 유동성 역시 강하다. 창의인재는 대체로 젊으며 영리하고 자아가치의 실현을 중시하며 유동을 통해 더 큰 발전공간을 찾고자 한다. 창의인재와 기업간 관계에서 보면, 일부 창의인재는 프리랜서로서 기업 및 단체와의 관계에서 있어 단기적이고 산만한 관계를 맺기도 한다.

지식사슬 플로이달이 창의인재를 얘기한다

많은 사람이 창의의 기회가 돈 버는 능력보다 더 가치 있다고 생각한다.

이들은 어떤 새로운 사물을 위해 안정적인 직업을 포기한 적이 있다. 주식을 통해 부자가 되려 하는 것이 아니며, 큰 도박이라는 위험성을 안고 있음을 이미 알고 있고 많은 돈을 벌려하는 사람도 많지 않다. 오히려 월급이 적어질 뿐이다. 그럼에도 이들은 사람을 흥분시킬 수 있는 일을 할 수 있는 점, 새로운 사물을 위해 열심히 일할 수 있는 점에 매력을 느낀다고 동일한 생각을 한다. 한마디로 창조적인 일을 좋아하는 것은 사람의 천성이라는 것이다.

인간은 돈이 아닌 창조적인 자질을 발휘할 수 있는 기회를 갈망한다. 인간이 좋아하는 그러한 일이 기업과 사회의 번영을 이끈다는 것이 바로 묘한 점일 것이다.

정보기술 공인을 조사함에 있어 〈정보주간〉을 통해 발견할 수 있는 점은 많은 이들이 직업에 종사함에 있어 책임과 도전을 중시하고, 기본적인 월급은 3순위로서 보너스나 주식 등의 경제자극의 뒤에 놓여있으며, 심지어 인적교류나 생활품질요소 등 보다도 순위에 있어 밀린다는 점이다.

제2절 창의인재의 분류

창의경제 활동의 종류는 다양하며 융합성이 강하다. 원시창의의 형성, 창의의 표현, 창조제품의 시장화의 각 고리들은 창조성 활동과 떼려야 뗄 수 없다. 창의인재는 창의산업의 각 산업사슬에 존재하며, 이에 따라 서로 다른 분류 기준을 갖게 있다. 산업 사슬의 각 고리별로 창의인재는 창의생산자, 창의전략자, 창의성과 경영관리자로 나누어진다.

1. 창의생산자

창의생산자는 창의내용의 제공자이며 창의제품의 완성자이다. 창의생산자에는 화가, 작가, 감독, 작곡가, 지휘자, 배우, 영주, 촬영, 애니메이션 제작인 등의 예술작업자와 복장설계사(패션디자이너), 건축설계자, 애니메이션 설계자, 광고설계자, 공예설계자 등의 설계사등이 포함되며 동시에 민간 예술가 및 공예인도 포함된다.

2. 창의전략자

창의전략자는 창의를 완벽하며 적절한 형식으로 표현한다. 창의전략자는 창의제품의 시장에 대한 예리한 판단력과 뚜렷한 사상을 통해 창의활동의 계층적 전략과 설계를 실행한다. 이들은 창의 생산자처럼 전문적인 기술과 창의영감을 지니고 있다. 창의전략자는 창의의 인도자이기도 한데, 창의자원의 통합, 창의공간의 확장, 창의생산자의 창의영감 자극 등을 할 수 있다. 창의전략자가 담당하는 업무로는 감독, 광고전략, 프로젝트 기획, 큐레이터 등이 포함된다.

지식사슬 **큐레이터**[2]

전시인은 전략전시인이라고 불리기도 하며 예술전시 활동 중 구상, 조직, 관리를 맡는 전문인원이다. curator라는 단어는 박물관, 미술관 등의 비영리 예술기관에서 물품연구, 보관과 진열을 맡거나 조직예술 전시를 계획하는 전문인원이다. 이것과 상응하는 개념이 independent curator, 즉 독립전시인이다. 큐레이터는 70년대에 서방에서 생겨나 최근 중국 예술계에 대두되는 직업이다.

큐레이터는 국내의 전시기관을 위한 새로운 모형과 방법을 제공한다. 이들은 독특한 학술이념에 따라 예술 전시를 조직하고 예술가를 위한 우수한 전시조건을 제공한다. 일하는 과정에서 집중적인 권리를 향유하며 그 어떤 전시관에도 소속되지 않는다. 이러한 현상은 중국당대 예술과 예술전시 체제에 있어 새로운 현상이라 할 수 있다. 전시인은 여러 역할을 수행한다. 첫째, 전시회의 조직이라는 역할로 예술가를 조직하고 창조를 위한 기술적·물리적 편리조건을 제공하는 것이다. 둘째, 예술비판가의 역할로서 예술가들과의 교류를 통해 창조계획 및 주제를 기획하여 예술작품의 창작을 완성한다. 셋째, 예술가와 관중간의 다리역할을 하여 관중과 작품을 유기적으로 연결한다. 훌륭한 전시인에게는 뚜렷한 예술이념과 평론가의 소질이 필요하다.

3. 창의성과의 경영관리자

창의성과의 경영관리자는 창의제품의 경영을 통해서 창의제품의 가치를 실현하는 인재이다. 창의제품이 성공적인 시장 거래를 위해서는 사회의 문화적 요구를 예측하여 창의제품의 계획·설계·생산·판매 과정을 경영해야한다. 창의제품의 투입·산출 등에는 모두 계산이 필요하며 인적·물적·금전적 사항에 대해 조직과 협조를 진행할 필요가 있다. 이런 것들을 창의산업의 경영관리인재가 실현할 수 있다. 창의산업의 경영관리 인재는 회사

2 자료원천: 동방시각망, http://www.ionly.com.cn/nbo/5/51/200701181/0320041.html

경리, 프로젝트 팀장, 판매자, 평가자, 중개인, 제작인, 갤러리 관리자, 도서판매자 등의 역할을 수행한다. 창의산업의 경영관리 인재는 경영관리뿐만 아니라 창의제품의 독특한 품질에도 익숙해야 한다.

창의산업의 시장화의 과정에 있어 경영관리자의 역할은 중요하다. 창의제품의 생산은 창의가치를 실현하는 것만으로 끝나지 않는다. 예를 들어 서적을 완성하는 데에는 창의제품의 완성, 문화예술 숙지, 시장운영에 밝은 창의인재에 의한 편집·출판·인쇄·유통·판매 등 각 연결고리간의 노력이 필요하다.

지식사슬 예술투자 매니저

예술 투자매니저는 사회의 전문적 분업으로 인해 생긴 전문직업이다. 주식, 부동산, 보험, 자금융합, 예술품 투자 등의 다양한 매니저로 기능한다. 일반적으로 탄력적인 작업체제를 취하며, 인터넷 기술을 운용한 종이 없는 거래 등의 선진 마케팅 이념과 수단을 이용해서 고객과 전문적 실체 사이에서 활발하게 활동한다.

성공하는 예술품 시장은 예술가의 예술창조와 관련이 깊으며, 예술평론가의 작품에 대한 탁월한 안목과도 관련이 깊고, 예술품 투자자의 보관 및 투자와도 관련이 있다. 이 모든 것들을 성공적으로 조직하고 운영하는 자가 바로 예술투자 매니저이다. 예술투자 매니저는 미술관, 박물관, 예술품 전시관, 예술품 기업, 갤러리 등에서 예술품 정보와 잠재적 고객을 대량으로 쌓으며, 독특한 안목으로 예술 자질이 높은 예술가를 발견하여 투자한다. 매니저는 홍보에 등에 능한 예술 평론가를 초대하여 평론을 쓰게 하고, 뉴스매체 등을 통해 예술가를 광고하며, 비교적 양호한 창작경제 조건을 제공하여 예술가가 창조에 몰두하게 함을 통해 독특한 예술 품격과 매력을 형성함을 통해 최종적으로 시장과 애호가의 주목을 받게 만든다. 예술가의 작품이 사회에 인정을 받는 것이 매니저들의 경영이념의 실현이며 이윤의 창조 결과이기도 하다. 따라서 성숙한 매니저는 구매자와 판매시장을 파악해야 할 뿐만 아니라 예측·홍보·거래·수집·판매의 능력도 갖추어야 한다. 또한 투자 재산을 정리할 수 있는 전문가, 기업고문, 금융은행 고문이 될 수 있어야 한다.

제3절 창의인재의 생성과 집합환경

창의경제는 후공업시대의 물질경제의 발달을 기초로 파생되었으며, 고도로 집중된 도시공간에서 발전할 수 있는 경제형태이다. 또 다른 관념으로서의 창의생활권을 만드는 것을 통해서 창의도시를 창설하고, 창의산업에 발전에 적합한 사회·정책환경을 만드는 것을 통해 창의인재의 창의 생성과 표현에 있어 넓은 공간과 무대를 제공한다. 도시의 문화기질과 생활품질은 창의자의 영감과 창의열정을 촉진한다. 그 외로는 양호한 서비스 플랫폼, 지식재산권의 보호, 격려 정책등이 창의인재의 집합 조건을 제공한다.

1. 관대한 사회분위기

플로이달에 의하면 창의단체는 창의능력의 배양과 발전에 적당한 언어 환경과 분위기, 조직을 필요로 한다. 창의인재는 어떤 도시를 선택해서 창의활동을 진행할 것인가의 여부는 사회관용도와 긴밀한 관계가 있다. 창의인재는 뚜렷한 개성특징을 갖고 있는 동시에 도도함, 강한 자존심, 단독적 행동하는 약점을 보이므로 관용적이며 포용적인 사회환경을 필요로 한다. 관대한 분위기는 창의를 키우는 기초로, 자유사고·표현·토론의 공간이 없다면 창의적 사고와 창의생성은 표현될 수 없다. 또한 관용은 창의실패를 수용과 이해를 가능하게 하며, 창의를 격려하고 존중할 수 있게 한다. 이를 통해 창의인재는 자아가치의 실현을 충분히 발휘하면서 사회를 위한 창의제품을 많이 만들 수 있다.

2. 도시의 인문정신

창의산업을 발전시키려면 우수한 창의인재를 도입해야 한다. 국제적 고첨단 창의인재를 모집하기 위해서는 국제화 도시의 이미지, 인문 기질의 도시 스타일, 매력적이고 활력적인 도시를 조성해야 한다. 독일의 베를린이 이 예에 속한다. 베를린은 다각화의 국제 대도시로, 다각화문화 자체가 각지의 창의인재를 끊임없이 끌어 모은다. 베를린에서 생활중인 예술가의 수는 독일 내에서 가장 많으며, 2002년 베를린 예술가의 연봉은 독일의 전국 예술가의 평균연봉보다 40% 높다. 이에 따라 더 많은 예술가들이 베를린으로 이주한다.

3. 도시생활 품질

창의인재는 문화지식, 문화자각, 문화자산, 문화상상, 창조력을 갖고있는 타고난 인간이다. 이러한 성향을 갖고 있는 사람이 생존하고 발전할 수 있는 도시상태가 여러 부류의 창의인재를 끌어들일 수 있다. 생활품질은 빌딩이나 상업시설, 넓은 도로뿐만 아니라 우수한 교육, 문화, 자연환경, 뉴스, 출판 등의 요소도 포함된다. 창의인재가 좋아하고 동경하는 도시는 대개 일류 대학의 위치, 아름다운 풍경, 그윽한 문화정취 등의 속성을 갖고 있다.

4. 도시 브랜드

세계의 유명 산업 집합구는 모두 브랜드 효과를 갖고 있다. 예를 들어 런던의 경우 오페라이며, 파리는 패션, 도쿄는 애니메이션, 뉴욕의 경우 브로드웨이가 각 도시만의 브랜드효과라 할 수 있다. 창의 인재는 이러한 도시들을 동경하며, 도시는 창의인재에게 직업을 보장한다.

5. 정책법규

창의경제를 발전시키기 위해 정부는 관련 정책을 제정해야 하며, 우수한 창의인재를 모아야 한다. 완벽한 인재정책이란 배양·선발·사용과 인재관리의 정책 조치 등을 의미한다. 이러한 정책 조치를 통해 창의인재에게 도움을 주고, 지지하고, 수용할 수 있어야 한다. 또한 창의인재의 유동에 있어 불리할 수 있는 창업자의 신분·지역·연령·학력·직업·성별 등에 있어서의 장애물을 제거해야 한다.

지식링크 **창의생활권**

창의생활권이란 도시의 생기를 표현할 수 있는 장소로, 창의관념과 제품 디자인을 끊임없이 창조할 수 있는 장소이다. 투자자, 예술가, 관리자, 정부결정자, 중개인사 등은 서로간의 상호작용을 통해 새로운 창의사고, 사물, 제품 및 규칙을 형성할 수 있다. 런던이나 뉴욕의 LOFT 등이 전형적인 창의생활권이다. 이러한 공간에서 사람들은 쉽게 파트너를 구할 수 있으며, 기술제품과 창의아이디어가 신속하게 교류되고 효율적인 실험을 추진할 수 있다. 예를 들어 싱가포르의 창의단지라는 계획의 경우, 예술·문화·설계·상업·기술 등을 조합하여 발전시키는 단지로, 이를 통해 거주민들의 창조력과 창의열정을 격발하려 한다.

지식링크 **뉴욕의 창의인재 흡인력**[3]

뉴욕의 창의집단의 구성원인 창의자, 제조자, 전시자, 예술가, 공연가, 녹음가, 설계사 등은 자신이 가진 창의와 독립기술을 통해 뉴욕의 문화생활에 다양한 형식을 부여한다.

뉴욕은 인재를 끌어 모으는 것뿐만 아니라 인재를 창조한다. 재즈, 추상표현주의, 언어재시, 힙합, 랩 등의 20세기의 대중예술이 이곳에서 탄생했으며, 세계의 인정을 받아왔다. 뉴욕의 대다수 창의자들은 각 분야의 권위자이며 전문가이다.

---

3 자료원천: http://www.a-slep.com.cn/bba/dv-net.asp?a=zhtml&boardid=30&id=2040&page=1&star=2

창의에 있어 독특함을 갖는 이 분위기에 종사하는 창의산업의 구성원은 대부분 프리랜서로, 창의기업은 프로젝트를 기초로 직원을 고용함을 통해 기업 비용을 낮춘다. 이에 따라 직원들은 다양한 기술을 배우고 자신의 역할을 전환함을 통해 다양한 프로젝트에 참여한다. 창의핵심 산업부문에 있어 멀티테이너 배우/댄스배우/가수, 작가/감독, 가수/작곡가 등의 취업 인원들의 다양한 취업 능력을 한다.

뉴욕은 800만명의 거주자와 전세계의 관광객을 유인할 뿐만 아니라 동시에 폭넓은 품격과 취미를 갖고 있는 사람들을 끌어 모은다. 이것이 뉴욕시가 창조성 직업에 적합한 토대를 갖게 된 원인이다.

활기찬 배우, 작가 등의 창조성 인재들은 뉴욕시에서 자신의 직업생활을 시작했다. 이들이 비 상업적 환경에서 자신의 일할 기회를 제공받지 못했다면 훗날의 성공을 얻을 수 없었을 것이다.

제4절 창의인재의 배양 체제

인재의 배양은 교육에 달려있다. 창의인재는 문화지식, 전문적인 기술, 창신의식 등이 필요할 뿐만 아니라 비교적 높은 사회 통찰력, 인적 의사소통능력과 단체 협조정신도 필요하다. 이러한 능력은 단기훈련을 통해 달성되지 못하므로 장기적인 경험을 쌓는 것 역시 필요하다. 따라서 창의인재의 배양은 단기적인 행위가 아니라 장기적인 과정이다. 창의인재의 배양과 개발은 장기적인 안목으로 바라보아야 한다. 육아교육에서 학력교육, 직업훈련에서 평생훈련, 지식을 전달부터 창신의식의 강화에 이르기까지 창신인재의 배양에 있어 구체적인 체제를 구축해야 한다.

1. 창의교육 체제개혁과 복합형 인재 배양

창의교육 체제개혁을 진행하고 전문적인 지식과 창의능력을 갖고 있는 복합형 인재를 배양한다. 대학은 창의경제의 지식중심인 창의인재의 배양을 대학교육의 주요 목표로 삼고 있다. 대학이 배양한 인재는 지식수준과 학습 능력이 높으며 신 사물, 관념을 쉽게 받아들일 수 있는 특징을 보인다. 대학교육은 창의경제의 중심이며 창의인재라는 군집을 배양하는 주요 경로이다. 그러므로 대학은 교육과정을 인재의 창의능력의 배양에 중심을 두어야 하며, 이에 따라 다음과 같은 중요한 면을 고려해야 한다.

첫째, 창의인재는 T형 지식구조와 복합형 능력구조를 갖고 있어야 한다. 따라서 대학은 지식창신 능력의 배양을 중시해야 하며 학과장벽을 뛰어넘으며 경쟁에 적응할 수 있는 복합형 인재를 배양해야 한다. 학생의 잠재적 자질을 잘 다듬고, 창신형 인재교육을 중시하고, 창신의식과 문화정품의식을 가진 내용창의형 인재를 배양해야 한다.

둘째, 창의교육 체제개혁을 진행하고 전문적인 지식을 갖고 있는 창의인재를 배양해야 한다. 창의시대의 시장에는 학교를 떠난 뒤 신속하게 사회생활에 적응할 수 있는 창의인재가 필요하다. 이들은 전문지식과 창의능력을 갖춰야 할 뿐만 아니라 좋은 심리적 소질, 단체정신과 인적 협조능력도 갖춰야 한다. 사회의 요구에 부합하기 위해 대학는 교육체제 개혁을 진행해야 하고 대학교의 예술설계 교육에 사회의 요구사항을 연결시켜야 한다. 각 교육기관의 지도사상과 교육을 조정하고, 전문적 계획을 제정하고, 학교간의 교류를 강화하고, 교사의 교육훈련을 강화시하고, 응용형·직업기술형 인재의 교육체제의 교육훈련을 형성해야 한다.

창의산업은 출발점인 영국의 경우 창의전공 교육면에서 우수한 실력을 갖고 있다. 영국 대학교에 개설된 37,000개 학위과정 중 예술설계 전공은 큰 비중을 차지하고 있으며 다양한 전문적 과정, 학부과정, 석사과정으로 나누어져 있다. 이 중 전문적 과정이 일반적으로 1~2년, 학부과정이 3~4년이다. 다수의 학교가 본 전공자격을 학위과정의 일부로서 배울 것을 요구하기도 한다. 예를 들면 연극·영화/촬영·디지털매체/음악을 전공한 문학학사 등이다.

셋째, 교육혁신을 일으켜 입시교육으로 인한 창의사고의 악영향을 없애 학생들의 창의충동을 자극하고 배양해야 한다. 교육혁신의 핵심사상은 학교를 창의능력의 집합장소로 만들어 지혜와 관용으로 가득한 환경을 조성해야 함에 있다. 혁신을 통해 활발한 학교분위기를 창조해야 하고, 지식전달과 능력배양을 결합하여 산학협동의 강화, 수업내용과 사회실천의 결합등의 다양한 방식을 통해 인재의 창의능력을 제고해야 한다.

2. 전방위 직업훈련체제의 구축

전방위의 직업훈련체제를 구축해야하고, 창의인재의 지식구조를 끊임없이 갱신하여 창의 능력을 자극해야 한다. 창의능력의 개발과 배양은 창의실천과 떼려야 뗄 수 없는 관계이다. 고첨단의 경영관리인재에게는 더욱 그러한데, 학교교육에만 의지해서는 실제 업무 요구를 충족하지 못하므로 계층적이고 실천적인 직업훈련을 통해 창의인재를 배양해야 한다. 교육훈련 주체로는 학교, 정부노동기관, 관련 기업이 담당해야 할 것이다. 직업훈련 사항은 다음과 같은 것들을 들 수 있다

첫째, 창의를 부여할 수 있는 다양한 교육훈련방법을 탐색한다. 단순한 설득이 아닌

계발식의 방법에 치중하여 사계분석, 토론, 경험교류등의 방법을 통해 창의사고를 계발하고 창의잠재력을 개발해야 한다.

둘째, 재직훈련의 사회서비스체제를 구축해야 한다. 기업 내부차원에서 기업훈련은 초점을 맞추는 점에서는 강하나 전문성과 체제성에 있어 부족하며, 기업의 외부훈련은 실용성에 있어 부족함이 있다. 창의산업의 발전에 따라 직업훈련에 대한 요구가 점점 커져가고 있으므로 정부는 시장의 우위를 발휘할 수 있도록 다양한 차원에서 규칙적인 사회훈련 체제를 구축해야 한다.

셋째, 인재개발의 다양한 유통경로를 개척해야 한다. 창의인재는 개성이 두드러지며 학교교육이외에는 고정된 직업이 없는 프리랜서이다. 창의인재의 특수성에 초점을 맞추어 유통경로를 개척하고, 학력과 경험이라는 한계에서 벗어나 전문적 경합, 직업 비교·평가·자격인증·공개채용 등의 형식을 통해 인재를 발굴하고 모집해야 한다. 동시에 우수한 정책을 취함을 통해 인재를 적극적으로 끌어 모아야 한다.

마지막으로 인재개발의 다양한 유통경로를 개척해야 한다. 창의인재는 개성이 두드리고 학교교육이외에 동떨어지고 고정한 직업이 없는 자유인이다. 창의인재의 특수성이라는 초점을 맞추고 유통경로를 많이 개척해야 하고 학력과 경험의 한계를 깨야하고 전문적 시합, 직업을 비교, 평가, 자격인증, 공개적으로 모집이라는 형식을 통해서 인재를 발굴하고 모집하고 동시에 우수한 정책을 취하고 우수한 인재를 적극적으로 끌어들인다.

지식사슬 프랑스학교의 예술교육[4]

프랑스는 예술가의 천국으로, 꽃, 예술, 삶을 좋아하는 사람들이 가고 싶어하는 곳이며 부드러운 그림, 자연의 소리와 같은 음악, 우아한 춤, 감동적인 영화의 이미지를 갖고 있는 국가이다. 더욱 놀라운 것은 프랑스의 예술은 예술가만의 전속이 아닌 대중의 취미생활로서 지나치게 고상하고 이해할 수 없는 방치물이 아니라는 것이다.

프랑스의 창의교육 수준은 세계일류로, 40개가 넘는 예술학교마다 역량이 강한 교사, 다양한 전공이 있다. 멀티미디어 예술설계·이미지설계·의류디자인·건축설계·컴퓨터 미술설계·광고디자인 등의 전공 중에서 의류·그림·조각 등의 전공이 유명하다. 프랑스의 예술 전공 교육방식은 매우 자유로우며, 학생은 고정된 교실 없이 거대한 작업실에서 공부하며 자신이 좋아하는 예술방식을 찾을 수 있다.

프랑스의 음악교육에 있어 유명한 교육법은 열정이 넘치는 성격의 추구와 음악의 실요적인 효과, 창신과 개성화의 격려의 특징을 갖고 있다. 학생은 프랑스 음악학원에 공부하면서 선진 음악교육을 받는 동시에 새로운 교육방식과 모델을 느낄 수 있다. 프랑스의 도시마다 오페라 극장이나 음악청이 있으며 전국에 매

---

4 자료원천: http1//eg.yuloo.com/xmxx/2007-10-25/54468.html

일 100여개의 다양한 공연이 펼쳐진다. 다수의 음악회가 음악학원 학생을 대상으로 무료로 제공되며, 학생들이 무대에 올라가서 공연함을 통해 공부하는 기회도 제공된다. 학원 해마다 음악회를 개최함을 통해 학생이 음악회의 주인공으로서 무대에서의 표현 기회를 준다. 예술학교의 수업 일정은 다양하며, 다양한 기술을 얻게 함과 동시에 더 나은 직업을 선택할 수 있게 도와준다.

제5절 창의인재의 관리

창의인재의 독특한 개성은 창의인재의 집합을 자유성·개체성·다양성·강한 창신정신과 단체협조정신을 갖고 있는 단체로 만든다. 산업공인과 관리부문의 행정직원에 비해 문화창의 구성원의 업무 방식과 단체 특징은 더욱 뚜렷하다. 이는 창의경제는 머리를 통한 경제이기 때문이며 문화, 지식 및 기술의 고도 결합이 요구되기 때문이다. 문화창의인원은 자신의 창의, 분석, 판단, 종합, 설계를 통해 제품에 부가가치를 부여한다. 이들의 작업 방식은 다음과 같다.

첫째, 작업의 업적을 측정하기 어렵다. 창의는 머리를 통해서 실현되는 것이므로 작업 난이도와 실패위험도가 크며, 창의제품의 가치는 단기간에 실현하기 어려우며, 심지어 결과가 보이지 않는 경우도 있다.

둘째, 작업 시간을 추측할 수 없다. 창의인원의 작업 시간은 일반인의 출퇴근시간에 비해 훨씬 많으며, 휴식시간이 인색없이 창의에 투입된다.

셋째, 작업함에 있어 지적함량은 높으나 관리직위는 낮다. 창의인원의 창의활동은 기업의 핵심경쟁력으로, 효과적인 관리체제와 창의인재를 위한 기업문화, 경합 체제의 경영이 창의활동의 열정을 발휘시킬 수 있으며 창신의 기업문화를 형성할 수 있다. 따라서 전통적인 근무 및 연봉체제로는 창의인원의 욕구를 만족할 수 없다. 합리적이며 효과적인 심사와 격려체제를 구축해야하며, 창의인원의 사회가치를 두드러지게 해주어야 한다.

1. 창신형의 기업관리 이념 구축

인재는 창의산업의 핵심요소이며, 창의인재의 개인특징·심리욕구와 행동방식은 일반적인 인재와는 다르기 때문에 전통적인 관리방식 및 이념은 이들과 어울리지 않는다. 기업관리자는 창의인재를 평가할 때 학력과 상관없이 인재의 창의능력을 중시해야 한다.

창의인재의 개성을 충분히 중시해야 하고, 실패를 용서하고 도전을 격려할 줄 알아야 하며, 업무 분배에 있어 충분한 권리를 부여해야 한다. 또한 직원들의 발언 권리를 보장하고 직원이 자신에게 적합한 업무방식을 선택할 수 있게 해야 한다.

2. 관대, 자유, 평등한 의사소통 기업문화

창의인재의 개성과 작업에 있어서의 특수성에 따라 기업은 과대하며 자유로운 기업 조직문화를 만들어야 한다. 개별 사항은 다음과 같다.

1) 관대하며 창의활동에 적합한 미시환경

미시적 환경에는 기업의 하드웨어 시설뿐만 아니라 기업의 문화분위기도 포함된다. 좋은 하드웨어와 생활환경 시설을 배치해야 하며, 유한한 환경하에 무한한 창의를 제공해야 한다. 창의 재능의 발휘에는 의인화, 생태화 업무환경과 평등·자유·단결·협조의 업무 분위기가 필요하다. 창의의 생성과 제품 및 서비스의 완성에는 단체협동이 필요하며 공동으로 완성되어야 한다. 관리자와 프로젝트 책임자는 구성원을 지도하고 의사소통을 강화해야 할 뿐만 아니라 단결·협조의 업무분위기를 만들어야 한다. 직원들의 협조를 통한 작업방식과 적극성, 창조력은 창의업무를 응집한다.

2) 유연한 조직환경

창의활동의 특징은 차별화된 탐색적 업무이다. 따라서 실패를 피할 수 없다. 널찍한 조직환경은 창의의 실패로 인한 심리적 스트레스를 완화할 수 있으며 새로운 창의 형성에 도움을 준다. 직원의 성적에 대해 즉각적인 관심과 인정을 표하고 창의자의 자아가치를 인정함을 통해 도전을 추구하는 개성을 발휘할 수 있게 해야 한다.

3) 창의인제에 대한 탄력적 업무제도 실행

창의기업은 업무시간의 탄력성과 업무장소의 융통성을 증가해야 한다. 이를 통해 창의영감의 생성에 도움을 주어야 한다.

4) 평등하며 원활한 교류 경로 구축

기업관리자는 다양한 활동을 조직해야 한다. 상급 및 하급 직원간의 교류를 촉진해야 한다. 정보와 자원을 공유할 수 있는 조화롭고 창의적인 업무환경을 만들어야 한다. 또한 교류와 토론을 통해 창의적 사고를 격려해야 한다.

3. 물질 격려와 정신 격려의 결합 중시

창의인재는 창의기업의 핵심 경쟁력이다. 창의인재의 특징에 기초하여 기업은 다양한 방면에서 창의인재를 격려해야 한다. 격려는 창의인재의 열정과 창의동력이 되기 때문이다.

1) 물질적 격려

물질면에서 봉급은 창의인재를 측정할 수 있는 가치의 척도이다. 봉급이 많다는 것은 창의인재의 능력 인정을 표현할 뿐만 아니라 창의인재가 창조에 몰입할 수 있게 도와주는 수단이다. 구체적인 조치는 다음과 같다.

첫째, 봉급과 성과를 결합해야 한다. 봉급을 기초로 성과에 대한 시험을 진행하고 근무 태도, 성과산출을 기업업적과 연결할 수 있도록 장려해야 한다. 기업이윤의 재분배를 통해 개인적 물질이익과 기업발전을 연결시켜야 한다.

둘째, 기술주식 분배 등의 형식을 통해 창의인재를 이끌어야 한다. 입사 후 기술주식 분배를 통해 직무·성과 등의 기준에 따라 일정 액수의 주식을 분배한다.

셋째, 양호한 업무시설과 생활환경 시설을 갖추는 것은 창의활동에 도움이 된다.

넷째, 정기적인 휴가·훈련·기술 세미나 등의 기회를 제공함을 통해 창의인재의 지식기능을 끊임없이 제고, 갱신해야 한다. 이는 창의인재의 창신능력의 양호함을 유지함에 도움이 된다.

2) 정신적 격려

정신적인 면에서 창의인재는 업무욕구를 높은 층위의 내재욕구로 삼는 집단이다. 규칙에 도전하기를 원하며 자아가치를 실현하는 것을 원한다. 따라서 다음과 같은 정신적 격려를 해야 한다.

첫째, 지식재산권의 보호체제를 구축해야 한다. 창의인재의 노동성과를 보호하고, 이를 통창신과 발명의 기업문화를 형성해야 한다.

둘째, 정기적으로 신 프로젝트를 계획하여 창의인재의 능력을 발휘할 수 있는 기회를 자주 주어야 한다. 이를 통해 이들의 도전에 대한 갈망과 자아가치 실현을 해소하고 표현할 수 있게 해야 한다.

사례 1 조나단 아이븐, 애플의 마력 설계사

애플 사의 설계에 있어 성공 관건은 잡스가 단체집단에 있어 집합력과 법칙이념을 도입한 데에 있다. 잡스는 최종제품에 대한 확실한 인지를 가지고 있으며, 새로운 의견이 제시되거나 단체가 원망하더라도 흔들려서 안된다는 입장을 보였다. 다른 기업의 경우 민주적이나 여러 사람의 의견을 듣는 과정에서 의견 불일치를 일으키며 응집력에 있어 부족함을 보였다. 이런 점에서 두드러지는 응집력은 애플사가 창조기능을 제품화함에 있어 독특한 능력을 가질 수 있게 했다.

조나단 아이브는 애플사의 놀라운 제품에 있어 가장 큰 영향력을 발휘하는 인물이다. 잡스가 방향을 잡아 영감을 제공하면 아이브는 독특한 창조력과 아름다움을 통해 필요한 구체적 세부사항과 융합시킨다.

조나단 아이브는 애플사의 수석 설계부회장으로서 "표면적으로 열광하는 노력을 뛰어넘는 것"이라 말한 바와 같이 새로운 도구·재료·생산 공예를 끊임없이 시험하고 이름 결합함을 통해 독특한 신상품을 만들어 왔다. 이 예로 들 수 있는 것이 바로 iMAC, iBOOK, the powerbook, G4, iPod MP3 player 등의 제품이다. 조나단 아이브는 2002년에 iMac과 ipod로 설계 박물관(Design Museum) 수석 디자이너 대상을 수상한 경력이 있다. 아이브는 애플사 내의 긴말한 협조설계를 통해 측면사고의 방식과 세부에 대한 철저한 관찰을 통해 창신성이 있는 신제품을 개발한다. 예를 들 수 있는 것이 the Cube, the ipod, powerBook G4, iMac G5 등이다. 잡스와 아이브의 첫 합작은 Mac으로 시작되었다. 이들은 당시의 접근하기 컴퓨터가 아닌 가정에서 사용할 수 있는, 사용하기에 재미있는 컴퓨터를 만들고 싶어했다. 이에 애플사는 반투명 케이스에 컴퓨터를 담았다. 2001년 애플은 첫번째 티타늄 합금구조의 컴퓨터를 출시했다. 이는 새로운 설계 수단의 종결이라 할 수 있었다. 그해 10월 애플사는 iPod를 출시했으며, 디지털 음악플레이어의 표준이 되었다. 이는 iPod 자체 기능 때문만이 아니라 iPod를 온라인 스토어 iTunes와 완벽하게 결합했기 때문이다.

잡스가 애플의 정신의 수호자라면 아이브는 천재 설계 집단의 비밀 지도자라 할 수 있다. "애플은 하나의 종교이고 애플의 설계단체는 더 열성적인 종교인 것 같다"라고 애플 전 디자이너는 말했다. 종교단체라 해보았자 열댓명의 집단일 뿐이었지만, 어찌됐든 이들의 운영방법은 효율적이었다. 아이브는 애플사의 많은 제품을 설계함에 있어 설계 인원 모두 좁은 주방에서 피자를 먹으며 구상했다고 회상했다.

애플사의 설계 집단은 편안한 환경에서 오랫동안 일하는 단체이다. 이들은 업무에 있어 행사 및 시상식 등에 참가하지 않으며 외부의 인정을 필요로 하지 않는다. 이는 설계 면에 있어 이들보다 직위가 높은 권위적 인물이 없다는 것을 의미한다. 정보를 공유함에 있어 다른 이들이 비밀을 알 수 있게 하고 정보 보유 차이의 격차를 줄이고자 한다. 설계자들은 자신만의 설계감각을 표현하는데, 전혀 신경쓰지 않음에도 이들의 설계에는 독특함과 우아함이 있다. 30~40대로 구성된 단체로서 뚜렷한 국제시야도 갖고 있는데, 영국 출신의 아이브 뿐만 아니라 뉴질랜드 출신의 다니엘 카스특, 이탈리아 출신 다니엘 더 루이스 등의 구성원들도 포함되어 있다. 아이브의 설계 집단은 엔지니어, 마케팅 직원, 아시아 소재 외국제조업자와도 긴밀한 관계를 맺는다. 이들은 설계자일뿐만 아니라 신소재·신공정의 리더이기도 하다. 설계팀은 iPod의 케이스에 투명 플라스틱을 덮음을 통해 재질적 감각을 증가시켰다.

사례 2 구글의 기업문화[5]

구글 사에서의 업무란 바로 삶이며, 자유로운 기업문화는 무궁한 창조력을 만들었다. 구글의 직원들에게는 저마다의 이야기가 있다. 점심을 같이 먹은 사람이 프로그래밍 언어를 발명했으며, 옆에 앉은 동료가 대학 교재를 편찬했을 수도 있으며, 함께 당구를 친 사람이 컴퓨터 바탕화면을 개발했을 수도 있다.

구글은 여러 사람들의 눈에 따라 다른 의미들을 갖고 있다. 사용자에게 있어서 구글은 인터넷 기업이며, 실리콘밸리의 기술자에게는 창의의 천국일수 있다. 월가의 입장에서는 반역자 기업의 대표이며, 투자자에게는 투자자가 투자한 기업의 구매자일 수 있다.

구글은 연 40억 달러를 넘는 수입과 12억 달러의 순수입을 창출했으며, 주식 시세 역시 1주당 430달러, 시가 1,100억 달러가 넘는다. 구글의 성공의 배후에는 창조력과 열정있는 직원들이 서 있다. 직원들은 전동킥보드를 타거자 GreenMachine(어린이용 자전거)를 타고 출근할 수 있다.

사무실의 여기저기에는 초콜릿, 편한 의자, 장난감 등이 놓여있으며, 회사에 치과의사나 가정학과 의사가 있다. 출산 휴가를 신청한 직원은 75%에 해당하는 급여를 받을 수 있으며 출산 2주후 50달러의 산후조리 보조금을 받을 수 있다. 그 외로 회사가 출근용 교통수단을 제공하며, 교통수단마다 무선 인터넷 서비스가 제공되어 출퇴근시에도 근무할 수 있는 환경을 제공한다.

구글의 창시자 Sergey Brin, Larry Pagea 및 현 CEO는 금요일마다 직원들과 점심식사를 한다. 천 여명을 수용 가능한 식당에서 직원들은 과하다 싶은 요구를 제시하고, 창시자 및 CEO가 이들의 요구를 만족시키는 행사를 실시한다. 예를 들어, 직장에서 배구를 하길 희망한 직원을 위해 사내 잔디밭을 해변으로 바꾸었으며, 수영장을 원하는 직원을 위해 수영장을 만들기도 했다.

사무실에는 헬스기구, 안마의자, 탁구, 텐트 등의 재미난 물건들이 여기저기에 놓여 있다. 사무실의 배색 역시 여러 색깔이 사용되며 밝고 선명하다. 한편 신입사원은 100달러씩 지급받아 사무실 장식용으로 사용할 수 있다.

직원들의 복장은 자유로우며, 근무시간 역시 자유롭다. 이러한 업무 방식은 여러 방식들이 채택하고 있는 추세이다. 기업은 탄력적인 업무 방식을 통해 직원들의 업무에 대한 신뢰를 표현한다.

구글은 엔지니어에게 20% 정도의 자유시간을 허락한다. 구글의 기업문화는 창신의 격려와 프로그램마다 계획적이고 조직적으로 진행하게 하는 것이다. 자유시간동안 엔지니어가 중요하다 여기는 일을 할 수 있게 허락한다. 이 결과 Gmail과 같은 우편서비스가 탄생했으며, Orkut와 같은 인적 인터넷 상품이 탄생하게 되었다.

구글의 직원들은 모두 평등하다. 최고경영자 직위는 3종만이 있으며, 모든 직원이 평등하게 일할 수 있는 공간을 누린다. 이러한 평등한 사고를 통해 다양한 창조력을 표현하고 있다.

실패와 혼란에 대해서도 구글의 관리계층은 두려워하지 않으며 오히려 격려한다. 〈경제학인〉(Economist)에서의 인터뷰에서 Simite는 "실패할거면 빨리 실패해야지, 그래야 한 번 더 시도할 수 있다"라고 응답했으며, 인사담당 라스트는 "우리는 혼란을 좋아한다. 사람들이 서로 부딪히며 어디로 가는지 모를 때 창의가 탄생한다"라고 말했다.

---

5 http;//www.5xue.com/modules/bbs/viewthread.pbp?tid=90773

기업 내부의 근무 구조는 비 프레임, 비 구조, 비공적적인데, 이는 효율적이며 높은 안정성을 실현한다. 이는 관리의 기적이라고밖에 말할 수 없다. 이 기적의 배경은 구글이 개성 해방에서 인터넷 침투시대로 변하는 시대에 있다고 할 수 있다.

구글 내부적으로 해결하기 어려운 문제·계획·임무가 생길 때, 이들은 업무팀을 구성하여 해결한다. 라리 패기는 항상 구글 내부 직원들과 모여 브레인스토밍을 한다. 이러한 독특한 내부 기업 문화는 피라미드형 계층구조를 깼으며, 전통적인 관리에서 소모되는 에너지를 줄이고, 직원들의 사고 및 업무범위의 구조를 해체하고, 개성을 존중하는 새로운 관리 사고 방식이라 할 수 있다.

구글에서의 사람의 존재 및 권리를 존경하는 문화는 이미 기업 문화의 깊숙한 부분에까지 스며들었다. 회사 내부에는 수많은 프로젝트 관리자가 있으나 이들은 자신의 일을 스스로 찾아 해결한다. 브린과 라리 패기의 두 창시자는 직원들에게 근무시간의 20%를 프로젝트의 탐색 및 확신과 통과에 있어 노력하는데 사용할 것을 요구한다. 프로젝트의 부재는 회사에의 존재 가치를 없애는 것이기 때문이다. 한편 20%의 시간을 추가로 다른 일에 활용할 것을 요구하기도 한다. 이에 따라 40%의 시간을 기본 업무 외의 다른 업무에 융통성있게 투자하게 되었으며, 이는 직원이 자기 자신을 책임지는 자가 됨에 따라 관리자는 보다 수월해졌다.

구글은 직원들에게 우수한 복지대우를 제공한다. 북 캘리포니아주의 빌딩 4채로 구성된 회사본부 내에 장난감, 애완동물 무료 식사, 아이스크림, 수영장, 배구장, 마사지사 등을 제공한다. 구글은 업무시간의 20%를 운동에 사용할 것을 요구하기도 한다. 이를 통해 구글은 지구인들의 체력과 지혜를 유지한다.

구글의 성공은 우연이 아니다. 구글은 전략계획, 행정관리, 시장개척, 제품 서비스 설계, 기술창신, 브랜드 일반화와 기업문화 등의 면에서 인터넷 2.0의 발전이념에 맞춰 행동에 옮겨왔다. 다양한 자원을 적극적이며 자발적인 협력을 통해 하나의 완전한 2.0의 부를 창조할 수 있는 체제를 만들어 온 것들이 구글의 기적을 창조한 것이라 볼 수 있다.

연습문제

1. 일반인과 비교하면 창의인재가 어떤 특징이 있는가?
2. 창의인재의 배양체제는 어떤 내용을 포함하고 있는가?
3. 도시가 창의인재를 유인하는 조건을 어떤 것 있는가?
4. 구글 기업문화 사례를 읽어보고 창의기업이 창의인재를 위해 어떤 조직 환경을 제공해야 하는가?

제10장

국내외 창의지수의 비교연구

학습요점

1. 창의지수
2. 미국 창의지수
3. 유럽 창의지수
4. 우리나라(중국)의 창의지수

제10장 국내외 창의지수의 비교연구

제1절 창의지수의 개괄

경제학과 통계분야에서 지수는 사회경제현상의 변화에 대해 통계적으로 측정하는 동태적인 상대수이다. 지수는 주로 직접 덧셈하거나 대비할 수 없다. 사회경제현상의 종합변동정도를 측정하고, 여러 가지 요인이 변화할 때 사회경제현상 변화에 영향이 미칠 정도를 분석하며 사회경제현상의 발전변화 트랜드를 연구한다.

지식경제시대에서 기업, 업종, 도시, 국가의 경제성장을 이끌어 내는 핵심 원동력은 혁신이다. 혁신능력은 기업, 업종, 도시, 국가의 핵심경쟁력을 결정하는 데에 있어 큰 역할을 한다. 사회경제발전에서 창조성과 경쟁력을 측정하는 지수는 바로 혁신지수와 경쟁력지수이다.

1. 창의지수

1912년, 미국의 경제학자 슘페터(schumpeter)는 <경제발전의 이론>에서 혁신이라는 개념을 제시하였다. 혁신은 일종의 새로운 생산요소와 생산조건의 "신조합"을 생산체계로 도입하게 하는 개념이다. 다음과 같은 경우를 포함는데, 신제품을 도입하는 것, 새로운 생산방법을 도입하는 것, 새로운 시장을 개척하는 것, 원재료 혹은 반제품의 새로운 공급원을 얻는 경우가 포함한다. 60년대 미국 경제학자 walt rostow는 "혁신"의 개념을 "기술혁신"으로 발전시키고, 또한 "기술혁신"이 "창의"의 주도적인 지위를 차지하는 개념으로 정의했다.

혁신은 경제발전의 원동력으로 인류문명 진보의 영속적인 추진력이다. 국내외 수많은 연구에 따르면 한 국가의 기술혁신 수준, 기술혁신 수량, 기술혁신 투자액과 경제발전 수준은 정(+)의 상관관계를 갖고 있다고 볼 수 있다.

혁신지수는 국가, 지역, 업종별 창조능력을 평가하는 지수체계이다. 현재 세계 각국과 학술협회가 발표한 창의지수평가체계 중에서 스위스 로잔 국제경영개발원이 발표한 <세계경쟁력 연감>에 등재된 혁신지수체계와 유럽종합혁신지수가 가장 대표적인 지수체계이다.

1. 창의지수

1) 스위스 로잔 국제경영개발원의 혁신지수체계

스위스 로잔 국제경영개발원이 1986년에 출판한 <세계경쟁력 연감>의 혁신지수체계에는 아래와 같은 14개 지표가 포함된다. 총 R&D(연구개발) 인력, 1,000명당 총 R&D인력, 1,000명당 기업 R&D인력, 1인당 평균 R&D 지출액, R&D 지출액이 GDP에 차지하는 비중, 1인당 기업 R&D 지출액, 기업 간의 기술협조 보편적인 수준, 기업과 단과대학 및 종합대학간의 공동연구와 기술인정정도, 기술개발응용의 법적환경, 기초연구의 장기적 경제 및 기술발전에의 기여여부, 과학기술교육수준, 국민의 특허출원 건수, 특허 및 지식소유권의 보호, 1인당 평균 GDP 등이 있다. 이 14개의 지표를 통하여, 각국의 과학기술혁신자원, 자금투입규모, 교육 및 기초연구수준, 과학기술성과, 과학기술혁신환경 등의 여러 면에서 종합적으로 반영될 수 있다.

혁신지수의 계산방법은 다음과 같다. 우선 각국의 관련 데이터를 수집하고, 각국의 데이터에 대해 표준화 처리를 한다. 그 다음에 각국의 표준화된 데이터에 대해 주성분 분석을 하면서 혁신을 충분히 구현할 수 있는 주성분 요소를 선택한 후에 주성분 요소 및 가중치를 가중하여 혁신지수를 계산한다. 그의 계산공식은

$$I=\sum_{i=1}^{n} Y_i \times V_i$$

위의 식에서 I는 혁신지수이고 Y는 주성분요소이며 V는 가중치이다.

스위스 로잔 국제경영개발원이 2007년에 출판한 <세계경쟁력 보고서>에 따르면, 상위 20개의 경제대국은 순서에 따라 미국, 싱가포르, 홍콩특별행정구(중국), 룩셈부르크,

덴마크, 스위스, 아이슬란드, 네덜란드, 스웨덴, 캐나다, 오스트리아, 오스트레일리아, 노르웨이, 아일랜드, 중국대륙, 독일, 핀란드, 중국타이완, 뉴질랜드 및 영국이라고 밝혔다. 일본의 경쟁력순위는 지난해 16위에서 24위로 떨어지고 인도는 여전히 27위를 차지하며 한국은 32위에서 29위로 올라갔다. 또한 러시아는 46위에서 43위로 올라간 반면에 브라질은 44위에서 49위로 떨어졌다. 아프리카의 남부지역의 경쟁력은 38위에서 50위로 대폭 떨어졌다. 중국대륙의 경쟁력 순위는 18위에서 15위로 올랐을 뿐더러 18년만에 처음으로 일본을 넘어섰다.

(2) 유럽종합혁신지수

유럽종합혁신지수는 유럽혁신스코어보드(score board)라고도 불린다. 유럽연합위원회는 2001년부터 해마다 유럽혁신스코어보드를 발표했다. 이는 25개 회원국 및 미국, 일본, 노르웨이 등 8개 국가의 혁신능력을 종합적으로 평가하는 것이다. 이 평가지표체계는 주로 아래와 같은 5개 영역의 26개 평가지표로 구성되어 있다.

첫째, 혁신구동력이다. 혁신구동력은 노동인구 중 고등교육을 받은 인원이 차지하는 비중, 노동인구 중 평생교육에 참여하는 인원이 차지하는 비중, 광대역 네트워크 보급률(인구 100명당 중에 광대역 네트워크 사용수량), 20~29세 연령대 인구 중 새로 졸업한 이공과 학생이 차지하는 비중, 20~24세 연령대 인구 중 중등 및 그 이상이 교육을 받은 인원이 차지하는 비중 등 5개 2급 지표를 포함한다.

둘째, 지식 창조능력이다. 지식 창조능력은 공공R&D투입강도, 기업R&D투입강도, 중고기술 및 첨단기술 제조업, R&D지출이 제조업에서 차지하는 비중, 공공 재정 지원을 받아서 혁신하는 기업이 모든 기업에서 차지하는 비중, 기업이 대학교에 투입하는 R&D지출이 대학교 R&D경비에서 차지하는 비중 등 5개 지표를 포함한다.

셋째, 기업혁신능력이다. 기업혁신능력은 혁신비용투입강도, 초기 벤처 자본 투자 대 GDP의 비율, 자주적으로 혁신하는 중소기업이 모든 기업에서 차지하는 비중, 합작을 통해 혁신하는 중소기업이 전체 기업에서 차지하는 비중, ICT지출 대 GDP의 비율, 비기술적 혁신활동을 벌이고 있는 중소기업이 전체 중소기업에서 차지하는 몫 등 6개 지표를 포함한다.

넷째, 혁신의 업적과 성과이다. 혁신의 업적과 성과는 첨단기술 제품 수출액이 차지하는 몫, 첨단기술 서비스인원이 제조업과 서비스업에서 차지하는 비중, 시장에서 신제품 판매액이 기업의 총 판매액에서 차지하는 비중, 기업에서 신제품 판매액이 기업의 총 판매액에서 차지하는 비중, 중고기술 및 첨단기술 제조업에서 종원이 제조업과 서비스업에서 차지하는 비중 등 5개 지표를 포함한다.

다섯째, 지적 소유권이다. 지적 소유권은 인구 100만 명당 EPO(European Patents Organization 유럽 특허청) 특허 건수, 인구 100만 명당 삼자 간의 특허수량, 인구 100만 명당 신규 등록된 상표 수량, 인구 100만 명당 신규 공업디자인 수량, 인구 100만 명당 USPTO(U.S. Patent and Trademark Office 미국의 특허·상표국) 특허 수량 등 5개 지표를 포함한다.

위에서 보는 바와 같이 혁신구동력·지식 창조능력·기업혁신능력 지표는 각국이 혁신능력을 높이기 위하여 투입에 기울이는 노력을 반영하며, 혁신의 업적과 성과·지적 소유권 지표는 각국의 혁신활동의 산출결과를 반영하는 것이다. 각 지표의 계량 단위가 다르므로 서로간의 직접적인 비교성은 없다. 이에 따라 스코어보드는 종합평가 방법을 채택하여 데이터 표준화, 권한 부여 등의 절차를 통해서 각국의 종합혁신지수를 계산한다. 2005년에 응모한 33개 국가(유럽의 25개국과 미국, 일본, 노르웨이 등 8개국) 중에 종합창의지수부문에서 유럽 25개국의 평균수준(평균점수는 0.42)에 달성한 국가는 15개국이 있었다. 해당 국가는 스웨덴은 0.72, 스위스는 0.71, 핀란드는 0.68, 일본은 0.65, 덴마크는 0.60이다.

2. 경쟁력 지수

90년대 미국의 유명한 경영학자 프라할라드(Prahalad)와 하멜(Hamel)은 핵심역량이라는 개념을 제시하였다. 세계의 발전변화와 경쟁의 심화 또는 제품 주기 단축과 경제 세계화 추세 강화에 따라 기업의 성공은 일시적이거나 우연적인 제품 개발 혹은 시장전략 만에 의해 공로를 돌리는 것이 아닌 기업의 핵심역량의 외적인 표현에 있다는 것이다.

경영학자의 정의에 의하면 핵심역량은 회사가 고객에게 특수 이익을 가져오게 할 수 있는 일종의 독특한 기능과 기술이다. 핵심역량은 기업에게 광범위한 시장에 진입하는 다양한 방법을 제공하여 고객들에게 커다란 가치, 즉 더 높은 고객만족도를 가져다준다. 국가, 지역, 업종, 기업의 핵심역량은 경쟁상대에 의해 쉽게 모방되거나 표절될 수 없으므로 독특한 핵심역량을 통해 장기적인 발전을 얻을 수 있다. 기업은 강대한 핵심경쟁력을 갖추어야 불안정한 시장 환경에서 장기적인 발전을 얻을 수 있는 것이다.

현재 세계적으로 핵심역량을 평가하는 지표는 많이 있으나 그중에 세계경제포럼(World Economic Forum)의 <2002~2003 글로벌 경쟁력 보고서>와 스위스 로잔 국제경영개발원 <세계경쟁력연감>에서 제시된 글로벌 경쟁력 지수가 가장 대표적인 위상을 차지하고 있다. 글로벌 경쟁력 지수는 전 세계 각국의 경쟁력 순위를 측정하는 것이다. 이 지수체계는 주로 성장 경쟁력 지수와 비즈니스 경쟁력 지수를 포함한다.

성장경쟁력지수는 기술, 공공제도, 거시경제 환경 등 3가지의 하위지수를 포함한다. 이는 경제실체가 중반의 기본 성장배경을 평가하는 것이다. 그 가운데서 핵심혁신자의 기술요소는 전체의 50%를 차지하고 있으며 공공제도와 거시경제 환경은 각각 25%를 차지하고 있다. 기술지표는 기술이전, 혁신 및 통신기술이라는 하위지표로 구성되어 있으며 공공제도 지표는 계약서와 법률 및 부패로 구성되어 있다. 거시경제 환경지표는 거시경제 안정성, 국가 혹은 지역 신용도책정 및 정부낭비의 3가지 지표로 구성되어 있다.

비즈니스경쟁력지수는 기업 운영 및 전략, 국가 혹은 지역의 비즈니스 환경이라는 2가지 하위지표로 구성되어 있다. 이는 주로 경제체제가 기존 자본 스톡에 있어 유효하게 활용하는 상황에 관심을 갖고 있다.

제네바 세계경제포럼이 발표한 <2006~2007 글로벌 경쟁력 보고서>에 따르면, 스위스는 세계에서 가장 경쟁력이 있는 경제체제이다. 스웨덴과 핀란드는 각각 2위와 3위를 차지하고 있는 반면 미국의 순위는 2005년의 1위에서 6위로 떨어졌다.

미래에 대한 예측방법이 다양하기 때문에 경쟁력은의 측정방식에는 여러 가지가 있을 수 있다. 경쟁력지수를 계산하는 간단한 공식은 다음과 같다.

$$\text{경쟁력지수} = [(\text{현재 수준}) - (\text{기존연도수준}) \div \text{기존연도수준} + 1] \times \text{기존연도 각 대상의 현제수준의 평균치}$$

위의 공식은 2년 동안의 데이터를 통하여 제 3년의 경쟁력을 계산하는 데에 알맞다. 만약 제N년의 경쟁력을 예측하고자 하면, 그 공식은 다음과 같다.

$$\text{경쟁력지수} = [(\text{현재 수준}) - (\text{기존연도수준}) \times N \div \text{기존연도수준} + 1] \times \text{기존연도 각 대상의 현제수준의 평균치}$$

3. 창의지수

창의지수는 창의 산업 혹은 창의 산업의 독창성 및 경쟁력을 측정하는 지수로써 국가, 지역, 도시, 업종별 창의 산업 및 창의 산업의 발전현황을 측정하고 평가한다. 창의 산업이 성장하는 여러 영향요인을 분석하여 산업경쟁력을 평가하는 것이다.

창의지수는 기술, 혁신, 자본 및 사회 환경의 면에서의 발전현황을 측정한다. 또한 국가, 지역, 도시, 업종의 독창성 및 경쟁력이 다른 나라, 지역, 도시, 업종과 비교할 때의 대비 정도를 측정한다.

창의지수와 혁신지수의 차이와 관계는 다음과 같다. 혁신지수는 주로 국가, 지역, 도시, 업종 혹은 기업의 혁신발전현황을 평가하여 과학기술면에서의 발전정도를 종합적으로 고찰한다. 따라서 혁신지수의 대부분이 창의지수에 포함되어 있다. 그러나 혁신지수는 완전히 창의지수에 포함되어 있는 것이 아니다. 창의지수에서 혁신지수는 단지 혁신지수에서 부분 핵심지표를 선택하여 창의 산업에서 과학기술혁신정도를 측정할 뿐이다. 혁신지수는 창의지수체계의 핵심이다.

혁신지수와 경쟁력지수의 차이와 관계는 다음과 같다. 경쟁력지수는 국가, 지역, 도시, 업종 혹은 기업의 경쟁능력이 높고 낮음을 평가하는 지수인 반면 창의지수는 창의 산업면에서 국가, 지역, 도시, 업종 혹은 기업의 경쟁력정도를 의미한다. 이에 따라 창의지수는 창의 산업에서 일종의 경쟁력지수이라고도 여길 수 있다. 국가, 지역, 도시의 기존 경쟁력지수를 참고로 창의지수(예: 세계경제포럼이 제시한 글로벌 경쟁력지수)를 발표한다. 이러한 기술 및 경제 환경에서의 하위지수 대부분은 경쟁력지표에서 기원한다.

현재 국제적인 창의에 관한 연구 및 응용은 주로 미국창의지수, 유럽창의지수 및 중국 홍콩 창의지수 등이 있다. 미국의 플로리다교수는 창의자본의 3T 기술[(Technology), 인재(Talent), 관용(Tolerance)]이론을 가장 먼저 제시하였으며, 여기에 더하여 구체적인 하위지표를 제시하였고 창의지수체계를 세웠다. 이후에 플로리다는 멜론 대학교(Mellon University) 박사인 Tina Gurley과 협력하고, 유럽의 실제상황으로 출발하여 미국의 창의지수체계를 수정하고 보충해서 동일하게 3T를 핵심구성으로 하는 유럽창의지수를 제시하였다. 홍콩은 현지 경제 및 제도 특색을 근거하여 미국과 유럽창의지수체계를 참고하고 창조적으로 3T에 추가로 5C모델을 제시하여 창의지수체계를 발전시켰다. 상하이는 2005년에 창의지수를 발표하였다. 상하이는 중국대륙에서 가장 먼저 창의지수를 발표한 도시이다. 현재 베이징은 적극적으로 창의지수를 연구 및 편성하는 전기 작업을 하고 있다.

제2절 미국 창의지수

미국 창의지수는 세계에서 가장 먼저 개발된 창조산업발전정도를 평가하는 지수이다. 미국의 멜론대학교에서 지역경제발전을 전공하는 리처드 플로리다(Richard Florida) 교수는《창조적 계급의 질주(The Flight of the Creative Class)》에서 창조자본이론을 제시하였다. 이 이론의 요지는 다음과 같다. 한 지역의 경제발전은 창조계급이 이끌어 나게 하고, 그들이 다원화하고, 포용력이 강하고, 새로운 개념에 대해 개방적인 곳에 살기 좋아한다. 다원화는 매력적인 지역에 다양한 기술 및 관념을 갖고 있는 창조자를 모으는 것을 통해 새로운 조합을 더 쉽게 탄생시키는 것을 말한다. 이 밖에도 다원화에의 창조자본집중은 지식의 유통속도를 더 가속시킬 수 있다. 온갖 창조자본이 집중될수록 더 높은 창조능력, 더 많은 첨단기술 기업, 새로운 취업기회를 가져올 수 있을 뿐더러 경제의 성장을 촉진할 수 있다.

이 이론에 기반하여 플로리다는 3T이론을 제시하였다. 즉 창의경제의 관건은 3T라는 것이다. 창의지수는 기술지수, 인재지수 및 관용지수의 3가지 지수로 구성되어 있다. 그 가운데 기술지수는 첨단기술지수와 혁신지수로 구성되고 첨단기술지수는 Micken학술원의 테크－폴 지수(Tech－Pole Index)에서 기원한다. 혁신지수는 주로 1990~1999년의 연평균 특허 증가 상황에 의하여 편성된다. 인재지수는 노동통계국(BLS, Bureau of Labor Statistics)의 2001년 직업 및 취업조사에 기반한 창조계급의 비례로 측정된다. 관용지수는 다원화 혹은 관용도를 반영하는 다음과 같은 지수로 측정된다. 즉 게이 지수, 보헤미안 지수(예술가, 음악가 및 연예인의 비교집중정도), melting pot index(외국이민이 총인구에 차지하는 비중)이다.

1. 기술지수

1) 첨단기술지수

플로리다는 창의지수를 연구하는 과정에서 첨단기술지수는 미국 Micken학술원의 모범이 되는 기술지수 성과에서 직접 인용하였다.

Micken학술원에서 1999년에 발표한 조사보고서는 가장 뛰어난 첨단기술 순위조사이다. 이는 미국의 350개 지역의 여러 면에서 첨단기술 표현에 초점을 맞춰 첨단기술 산업 집중 및 발전정도를 종합적으로 측정하는 모범기술지수이다.

이 지수를 이용하여 미국 각 지역(도시)의 과학기술순위를 확정하는데, 다음과 같은 2가지 지표를 근거로 한다. 첫째, 지역첨단기술 산업산출이 전국첨단기술 산업산출에 차지하는 비중이다. 둘째, 특정 지역의 첨단기술 산업산출이 현지의 전체 첨단기술 산업산출에 있어 차지하는 비율이다. 전자는 대도시 구역에 유리한 반면에 후자는 방대한 첨단기술 산업을 소유한 소형지역에 유리하다. 두 지표를 곱한 결과는 Micken학술원의 모범기술지수로 반영된다. 모범기술지수는 한 가지 종합적인 지수로써 지역(도시)의 첨단기술 산업에서 나오는 흡인력을 의미한다. Micken 학술원은 이를 기반으로 기술성장지수를 제시했다. 이 지수는 1990~1998년에 지역의 과학기술산출 평균증가율이 전국의 첨단과학기술 산출 평균증가율에 있어 차지하는 비중을 계산하는 것이다.

2) 혁신지수

플로리다의 혁신지수는 미국의 1990~1999년에 연평균 특허증가상황에 의한 특허신청 총수량의 연간성장률을 통한 혁신의 발전정도를 측정한다.

혁신에 대한 정의는 다양하다. 일반적으로는 신제품, 새로운 과정, 새로운 시스템 혹은 새로운 서비스를 창조하는 것을 의미하며 상품으로 전환된 신사상, 신창의 및 새로운 사물을 특별히 강조한다. 새로운 사물의 탄생은 일반적으로 특허와 관련이 있다. 따라서 혁신에 대한 측정은 발명특허의 수량지표로 사용될 수 있다. 플로리다는 이 뚜렷한 요소, 즉 혁신을 선택하여 혁신이 창조경제에서 큰 역할을 하고 있다는 것을 평가하였다. 또한 2001년에 미국 모든 지역의 첨단기술순위에 있어서 상위 10순위 지역을 발표했다. 그 지역들은 각각 샌프란시스코, 보스턴, 시애틀, 로스앤젤래스, 워싱턴, 댈러스, 애틀랜타, 피닉스, 앨버커키, 시카고이다.

플로리다의 연구 결과에 의하면 미국의 대도시 중 첨단기술지수가 앞서는 지역(몇 개 대도시)은 혁신이 앞서는 지역(몇 개 대도시)과 대체로 부합되며, 첨단기술지역의 상위 20위 지역 중 15개의 창의지수가 상위 20위 지역에 포함되어 있다고 밝혔다.

2. 인재지수

창조경제에서 인재는 결정적인 작용을 하는 하나의 요소이다. 지역·도시의 성장 관건은 기업의 운영비용 및 제품생산비용을 낮추는 것이 아니라 양호한 교육을 받고 높은 생산력을 갖추게 하는 대량의 인력자본을 소유하는 것이다. 인재를 어떻게 평가하는가의 문제에 있어서 최초 대부분의 경제학자들은 인력자본이론을 제시하였다. 즉 취업인구중의 대졸 이상의 학력을 가지는 인원아 총 취업인구에 있어 차지하는 비례로 측정했다.

미국 경제발전을 연구하는 많은 연구원에 따르면 미국의 경제성장은 인력자본과 분명한 관계가 있다고 한다. 인력자본의 모임은 기업이 특정 지역으로 집중하는 근본원인이다. 기업 모임은 고객과 공급자끼리의 연락망에서 얻는 편리를 위함 보다는 인력자원이 가져오는 이점을 함께 누리기 위함에 있는 것다. 인력자본이론에 의하면 경제성장은 일반적으로 고등교육을 받은 인재가 많이 모이는 곳에서 더 쉽게 발생한다.

플로리다는 인력자본이론을 기초로 창조자본이론을 제시하였다. 플로리다 교수는 창조계급이 경제성장의 관건이고 지역경제성장의 원동력이라고 여겼다. 또한 창조자본은 창조계급으로부터 시작되며, 창조계급은 새로운 인재로 구성된다고 보았다. 이들이 근무지를 선택함에 있어 영향을 주는 근본원인은 혁신, 다원, 관용의 존재 여부이다.

플로리다는 직업, 즉 사람들이 실제로 하는 일로써 창조산업의 인력상황을 측정한다. 다시 말하면 창조계급 인원수가 총인구에 있어 차지하는 비례를 인재지수의 기초로 삼는다는 것이다. 창의인재지수를 실제로 계산하는 데이터는 미국 노동통계국의 2001년 직업과 취업조사에서 얻었다. 플로리다가 최종적으로 얻은 인재지수 순위 결과는 다음과 같다. 미국에서의 상위 10순위 지역은 각각 샌타페이, 로리—더람, 콜롬비아, 워싱턴, 보스턴, 헬웰赫恩威尔, 매디슨, 샘페인-어배너, 오스틴, 펜실베이니아 주립 대학이다.

플로리다의 창조계급 인원수를 통해 인재지수를 계산한 방법은 인력자본이론에서 교육수준을 통해 인재지수를 계산하는 방법과 큰 연관성이 있다. 미국 텍사스 대학교 통계가인 로버트·쿠싱의 독립연구에 의하면 교육에 기초한 인력자본기준보다 창조자본 기준을 사용하는 것이 혁신발전을 예측하기에 더 큰 우세가 있다고 밝혔다. 이러한 창조자본 기준은 국가 혹은 지역의 인력자본을 충분히 평가하고 이용할 수 있게끔 하며 학사학력인원수를 계산하는 방법보다 훨씬 더 좋다.

3. 관용지수

미국은 이민 사회로써 끊임없이 세계각지 문화의 장점을 흡수하며 더 나아가 이러한 장점들을 자국 문화의 유기적 구성부분으로 만들어 간다. 이런 문화의 개방성, 즉 관용도는 바로 미국 문화의 뛰어난 특성이다.

창조계급은 자유, 개방, 누구나 참여할 수 있는 것, 직접 체험할 수 있는 활동 및 다양한 생활을 선호한다. 이들은 각기 다른 방식을 시도하는 것을 좋아하고 타인과 공동으로 참여하는 체험을 즐기면서 영감을 얻어 개발한다. 또한 여러 가지 영향력에 의한 융합을 좋아하고 각종음악을 들으며 각종 음식을 테스트해 본다. 뿐만 아니라 이들은 각기 다른 친구를 사귀고 관점을 나누면서 의제에 대한 논쟁을 벌이기를 좋아한다. 따라서 많은 창조인재들은 다원적 문화 분위기가 있고 훌륭한 레저생활을 할 수 있는 곳을 거주지와 근무지로 선택한다. 관용도는 창조인재들이 모이기 쉬운 분위기의 정도를 의미한다.

학자들의 연구에 따르면 지역·도시의 이민과 동성연애에 대한 개방성 및 관용도는 경제발전정도 및 국가정책과 밀접한 관계가 있다고 밝혔다. 다시 말하면 지역에 대량적인 이민, 동성연애자, 보헤미안 민족 등이 많이 있다면 해당 지역은 혁신과 개방의 잠재문화 기초를 갖고 있는 것을 의미한다. 만약 해외이민, 동성연애자 및 보헤미안 민족 사람들이 특정 지역을 고향으로 여기며, 더 나아가 이 지역이 다문화적인 지역으로 형성된다면, 이는 반드시 개방성과 관용도가 있는 지역일 뿐더러 개방과 관용의 문화를 키울 경향이 있다고 말할 수 있다.

흡인력이 있는 도시는 반드시 대도시는 아니겠지만 각종 세계관이 있는 곳임이 틀림없을 것이다. 지역사회의 다원화는 지역사회가 외부지역민을 받아들일 수 있는 개방적인 마음이 있다는 것을 의미한다. 특정 회사가 각기 다른 직원들에게 똑같은 대우를 제공할 수 있다면 그 회사의 고용주는 개방적이고 관용적인 마음을 갖추고 있는 것을 의미한다. 창조계급 중에는 각종 다양한 사람들이 있다. 해외이민자, 외지이주자일수 있으며, 타고난 버릇이 있거나 외모가 기이한 경우도 있을 것이다. 이들은 세속으로부터의 질시를 받지 않는, 다시 말해 그들이 살기에 어울리는 곳을 찾게 된다. 다원적인 문화를 받아들이는 환경에서 인재는 다양성과 고도로 상관성이 있다. 연구인원의 통계에 의하면 그 상관계수는 0.718이라고 한다.

한 지역의 다원성 정도를 측정하기 위하여 워싱턴특구 도시연구소의 게리게이츠는 종합다원화지수를 가장 먼저 제시하였다. 즉 게이 지수(Gay Index), 보헤미안 지수(Bohemian Index) 및 melting pot index이다. 플로리다는 이 지표세트를 참고하여 3가지 지표를 종합시켜서 종합다원화지수라고 부른다.

1) 게이 지수

현실 생활에서 게이는 괄시를 당하는 집단이다. 이들은 상류사회에의 진입에 있어 큰 장애물을 만나기 쉽다. 미국에 학자에 의하면 동성연애는 사회다원화의 마지막 한계점을 대표한다고 여겨진다. 즉 동성연애까지도 받아들일 수 있는 사회는 모든 이를 받아들일 수 있다는 것을 의미한다. 이에 따라 게이 지수는 다원화 정도를 측정하는 한 가지 기준으로 삼을 수 있다. 동성연애를 하는 사람들을 받아들이는 것은 인력자본진입의 장애가 낮다는 것을 의미한다. 게이 지수는 특정 지역의 게이가 밀집도가 얼마나 있느냐를 나타내는 지수이다.

플로리다는 지역의 게이 지수 순위와 첨단기술순위를 비교하여 그 분석결과는 창조자본이론과 배가 맞았다. 미국의 각 도시와 지역의 순위에 대한 결과에 따르면 1990년에

게이 지수 순위의 상위 10순위 지역 중 6곳이 첨단기술지역에 속했다. 또는 2000년의 게이 지수 순위의 상위 10순위 지역 중 5곳이 첨단기술지역에 속한다고 밝혔다. 플로리다는 통계에서 다원화를 측정하는 다른 방법에 비해 게이 지수가 첨단기술 지역의 측정기준으로 삼기에 용이하다고 분석하였다. 다 변수 회귀분석에서 게이지수와 첨단기술지수간의 상관계수는 점차 늘어나고 있어 다원화가 될수록 우세가 더 분명하다고 밝혔다.

게이지수를 이용한 지역 및 도시의 다원화정도를 측정은 창조계급에서의 동성연애가 유행하는 것을 의미하는 것이 아니라, 이 지수를 통해 해당지역의 개방성과 관용도를 반영할 수 있다는 것이다. 지역 및 도시의 개방성과 관용도는 첨단기술 종사자와 창조인원에게 중요한 요소이기 때문이다.

2) 보헤미아 지수

"보헤미아 민족"은 창조계급의 대명사이고 보통 문화종사자를 말하는 것이며, 다음과 같은 직업들이 포함된다. 작가, 음악가, 다자이너, 배우 및 감독, 화가, 조각가, 카메라맨, 무용가, 예술가 및 해당직업종사자가 포함된다. 보헤미아 민족은 자유로운 생활 형태를 선호하여 생활을 즐기면서 자기표현을 좋아한다. 또한 보헤미아민족의 지리적인 분포는 매우 집중적이다. 만약 한 지역에서 대량적인 보헤미아 민족이 모인다면 이 지역의 환경은 개방적일 뿐더러 인력자본의 흡인력이 매우 높음을 의미한다. 보통 이러한 지역 환경은 첨단기술과 관련되어 있어 창의와 혁신을 격발시킬 수 있다.

보헤미아 지수는 미국의《1990년에 10년 동안 인구센서스 데이터 공용개체 표본》에서 1%~5%표본에 의하여 계산되었다. 보헤미아 지수는 특정 지역의 보헤미아 인구비례가 전국 보헤미아인구에 있어 차지하는 비중을 말하는 것이다. 지수가 평균비례와 같으면 해당지역의 인구비례가 전국평균비례와 일치한다는 것을 의미한다. 지수가 평균비례를 초과하면 해당지역의 인구비례가 전국평균비례보다 크다는 것을 의미한다. 지수가 1보다 작으면 해당지역의 인구비례가 전국평균비례보다 작다는 것을 의미한다. 미국 5개 도시의 보헤미아지수 평균치는 1을 넘어 1.15이다.

플로리다는 보헤미아지수와 인력자본, 첨단기술 산업에 대하여 다항 회귀분석을 한 결과보헤미아지수와 인력자본이 또는 첨단기술 산업이 밀집한 지역간에는 현저한 정의 상관성이 있다고 밝혔다.

3) Melting Pot Index

미국은 이민 국가이다. 미국의 저작권 경제에 굉장한 기여를 할 수 있는 신형기업에 있어 이민은 중요한 역할을 하였다. 미국의 창조경제에서 4000만 인구가 창조인재에 속하며 총 노동인구의 30%를 초과한다. 그중에 대부분은 이민자이다. 플로리다의 통계데이터에 의하면 90년대의 기업 500개 중에서 평균적으로 72개 기업의 CEO는 외국 국적자였다. 또한 이민 기업은 모든 실리콘 밸리 기업의 30%를 차지하고 있으며 매출액은 200억 달러에 달하며 7만개가 넘는 직위를 창출한다고 밝혔다. 외국 국적 과학자, 교수 및 엔지니어가 과학기술 종사자에 있어 큰 비례를 차지하고 있다고 했다. 대학원 학력을 갖는 컴퓨터 기술자 중의 절반은 이민자이다. 뿐만 아니라 주요 각 영역에서의 중대 발견자 중에도 대부분은 이민자라고 밝혔다.

워싱턴 대학의 경제 지리학자 셜리와 그의 동료는 미국의 인구센서스 데이터, 국제연합 인구에 관한 자료 및 글로벌 각 정부사이트에 실린 인구데이터를 수집하여 정리함으로써 166개국의 이민데이터자료를 편성했다. 한층 더 연구한 다음에 이민수준(외국이민이 총 인구에 차지하는 비중)은 한 도시가 국제인재에 대한 개방정도를 측정하는 효과적인 방법이라고 밝혔다.

많은 연구자들은 이민이 경제발전에 있어 큰 역할을 하고 있다고 평가한다. 전 세계의 창조적 활력이 있는 사람이 끊임없이 들어올 수 있게끔 외국이민에 대하여 개방적인 태도를 가지는 것이 한 국가의 혁신능력 및 경제성장을 유지하기에 중요한 요소라고 주장한다. 미국경제의 성공은 이민이 얼마나 들어오는지에 달려 있다. 일본과 독일은 한때 경제가 번영하였으나 이제는 점차 쇠퇴하고 있다. 이러한 현상의 주요원인 중 하나는 인구의 동질성이 너무 높다는 것이다.

플로리다는 이민 혹은 해외출생자의 비례와 첨단기술 산업 간의 관계를 분석하고 미켄(Micken)기구 연구에 기초하여 Melting Pot Index를 제시하였다. 즉 외국이민이 총 인구에 있어 차지하는 비중을 의미한다. Melting Pot Index도 미국《1990년에 10년 동안 인구센서스 데이터 공용개체 표본》의 데이터에 의하여 편성된다. Melting Pot Index를 이용하여 미국 각 도시에 대한 순위를 매긴 결과 상위 5위의 도시는 각각 샌프란시스코 1057, 오스틴 1028, 산티아고 1015, 보스턴 1015, 시애틀 1008이었다.

아래 <표 10-1>에서 보는 바와 같이 통계자료에 따르면 기술지수, 인재지수 및 관용지수 간에는 밀접한 관계가 있다고 밝혔다. <표 10-1>에서 다원화지수는 게이 지수, Melting Pot Index 및 보헤미아지수가 더하기되어 나온 종합지수이다.

미국 창의지수는 미국 국내 각 대도시 저작권 경제발전을 측정하는 중요한 지표이자 전 세계에서 창조산업을 평가하는 첫 번째 지표이다. 이는 세계 각국이 더욱 성숙한 창의지수를 개발할 수 있도록 가치 있는 참고를 제공하였다.

〈표 10-1〉 과학기술지수, 인재지수 및 다원화지수 간의 관계

순위	지역	창조계급비례	첨단기술지수	혁신지수	다원화지수
1	샌프란시스코	34.8%	8.81	134.3	2.01
2	오스틴	36.4%	2.71	125.7	1.19
3	보스턴	38.0%	7.18	69.4	1.04
4	산티아고	32.1%	2.67	62.1	1.46
5	시애틀	32.7%	5.24	40.1	1.32
6	나리-더람	38.2%	2.48	79.0	1.00
7	휴스턴	32.5%	1.86	36.6	1.24

출처: 리처드·플로리다의 《신창조계급, 도시와 창조계급》, 〈표 8.3〉, 번역자 부진곤

지식링크 플로리다의 3T지수와 창조도시 간의 관계

창조경제의 발전에 따라 미국 카네기 대학의 플로리다 교수는 미국의 49개 대도시권에 대한 연구결과에 의하면 미국의 경제발전수준이 높은 도시가 비결이 전통경제를 발전시켰기 때문에 있지 않고 3T지수, 즉 기술(Technology), 인재(Talent), 관용(Tolerance)을 가지고 있기 때문이라고 밝혔다. 3T지수가 높은 도시일수록 창조도시생활은 더 쉽게 발생하며 빠른 경제성장을 나타난다. 플로리다가 말하는 창조도시생활은 풍부한 야간활동으로 끊임없이 나타나는 골목가게 및 각종 신선한 생활을 제공하는 문예활동을 포함한다. 도시공간체험, 소비와 정보교환, 시민의 창조적인 생활과 생산을 촉진시키는 것은 대기업이 아닌 각종 창조산업에서 나오는 것이다. 도시생활은 창의적이고 다원화되어야 더 많은 인재를 흡인하면서 산업경제에서 자유롭게 유동할 수 있다.

더블린의 개조운동의 예시도 플로리다의 관념을 입증한다. 아일랜드의 더블린은 대규모의 도시개조운동을 통해 창의도시 분위기를 창조하였다. 예컨대 더블린의 풍부한 인문예술전통을 힘껏 개척하고 2500만 달러를 투자하여 더블린에서 유명한 소설가 조이스와 극작가 베게트가 70년 전에 자주 이용했던 작은 술집을 원형 그대로 새로운 술집거리를 만들었다. 동시에 시청은 창조인재들이 현지에서 일하면서 정착할 수 있도록 문예활동관광축제를 자발적으로 개최하고 상가들과 협동하여 역사자산을 상업화시켰다. 창조적인 환경은 창조인재를 끊임없이 흡인한다. 더블린은 도시를 개조하는 동시에 소프트웨어 산업을 적극적으로 발전시킴에 따라 서유럽 과학기술인재들이 가장 좋아하는 도시가 되었다. 또한 현재 총생산액에 있어 미국의 다음가는 소프트웨어 산업도시가 되었다. 이에 따라 아일랜드는 과거 10년 동안 유럽에서 경제발전이 가장 빠른 나라가 되었다.

제3절 유럽 창의지수

플로리다 교수 및 아이린 교수의 협력하에 유럽 실제상황에서 출발해 조사한 것을 바탕으로 2004년 유럽창의지수를 발표하였다. 유럽창의지수는 미국창의지수를 기초로 보다 더 보완한 것이다. 본래의 3T 모형을 기초로 구체적인 데이터를 추가하였다. 이 창의지수는 지역 창의산업 발전 수준을 측정할 수 있을 뿐만 아니라 각 국가 간 창의산업 발전에 있어 중요한 지표로 작용한다. 이런 의미에서 유럽창의지수는 세계적으로 가장 영향력이 있다.

유럽지수에는 3가지 지표가 포함된다. 즉 기술지수, 인재지수와 관용도지수이다. 유럽창의지수와 미국 창의지수는 구성상 비슷하지만 내용상 변화가 생겼다. 사람들의 새로운 것에 대한 태도, 가치관과 같은 지표도 포함시켰다. 유럽창의지수체계 구성은 다음과 같다.

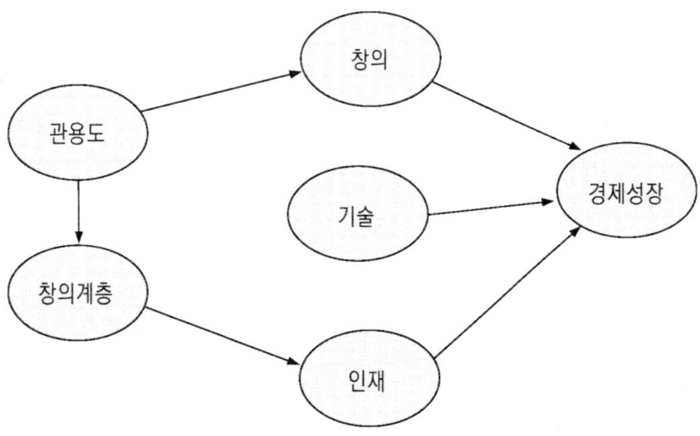

[그림 10-1] 유럽창의지 체계구성

1. 유럽기술지수

세계경제포럼(WEF)이 발표한 『세계경쟁력보고』에 의하면 기업기술경쟁력을 제고하는 중요한 요소에는 7가지가 있다. 이는 다음과 같다. 특허권을 받는 것을 발명함과 그의 보호정도, 연구개발(R&D)예산지출, 연구개발 직원, 연구개발 기구품질, 기업의 기술교육 트레이닝, 기업과 대학 R&D 기구 간의 협력, 연구개발 예산 정도가 그것이다.

유럽창의기업의 기술지수는 주로 특허권, 연구개발 지수, 하이테크놀로지 창의지수로서 기술발전정도를 측정한다.

1) 창의지수

특허권을 받는 것이 창신을 뜻한다. 세계경제포럼 『2002~2003 세계경쟁력보도』에서는 핵심창신 개념을 제의했다. 즉 100명의 인구마다 미국특허청(USPTO)에서 특허권을 받은 사람이 15명이 넘는 국가 및 경제실체를 말한다.

미국특허청 데이터에 따르면 2001년 24개 국가 및 경제실체들이 이 수준에 이르렀다고 한다. 순서대로 나열하면 미국(314), 일본(261), 대만(240), 스위스(196), 스웨덴(196), 이스라엘(163), 핀란드(37), 홍콩(34), 뉴질랜드(32), 이탈이아(30) 순이다.

특허는 국가나 지역의 창의 상황을 대표할 수 있다. 유럽창의지수체계는 『세계경쟁력보도』의 창의지수에 대한 연구지표를 적용하여 연구개발 예산이 GDP에서 차지하는 비용을 창의지수로 삼아 창의산업들의 창의지수를 측정한다.

2) 연구개발 지수

연구개발 지수는 과학기술 창의의 원천이다. 기업이 충분한 연구개발 비용을 투입해야 특허권을 받을 수 있다. 연구개발은 보통 기존의 지식과 경험을 총괄하는 것을 기초로 형성된 기술지식 보유량이다. 기술창의능력은 미래의 시장가치를 가져올 수 있다. 그러한 면에서 연구개발에 비용이 많이 투입될수록 기술창의능력을 증가시켜 기업의 자본투입을 절감할 수 있게 된다. 상품의 업그레이드 속도를 줄이고 고객들의 수요를 만족시키며 산업전체의 발전을 추진한다. 연구개발 예산의 점차 늘어남에 따라 경제성장률도 분명히 상승할 것이다.

미국경제학자 로머(Paul M. Romer)는 1990년 기술진보 내생적 성장 모델을 발표하였다. 이 모델은 경제성장의 내생적 기술 진보를 기초로 만들어진 것이다. 기술진보 내생적 성장모델 생산함수로 표현하면 산출량과 자본, 노동, 인력자본 및 기술진보와 관련된 함수형식은 다음과 같다.

$$Y = F(K,\ L, H,\ t)$$

Y는 산출량, K, L 및 H는 물질적 자본, 노동투입, 인력자본이며, t는 시간이다.

로머는 기술진보 내성적 성장모형에서 말하는 이론에 의해 기술수준을 내생적으로 정해서 자본 노동의 두 가지 생산요소만 생각했을 때 규모수익불변이라고 논의했다. 그러나 R&D 생산요소를 추가하면 산출량은 규모수익체증이다. 그 후 Zvi Griliches는 더글라스 함수로 R&D투입과 산업실적간의 관계를 측정하는 이론을 제의하였다. 기술지식자본량을 한 생산요소로 간과하며 보완된 생산함수를 도출하였다. 그 결과는 산생함수 규모체증으로 나왔다.

연구개발지수는 연구개발 예산지출이 GDP에서 차지하는 비율로 연구개발 투입수준을 측정하는 지표이다. 통상적으로 국가, 지역, 도시가 연구개발에 투자한 비용이 GDP에서 차지한 비율에 있어 많을수록 기술진보와 창의성이 더 강하다 할수 있다.

3) 하이테크놀로지 창의지표

하이테크놀로지 창의지표는 미국 USPTO 통계에 의해 백만 인구마다 바이어기술, 정보기술, 제약 및 항공 등 하이테크놀로지 영역에서 갖고 있는 특허권 건으로 계산한다.

플로리다는 초기의 경우 미국과 같은 창의지수로 유럽 창의경제의 발전을 측정했다. 그러나 위의 방법으로 측정된 데이터는 유럽의 각 나라 간 비교했을 때 큰 차이를 느낄 수 없었다. 따라서 또 다른 지수를 추가했는데, 이것이 창의지수, 하이테크놀로지지수, 연구개발지수이다. 유럽 기술지수의 세 가지 지표 수치범위는 0~15로, 가장 좋은 나라가 15이고, 그 외의 다른 나라의 경우 가장 좋은 나라와 비교하여 점수 계산한다. 미국과 유럽의 일부 국가의 기술지수는 다음의 [그림 10−2] 및 <표 10−2>와 같다.

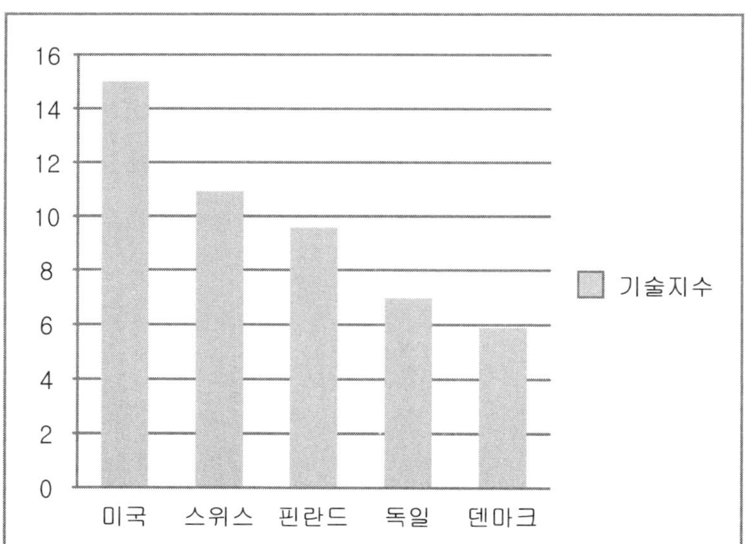

[그림 10−2] 미국과 유럽 일부나라 기술지수

〈표 10-2〉 미국과 유럽 일부나라 기술지수

국가	기술지수	창의지수	하이테크놀로지지수	연구개발지수
미국	15.00	15.00	15.00	10.62
스위스	10.92	9.33	5.25	15.00
핀란드	9.57	6.14	6.39	13.38
독일	6.97	6.33	2.56	9.97
덴마크	5.89	4.48	3.08	8.39

2. 유럽 인재지수

1) 유럽창의인재 특정

창의계층의 성장속도는 상대적으로 빠르며, 유럽 국가들이 대부분 비슷한 상황이다. 그중 아일랜드는 해마다 7%의 속도로 성장하고 있으며 유럽의 다른 국가보다 활씬 앞서는 양상이다. 유럽연합 14 개국의 창의계층은 노동자본의 25%를 차지하였다. 더불어 폴란드, 핀란드, 네덜란드의 경우 창의계층이 30%를 넘는 비중을 차지하였다. 영국, 아일랜드, 덴마크에의 창의계층 인구수는 블루칼라 계층 인구수 보다 많은 현상이 벌어지고 있다.

미국은 기술과 능력 면에서 지속적으로 인재를 유지하는 선두자 역할을 하고 있는 와중 핀란드, 덴마크, 폴란드 등의 북유럽국가도 강한 경쟁력을 보이고 있다. 북유럽 국가들은 기술자본을 갖고 있으며 많은 투자로 창의계층을 유지하며 발전한다. 미국의 이민제한과 달리 유럽의 일부 국가는 이민정책을 풀어 극대한의 이민을 유지하였다. 유럽에서 영어를 사용하는 사람의 활동범위가 점차 늘어나고 있는데, 이는 창의계층에게 선택의 면에서의 장점이 된다.

2) 창의인재 정의

플로리다는 『창의계층의 흥성: 그들이 어떻게 일, 오락, 커뮤니티, 우리 모두의 삶을 바꾸는가』에서 인재지수를 대학교육을 받는 사람이 도시 인구에서 차지하는 비율로 정의한다. 일반적인 의미에서 봤을 때 높은 학력, 전문기술 능력을 가진 적정 연령의 관리자들이 좋은 능력을 갖고 있는 것으로 판단한다.

플로리다의 창의인재에 대한 정의는 전통적인 관점에서 내려지는 결론이다. 즉 인력자본 이론을 기반으로 사람의 기능을 주로 교육기관의 공부를 통해 얻는 것으로 보는 것이다. 그러나 창의경제시대에는 단순히 인력자본만으로 따지는 것으로는 창의경제 발전을 측정할 수 없다. 단순히 인력자본을 계산하는 방법으로 측정하면 대학학력이 없는 기업가 및 창의인재들이 기여를 간과할 수 있다. 이 경우 실제문화수준을 반영하는 지표가 창의경제 발전을 더 올바르게 반영할 수 있다. 예를 들면 학교에서 공부하는 시간만으로는 미래의 발전을 예측할 수 없고 미래 사회경제발전에 기여하는 점도 예측할 수 없다. 실제문화수준을 택해야만 창의인재와 경제발전 관계를 측정할 수 있다.

3) 유럽 인재지수

유럽 인재지수는 다음과 같은 세 가지 내용을 포함한다.

첫째, 창의계층지수, 즉 창의사업에 종사하는 인구가 전체기업에 종사하는 인구 중에서 차지하는 비중을 말한다. 미국은 세계 최고의 창의계층지수인 30%를 유지하고 있다. 동시에 유럽 일부 국가인 폴란드, 네덜란드, 핀란드 같은 경우에도 창의계층지수가 각자 29.97%, 29.5%, 28.6%에 이른다. 창의계층지수를 측정할 때 사용하는 데이터는 국제노동기구(ILO) 중 유럽국가데이터 및 미국 노동기구 데이터이다. 유럽창의지수를 사용하는 ILO 데이터는 모두 국제표준 ISCO-88을 적용해서 유럽 각국 데이터 동질성과의 비교가능성을 보장한다.

둘째, 인력자본지수, 즉 나이가 25~64세인 인구 중 학사 및 학사 이상의 학위를 받은 인구와의 비율을 말한다. 인력자본지수도 국제노동기구(ILO)의 유럽국가 데이터에서 나온 것이다. 그러나 각 국가별 교육시스템이 다르기 때문에 어느 정도 데이터에 영향을 끼칠 수 있다.

셋째, 과학기술인재지수, 즉 천명의 일하는 사람 중 연구개발을 하는 과학자 및 엔지니어 가 차지하는 비중이다. 보통 창의계층지수가 높은 나라가는 인력자본지수와 과학인재지수도 상대적으로 높다. 과학기술인재지수 데이터는 유럽연합위원회에서 발표한 것이다.

유럽 인재지수는 상기한 세 가지 지수를 포함하여 각 지수 수치범위를 0~15로, 최상위국가를 15점 기준으로 부여한 다음에 다른 국가를 이 국가와 비교하며 점수를 매긴다. 미국과 유럽 일부 국가별인재지수는 다음의 [그림 10-3] 및 <표 10-3>과 같다.

[그림 10-3]에서 창의계층, 인력자본과 과학기술인제 3 요소간의 관계를 알아볼 수 있다. 창의계층비율이 높은 나라는 인력자본과 과학기술인재지수도 높다. 창의계층비율과 인력자본 측면에서 미국의 점수가 제일 높다. 그 다음이 핀란드, 네덜란드로 각각 2, 3위를 차지하였다.

인재지수는 한 지역이나 기구에 있는 인재의 양 및 질의 변동을 종합적으로 반영하게 된다. 지역이나 기구의 경쟁력과 지속발전능력을 분석하며 인재구조 발전 추세의 예측 결과에 의해 인력자본의 발전상황에 대해서 제안을 한다.

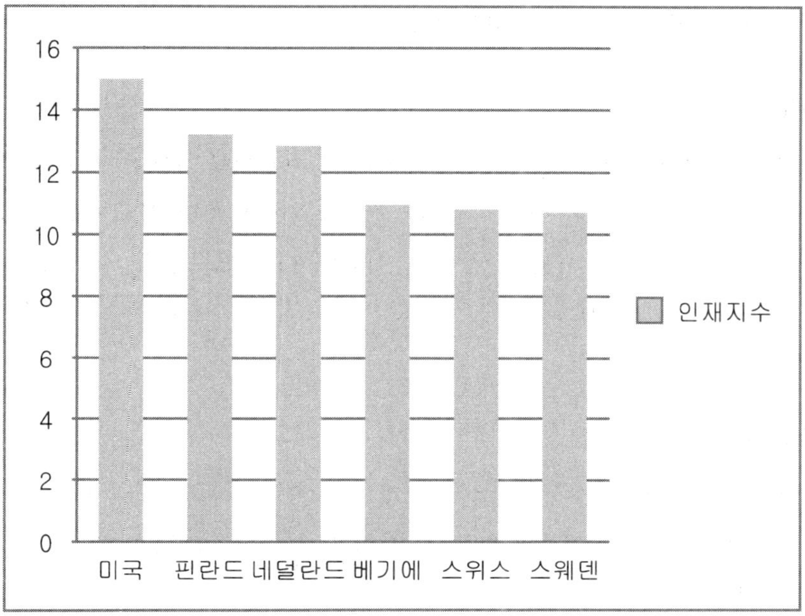

[그림 10-3] 미국과 유럽 일부나라 인재지수

〈표 10-3〉 미국과 유럽 일부나라 인재지수

국가	인재지수	창의계층지수	인력자본지수	과학지수기술인재
미국	15.00	15.00	15.00	11.41
핀란드	13.22	14.27	7.22	15.00
네덜란드	12.86	14.73	13.65	7.13
베기에	10.95	14.95	6.65	8.63
스위스	10.81	13.33	8.68	7.82
스웨덴	10.72	10.56	7.11	11.92

3. 유럽 관용도지수

유럽 관용도지수와 미국관용도지수 간에는 차이가 많이 난다. 미국창의지수를 측정하는 데 쓰이는 데이터는 유럽에 적용되지 않는다. 관용도를 측정하는 지표 즉 세계관용도지수는 미시간대학교 엥겔하르트의 종합적 연구기초로 이루어지는 것이다. 이 종합 연구는 1995년부터 1998년까지 전 세계를 범위로 세계가치관 조사를 진행하였다. 총 65개 국가(1,400인당)의 해당 데이터를 수집하였다. 대량의 범위 내의 대중가치관 조사를 기초로 다음과 같이 세 가지 관용도를 제의하였다.

1) 태도지수

태도지수는 소수민족에 관한 태도를 대표하는 지표이다. EUMC에서 제의하는 유럽 청유상황 조사결과를 기반으로 만든 것이다. 조사결과에 의하면 사회연구 분석기관은 유럽 소속 국민을 4가지로 분류하는데, 참을성, 사람에 대한 모순심리, 소극적인 인내도, 적극적인 인내도로 나누었다. 태도지수는 EUMC의 소극적인 인내도와 적극적인 인내도간의 감응 백분율을 뜻한다.

2) 가치지수

가치지수는 한 국가나 지역의 현대의 세속적인 가치관이 종교 등의 전통적 가치관에 있어 나타나는 반대의 정도를 의미한다. 예를 들면 하느님, 종족, 가족, 여자의 권리, 이혼, 책임감 등이다.

3) 자아표현지수

자아표현지수는 한 민족이 생각하는 개인권력 및 자아표현의 중요시하는 정도를 측정하는 것이다. 자아표현, 생활의 질, 민주, 과학기술, 레이저, 환경, 정의항의, 이민과 동성애에 대한 태도 등의 문제를 포함한다.

위의 세 가지 지수가 유럽관용도지수를 구성한다. 각 지수의 수치범위는 0~15이며, 최상위국가에 기준 점수 15점을 주고 타 국가를 기준 국가와 비교하여 점수를 매긴다. 관용도지수 순위에서 유럽과 호주의 6위 내에 있는 국가 및 지수를 제시하면 다음 [그림 10－4] 및 <표 10－4>와 같다.

미국인은 항상 미국이 세계에서 가장 개방적이고 관용도 있는 나라라고 자랑했지만, 유럽관용도지수 조사결과에 따르면 유럽의 관용도가 보편적으로 미국보다 높다. 이런 결과가 나타나는 한 가지 이유는 다른 발전국가와 비교했을 때 미국의 이민정책이 점점 엄격해지면서 이혼, 여성의 권리, 동성애 등의 문제에 대한 태도가 유럽국가보다 더 전통적이었기 때문이다. 이 현상은 유럽의 창의경제의 발전이 더 빠르다는 사실의 근거이기도 한다.

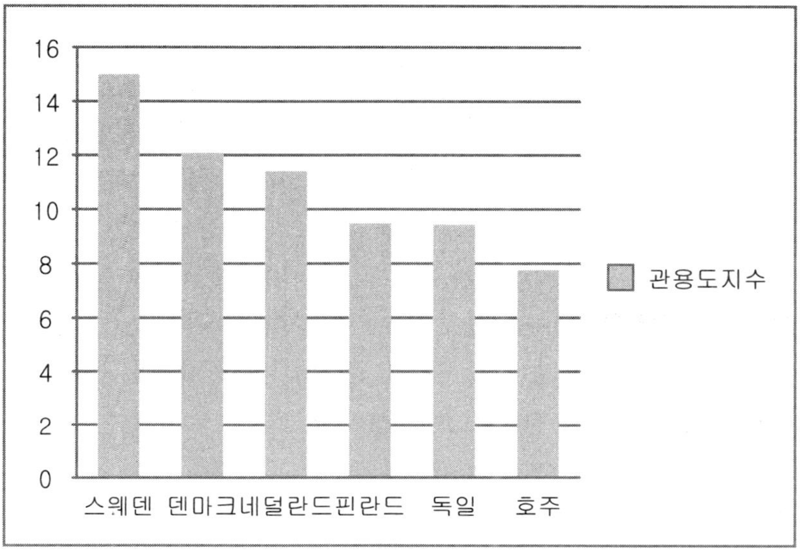

[그림 10-4] 유럽과 호주 일부나라 관용도지수

〈표 10-4〉 유럽과 호주 일부나라 관용도지수

국가	관용도지수	태도지수	가치관지수	자아표현지수
스웨덴	15.00	14.81	15.00	15.00
덴마크	12.09	12.47	10.41	13.24
네덜란드	11.42	12.66	7.59	13.85
핀란드	9.49	13.83	7.50	7.03
독일	9.45	10.32	10.59	7.30
호주	7.76	11.10	2.06	10.00

제4절 중국 홍콩지역의 창의지수

1. 중국 홍콩지역 창의지수의 편성 배경

중국 홍콩지역이 세계 경제에서 차지하는 지위를 평가하려면 일반적으로 GDP, 연도 경제성장, 외환보유고, 공공사업비, 생활지출, 실업률 등의 지표로 측정한다. 그러나 이러한 지표를 통해서는 지식, 기술, 정보, 창의 등의 요소의 홍콩 경제발전에 대한 촉진역할이 충분히 나타나지 않는다. 2004년 홍콩정부는 홍콩대학 문화정책연구센터에 위탁하여 수량화를 통해 홍콩도시창의에 대해 연구를 하였다. 해당 연구에서는 홍콩 창의지수를 제시하였다. 이 지수는 홍콩이 세계 대도시로써 구비하는 경제 활력과 경쟁력에 반응할 뿐만 아니라 창의의 홍콩경제발전에 대한 기여를 포함한다. 이 지수에서 사용하는 데이터는 국제적으로 통용되는 지수와 기준함으로서 국제적 비료를 편리하게 할 수 있고, 특히 인접지역 및 아시아 기타 주요 도시와의 비교에 적용할 수 있다.

홍콩 창의지수를 편성한 과정에는 우선 플로리다가 창안한 미국 3T 창의지수를 참고로 하였다. 그중에서 창의계층인원수, 인적자본, 연구지출 등의 데이터는 홍콩 인구조사를 통해 찾을 수 있다. 다시 말해 3T 모형의 관건을 홍콩창의지수에서도 사용하게 되었다. 그러나 플로리다의 3T 창의지수의 전체적 구조를 도입하여 홍콩창의지수를 구축하면 문제가 생겼다. 홍콩은 미국과 달리 창의지수에서 관용도지수에 대한 데이터가 없다. 예를 들어 동성애자지수에서 동성애자인원수가 없으니 홍콩 창의지수는 전체적으로 플로리다의 3T 구조를 기반으로 개선해야할 필요가 있었다. 특히 창의산업과 관한 경제와 사회문화 변수를 추가함을 통해 새로운 지수나 부지수를 추가하였다.

2. 중국 홍콩지역 창의지수의 주요내용

홍콩창의지수는 간단하게 5C 모형([그림 10-5])으로 파악할 수 있다. 5C란 창의성과 및 산출, 구조 및 제도자본, 인적자본, 사회자본과 문화자본인 5개 요소를 의미한다.

홍콩창의지수 5C 모형의 각 요소에서 '창의성과 및 산출'이라는 요소는 직접적으로 창의경제의 규모와 경제총량을 드러낸다. 이는 기타 모든 요소의 상호작용과의 누적성과이다. 다른 4개 요소는 창의산업의 경제발전에 대해 중요한 영향을 미치는 핵심요소이다. 5개 요소의 역할을 구체적으로 116항 지표를 통해 측정한다.

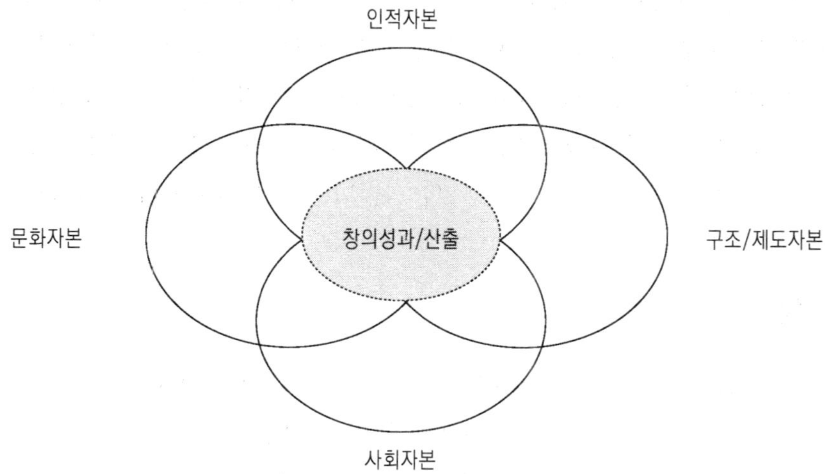

1) 창의성과 및 산출

창의활동 및 창의성이 가져오는 성과나 산출을 업적지표로 여긴다. 예를 들면 GDP, 무역액, 증가치 등은 창의경제의 증가 또는 자산의 축적 및 취직의 잠재력을 대표한다. 한편 사회의 진보에 대한 촉진을 의미한다. 사회 대중의 문화생활요구를 만족시키는 것과 사회발전의 촉진에 필요한 활기를 포함한다. 창의성과 및 산출은 부분적으로 경제측면 및 비경제측면에서 사회창조력의 높이를 보여준다.

홍콩 '창의성과 및 산출' 지수는 창의성과를 측정하는 3대 지표로 설계된다. 즉 창의경제의 공헌, 창의활동의 경제부분과 기타 창의활동성과이다. 구체적으로 다음과 같다.

첫째, 창의경제의 공헌지표는 ① 홍콩 창의산업의 증가치가 GDP에서 차지하는 백분비, ② 의산업을 종사하는 인원수가 총 취직인원수에서 차지하는 백분비, ③ 창의산업 상품무역이 총 상품무역에서 차지하는 백분비, ④ 창의산업에서의 서비스업이 총 서비스업에서 차지하는 비중, ⑤ 중소기업이 GDP에서 차지하는 백분비의 증가치, ⑥ 전자무역을 통한 상품의 판매, 서비스와 정보의 제공으로 얻는 거래액이 사회 상품판매액과 서비스 수입총액에서 차지하는 백분비(전자상무의 창의활동을 측정하는 새로운 지수)를 포함한다.

둘째, 창의활동의 경제요소지표에는 ① 현지기업의 국제시장에서 판매한 상표상품능력을 가지고 있는 수치, ② 현지기업의 새로운 기술능력을 얻는 수치, ③ 경제 요소에서 생산력의 증가치, ④ 각 샘플링팀이 특허를 신청하는 총수, ⑤ 홍콩인이 특허를 신청한 수량이 총 특허에서 차지하는 백분비, ⑥ 1991년부터 2003년까지 평균적으로 증가된 특허 신청수가 포함한다.

셋째, 기타 창의활동의 성과지표로는 ① 1인당 매일 발행된 신문지 수량, ② 1인당 최신 출판된 도서수량, ③ 홍콩 음반이 총 음반 판매량에서 차지하는 백분비, ④ 각 샘플링 팀의 작곡 총수, ⑤ 각 샘플링 팀의 특허신청 총수, ⑥ 각 샘플링 팀의 영화 창작 총수, ⑦ 각 샘플링 팀이 매년 현지공연예술제작에 참여하는 총수, ⑧ 각 샘플링 팀이 매년 비현지 공연예술제작에 참여하는 총수, ⑨ 새로운 디자인의 건축물 총수가 포함된다.

2. 구조 및 제도

구조 및 제도는 창의도시나 지역에 구성되는 사회 환경과 발전배경을 나타낸다. 홍콩 창의지수체계는 구조 및 제도에 있어 8가지의 기본 상황을 정한다. 그중에서 법률제도, 횡령정도, 의견표현의 자유도, 정보 및 통신토대, 사회 및 문화기초의 건설, 지역시설, 금융구조와 기업관리를 포함한다.

횡령정도와 의견표현의 자유도는 사법제도와 밀접하게 관련된 요소이다. 횡령은 경제성장을 제약하고 사회와 경제에 부정적인 영향을 미친다. 의견표현 자유화를 주장하는 사회 및 온화한 정치 환경이라는 요소는 경제체계에서 창의산업의 발전에 대해 영향을 미치는 결정적인 요소이다. 독립적인 사법 체계는 분쟁의 제거와 권익의 보장에 있어 중요할 뿐만 아니라 비즈니스 활동의 정상적인 개최에 있어 지극히 중요한 역할을 한다. 그러나 홍콩은 미국 및 유럽과 달리 관련 자료가 없으므로 현존하는 구조나 제도지표에 있어 지적소유권이 포함된 측정지표가 없다.

구조 및 제도 지수는 정보통신토대, 사회와 문화토대, 지역시설, 금융구조와 기업관리에서의 지표를 포함한다. 사회문화시설(예: 공공도서관, 박물관, 종교장소)은 사회문화활동의 장소이고 사회와 문화자본의 발전 조건이다. 텔레비전, 방송 프로그램, 통신, 인터넷 등의 시설조건은 문화교류 및 전파와 관련된다. 금융투자와 기업관리는 창의산업의 발전 및 규모와 관련된다. 따라서 이러한 지표는 각 측면에서 홍콩의 도시구조나 제도 및 창의산업의 발전에 미치는 영향을 나타낸다.

홍콩 '구조나 제도' 지수는 법률체계, 언론자유, 국제관행의 실행, 정보인프라시설, 사회문화인프라시설, 기업과 금융 등 6대 지표를 포함한다. 구체적으로 32항으로 나뉜다.

첫째, 법률체계의 홍콩 범위에서의 중요성과 효율지표는 ① 홍콩 독립 법률체계의 수치, ② 홍콩 법률체계효율의 수치, ③ 홍콩의 재산권에 대한 보호의 수치, ④ 홍콩의 지적재산권에 대한 보호의 수치, ⑤ 작년에 비해 홍콩의 해적판이나 위조 저질품의 수치를 포함한다.

둘째, 언론자유지표는 홍콩 뉴스자유도의 수치를 포함한다.

셋째, 국제관행의 실행지표는 인권, 예술과 문화 등이 포함된 국제적 계약의 승인수치를 포괄한다.

넷째, 정보인프라설비지표는 ① 개인 컴퓨터를 사용하는 백분비, ② 인터넷 접속 백분비, ③ 웹사이트를 탐색 백분비, ④ 개인 컴퓨터 사용자의 백분비, ⑤ 인터넷 사용자의 백분비, ⑥ 각 샘플링 팀에서의 휴대폰 사용자의 수량을 포함한다.

다섯째, 사회문화 인프라설비지표는 ① 매 100명 당 공공 도서관의 접수자, ② 매 100명 당 공공 도서관의 도서 향유량, ③ 각 샘플링 팀에서의 공연예술 전시관의 좌석용량, ④ 각 샘플링 팀에서의 커뮤니티센터의 수량, ⑤ 매 10만 명이 향유하는 시청센터의 수량, ⑥ 각 샘플링 팀이 향유하는 공공 기념비의 수량, ⑦ 각 샘플링 팀이 향유하는 레저시설의 수량, ⑧ 각 샘플링 팀이 향유하는 종교모집지의 수량, ⑨ 각 샘플링 팀이 향유하는 비영리단체의 수량, ⑩ 매 10만 명이 향유하는 공공 박물관의 수량, ⑪ 각 샘플링 팀이 향유하는 시네마 좌석수량, ⑫ 매 100명이 향유하는 라디오 수량, ⑬ 매 100명이 향유하는 텔레비전의 수량을 포함한다.

여섯째, 기업과 금융지표에는 ① 홍콩 중소기업의 수량, ② 홍콩에서 상장한 회사수량, ③ 홍콩 주식시장의 매해 자본 성장률, ④ 내부 직접투자의 시장가치, ⑤ 외부 직접투자의 시장가치, ⑥ 홍콩정부의 관리를 통한 위험자본의 성장률이 포함된다.

3. 인적자본

창의산업 경제발전의 원천은 인간의 창의력이다. 인적자원에 대한 투자는 경제성장에 대해 결정적인 역할을 가지고 있는 요소이다. 특정 지역의 상대적으로 집중된 창의 계층은 해당 지역의 창의산업 경제의 발전을 강하게 촉진할 수 있다. 홍콩 창의지수에서 인적자본지수는 문화발전과 연구지출, 연구와 발전인원수 및 고학력이 총인구에서 차지하는 비중을 강조한다. 이러한 지표는 인적자본발전의 규모구조와 창의인재투자의 높은 수준을 반영할 수 있다. 뿐만 아니라 '평생학습'에 참여하는 직원수량은 일정 정도의 재직인원의 기능을 발전하기 위해 진행되는 교육투자를 대표한다.

미국과 유럽의 창의지수체계와 달리 홍콩의 창의지수체계에서는 인적자본 발전의 다양성을 반영할 수 있는 지표를 추가했다. 그중에서 인구의 유동성이 하나의 중요한 지표가 된다. 인적자본의 유동은 문화교류, 기술교류와 국제상무의 표현이고 홍콩의 경제의 발전에 대해 중대한 공헌을 한다. 단기적으로 홍콩에 체류하는 사람이 많을수록 문화교류, 기술교류와 창의력에 있어 유익하다. 세관 입국인원수량은 관광업 발전을 측정하는 중요한 지표로 간주될 뿐만 아니라 한 지역의 포용성을 측정하는 지표로 간주될 수 있다.

홍콩 '인적자본'에는 연발지출 및 교육지출, 정신노동자인구 및 임시적이나 유동적인 인적자본 등의 3개 지표를 포함한다. 구체적으로 16항 지표로 나뉜다.

첫째, 연발지출과 교육지출지표는 ① 연발지출(기업부문)이 GDP에서 차지하는 백분비, ② 연발지출(고등교육)이 GDP에서 차지하는 백분비, ③ 연발지출(정부)이 GDP에서 차지하는 백분비, ④ 정부의 교육지출이 GDP에서 차지하는 백분비를 포함한다.

둘째, 정신노동자인구지표는 ① 15세 이상 제 3등 교육(중학교 졸업)을 받는 인구비례(학위 없음), ② 15세 이상 제 3등 교육을 받은 인구비례(학위 있음), ③ 연발인원수가 총 업무인구에서 차지하는 비례, ④ 재직교육을 받는 인원수가 총 업무인구에서 차지하는 비례를 포함한다.

셋째, 임시성·유동성 인적자본지표는 ① 심시성(유동성)인구가 총인구에서 차지하는 백분비, ② 외국에서의 유학생수량, ③ 각 샘플링 팀에서의 워크비자의 수량, ④ 관광객의 증가총수, ⑤ 매년 증가하는 관광객 수량, ⑥ 각 샘플링 팀에서의 현지 이항 거주자(离港居民) 총수, ⑦ 현지 이항 거주자의 증가수량, ⑧ 각 샘플링 팀에서의 홍콩에서 외국으로 이주할 예정인 예측인구를 포함한다.

4. 사회자본

홍콩창의지수체계에서의 '사회자본' 지수는 미국 및 유럽창의지수체계에서의 '관용도'와 상응한다. 홍콩창의지수 연구팀은 'face-to-face'라는 사회조사방식을 통하여 1,200명의 홍콩거주자를 인터뷰하여 그들의 사회자본과 문화자본의 가치관 및 행동규범습관에 관한 데이터를 수집하였다. 거주자의 가치관, 행위관습 및 지역 사무의 참여도에 대한 조사이외에 자선기부 및 공공부문의 사회복지측면의 지출에 대한 조사를 통하여 사회자본의 지역에서의 이용도 및 공공부문, 사회단체, 개인의 사회자본에서의 참여도를 평가할 수 있다. 본 조사의 데이터는 미시간 대학교의 로날드 잉글하트(Ronald Inglehart)가 진행한 '세계가치조사'의 데이터로, 폴로리다와 타이네그리(IreneTinagli)의 '유럽창의지수'의 65개 국가 및 지역의 상관조사데이터와 비교했을 때 지적으로 홍콩창의지수에서의 사회자본과 문화자본을 구축할 수 있다. 한편 홍콩의 사회 관용도와 아시아 인접국, 글로벌 파트너 및 경쟁자와의 비교는 유익하다.

홍콩 '사회자본' 지수는 사회자본의 발전, 규범과 가치, 사회참여정도를 포함한다. 구체적으로 22항의 지표로 나뉜다.

첫째, 사회자본의 발전지표는 ① 기업기증이 세전잉여를 나누는 비례, ② 기업기증의 성장률, ③ 매번 개인기증의 총 가치, ④ 개인기증의 성장률, ⑤ 기업과 개인의 기증이 GDP에서 차지하는 백분비, ⑥ 사회복지지출이 공공지출에서 차지하는 백분비, ⑦ 사회복지에 사용하는 공공지출이 GDP에서 차지하는 백분비를 포함한다.

둘째, 규범과 가치지표는 ① '세계가치조사'에서 얻은 일반적인 믿음에 관한 지수, ② '세계가치조사'에서 얻은 제도적인 믿음에 관한 지수, ③ '세계가치조사'에서 얻은 호혜에 관한 지수, ④ '세계가치조사'에서 얻은 협조에 관한 지수, ⑤ '세계가치조사'에서 얻은 변화와 포용성에 대한 눈높이에 관한 지수, ⑥ '세계가치조사'에서 얻은 소수민족태도에 관한 지수, ⑦ '세계가치조사'에서 얻은 전통과 현대가치의 대항에 관한 지수, ⑧ '세계가치조사'에서 얻은 자기표현에 관한 지수를 포함한다.

셋째, 사회 참여정도 지표는 ① '세계가치조사'에서 얻은 사회활동의 참여에 관한 지표, ② '세계가치조사'에서 얻은 사회참여와 장애물에 관한 지수, ③ 클럽, 단체, 협회회원 수량, ④ 시간응용모식의 지표, ⑤ 사회교류빈도와 강도의 지표, ⑥ 봉사활동의 참여지표, ⑦ 매회 참여하는 봉사자의 총수량을 포함한다.

5. 문화자본

'문화자본'은 홍콩창의지수체계에서 관용도를 반영하는 떠 다른 지수이다. 지표의 체계구조는 '사회자본' 지수의 구조와 비슷하다. 홍콩 '문화자본' 지수는 문화지출, 규범과 가치 및 문화 참여도라는 3대 지표를 포함한다.

첫째, 문화지출을 측정하는 발전지표는 ① 예술과 문화지출이 공공 총지출에서 차지하는 비중, ② 예술과 문화지출이 GDP에서 차지하는 비중, ③ 문화영역의 '경제성 지출', ④ 문화영역의 '자본지출', ⑤ 문화영역의 '경상수입', ⑥ 기업의 예술과 문화에 대한 기증이 총 자선기증에서 차지하는 비중, ⑦ 개인의 예술과 문화에 대한 기증이 총 자선기증에서 차지하는 비중, ⑧ 가계의 지정적인 문화제품과 서비스에 대한 소비가 가계 총 소비에서 차지하는 비중, ⑨ 가계소비에서 예술교육지출의 비중을 포함한다.

둘째, 규범과 가치지표는 ① 창의활동을 중시하는 정도, ② 학령 미달의 아동의 창의활동을 중시하는 정도, ③ 일상생활과 개인발전에서 예술과 문화를 중시하는 정도, ④ 문화참여를 격려하는 환경을 중시하는 정도, ⑤ 해적판 상품의 구입에 관한 도덕관을 중시하는 정도, ⑥ 인권의 보호 및 현지 창의산업의 발전을 중시하는 정도를 포함한다.

셋째, 문화참여정도지표는 ① 지난 한 해 동안 15세 이상의 인구에서 나타나는 문화활동의 참여도, ② 15세 이상의 인구에서 나타나는 비전문의 신분으로 문화예술 활동에 참여하는 비중, ③ 지난 한 해 동안 학령 미달의 아동의 문화활동참여도, ④ 장소별 문화활동에 참여하는 시간, ⑤ 매 100명의 사용자가 빌리는 도서의 수량, ⑥ 'CASH'단체에게 지불된 저작권료에서 총인구를 나눈 후 얻은 1인당 저작권료(해외수입 제외), ⑦ 지난 한 해 동안 레저를 목적으로 한 읽기 횟수, ⑧ 매주 텔레비전을 시청하는 시간, ⑨ 매주 라디오방송 프로그램을 청취하는 시간, ⑩ 매주 개인적으로 인터넷의 사용하는 시간, ⑪ 박물관을 방문하는 인구가 총인구에서 차지하는 비중, ⑫ 공연을 관람하는 인구가 총인구에서 차지하는 비중, ⑬ 영화나 녹화예술을 관람하는 인구가 총인구에서 차지하는 비중을 포함한다.

제5절 중국 타이완지역 창의지수

현재 수집한 자료를 살펴보면 타이완의 창의지수의 설립은 아직 초기단계에 위치하고 있어 정식적으로 자체적인 창의지수지표 체계를 설립하지 못했다고 말할 수 있다. 그러나 홍콩 창의지수체계의 기본구조에 따라 창의지수체계의 범위를 대체적으로 차용했으며 타이베이시의 구제적인 수치(타이완지역의 부분적 수치)를 이용하여 홍콩 창의지수의 상관 지표와 비교한다. 2006년에 타이완 중화경제연구원은 타이베이스 문화지표연구에 기반하여 홍콩 창의지수체계에 대비한 후 타이베이 시의 수치자료를 수집하였다. 동우대학(东吴大学)의 연구팀이 이상의 연구 성과를 정리하여 홍콩 창의지표와 타이완 상관 수치의 대조표를 아래의 <표 10-5>와 같이 열거하였다.

〈표 10-5〉 홍콩지역 창의지표와 타이완지역 상관 수치의 대비

홍콩지역 지표	타이베이시 지표(타이완지역)
1. 양도(量度) 창의경제 수익의 구조	1. 창의 수출 측량 지표
1) 창의의 경제 공헌	1) 창의의 경제 공헌
(1) 홍콩 창의산업의 총치가 현지생산총치에 차지하는 백분비	(1) 2001년, 타이완지역 창의산업의 생산치는 GDP의 1.76%를 차지했음. 타이베이시 창의산업의 생산치는 타이완지역 창의산업생산치의 68.70%를 차지했음.
(2) 창의산업에 투입한 인수가 총입직자수에 차지하는 백분비	(2) 2001년, 창의산업 입직인수는 타이완지역 입직총인수의 1.79%를 차지했음. 타이베이시 창의산업 재직인수는 타이완지역 재직인수의 65.57%를 차지했음.
(3) 창의산업 제품무역의 전체 수출무역에 대한 분포	(3) 2005년, 타이베이시 창의산업의 판매액은 타이베이시 판매액의 3.09%를 차지하여 타이완지역 판매액의 66.24%를 차지하여 타이완지역 GDP의 3.59%를 차지했음.
(4) 창의산업의 서비스무역의 전체 수출무역에 대한 분포	(4) 2005년, 타이베이시 창의산업 입직인수는 51,581명, 타이베이시 입직인수의 4.54%를 차지하여 타이완지역 창의산업 입직인수의 27.66%를 차지했음.
(5) 전자매개를 통한 제품, 서비스와 상담판매의 상업수입이 차지하는 백분비	(5) 2005년, 차이베이시 창의산업은 투입한 인수는 86,835명이고 타이베이시 투입인수의 5.1%를 차지하여 타이완지역 창의산업 입직인수의 46.57%를 차지했음.
2) 경제측면의 창의활동	2) 경제부문의 발명활동
(6) 현지기업의 국제시장에서의 브랜드제품 판매 능력	(6) 2005년, 타이완지역의 새로운 특허출원 신청수는 79,442건이고 1인당 특허출원 신청수는 0.35건이고 5년내 특허출원 평균 성장률은 5.65%이었음. 2005년 신청인의 주소는 타이베이시를 기록된 건수는 6669건이고 특허공고총수의 11.60%를 차지하여 평균1인당 특허공고수는 0.25건이다.
(7) 현지기업의 신기술을 이용하는 능력	--
(8) 1인당 특허출원총수	--
(9) 현지의 특허출원의 특허출원 총수에 대한 백분비	--
3) 창의활동의 기타 성과	3) 창의활동의 기타 성과
(10) 신문의 매일 1인당 판매량	(7) 2005년, 타이베이시민 평균 매월 신문구매량은 0.73부, 매일 구매량은 0.024부이다.
(11) 새로 등록된 책과 간행물의 1인당 평균총수	(8) 2005년 타이완지역 ISBN을 신청한 수량은 46,800건, 평균 1,000명당 2.06건, 타이베이시 신청된 ISBN 수량은 28,832건, 평균 1,000명당 11.02건이다.

(12) 음악작품의 1인당 평균출현총수	(9) 2004년, 각국 음반시장 판매총량은 336.14억 달러가 되어 타이완지역 음반시장의 판매량은 1.43억 달러가 되어 세계음반시장의 0.42%를 차지하였음(싱가포르, 중국내지, 홍콩시장을 포괄하면 시장판매량은 세계음악시장의 1.43%를 차지하였음.
(13) 가사 창작의 1인당 평균출현총수	(10) 2005년, 타이완지역 ISRC(모든 녹음과 녹화자료)를 신청수는 5,718건이다. 그중 타이베이시는 4,742건이고 타이완지역의 82.93%를 차지하였고 평균 1,000명당 창작한 악곡은 0.77곡이고 평균 1,000명당 편곡수는 0.63곡이고 평균 1,000명당 가사 창작수는 0.65곡이다.
(14) 영화 1인당 제작총수	(11) 2005년 타이완지역의 영화, 홍콩지역의 영화와 중국내지지역의 영화 및 기타 허가된 외국 영화 방영 면허증수는 407부이고 평균 10만 명당 영화 발행수는 1.79부이다.
(15) 정부문화서비스가 제공하는 영화방영 1인당 총수	(12) 2005년 타이완지역 영화방영단체는 타이베이시에 진행된 공연은 1496회, 평균 1000명 시민 년도 진행된 공연은 0.57회이다.
(16) 정부문화서비스가 제공하는 공연예술프로그램 1인당 총수	(13) 2005년 타이완지역 외에의 공연단체는 타이베이시에서 진행된 공연은 총 252회이고 평균 매 1,000명 시민 년도공연 0.10회이다.
(17) 신축면적의 1인당 총수	(14) 2005년 타이베이시에 시각예술전시회 539개를 개최하여 1,000명당 시각예술전시회 0.21개이다.
	(15) 2005년 '타이베이시 10대 특색 건축물'투표 순서에 따라 타이베이 101(台北101), 미리화 대관람차(美丽华摩天轮), 종정기념당(中正纪念堂), 원산 레스터런트(园山饭店), 총통부(总统府), 국부기념관(国父纪念馆), 홍루(红楼), 신광인수빌딩(新光人寿大厦), 중유빌딩(中油大厦), 타이베이의 집(台北之家)이다.
2. 양도구조/제도자본의 구조	2. 양도구조/제도자본의 구조
1) 사법제도의 독립성	1) 타이베이시 사법체제의 중요성과 효율성
(1) 홍콩사법제도의 독립성에 대한 통계수치	(1) 2005년 상표등록신청수량은 63,580건이고 검정수량 59,517건이고 특허출원은 79,442건이고 발증 58,306건이고 신청 검사 저작권 문서증명서는 42,946건이다.
	(2) 2005년 위조품 수사사건에서 수리제조업자가 신고수는 360건이고 수사수는 456건이다.

	(3) 2005년 타이베이시에 지혜재산권침해사건수는 599건이고 타이완지역의 12.89%를 차지하였고 사건과 관련된 사람은 707명이고 타이완지역의 13.48%를 차지하였고 금액이 약 11.9298억 위안이고 타이완지역의 10.96%를 차지하였고 그중 1/3은 상표침해이고 2/3는 저작권침해이다.
	(4) 2005년, 타이베이시에 처리된 불법 비디오 테이프 사건은 2830건을 달했다.
2) 횡령에 대한 감각	--
(2) 횡령 감각지수의 백분비	--
3) 의견표현의 자유	--
(3) 뉴스자유의 백분비	--
(4) 언론자유의 백분비	--
4) 상담 및 통신기술의 기초상황	2) ICT 기초구조
(5) 회사가 개인 컴퓨터를 사용하는 백분비	(5) 2004년, 타이베이시에 컴퓨터를 사용한 기관단체는 97,961개이고 타이완지역의 21.44%를 차지했다.
(6) 회사가 인터넷을 사용하는 백분비	(6) 2004년, 타이베이시에 인터넷을 사용한 기관단체는 83,105개이고 타이완지역의 84.83%를 차지했다.
(7) 회사의 홈페이지나 웹사이트가 있는 백분비	(7) 타이베이시에 전자상무거래를 진행하고 있는 기관단체는 9,520개이고 타이완지역의 9.72%를 차지하였다.
(8) 회사가 개인 컴퓨터를 사용하는 백분비	(8) 2004년 타이베이시에 컴퓨터를 사용한 가정의 비례는 73.31%이다.
(9) 가정이 인터넷을 사용하는 백분비	(9) 2004년 타이베이시에 인터넷을 사용한 가정의 비례는 65.07%이다.
(10) 1인당 핸드폰 사용자	(10) 2004년 타이베이시 핸드폰 사용자 비례는 88.96%이다.
5) 사회 및 문화기초건설의 동력	3) 사회와 문화기초건설의 대중화 정도
(11) 비정부조직의 1인당 총량	(11) 2005년 타이베이시의 39개 시립도서관에서 도서자료를 빌린 인수는 1958733명이고 평균 100명씩 도서를 빌린 횟수는 74.87회이다.
(12) 공공도서관 사용자 등록된 1인당 수량	(12) 2005년 타이베이시의 39개 시립도서관에서 저장된 도서는 4,633,942권이고 평균 100명씩 177.71권 도서를 가졌다.
(13) 공공도서를 빌리는 1인당 수량	(13) 없음

(14) 정부문화서비스의 예술 공연장 좌석의 1인당 총 수량	(14) 타이베이시에서 콘서트 홀, 공연장, 오페라 홀의 규모에 부합하는 좌석은 8,596개이고 평균 1,000명씩 향유하는 좌석이 3.29개이다. 타이베이시의 뮤직홀, 공연장, 박물관, 기념관 및 기타문화공연을 목적으로의 장소는 105개이고 평균 1,000명당 향유하는 공연장소는 0.04개이다.
(15) 법정 유적의 시 평균수량	(15) 타이베이시에서 지역활동센터가 147처이고 평균 10만 명당 향유하는 기념관은 0.005처이다.
(16) 박물관의 시 평균수량	(16) 2005년, 타이베이시에서 공개적인 기념관은 14개이고 평균 1,000명당 향유한 기념관이 0.005개이다.
6) 지역사회 시설의 가용성	(17) 타이베이시에서 공원, 녹지, 어린이 놀이공원, 광장 및 강변공원 등 레저공간은 773처이고 평균 1,000명당 향유하는 자연 레저공간은 0.3처이다.
(17) 지역사회회당과 지역사회센터의 1인당 수량	(18) 타이베이시에서 기록된 교회사절은 692처이고 평균 1,000명당 향유하는 교회 및 절은 0.264처이다.
(18) 문화센터의 1인당 총수량	(19) 2005년 말에 타이베이시 시민단체는 2,527개, 각급의 노동조합은 410개, (재단법인)기금회는 1,321개가 있다. 합계 4,258개, 평균 매 1,000명 시민에서 비 정부조직은 1.63개가 있다.
	(20) 2005년 말에 타이베이시에서 공립 박물관은 52처가 있고 평균 매 10만명은 1.99처 공립 박물관을 향유한다.
	(21) 2005년, 타이베이시에서 평균 매 1000명 시민은 향유한 영화 좌석수는 15.31개가 있었다.
	(22) 2005년 타이베이시에서 평균 매 100개 가정은 86개 수신시설을 가졌다.
	(23) 2005년3월에 타이베이시에서 평균 100개 가정은 97.7대 텔레비전을 가졌다.
7) 금융기구	--
(19) 정식으로 상장된 주식회사의 1인당 수치	--
(20) 주식시장자본의 연 성장(현지화폐)이 현지 생산총치에서 차지하는 백분비	--
(21) 현지관리 지하 벤처 자본의 성장률(현지화폐)이 현지 생산총치에서 차지하는 백분비	--
8) 기업관리의 동력	--
(22) 중소기업이 전체 회사총수에서 차지하는 백분비	--

(23) 노동자생산지수의 백분비	--
3. 양도 인력자본의 구조	**3. 인력자본의 측정 지표**
1) 연구 및 발전의 지출과 교육의 지출	1) R&D와 교육지출
(1) 연구 및 발전 지출이 현지총생산에서 차지하는 백분비(상업측면)	(1) 2004년 기업부문 연발비용은 약 1679억 위안이고, 타이완지역에서 연발비용(군비 포함)의 64.36%를 차지하여 타이완지역 GDP의 1.56%를 차지하였다.
(2) 연구 및 발전지출이 현지 총생산에서 차지하는 백분비(고등교육측면)	(2) 2004년 고등교육 부문의 연발비용은 약 303.50억 위안이고 타이완지역에서 연발비용(군비 포함)의 11.63%를 차지하여 타이완지역 GDP의 0.28%를 차지하였다.
(3) 연구 및 발전 지출이 현지 총생산에서 차지하는 백분비(정부)	(3) 2004년 타이완지역 정부부문의 연발비용은 약 611.44억 위안이고 타이완지역 연발비용(군비포함)의 23.44%를 차지하여 타이완지역 GDP의 0.57%를 차지하였다.
(4) 정부의 교육지출이 현지 총생산에서 차지하는 백분비	(4) 2005년 타이완지역에서 정부지출 교육금액이 1,958.56억 위안이고 타이완지역 GDP의 1.76%를 차지하였다. 2005년 타이베이시 정부 교육지출이 482.51억 위안이고 2005년 타이완지역 GDP의 0.43%를 차지하였다.
2) 지식 노동력	2) 지식 노동자 총수
(5) 15세 이상 전문학교 이상 교육정도의 인구 분포(비 학위)	(5) 2005년 타이베이시 15세 이상 전문학교이상 교육정도 인구수는 타이베이시 총인구의 39.53%를 차지하였다.
(6) 15세 이상 전문학교 이상 교육정도의 인구 분포(학위 및 이상)	(6) 2004년 타이베이시 연발인구(군비 포함)는 168,525명이고 타이완지역 취업인구의 1.7%를 차지하였다.
(7) 연구 및 개발인구가 노동자 총인구에서 차지하는 백분비	(7) 2005년 공립 직업 교육기구는 교육한 사람은 28,115명이다. 타이베이시 직훈인구는 2,142명이고 총 직훈인구의 7.62%를 차지하였고 타이베이시 취업이구의 0.19%를 차지하였다.
--	(8) 2005년 타이베이시 예술류 총학생수는 11,991명이고 그중에서 전문대학 학생수는 8,599명이고 중·고직업학교 및 초·중학교 학생수는 3,392명이다.
--	(9) 2001년 타이완지역에서 전통 공연예술 단체(개인포함) 총 287조이고 전통 공예131조이고 합계418조이다.
--	(10) 2005년에 타이베이시에서 공연된 타이완지역단체는 479개이다.

3) 인력자본의 이동	3) 인력자본의 이동
(8) 홍콩에서 접수된 관광객의 1인당 평균 총수량	(11) 2005년 말에 체류비자를 가진 외국인은 79,444명이고 연말 총인구의 0.35%를 차지하였다.
(9) 현지거주자의 출국 총수	(12) 2005년 외국유학비자를 가진 인수는 32,761명이고 전년도 동기대비 6.62% 성장했다.
(10) 현지로 이민하는 예측 1인당 수량	(13) 2005년 15세 이상의 합법적으로 경제활동을 한 국내에 거주한 외국인은 총 329,669명이고 평균 매 100명 취직인력에서 3.32명은 15살 이상이며 경제활동을 한 합법적인 국내에 거주한 외국인이다.
(11) 워크 비자를 가지는 노동인구가 총 노동인구에서 차지하는 백분비	(14) 2005년 타이완에서 접수한 여객인수는 3,378,000명이다.
--	(15) 2004년에 295만명에 비해 2005년의 전년도 동기 대비 15.50% 성장했다.
--	(16) 2005년 타이완지역호적을 가진 거주민 37140명이 타이완섬 외로 이민하여 평균 1000명에서 1.64명이 이민했다. 2005년 타이베이시 평균 1,000명 거주자에서 104.49명이 타이베이시외로 이민했다.
--	(17) 2004년에의 47,185명에 비해 2005년에 타이완지역에서 호적거주자가 섬 외로 이민자는 전년도 동기대비 21.29% 하락했다. 타이베이시의 인구 전출률은 2.66%를 성장했다.
--	(18) 2005년에 타이완지역으로 호적전입한 인구는 33,704명이고 전년도 대비 6.54% 내렸다.
4. 양도 사회자본의 구조	**4. 사회자본의 측량지표**
1) 사회자본의 발전	1) 사회자원의 성장
(1) 소득세허가를 받는 자선기부금액(현지화폐)이 현지 총생산에서 차지하는 백분비	(1) 2005년 타이베이시 평균 매호매월 (기증 및 이전지출)7748위안이다. 가정총치는 6,081,886만 위안을 예측하였다.
(2) 이득세허가를 받는 자선기부금액(현지화폐)이 현지 총생산에서 차지하는 백분비	(2) 2005년 타이베이시 평균 매호매월(기증 및 이전지출) 전년 동기대비 0.03% 성장하였다. 가정총치로 예측하면 0.09%를 성장하였다.
(3) 사회복지지출이 총 공공지출에서 차지하는 백분비	(3) 2005년 타이완지역 정부 총예산에서 사회복지지출금액은 2,891.32억 위안이고 총 예산의 17.68%를 차지하였다. 2005년 타이베이시 지방정부 연 지출 총예산에서 사회복지지출금액은 229.45억 위안이고 총예산의 16.36%를 차지하였다.

--	(4) 2006년 4월 타이베이시의 직업단체, 사회단체, 각급노동조합 및 기금회 등 비정부조직은 합계 4,258개이다.
2) 양도망(量度网)의 소양: 세계가치조사에서의 습관과 가치	2) 망의 품질—사회참여
(4) 기본신임에 대한 지표	(5) 2005년 지원자가 도움을 준 인수는 약 7,590만 명이고 평균 1인당 도움을 받은 횟수는 3.33회이다.
(5) 규칙신임에 대한 지표	(6) 2005년 지원자 총 도움시간이 2067시간이고 평균 매인 받은 도움이 0.91시간이다.
(6) 호혜에 대한 지표	(7) 2005년 평균 매명 지원자의 도움시간이 90.75시간이고 도움횟수는 333.16회이다.
(7) 효능감각에 대한 지표	(8) 2005년 지원자 총수는 227811명이고 평균 매인 0.01명 지원자를 향유하였다.
(8) 협조에 대한 지표	--
(9) 다원화 태도에 대한 지표	--
(10) 다원화를 받아들이는 지표	--
(11) 인권에 대한 태도의 지표	--
(12) 외지이민의 잘못에 대한 태도의 지표	--
(13) 외지이민의 생활방식에 대한 태도의 지표	--
(14) 전통과 현대가치에 대한 상대적 지표	--
(15) 개인표현과 구존에 대한 상대적 지표	--
3) 양도망의 소양: 세계가치에서 조사하는 지역사회사무 참여	--
(16) 공공사무에 대한 참여	--
(17) 사회조직에 대한 참여	--
(18) 친구와의 사회적 접촉	--
(19) 지역사회와의 사회적 접촉	--
(20) 효능감각에 대한 지표(참여했던 활동에 대함)	--
(21) 의무 근무자의 1인당 평균 총수	--
5. 양도문화자본의 구조	**5. 문화자본의 측량지표**
1) 문화지출	1) 문화지출과 재무
(1) 예술과 문화가 전체 공공지출에서 차지하는 백분비	(1) 2005년 타이완지역 정부 총예산에서 문화지출은 총예산지출의 1.18%를 차지하였다. 2005년 타이베이시 지역 정부 연지출 총예산에서 문화지출은 총예산지출의 2.46%를 차지하였다.

(2) 문화지출산물 및 서비스로 이용하는 가정지출이 전체 가정지출에서 차지하는 백분비	(2) 2005년 타이완지역 정부 총예산에서 문화지출은 GDP의 0.17%를 차지하였다. 2005년 타이베이시 지방정부 연지출 총예산에서 문화지출은 GDP의 0.03%를 차지하였다.
--	(3) 2005년 타이완지역 정부의 예산에서 '지역정부'문화 경상지출은 총 문화지출의 73.32%를 차지하였다. 2005년 타이베이시 지방정부의 지방 연지출 총예산에서 타이베이시 지방정부의 문화경상지출은 문화지출의 81.86%를 차지하였다.
--	(4) 2005년 타이완지역 정부의 예산에서 '지역정부' 문화자본은 총 문화지출의 26.68%를 차지하였다. 2005년 타이베이시 지방정부의 지방 연지출 총예산에서 타이베이시 지방정부 문화자본지출은 문화지출의 18.14%를 차지하였다.
--	(5) 2005년 타이완지역 정부 총예산에서 문건회(文建会) 및 관하, 국사관(国史馆)및 관하, '고궁박물원(故宫博物院)', '중앙도서관 타이완분관', 중정기념당관리처(中正纪念堂管理处), 과공관(科工馆), 해생관(海生馆) 등 국립기구의 경상수입은 합계 42,264만 대만달러이다.
--	(6) 『원견(远见)』잡지는 2005년에 타이완지역 705개 주식회사에 대한 조사에 따라 68.3%의 주식회사가 2004년 동안 돈을 기부하여 사회 공익을 지지한다고 발표하였고 19.7%의 회사는 2004년에 공익단체를 협조하여 환경보호활동을 개최하였다.
--	(7) 2005년 타이베이시 평균 매호매월의 기증 및 이전지출은 7,748 대만달러이다.
--	(8) 2005년 타이베이시 평균 매월매호는 언어학습, 음악학습, 기타기능예술학습으로 지출된 비용은 378.3 대만달러이고 가정 총지출의 0.5%를 차지하였다.
2) 양도망의 소양: 습관과 가치	2) 양도망의 품질
(3) 창의활동에 대한 가치	(9) 12세 이상의 질문을 받은 사람이 총 1,081명이고 2005년에 전시활동의 참여횟수는 6,134회이고 평균횟수는 5.67회이다.
(4) 아동창의활동에 대한 가치	(10) 12세 이상의 질문을 받은 사람이 총 1,081명이고 2005년에 문화창작모집활동을 참여한 사람은 2.78명이다.
(5) 예술 및 문화 활동에 대한 가치	(11) 12세에서 20세 미만의 질문을 받은 사람이 총 127명이고 2005년에 전시활동의 참여횟수는 706회이고 평균 전시활동의 참여횟수는 5.56회이다.

(6) 아동예술 및 문화 활동에 대한 가치	(12) 12세 이상의 질문을 받은 사람이 총 1081명이고 2005년에 평균 1인당 전시활동의 참여시간은 17.71시간이다.
(7) 지역사회리더가 현지의 문화예술발전을 제창한다.	(13) 2005년 타이베이 시립 도서관에서 대출한 도서는 6,835,685권이고 평균 1인당 도서 대출량은 3.49권이다.
(8) 문화와 창의활동의 환경요소	(14) 집행업무순소득은 원고료, 인세, 악보, 작곡, 작가, 만화 및 강연의 시급을 말한다. 2005년 타이베이시 평균 매호매월의 '집행업무 순소득'은 169대만 달러이다.
(9) 사회환경은 창의활동의 평가를 격려한다.	(15) 2005년 타이베이시민이 평균 1인당 매주 읽기 시간(교과서, 신문, 잡지 제외)은 4.74시간이다.
(10) 사회환경은 문화사무참여의 평가를 격려한다.	(16) 2005년 타이베이시민 1인당 매주 TV를 본 시간은 14.32시간이다.
(11) 해적판과 위조상품의 구매에 대한 도덕가치	(17) 2005년 타이베이시민 1인당 매주 방송 프로그램을 청취한 시간은 6.44시간이다
3) 양도망의 소양: 문화사무의 참여	(18) 2005년 타이베이시민 평균 1인당 매주 인터넷을 통해 각종 정보를 취득한 시간(일과 오락시간 제외)은 8.08시간이다.
(12) 연도별 도서관 도서의 1인당 대출량	(19) 2005년 평균 100명 타이베이시민에서 48.98명이 박물관을 관람하였고 평균 1명의 관람횟수는 1.41회이다.
(13) 저작료의 수취기구에게 인구에 따라 지불하는 저작료	(20) 2005년 타이베이시민 1인당 현장공연 참여횟수는 2.49회이다.
(14) 매168시간에서 개인 인터넷을 이용하는 평균시간 백분비	(21) 2005년 타이베이시민은 영화관에서 영화를 보는 횟수는 3.94회이다.
(15) 정부문화서비스가 제공하는 박물관의 1인당 관람수량	--
(16) 정부문화서비스가 제공하는 연출의 1인당 출석수량	--
(17) 정부문화서비스가 제공하는 영화와 녹화예술의 1인당 출석수량	--
--	--

<표 10-5>에서 보는 바와 같이 타이완지역의 창의지수는 홍콩의 창의지수체계를 사용하지만 타이완지역과 홍콩지역의 경제와 문화의 차이 때문에 개별적 지표가 다르다. 예를 들어 경제이익지표의 경제적 창의활동에서 타이완지역은 특허권 측면의 지표만 선택한다. 구조 및 제도자본의 지표에서 타이완지역은 사법제도의 독립성을 양도하는 지표만 선택하고 횡령에 대한 감각, 의견표현의 자유, 금융기초, 기업관리의 능력에 대한 지표를 포기했다. 사회자본의 지표를 선택할 때 타이완지역은 일부 지원자의 지표를 선취하여 사회참여의 지표로 삼고 협조와 지역사회사무참여의 지표를 포기했다. 문화자본의 구조 측면에서 타이완지역이 선택한 지표는 홍콩과 비슷하거나 더 상세하다. 문화지출의 고찰 측면에서 타이완지역은 정부의 문화지출, 타이베이시민의 기증 및 이전지출, 타이베이시민의 언어, 음악지출지표를 선택했다. 전체적으로 보면 타이완지역의 창의지수는 홍콩창의지수의 타이완지역에서의 응용이라고 말할 수 있다.

제6절 상하이 창의지수

상하이는 중국 내륙지역에서 창의지수를 발표한 첫 번째 도시이다. 상하이 창의지수는 미국, 유럽, 홍콩의 창의지수체계를 참고하여 중국의 국정과 상하이 창의산업의 발전상황에 맞추어 설립된 창의지수체계이다. 상하이 창의지수체계의 가장 뚜렷한 특징은 통계지표측면 에서 상하이 창의산업의 발전에 대해 중요한 영향력을 가지고 있는 요소를 평가지표로 선택한 점이다. 데이터의 출처는 상하이시 통계구가 발표한 <상하이시 통계연감>이므로 데이터의 권위성과 진실성을 확보한다.

1. 상하이 창의지수 체계의 구조

상하이 창의지수 체계는 홍콩지역의 창의지수 체계구조를 참조하여 다섯 부분으로 구성된다.

첫째, 산업규모이다. 산업규모 지표는 창의산업의 증가치는 전 시의 증가치에서 차지하는 비중과 1인당 GDP 두 개 지표를 포함한다.

둘째, 기술의 연구와 개발이다. 기술의 연구와 개발지표에는 주로 GDP에서 연발비용의 지출이 차지하는 비중, GDP에서 첨단기술산업이 자주적 지식 소유권을 가지고 제품의 실현생산액에서 차지하는 비중, 첨단기술산업의 자주적 지석 소유권의 점유율, 매 10만명당 신청특허수, 매 10만 명당 발명특허수, 시급이상 기업기술센터수 등을 포함한다.

셋째, 문화환경이다. 문화환경 지표는 주로 가정문화소비가 전체소비에서 차지하는 비중, 매 100만명이 향유하는 공공도서관의 수량, 매 100만명이 향유하는 예술공연장의 수량, 매 100만명이 향유하는 박물관과 기념관의 수량, 1인당 신문, 간행물, 대출도서의 수량, 1인당 박물관을 참관하는 횟수와 국제 전시회를 개최하는 횟수를 포함한다.

넷째, 인력자원이다. 인력자원의 흐름은 문화의 교류, 기술의 이전과 창의의 출현에 도움이 된다. 인력자원에 대한 측정은 주로 인력자원의 현황과 유동성에 대한 측정이다. 인력자원 지표에는 새로운 노동력의 1인당 교육받은 연한, 고등교육입학률, 1인당 대학재학생수, 호적인구와 상주인구의 비중, 국제여행입국인수, 개인사항 입국인수, 상하이시로 오는 연행객수가 포함된다.

다섯째, 사회환경이다. 도시의 창의산업발전의 사회환경은 해당 도시의 창의적 인원을 흡인할 수 있는지에 달려있다. 사회환경 지표에는 주로 전사회의 노동생산성, 사회안전지수, 1인당 도시기초시설건설의 투자액, 1,000인당 인터넷의 사용수, 광대역 네트워크의 접근수, 1,000인당 이동통신의 사용수, GDP에서 환경보호투입하는 비중, 1인당 공공녹지면적, 100만인당 무료공원수의 향유량 등을 포함한다.

위의 다섯 개의 지수는 총 33항의 구체적 지표를 포함한다. 이를 표로 나타내면 아래의 <표 10-6>과 같다.

〈표 10-6〉 2005년 상하이창의지수

지수명칭	지표	계량 단위	2004년	2005년	계산 결과	가중
산업규모 지수	창의산업의 증가치는 전시 증가치에서 차지하는 비중	%	5.8	6.0	107.2	30%
	1인당 GDP	만 위안	4.63	5.14		
기술연구 발전지수	연구와 발전비용지출이 GDP에서 차지하는 비중	%	2.11	2.34	125.2	20%
	자주지식권을 향유하는 첨단기술산업의 실현생산치가 GDP에서 차지하는 비중	%	10.9	11.9		
	첨단기술산업의 자주지식권 향유율	%	26.9	27.5		
	10만인당 발명특허수	건	39	59		

	10만인당 신청특허수(상주인구)	건	118	184		
	시급이상 기업기술센터수	개	157	189		
문화환경 지수	총소비에서 가정문화소비의 비중	%	8.65	8.26	94.4	20%
	공공도서관 100만인당 향유량	개	1.61	1.57		
	예술공연장 100만인당 향유량	개	10.16	9.00		
	박물관, 기념관 100만인당 향유량	개	5.17	5.62		
	1인당 신문 수량	부	113.15	107.20		
	1인당 간행물 수량	권	11.08	10.69		
	1인당 도서대출 수량	권	0.77	0.58		
	1인당 박물관 관람 횟수	회	0.27	0.32		
	국제전시회 개최 항목 수량	항	383	276		
인력자원 지수	새로운 증가된 노동력의 1인당 교육받은 연한	년	13.0	13.5	105.2	15%
	고등교육 순 입학률	%	55.0	57.0		
	10,000인당 고등학교의 재학생수	명	278	293		
	호적인구와 상주인구의 비례		3.5:1	3.3:1		
	국제여행 입국인수	만명	491.92	571.35		
	개인적 입국인수	만명	26.27	27.76		
	상하이시로 오는 관광객 수량	만명	6346.24	6804.98		
사회환경 지수	전사회 노동생산성(상주인구)	위안/명	88893	98545	114.9	15%
	사회 안전지수		100.3	92.1		
	1인당 도시 기초시설 건설투자액	위안	3861	4982		
	1,000인당 인터넷 사용 수량	호	363	452		
	광대적 네트워크의 접근 수량	만호	158.82	247.4		
	1,000인당 이동통신전화 수량	호	750	812		
	GDP에서 환경보호투입의 비중	%	3.03	3.07		
	1인당 공공녹지 면적	m2	10.1	11.0		
	100만인당 무료공원의 향유수량	개	8	8		
2005년 상하이시 도시창의지수		109.1				

출처: 『상하이 교육발전창의산업의 탐색과 실행』, 상하이 창의산업센터, pp.27~28

2. 상하이 창의지수의 계산방법 및 계산결과

1) 상하이 창의지수의 계산방법

<표 10-6>에서의 산업규모, 기술연구와 개발, 문화환경, 사회환경, 인력자원 5개 측면이 창의산업발전의 중요도에 따라 각각 차지하는 비중은 다음과 같다. 첫째, 산업규모지수는 30%이다. 둘째, 기술의 연구와 개발지수는 20%이다. 셋째, 문화환경지수는 20%이다. 넷째, 인력자원지수는 15%이다. 다섯째, 사회환경지수는 15%이다. 이 5개 지수의 각각 지수에서 여러 개의 지표는 평균분배의 원칙에 따라 각 지표에 대해 상세하게 구분한다.

2) 상하이 창의지수의 계산결과

위의 창의지수의 계산방법을 이용하여 상하이시 통계구가 발표한 2005년 상관 통계데이터에 따르면 2005년의 상하이 창의지수는 109.1이다. 결론적으로 2004년에 상하이 창의지수인 400에 비해 9.1% 상승하였다. 그중에서 기술연구와 개발지수는 125.2이고 증폭정도가 가장 높아 상하이의 기술창신능력이 빠르게 강해지면서 상하이 창의산업발전의 주된 역량이 되고 있다고 볼 수 있다. 사회환경지수는 114.9이고 상하이의 사회환경이 개선되어 상하이 창의산업발전의 다른 중요한 요인이 되고 있다고 해석할 수 있다.

제7절 베이징 창의지수

베이징창의산업의 발전을 평가하기 위해 베이징창의지수를 설립해야 한다. 그러나 산업의 분류, 통계데이터 측면의 복잡한 원인 때문에 현재 베이징 창의지수는 아직 설립되지 않았다. 여기에서는 의견과 제안만 살펴보도록 하겠다.

1. 베이징 창의지수의 총체적 구조와 지표

베이징 창의지수의 총체적 구조는 홍콩 및 상하이와 기본적으로 일치해야 하며 창의산업규모, 기술연구와 개발, 인력자원, 문화환경과 사회환경의 5개 측면으로 나뉜다. 이러한 체계구조는 이론적으로 미국 창의지수와 유럽 창의지수 체계에 기초를 두고 있으며,

중국사회경제발전의 현황과 일치하고, 중국의 경제통계제도와 적용되면서 베이징의 사회경제발전의 실제 현황과 일치한다.

구체적으로 보면 베이징 창의산업의 분류표준은 홍콩 및 상하이와 달리 베이징의 기술창신과 인재우위 요소가 뚜렷하다. 베이징의 역사문화환경은 특별하므로 구체적 지표는 홍콩, 상하이의 창의지수 지표와 다르다.

베이징 창의지수의 총체구조와 지표는 대체로 아래와 같은 5개의 측면으로 나눌 수 있다. 하위 지표까지 합하면 총 50항의 지표이다.

1) 창의산업규모

창의산업규모지수는 다음 지표를 포함한다. ① 전시 GDP증가치에서 창의산업의 증가치가 차지하는 비중, ② 전시 입직자수에서 창의산업 입직자수가 차지하는 비중, ③ 창의산업 기업수가 증가하는 비중, ④ 전자상무의 증가치이다.

2) 기술의 연구와 개발

기술의 연구와 개발에는 다음 지표가 포함된다. ① 베이징시 2006년의 신청특허수의 2005년 대비 증가 수량 및 백분비, ② 100만인당 발명특허수, ③ 베이징시 기술연구개발의 총투입의 증가 백분비, ④ 첨단기술 자주지식권 제품이 투입 및 실행하는 생산액, ⑤ 기술인원총수, 이중 과학자 및 엔지니어의 비중, ⑥ GDP에서 R&D가 차지하는 비중, ⑦ 제품의 판매수입에서 기업의 기술연구와 개발비용이 차지하는 비중, ⑧ 지방 재정지출에서 지방 재정 기술지출이 차지하는 비중, ⑨ 100만인당 기술성과교역액, ⑩ 첨단기술의 산업증가치, ⑪ 전부제품의 판매수입에서 신제품의 판매수입이 차지하는 비중, ⑫ 공업완성품의 수출액에서 첨단기수제품의 수출액이 차지하는 비중이다.

3) 인력자원

인력자원에는 다음 지표를 포함한다. ① 입직자수에서 전문대학 및 이상학력을 가지는 입직자수가 차지하는 비중, ② 총 입직자수에서 베이징시 창의산업의 입직자수가 차지하는 비중, ③ 창의산업의 총 입직자수에서 전문대학 및 이상학력을 가지는 입직자가 차지하는 비중, ④ 직업 훈련을 받고 있는 재직인원수가 증가하는 비중, ⑤ 베이징시로 오는 외국인이 증가하는 비중, ⑥ 외래 재직 인원이 증가하는 비중, ⑦ 출국 유학귀국인원, 외국이민인원이 증가하는 비중, ⑧ 외래 관광객이 증가하는 비중, ⑨ 베이징으로의 이민인원이 증가하는 비중, ⑩ 고등교육의 순 입학률.

4) 문화환경

문화환경은 다음지표를 포함한다. ① 베이징시 인터넷 이용자 수량 및 증가하는 비중, ② 베이징시 핸드폰 이용자 수량 및 증가하는 비중, ③ 전시 책 및 간행물의 판매량, 1인당 신문 및 간행물의 향유량, ④ 베이징시의 영화관, 극장 등 연출장소에서의 연출 및 영화방영수량이 증가하는 비중, ⑤ 정부의 문화체육시설에 대한 투자가 증가하는 비중, ⑥ 전시 각종 전시활동의 증가치, ⑦ 주민들의 평균 문화체육지출의 증가치, ⑧ 전체 소비에서 가정문화 소비가 차지하는 비중, ⑨ 새로 나오는 책과 잡지의 수량, ⑩ 100만인당 향유하는 공공도서관의 수량, ⑪ 100만인당 향유하는 예술공연장의 수량, ⑫ 100만인당 향유하는 박물관, 기념관의 수량.

5) 사회환경

사회환경지수는 다음 지표를 포함한다. ① 정부의 사회복지지출이 증가하는 비중, ② 개인 및 기업의 자선기증총치가 증가하는 비중, ③ 주민들이 지역사회활동을 참가하는 인구 및 횟수, ④ 주민의 행복지수, ⑤ 주민의 안전지수, ⑥ 전 사회의 노동생산율, ⑦ 1인당 도시 기초시설의 건설투자액, ⑧ 정부의 창의산업에 대한 투자액이 증가하는 비중, ⑨ 사회의 문화창의사업에 대한 투자액이 증가하는 비중, ⑩ GDP에서 환경보호투입이 차지하는 비중, ⑪ 사회위험투자가 증가하는 비중, ⑫ 외국투자가 증가하는 비중.

2. 베이징 창의지수지표의 계산

1) 통계수치

창의지수의 계산은 경제통계수치의 수집과 분석에 기반해야 한다. 각 통계수치의 출처는 베이징시 통계구가 정식으로 발표된 통계수치를 사용해야 한다.

창의지수를 계산할 때 여러 가지 구체적인 지표를 사용해야 한다. 각 지표의 계산단위가 다르므로 쉽게 분석하고 비교하기 위해서는 일정 지표의 계량단위로 전환해야 한다.

2) 웨이트의 선택

요즘 국제적인 창의지수의 계산방법은 웨이트법이다. 즉 각 지표의 창의산업에 대한 영향의 정도에 따라 다른 웨이트를 부여하는 것이다.

웨이트를 선택할 때 전문가들의 의견을 참고해야 하며, 5개 요소 별로 가장 적합한 웨이트를 제출하여 각 요소에 대해 통계해야 한다.

첫째, 구체적인 특정 요소의 웨이트에서 최대값 M과 최소값 m을 찾아낸다.

둘째, 양의 정수 k를 취하여 공식 (M−m)/k를 이용한다.

셋째, 웨이트를 k조로 나누는 간격값을 계산하여 웨이트를 작은 것부터 큰 것까지 k조로 나눈다.

넷째, 매조에서 웨이트의 빈도와 빈삭을 계산한다.

다섯째, 빈도와 빈삭의 분포상황에 따라 이 요소의 웨이트를 확정하여 웨이트 집합을 찾아낸다.

3) 계산방법

우선 창의체계 5대 요소에서 각 항목의 부지표를 계산한다. 예를 들면, 2005년을 기준년도로 2005년의 기준치는 100으로 가설한다. 2005년의 각 항목의 부지표는 y(n)이고 2006년의 각 항목의 부지표는 x(n)이다. 즉 각 항목 부지표의 측량치는 아래의 공식과 같다.

$$s(n) = \frac{x(n)}{y(n)} \times 100$$

다음으로, 창의지수체계의 5대 주 지표를 계산한다. 주 지표에서의 각 부 지표에 대한 웨이트를 평균분배한다. 즉 각 항목 주지표의 측량치는 아래와 같다.

$$t(n) = \frac{s(1) + s(2) + k + s(n)}{n}$$

마지막으로 총 창의지수를 계산한다. 총 창의지수 CI는 5대 주지표의 각의 웨이트를 곱한 후 더한 결과이다. 5대 주지표의 웨이트는 0.2, 0.3, 0.1, 0.2, 0.2로 가설하면 총 창의지수의 계산공식은

$$CI = 0.2 \times t(1) + 0.3 \times t(2) + 0.1 \times t(3) + 0.2 \times t(4) + 0.2 \times t(5)$$

3. 베이징 창의지수의 특징

1) 베이징 창의지수 체계구조의 특징

미국은 최초로 3T모형에 근거한 창의지수를 창설했다. 유럽은 미국과 비슷한 문화를

가졌기 때문에 유럽 창의지수는 체계구조에 있어 미국과 같은 창의지수를 적용한다. 홍콩과 구미의 문화가 다르므로 구미의 창의지수와 같을 수 없다. 그러므로 3T모형에 기초하여 개선함을 통해 5C 창의지수모형을 개발했다. 상하이 창의지수는 홍콩 5C모형에 근거하나 5C요소에 대한 표현이 다소 다르다. 이는 홍콩 창의지수는 체계구조의 측면에서 사회제도의 차이를 가지기 때문이다. 5C요소의 체계구조는 중국 각 지역과 아시아 특정 국가의 사회경제문화상의 특징을 요약할 수 있다. 따라서 베이징 창의지수 체계는 홍콩 5C 창의지수모형의 체계구조를 넘을 수 없다.

홍콩 5C 창의지수모형의 총체구조를 기반으로 한 베이징 창의지수의 특징은 첫째, 총체계구조가 변화지 않는 경우 베이징의 특징과 결합하여 5C의 개별요소에 대해 적절히 조정한다. '구조나 제도'를 단독 요소로 삼지 않고 '사회환경' 하위로 설정한다. '기술연구와 개발'이라는 단독요소를 설정하여 기술을 사회경제와 문화에 대한 촉진역할로 강조한다. 둘째, 창의지수지표 측면에 베이징의 특징을 충분히 반영할 수 있는 구체적 지표를 설치한다.

2) 베이징 창의지수지표의 특징

베이징 창의지수는 구체적인 지표를 선택함에 있어서 미국 창의지수, 유럽 창의지수, 상하이 창의지수와 대비하여 다음 특징을 가지고 있다.

첫째, 창의산업규모지수의 선택측면의 경우 비교할 수 없다. 베이지 창의산업의 분류표준은 미국 제작권산업, 영국 창의산업, 홍콩 창의산업, 상하이 창의산업의 상관 산업 분류표준과 다르다. 창의산업규모지수는 직접적으로 대비할 수 없다. 만약에 대비하려면 동일한 구체적인 업체만을 대비하여 종합분석해야 한다.

둘째, 기술연구와 개발지수의 측면에서 구체적인 지표는 구미지표보다 더 상세하다. 베이징의 기술 발전은 중국 선두의 자리를 잡고 있다. 항공, 전자, 인터넷, 재료, 광전기기계 일체화, 생물, 의약 등의 영역은 첨단에 이르렀으며 기술연구와 개발관리, 기술수준의 평가, 과학 추천 등의 영역에는 풍부한 경험이 있다. 상관되는 지표가 구미의 과학기술지표보다 더 상세해야 중국이 개발도상국로서 응용과학이 경제발전을 촉진하는 상황을 올바르게 반영할 수 있다.

셋째, 인력자원지수의 측면에서 학력지표와 창의산업 종업원지표를 함께 중시한다고 강조한다. 구미의 상관지표는 단순히 창의산업 종업원들의 인력자본을 고찰한다. 뿐만 아니라 미국 및 유럽의 창의지수와에 달리 베이징 창의지수에서 특정한 관용도지표를 설정하지 않는다. 관용도는 특정 도시나 지역의 창의산업발전을 재어할 수 있는 중요한 지표나 현재 베이징은 이러한 지표가 없다. 관련된 지표가 인력자원지수에서 나타난다. 구체적으로 다음과 같다. 베이징에서 증가하는 외국인 백분비, 베이징에서 증가하는 외지근로자(현지 장기 거주자아님)의 백분비, 외국에서 가다오는 유학인원이 증가하는 백분비, 외국으로 이거인구가 증가하는 백분비, 외국 관광객이 증가하는 백분비, 베이징으로 이거하는 인구의 증가백분비 등이다.

넷째, 문화환경지수의 측면에서 베이징의 문화소비수준을 강조한다.

다섯째, 사회환경지수의 측면에서 정부의 도시 인프라시설건설과 창의산업에 대한 투자 및 시민들의 사회환경에 대한 만족도를 강조한다.

연습문제

1. 창의지수가 무엇인가?
2. 창의지수와 창신지수 간의 관계를 설명하시오.
3. 미국 창의지수의 내용에 대해 설명하시오.
4. 베이징 창의지수의 특징은 무엇인가?

[역자 약력]

배 기 형

현) 세종대학교 사회과학대학 경제통상학과 교수
세종대학교 국가전략연구소 소장
한국문화산업학회 부회장
알기 쉬운 문화경제학(삼영사)

김 언 군(金彦君)

현) 길림화교외국어대학교 문화창조연구소 소장
산업연관분석에 의한 캐릭터 산업의 경제적 효과분석(한국콘텐츠학회)
중국 문화산업의 경제적 파급효과 분석(박사학위논문)
알기쉬운 문화경제학(삼영사)

맹 해 양(孟海洋)

현) 세종대학교 경제통상학과 대학원 외래교수
한국물류학회 중국사무소 부소장
중국 대운하의 경제적 파급효과에 대한 분석(한국물류학회)
알기쉬운 문화경제학(삼영사)

상 리(桑力)

현) 한국물류학회 중국사무소 소장
세종대학교 경제통상학과 대학원 졸업(석사)
중국 온라인 시장의 현황과 활성화 방안에 관한 연구(한국유통경영학회)
중국유학생을 위한 경제학개론(대진)

양 효 붕(杨晓鹏)

현) 경희대학교 경영학과 박사과정 재학 중
경희대학교 글로벌 경영학과 졸업(석사)

박 진 희

현) 세종대학교 경제통상학과 박사과정 재학 중
나누리 예술단 대표
하남문화원 이사

오 유 진

현) 세종대학교 무용학과 외래교수
고양예술고등학교 강사
중국 문화소비자의 한류경험이 한국무용의 호감도에 미치는 영향(박사학위논문)

조 나(趙娜)

현) 세종대학교 경제통상학과 석사과정 재학 중
중국 청도과학기술대학교 한국어학과 졸업(학사)

변 가(邊珂)

현) 세종대학교 경제통상학과 석사과정 재학 중
순천향대학교 국제통상학과 졸업(학사)

송 개 려(宋凱麗)

현) 세종대학교 경제통상학과 석사과정 재학 중
중국 청도과학기술대학교 한국어학과 졸업(학사)

창의경제학

초판인쇄 2016년 4월 10일
초판발행 2016년 4월 15일
지은이 蒋三庚·蘭玉·付銘·張杰·李艷杰·
龍菊·楊玲·王曉紅·于啓武
옮긴이 배기형·김언군·맹해양·상리·양효봉·
박진희·오유진·조나·변가·송개려
펴낸이 박노일
총괄기획 김중용
편 집 심성보·김인숙
펴낸곳 pnc publishing and culture 피앤씨미디어
경기도 고양시 일산동구 강송로 153 310-1501
등록 제396-2012-000203호
전 화 070)7550-3758 팩 스 02)718-8554
홈페이지 www.pncmedia.co.kr 이메일 pnc@pncmedia.co.kr
ISBN 979-11-5730-286-4 93320

정 가 20,000원